U0906963

2018 兰州统计年鉴

LANZHOU STATISTICAL YEARBOOK

兰州市统计局　国家统计局兰州调查队 编

中国统计出版社
China Statistics Press

图书在版编目（CIP）数据

兰州统计年鉴. 2018 / 兰州市统计局, 国家统计局兰州调查队编. -- 北京 : 中国统计出版社, 2018.10
ISBN 978-7-5037-8623-5

Ⅰ. ①兰… Ⅱ. ①兰… ②国… Ⅲ. ①统计资料—兰州—2018—年鉴 Ⅳ. ①C832.421-54

中国版本图书馆CIP数据核字(2018)第201764号

兰州统计年鉴-2018

作　者/ 兰州市统计局 国家统计局兰州调查队
责任编辑/ 陈越月
装帧设计/ 徐静斌
出版发行/ 中国统计出版社
地　址/ 北京市丰台区西三环南路甲6号 邮政编码/100073
电　话/ 邮购（010）63376909 书店（010）68783171
网　址/ http://csp.stats.gov.cn
印　刷/ 甘肃兴方正彩色数码快印有限公司
经　销/ 新华书店
开　本/ 890mm × 1240mm 1/16
字　数/ 980千字
印　张/ 24.75
版　别/ 2018年10月第1版
版　次/ 2018年10月第1次印刷
定　价/ 280.00 元

如有印装差错，由本社发行部调换。

《兰州统计年鉴——2018》编辑部

主　　编： 冯月旺

副 主 编： 任大雁　高亚萍　丁建强　赵光辉　张蔓莅　刘　军　于文业　边怀银　张永斌

责任编辑： 左晴

编　　辑：（以姓氏笔画为序）

马　晶　邹　涛　牛利兵　王红霞　付　源
朱安民　刘红卫　刘　英　牟　静　杨晓明
杨淑宁　杨斌泰　张翠青　陈文军　陈　堃
武　琳　周志红　洪江平　袁得瑜　栾　娟
高春辉　郭永平　唐雅玲　韩　莉　管伟琪
薛伊玲　魏怀东　魏　巍

编写人员：（按姓氏笔画排序）

王立杰　王华超　王兆中　王　娜　年婷婷
刘　洋　刘　赟　闫　静　关　青　许彦辉
张祖华　张远哲　张　颖　杨文选　杨英娟
杨津川　杨　鑫　罗景源　罗　娟　周毓秦
娄　玲　郝　钰　徐静斌　高　娜　曹　杨
康旭明　傅　铭　谢友兰　魏　芳

排　　版： 徐静斌

编辑说明

一、《兰州统计年鉴—2018》是全面反映兰州市经济和社会发展情况的资料性年刊。本书通过大量翔实可靠的资料，全面系统地记录了2017年兰州市经济发展和社会各方面的数据以及历史年份的重要数据，是各级党政部门以及国内外各界人士认识兰州、了解兰州必备的、不可缺少的综合性工具书。

二、《兰州统计年鉴—2018》分为两个部分。第一部分为特载篇，刊载了2017年全国、甘肃省、兰州市国民经济和社会发展统计公报；第二部分为统计资料篇，分综合、人口、工业、农业、固定资产投资等十五单元，反映了2017年兰州市经济指标及直辖市、省会城市、甘肃省十四个州市主要经济指标。为方便使用，每一部分资料后附有主要指标解释。

三、《兰州统计年鉴—2018》统计范围为兰州市行政辖区内全部经济社会活动计算。

四、《兰州统计年鉴—2018》所有价值指标为现价；发展（增长）速度按可比价计算。

五、《兰州统计年鉴—2018》中2008年GDP及增加值为按2008年经济普查口径调整数据；2013-2016年GDP及增加值为按2013年经济普查口径调整数据。

六、由于国家核算制度和调查方法的原因，部分行业区域汇总数与全市数据存在一些误差。

七、《兰州统计年鉴—2018》使用符号说明：#表示其中项。

八、由于时间仓促，编辑水平有限，难免有错漏之处，恳请广大读者批评指正。

《兰州统计年鉴—2018》编辑部

2018年9月

全市生产总值构成（%）

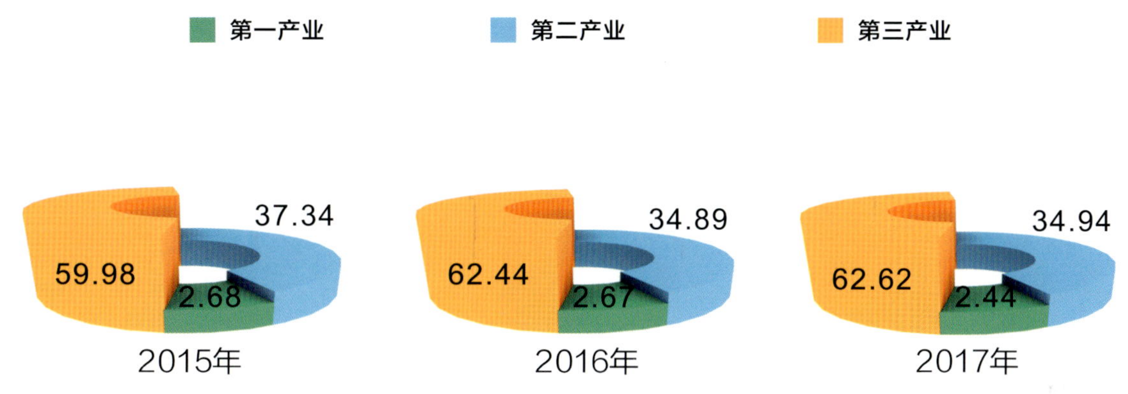

全市生产总值（亿元）

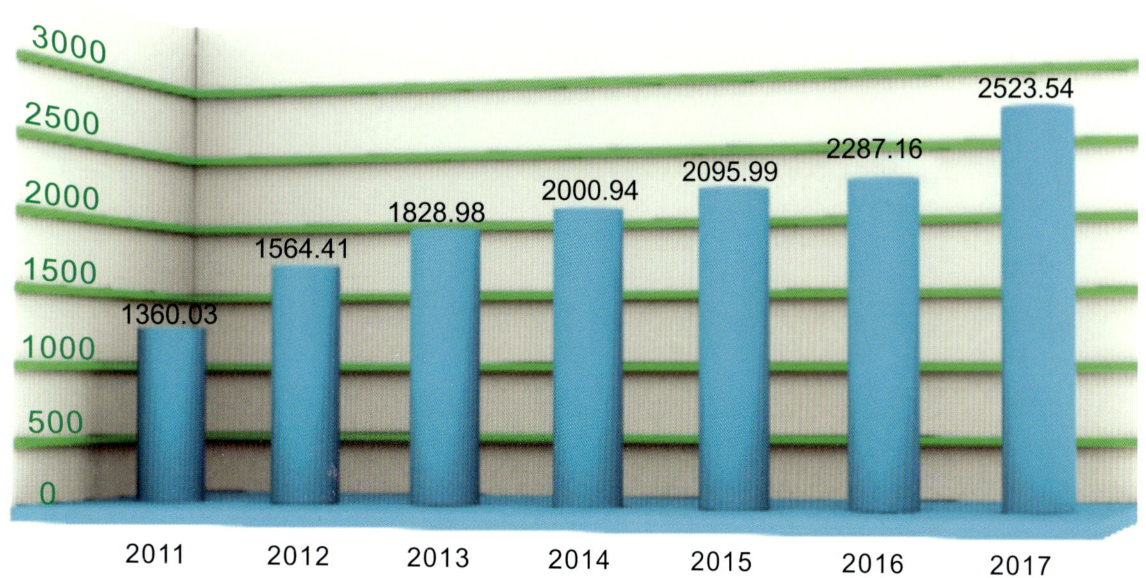

农林牧渔业增加值（亿元）

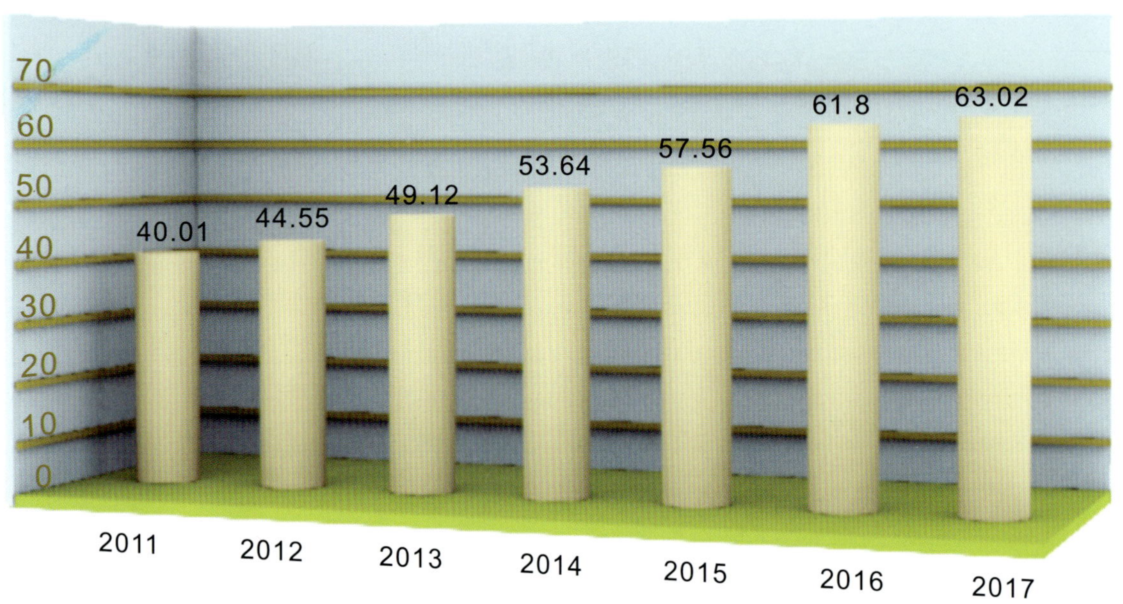

主要农产品产量（万吨）

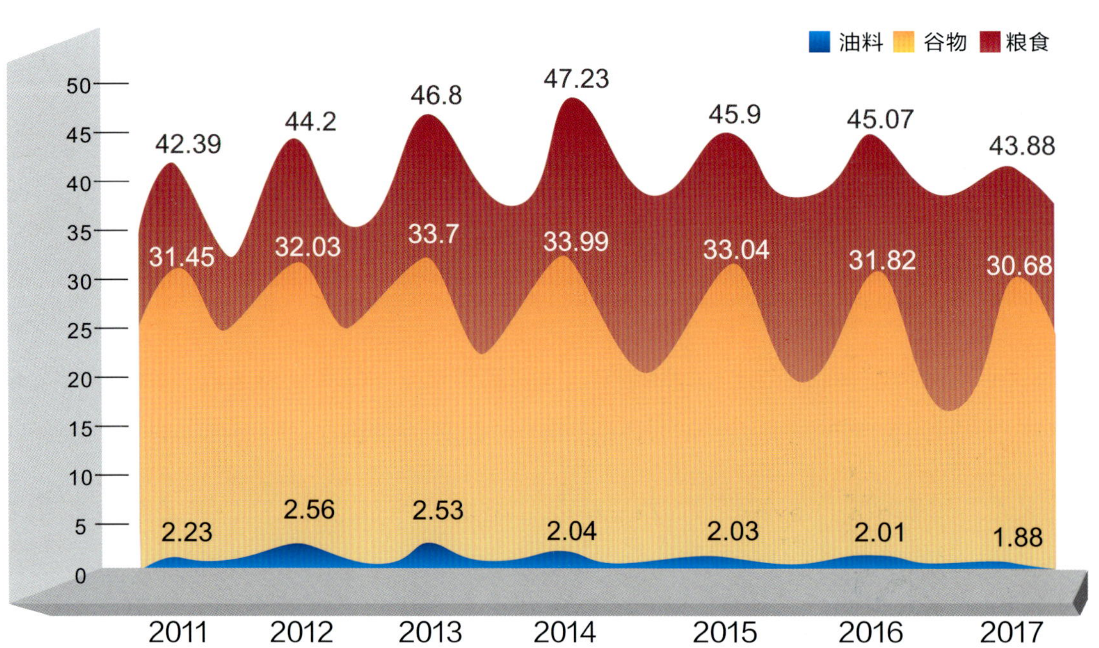

工业增加值（亿元）

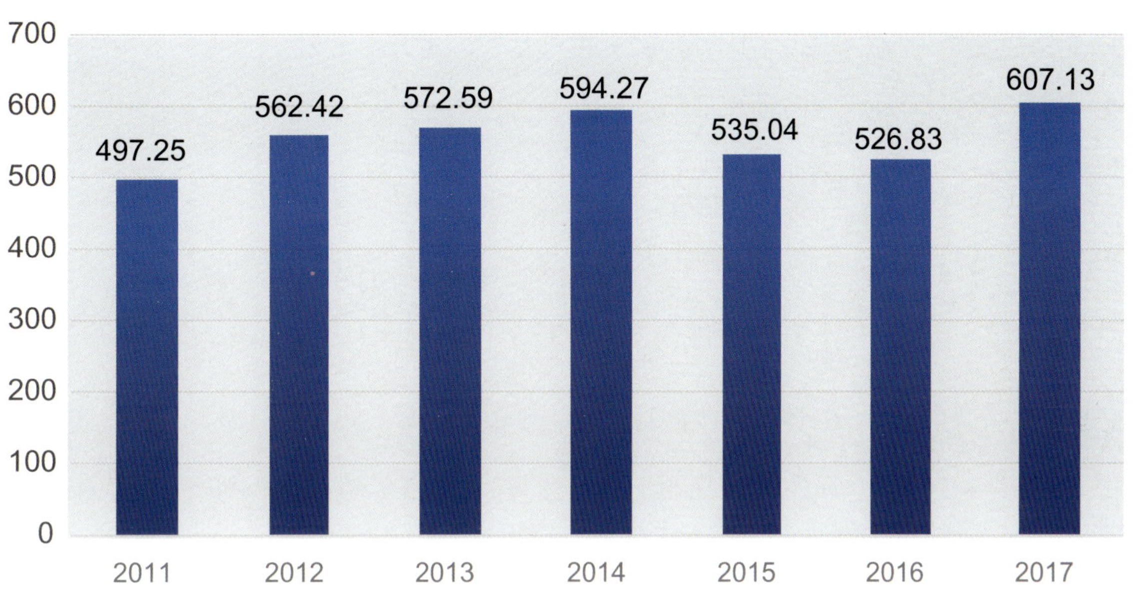

固定资产投资（亿元）

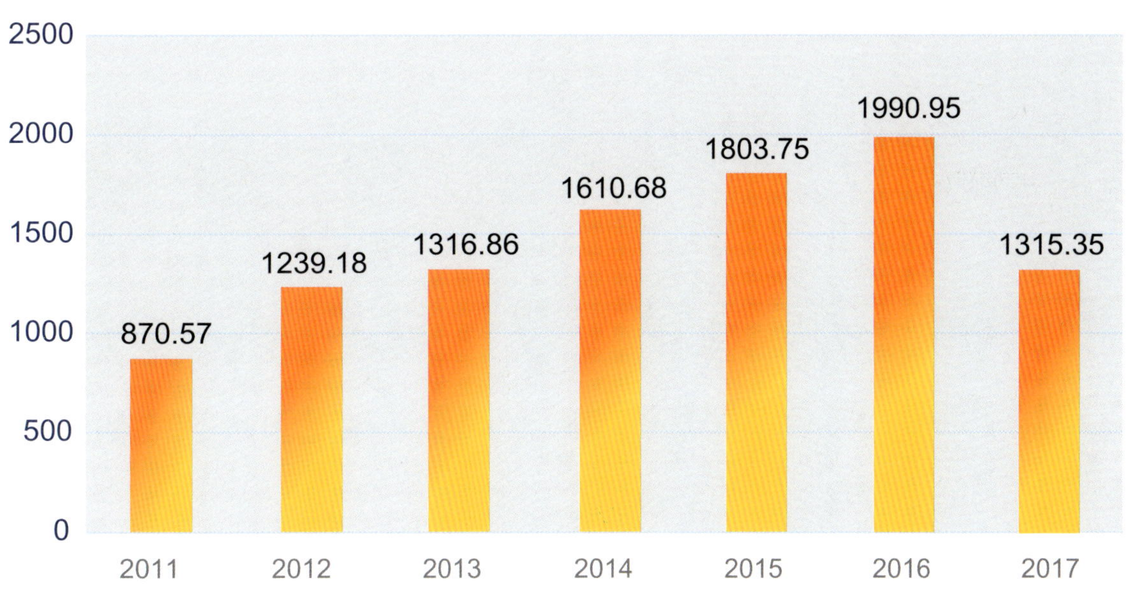

房地产开发投资（亿元）

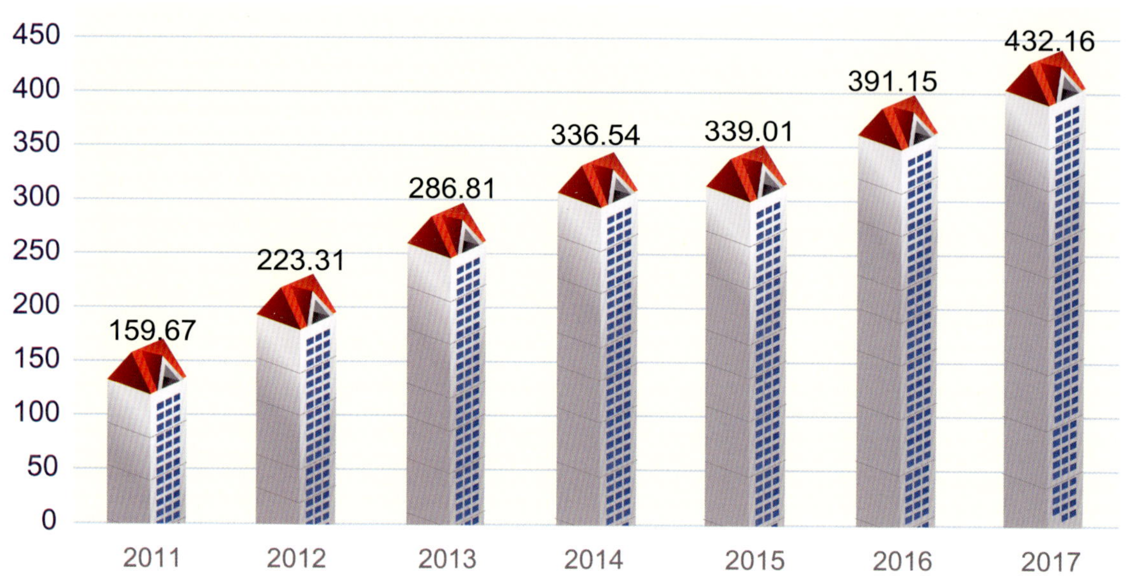

社会消费品零售总额（亿元）

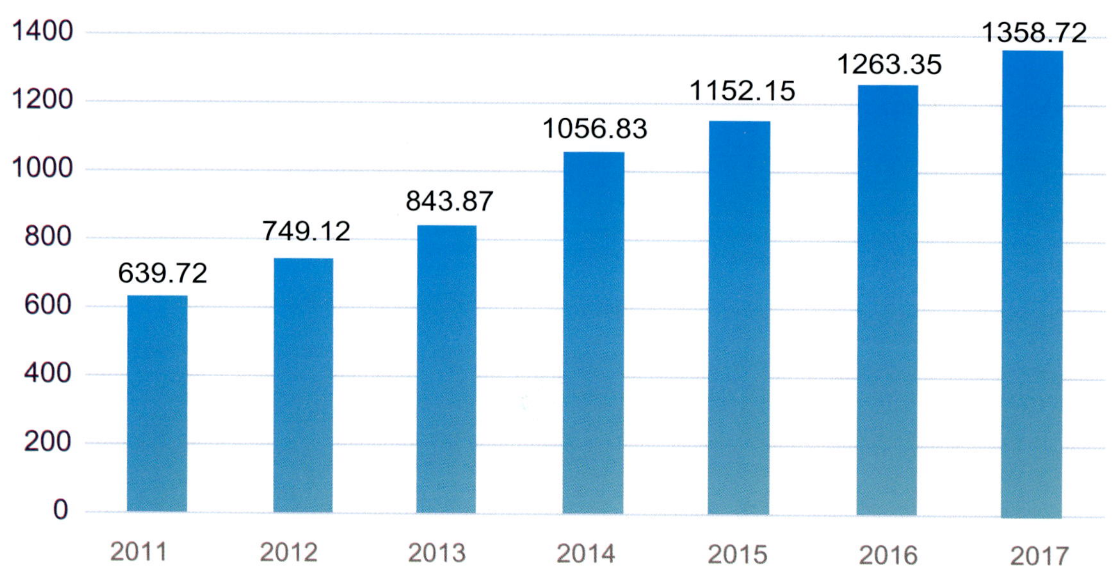

文化产业增加值及占GDP比重（亿元、%）

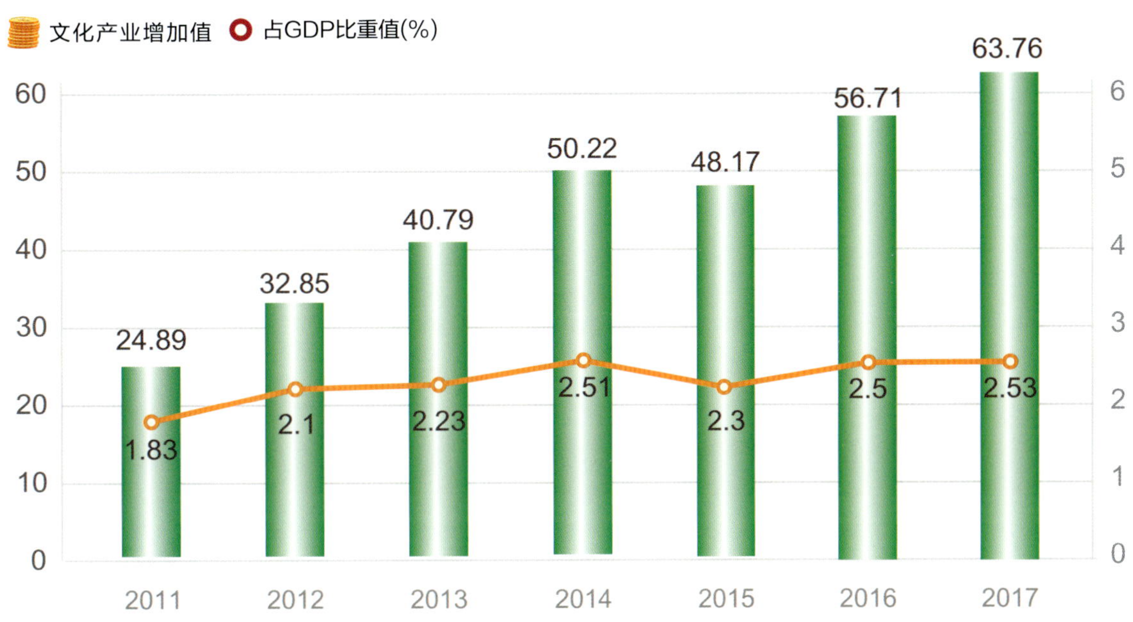

R&D经费内部支出及占GDP比重（亿元、%）

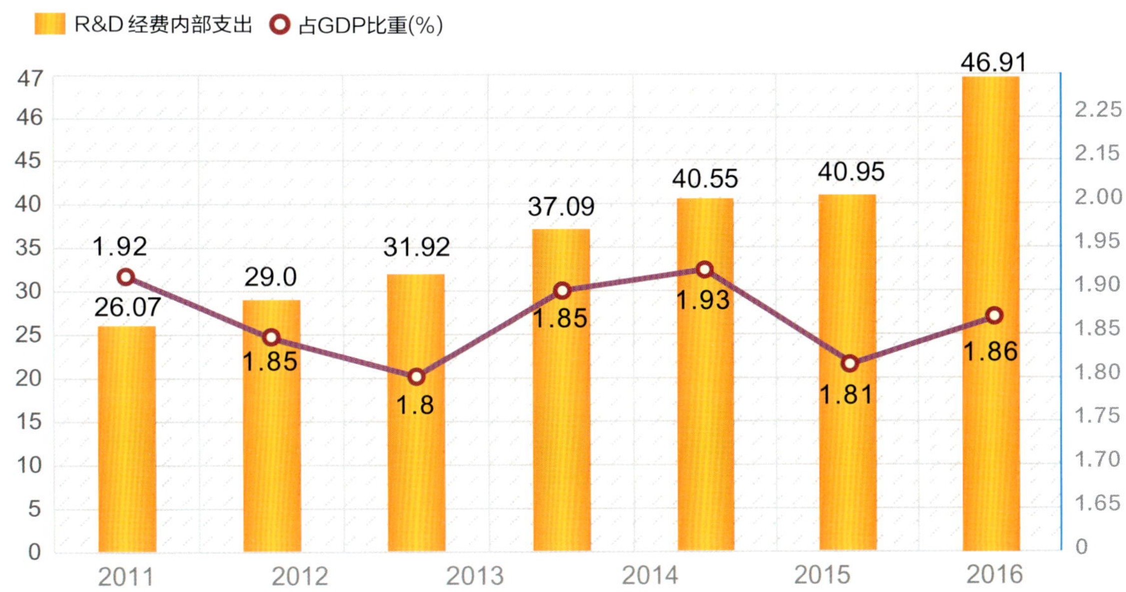

社会从业人数（万人）

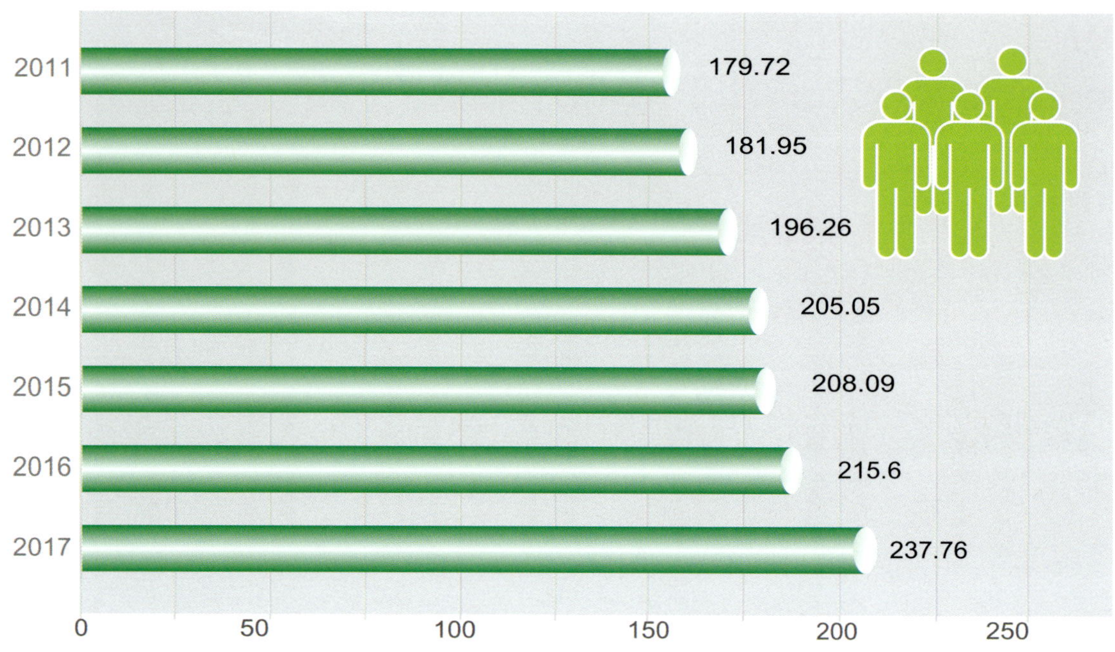

在岗职工平均工资（元）

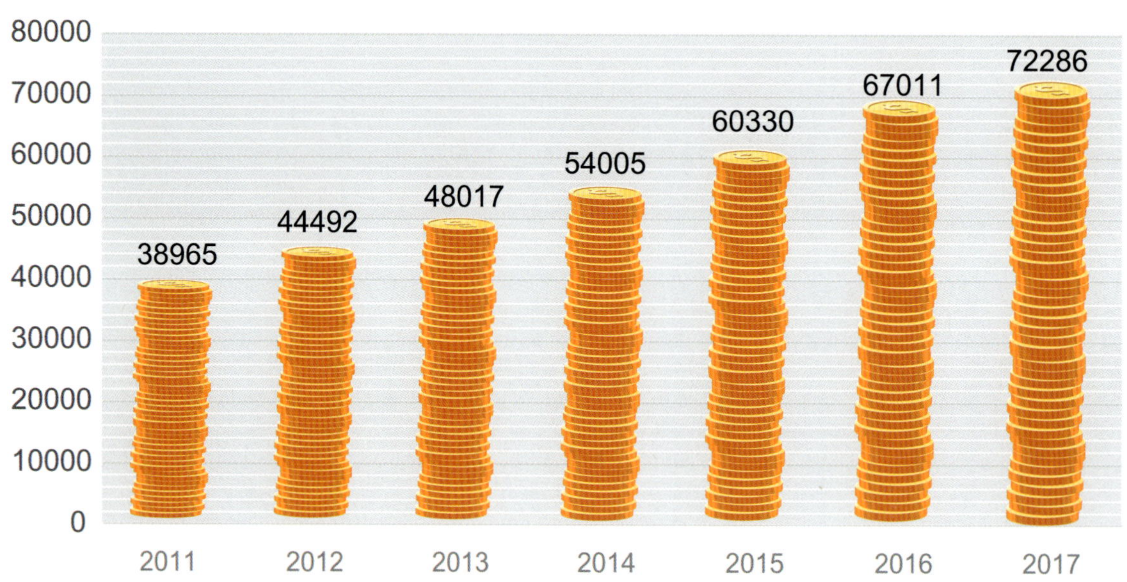

城镇居民人均可支配收入（元）

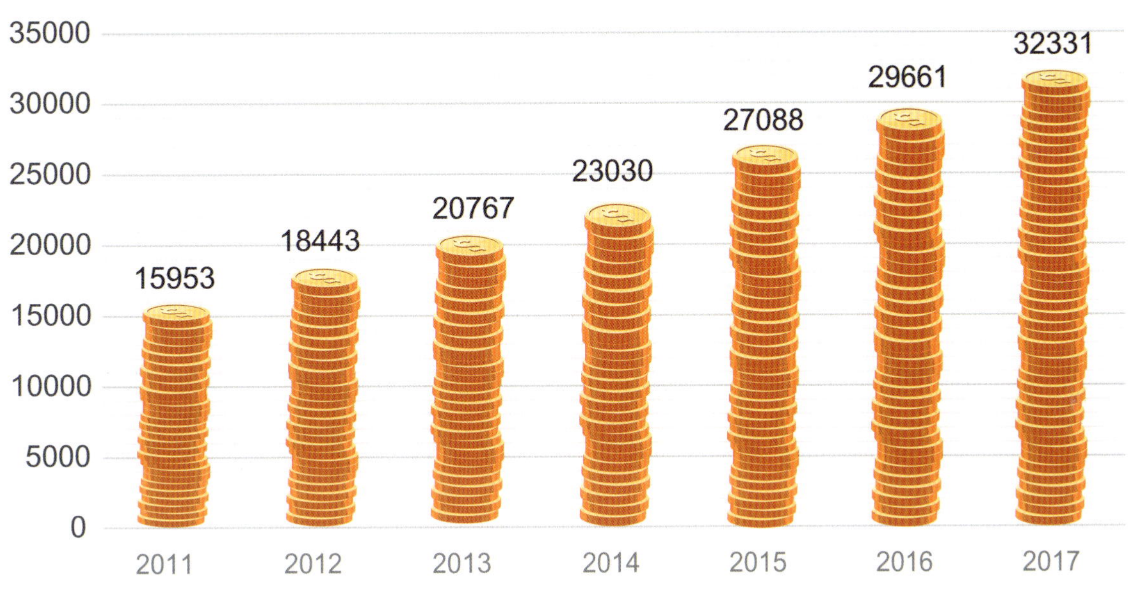

农村居民人均可支配收入（元）

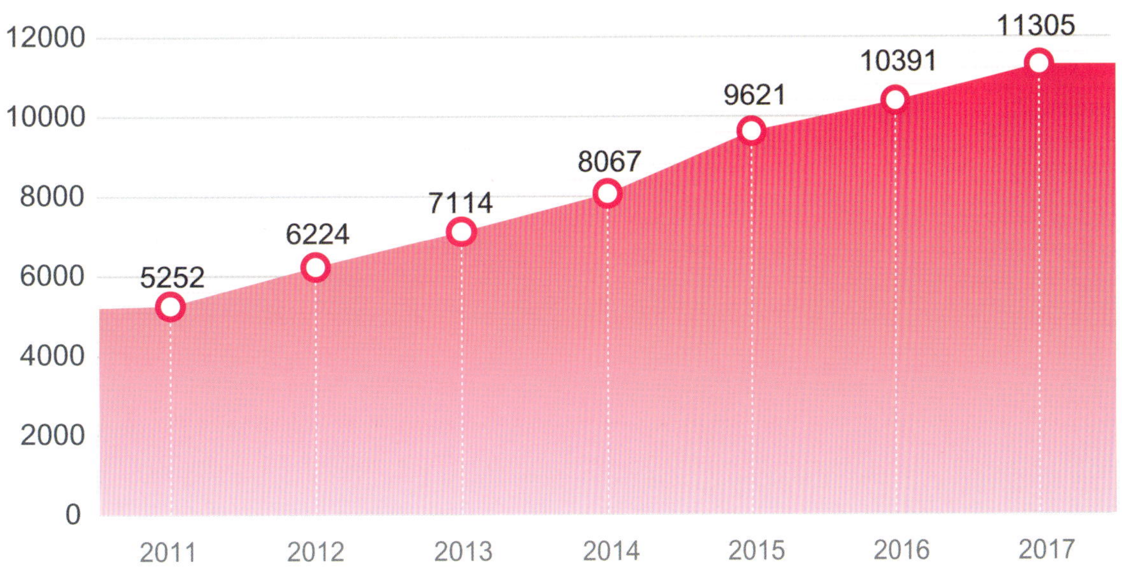

目 录

统计公报

统计资料

一、综 合

二、人 口

三、工业、能源

四、交通运输业

五、农　业

六、投资、建筑

七、城市建设

八、商业、物价

九、财政、金融

十、劳动、工资

十一、教育、科技文化

十二、卫生、司法

十三、人民生活

十四、市州主要经济指标

十五、全国主要指标对比

中华人民共和国
2017年国民经济和社会发展统计公报[1]

中华人民共和国国家统计局

2018年2月28日

2017年，各地区各部门在以习近平同志为核心的党中央坚强领导下，不断增强政治意识、大局意识、核心意识、看齐意识，深入贯彻落实党的十八大和十八届三中、四中、五中、六中、七中全会精神，认真学习贯彻党的十九大精神，以习近平新时代中国特色社会主义思想为指导，按照中央经济工作会议和《政府工作报告》部署，坚持稳中求进工作总基调，坚定不移贯彻新发展理念，坚持以提高发展质量和效益为中心，统筹推进“五位一体”总体布局和协调推进“四个全面”战略布局，以供给侧结构性改革为主线，统筹推进稳增长、促改革、调结构、惠民生、防风险各项工作，经济运行稳中有进、稳中向好、好于预期，经济社会保持平稳健康发展。

一、综合

初步核算，全年国内生产总值[2]827122亿元，比上年增长6.9%。其中，第一产业增加值65468亿元，增长3.9%；第二产业增加值334623亿元，增长6.1%；第三产业增加值427032亿元，增长8.0%。第一产业增加值占国内生产总值的比重为7.9%，第二产业增加值比重为40.5%，第三产业增加值比重为51.6%。全年最终消费支出对国内生产总值增长的贡献率为58.8%，资本形成总额贡献率为32.1%，货物和服务净出口贡献率为9.1%。全年人均国内生产总值59660元，比上年增长6.3%。全年国民总收入[3]825016亿元，比上年增长7.0%。

图1　2013-2017年国内生产总值及其增长速度

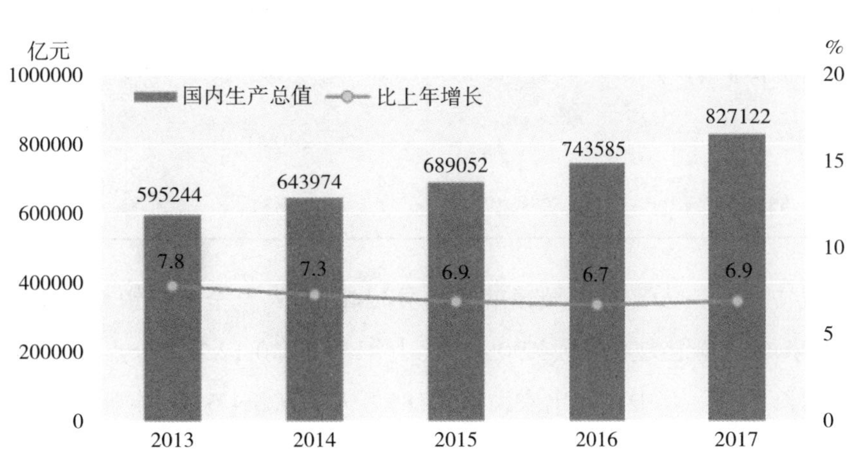

图2　2013-2017年三次产业增加值占国内生产总值比重

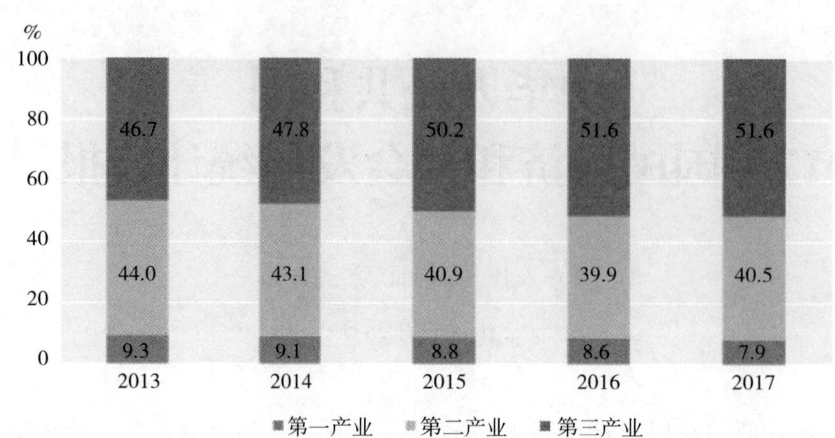

年末全国大陆总人口139008万人，比上年末增加737万人，其中城镇常住人口81347万人，占总人口比重（常住人口城镇化率）为58.52%，比上年末提高1.17个百分点。户籍人口城镇化率为42.35%，比上年末提高1.15个百分点。全年出生人口1723万人，出生率为12.43‰；死亡人口986万人，死亡率为7.11‰；自然增长率为5.32‰。全国人户分离的人口[4]2.91亿人，其中流动人口[5]2.44亿人。

表1　2017年年末人口数及其构成

指　标	年末数（万人）	比重（%）
全国总人口	139008	100.0
其中：城镇	81347	58.52
乡村	57661	41.48
其中：男性	71137	51.2
女性	67871	48.8
其中：0-15岁（含不满16周岁）[6]	24719	17.8
16-59岁（含不满60周岁）	90199	64.9
60周岁及以上	24090	17.3
其中：65周岁及以上	15831	11.4

年末全国就业人员77640万人，其中城镇就业人员42462万人。全年城镇新增就业1351万人，比上年增加37万人。年末城镇登记失业率为3.90%，比上年末下降0.12个百分点。全国农民工[7]总量28652万人，比上年增长1.7%。其中，外出农民工17185万人，增长1.5%；本地农民工11467万人，增长2.0%。

图3　2013-2017年城镇新增就业人数

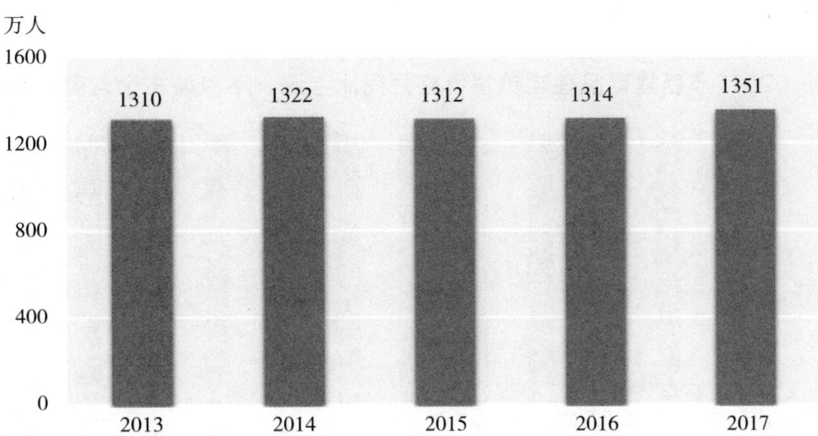

全年居民消费价格比上年上涨1.6%。工业生产者出厂价格上涨6.3%。工业生产者购进价格上涨8.1%。固定资产投资价格上涨5.8%。农产品生产者价格[8]下降3.5%。

图4　2017年居民消费价格月度涨跌幅度

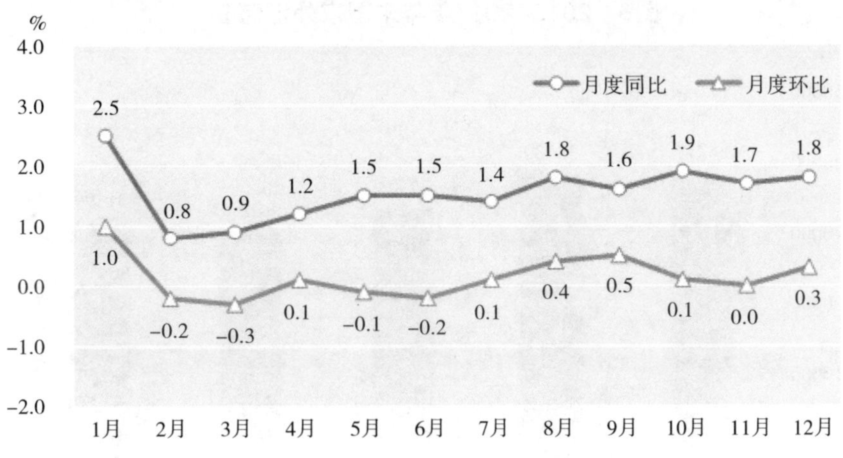

表2　2017年居民消费价格比上年涨跌幅度

单位：%

指　　标	全　国	城　市	农　村
居民消费价格	1.6	1.7	1.3
其中：食品烟酒	-0.4	-0.2	-1.1
衣　着	1.3	1.2	1.3
居　住[9]	2.6	2.5	2.7
生活用品及服务	1.1	1.0	1.2
交通和通信	1.1	1.0	1.4
教育文化和娱乐	2.4	2.4	2.3
医疗保健	6.0	6.8	4.2
其他用品和服务	2.4	2.5	2.4

12月份70个大中城市新建商品住宅销售价格月同比上涨的城市个数为61个，比1月份减少5个；下降的为9个，增加5个。

图5　2017年新建商品住宅销售价格月同比上涨、下降城市个数变化情况

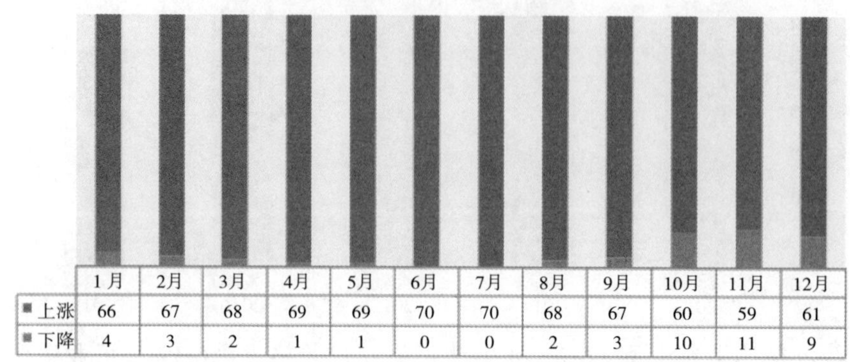

	1月	2月	3月	4月	5月	6月	7月	8月	9月	10月	11月	12月
上涨	66	67	68	69	69	70	70	68	67	60	59	61
下降	4	3	2	1	1	0	0	2	3	10	11	9

年末国家外汇储备31399亿美元，比上年末增加1294亿美元。全年人民币平均汇率为1美元兑6.7518元人民币，比上年贬值1.6%。

图6　2013-2017年年末国家外汇储备

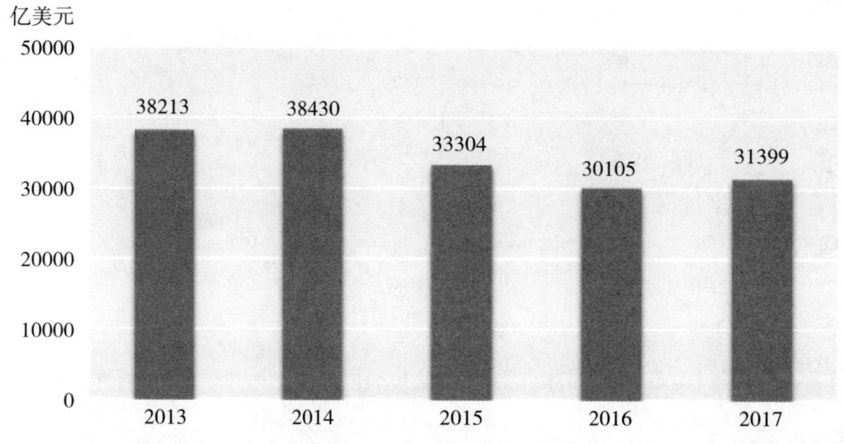

供给侧结构性改革扎实推进。全年全国工业产能利用率[10]为77.0%，比上年提高3.7个百分点。其中，煤炭开采和洗选业产能利用率为68.2%，比上年提高8.7个百分点；黑色金属冶炼和压延加工业产能利用率为75.8%，提高4.1个百分点。年末商品房待售面积58923万平方米，比上年末减少10616万平方米。其中，商品住宅待售面积30163万平方米，减少10094万平方米。年末规模以上工业企业资产负债率为55.5%，比上年末下降0.6个百分点。全年规模以上工业企业每百元主营业务收入中的成本为84.92元，比上年下降0.25元；每百元主营业务收入中的费用为7.77元，下降0.2元。全年生态保护和环境治理业、公共设施管理业、农业固定资产投资（不含农户）分别比上年增长23.9%、21.8%和16.4%。

新动能新产业新业态加快成长。全年规模以上工业战略性新兴产业[11]增加值比上年增长11.0%。高技术制造业[12]增加值增长13.4%，占规模以上工业增加值的比重为12.7%。装备制造业[13]增加值增长11.3%，占规模以上工业增加值的比重为32.7%。全年新能源汽车产量69万辆，比上年增长51.2%；智能电视产量9666万台，增长3.8%；工业机器人产量13万台（套），增长81.0%；民用无人机产量290万架，增长67.0%。全年规模以上服务业[14]中，战略性新兴服务业[15]营业收入41235

亿元，比上年增长17.3%；实现营业利润7446亿元，增长30.2%。全年高技术产业投资[16]42912亿元，比上年增长15.9%，占固定资产投资（不含农户）的比重为6.8%；工业技术改造投资[17]105912亿元，增长16.3%，占固定资产投资（不含农户）的比重为16.8%。全年网上零售额[18]71751亿元，比上年增长32.2%。其中网上商品零售额54806亿元，增长28.0%，占社会消费品零售总额的比重为15.0%。在网上商品零售额中，吃类商品增长28.6%，穿类商品增长20.3%，用类商品增长30.8%。2016年末全国25.1%的村有电子商务配送站点。

发展质量效益改善。全年全国一般公共预算收入172567亿元，比上年增长7.4%[19]。其中税收收入144360亿元，比上年增加13999亿元，增长10.7%。全年规模以上工业企业实现利润75187亿元，比上年增长21.0%。分经济类型看，国有控股企业实现利润16651亿元，比上年增长45.1%；集体企业400亿元，下降8.5%，股份制企业52404亿元，增长23.5%，外商及港澳台商投资企业18753亿元，增长15.8%；私营企业23753亿元，增长11.7%。分门类看，采矿业实现利润4587亿元，比上年增长2.6倍；制造业66511亿元，增长18.2%；电力、热力、燃气及水生产和供应业4089亿元，下降10.7%。全年规模以上服务业企业实现营业利润23645亿元，比上年增长24.5%。全年全员劳动生产率[20]为101231元/人，比上年提高6.7%。全年制造业产品质量合格率[21]为93.71%。

图7　2013-2017年全国一般公共预算收入

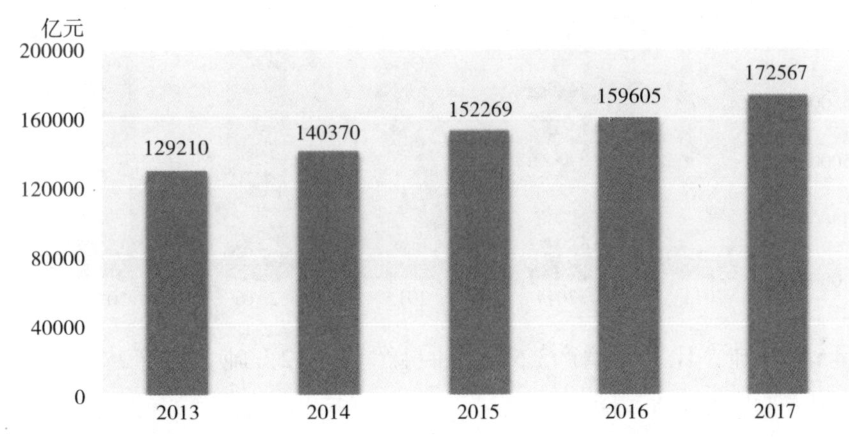

注：图中2013年至2016年数据为全国一般公共预算收入决算数，2017年为执行数。

图8　2013-2017年全员劳动生产率

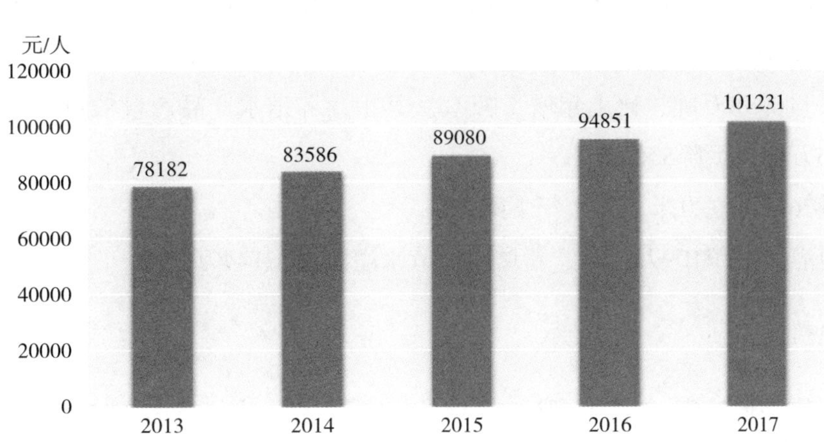

二、农业

全年粮食种植面积11222万公顷，比上年减少81万公顷。其中，小麦种植面积2399万公顷，减少20万公顷；稻谷种植面积3018万公顷，减少0.2万公顷；玉米种植面积3545万公顷，减少132万公顷。棉花种植面积323万公顷，减少12万公顷。油料种植面积1420万公顷，增加7万公顷。糖料种植面积168万公顷，减少1万公顷。

全年粮食产量61791万吨，比上年增加166万吨，增产0.3%。其中，夏粮产量14031万吨，增产0.8%；早稻产量3174万吨，减产3.2%；秋粮产量44585万吨，增产0.4%。全年谷物产量56455万吨，比上年减产0.1%。其中，稻谷产量20856万吨，增产0.7%；小麦产量12977万吨，增产0.7%；玉米产量21589万吨，减产1.7%。

图9 2013-2017年粮食产量

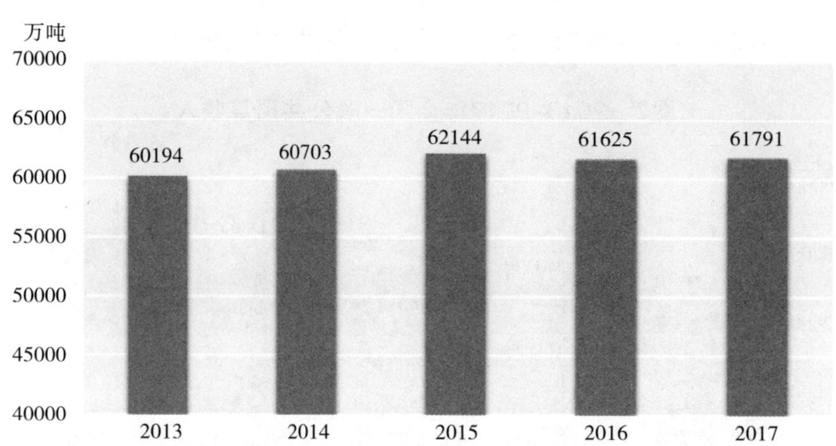

全年棉花产量549万吨，比上年增产3.5%。油料产量3732万吨，增产2.8%。糖料产量12556万吨，增产1.7%。茶叶产量255万吨，增产6.0%。

全年猪牛羊禽肉产量8431万吨，比上年增长0.8%。其中，猪肉产量5340万吨，增长0.8%；牛肉产量726万吨，增长1.3%；羊肉产量468万吨，增长1.8%；禽肉产量1897万吨，增长0.5%。禽蛋产量3070万吨，下降0.8%。牛奶产量3545万吨，下降1.6%。年末生猪存栏43325万头，下降0.4%；生猪出栏68861万头，增长0.5%。

全年水产品产量6938万吨，比上年增长0.5%。其中，养殖水产品产量5281万吨，增长2.7%；捕捞水产品产量1656万吨，下降5.8%。

全年木材产量7682万立方米，比上年下降1.2%。

全年新增耕地灌溉面积109万公顷，新增高效节水灌溉面积144万公顷。

三、工业和建筑业

全年全部工业增加值279997亿元，比上年增长6.4%。规模以上工业增加值增长6.6%。在规模以上工业中，分经济类型看，国有控股企业增长6.5%；集体企业增长0.6%，股份制企业增长6.6%，外商及港澳台商投资企业增长6.9%；私营企业增长5.9%。分门类看，采矿业下降1.5%，制造业增长7.2%，电力、热力、燃气及水生产和供应业增长8.1%。

图10　2013-2017年全部工业增加值及其增长速度

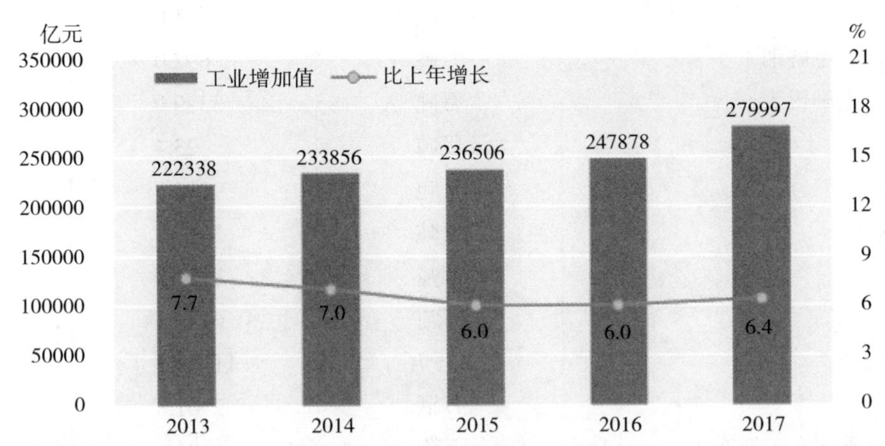

全年规模以上工业中，农副食品加工业增加值比上年增长6.8%，纺织业增长4.0%，化学原料和化学制品制造业增长3.8%，非金属矿物制品业增长3.7%，黑色金属冶炼和压延加工业增长0.3%，通用设备制造业增长10.5%，专用设备制造业增长11.8%，汽车制造业增长12.2%，电气机械和器材制造业增长10.6%，计算机、通信和其他电子设备制造业增长13.8%，电力、热力生产和供应业增长7.8%。六大高耗能行业[22]增加值增长3.0%，占规模以上工业增加值的比重为29.7%。

表3　2017年主要工业产品产量及其增长速度

产品名称	单　位	产　量	比上年增长（%）
纱	万吨	4050.0	8.5
布	亿米	868.1	-4.3
化学纤维	万吨	4919.6	0.7
成品糖	万吨	1470.6	1.9
卷　烟	亿支	23448.3	-1.6
彩色电视机	万台	15932.6	1.0
其中：液晶电视机	万台	15755.9	0.3
家用电冰箱	万台	8548.4	0.8
房间空气调节器	万台	17861.5	24.5
一次能源生产总量	亿吨标准煤	35.9	3.6
原　煤	亿吨	35.2	3.3
原　油	万吨	19150.6	-4.1
天然气	亿立方米	1480.3	8.2
发电量	亿千瓦小时	64951.4	5.9
其中：火电[23]	亿千瓦小时	46627.4	5.1

产品名称	单　位	产　量	比上年增长（%）
水电	亿千瓦小时	11898.4	0.5
核电	亿千瓦小时	2480.7	16.3
粗　钢	万吨	83172.8	3.0
钢　材[24]	万吨	104958.8	0.1
十种有色金属	万吨	5501.0	2.9
其中：精炼铜（电解铜）	万吨	897.0	6.3
原铝（电解铝）	万吨	3329.0	2.0
水　泥	亿吨	23.4	-3.1
硫　酸（折100%）	万吨	9212.9	0.9
烧　碱（折100%）	万吨	3365.2	5.1
乙　烯	万吨	1821.8	2.3
化　肥（折100%）	万吨	6184.3	-6.7
发电机组（发电设备）	万千瓦	11830.4	-9.8
汽　车	万辆	2901.8	3.2
其中：基本型乘用车（轿车）	万辆	1194.5	-1.4
运动型多用途乘用车（SUV）	万辆	1004.7	9.9
大中型拖拉机	万台	41.8	-32.4
集成电路	亿块	1564.6	18.7
程控交换机	万线	1240.8	-14.9
移动通信手持机[25]	万台	188982.4	2.2
微型计算机设备	万台	30678.4	5.8

年末全国发电装机容量177703万千瓦，比上年末增长7.6%。其中[26]，火电装机容量110604万千瓦，增长4.3%；水电装机容量34119万千瓦，增长2.7%；核电装机容量3582万千瓦，增长6.5%；并网风电装机容量16367万千瓦，增长10.5%；并网太阳能发电装机容量13025万千瓦，增长68.7%。

全年全社会建筑业增加值55689亿元，比上年增长4.3%。全国具有资质等级的总承包和专业承包建筑业企业实现利润7661亿元，增长9.7%。其中国有控股企业2313亿元，增长15.1%。

图11　2013-2017年建筑业增加值及其增长速度

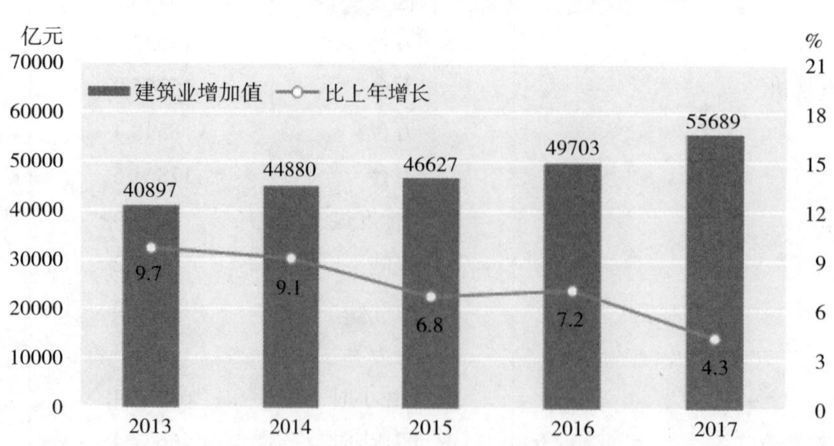

四、固定资产投资

全年全社会固定资产投资641238亿元，比上年增长7.0%[27]。其中固定资产投资（不含农户）631684亿元，增长7.2%。分区域看[28]，东部地区投资265837亿元，比上年增长8.3%；中部地区投资163400亿元，增长6.9%；西部地区投资166571亿元，增长8.5%；东北地区投资30655亿元，增长2.8%。

在固定资产投资（不含农户）中，第一产业投资20892亿元，比上年增长11.8%；第二产业投资235751亿元，增长3.2%；第三产业投资375040亿元，增长9.5%。基础设施投资[29]140005亿元，增长19.0%，占固定资产投资（不含农户）的比重为22.2%。民间固定资产投资[30]381510亿元，增长6.0%，占固定资产投资（不含农户）的比重为60.4%。六大高耗能行业投资64430亿元，下降1.8%，占固定资产投资（不含农户）的比重为10.2%。

图12　2013-2017年三次产业投资占固定资产投资（不含农户）比重

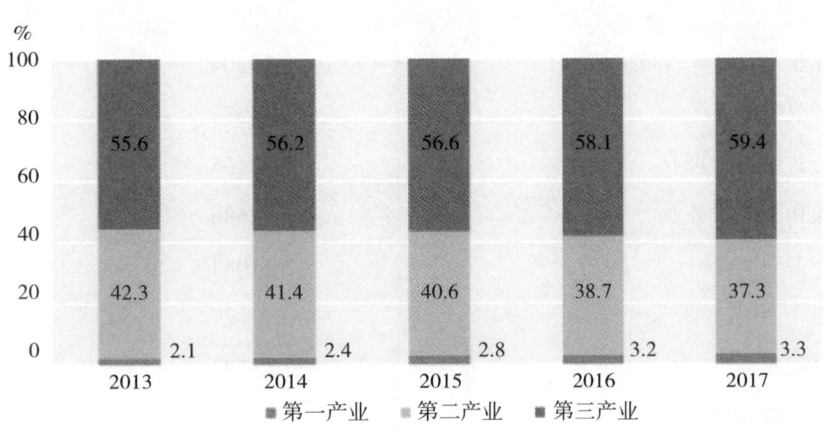

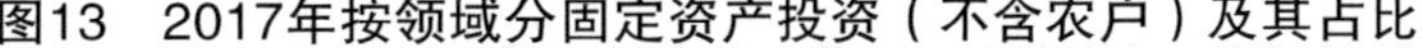

图13　2017年按领域分固定资产投资（不含农户）及其占比

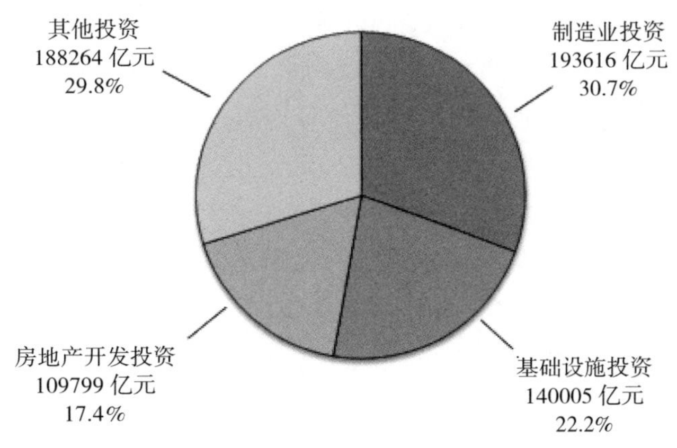

表4 2017年分行业固定资产投资（不含农户）及其增长速度

行业	投资额（亿元）	比上年增长（%）
总计	**631684**	**7.2**
农、林、牧、渔业	24638	9.1
采矿业	9209	-10.0
制造业	193616	4.8
电力、热力、燃气及水生产和供应业	29794	0.8
建筑业	3648	-19.0
批发和零售业	16542	-6.3
交通运输、仓储和邮政业	61186	14.8
住宿和餐饮业	6107	3.9
信息传输、软件和信息技术服务业	6987	12.8
金融业	1121	-13.3
房地产业[31]	139734	3.6
租赁和商务服务业	13304	14.4
科学研究和技术服务业	5932	9.4
水利、环境和公共设施管理业	82105	21.2
居民服务、修理和其他服务业	2686	2.4
教育	11084	20.2
卫生和社会工作	7327	18.1
文化、体育和娱乐业	8732	12.9
公共管理、社会保障和社会组织	7931	-2.0

表5 2017年固定资产投资新增主要生产与运营能力

指标	单位	绝对数
新增220千伏及以上变电设备	万千伏安	24263
新建铁路投产里程	公里	3038
其中：高速铁路[32]	公里	2182
增、新建铁路复线投产里程	公里	3223
电气化铁路投产里程	公里	4583
新改建公路里程	公里	313607
其中：高速公路	公里	6796
港口万吨级码头泊位新增通过能力	万吨/年	24858
新增民用运输机场	个	11
新增光缆线路长度	万公里	705

全年房地产开发投资109799亿元，比上年增长7.0%。其中住宅投资75148亿元，增长9.4%；办公楼投资6761亿元，增长3.5%；商业营业用房投资15640亿元，下降1.2%。

全年全国城镇棚户区住房改造开工609万套，棚户区改造基本建成604万套，公租房基本建成82万套。全年全国农村地区建档立卡贫困户危房改造152.5万户[33]。

表6　2017年房地产开发和销售主要指标及其增长速度

指　　标	单位	绝对数	比上年增长（%）
投资额	亿元	109799	7.0
其中：住宅	亿元	75148	9.4
其中：90 平方米及以下	亿元	22367	-9.7
房屋施工面积	万平方米	781484	3.0
其中：住宅	万平方米	536444	2.9
房屋新开工面积	万平方米	178654	7.0
其中：住宅	万平方米	128098	10.5
房屋竣工面积	万平方米	101486	-4.4
其中：住宅	万平方米	71815	-7.0
商品房销售面积	万平方米	169408	7.7
其中：住宅	万平方米	144789	5.3
本年到位资金	亿元	156053	8.2
其中：国内贷款	亿元	25242	17.3
个人按揭贷款	亿元	23906	-2.0

五、国内贸易

全年社会消费品零售总额366262亿元，比上年增长10.2%。按经营地统计，城镇消费品零售额314290亿元，增长10.0%；乡村消费品零售额51972亿元，增长11.8%。按消费类型统计，商品零售额326618亿元，增长10.2%；餐饮收入额39644亿元，增长10.7%。

图14　2013–2017年社会消费品零售总额

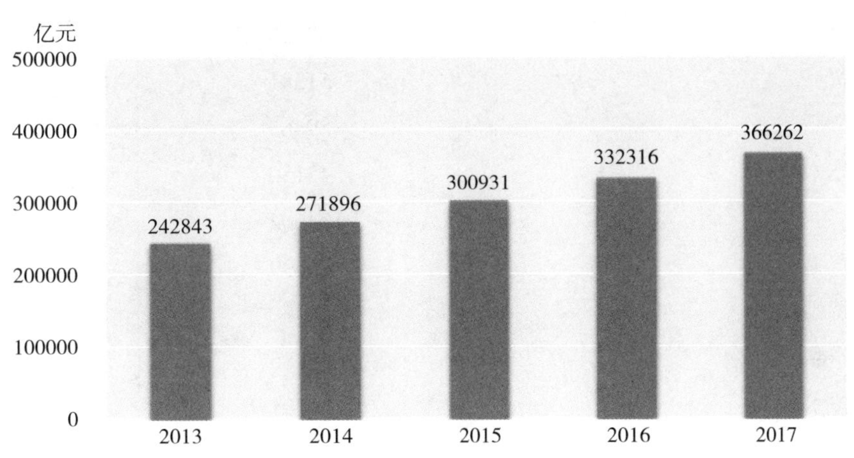

在限额以上企业商品零售额中，粮油、食品、饮料、烟酒类零售额比上年增长9.7%，服装、鞋帽、针纺织品类增长7.8%，化妆品类增长13.5%，金银珠宝类增长5.6%，日用品类增长8.0%，家用电器和音像器材类增长9.3%，中西药品类增长12.4%，文化办公用品类增长9.8%，家具类增长12.8%，通讯器材类增长11.7%，建筑及装潢材料类增长10.3%，汽车类增长5.6%，石油及制品类增长9.2%。

六、对外经济[34]

全年货物进出口总额277923亿元，比上年增长14.2%。其中，出口153321亿元，增长10.8%；进口124602亿元，增长18.7%。货物进出口差额（出口减进口）28718亿元，比上年减少4734亿元。对"一带一路"[35]沿线国家进出口总额73745亿元，比上年增长17.8%。其中，出口43045亿元，增长12.1%；进口30700亿元，增长26.8%。

图15 2013-2017年货物进出口总额

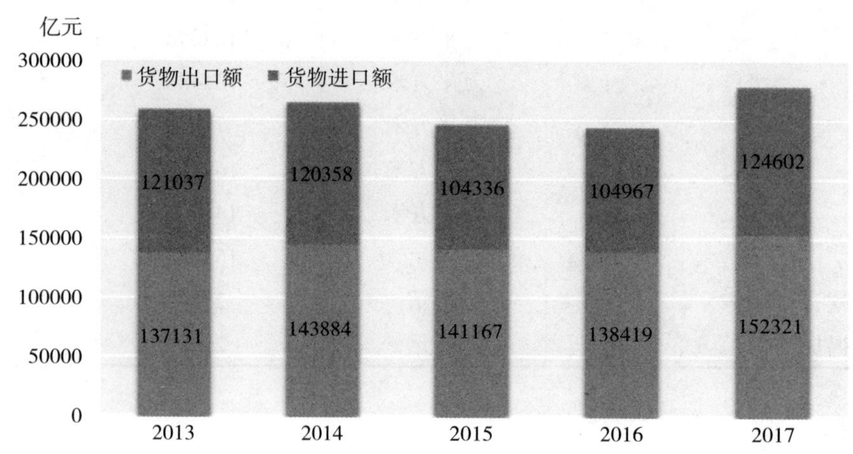

表7 2017年货物进出口总额及其增长速度

指　标	金额（亿元）	比上年增长（%）
货物进出口总额	277923	14.2
货物出口额	153321	10.8
其中：一般贸易	83325	11.7
加工贸易	51381	8.8
其中：机电产品	89465	12.1
高新技术产品	45150	13.3
货物进口额	124602	18.7
其中：一般贸易	73299	23.2
加工贸易	29180	11.3
其中：机电产品	57785	13.3
高新技术产品	39501	14.1
货物进出口差额（出口减进口）	28718	-

表8　2017年主要商品出口数量、金额及其增长速度

商品名称	单位	数量	比上年增长（%）	金额（亿元）	比上年增长（%）
煤（包括褐煤）	万吨	817	-7.0	75	64.7
钢材	万吨	7541	-30.5	3700	3.1
纺织纱线、织物及制品	—	—	—	7441	7.4
服装及衣着附件	—	—	—	10656	2.3
鞋类	万吨	450	6.5	3269	5.0
家具及其零件	—	—	—	3385	7.4
自动数据处理设备及其部件	万台	154208	-3.1	10710	18.1
手持或车载无线电话	万台	121087	-4.8	8503	11.3
集装箱	万个	300	50.6	567	103.2
液晶显示板	万个	193367	1.6	1737	2.3
汽车	万辆	104	43.1	898	27.2

表9　2017年主要商品进口数量、金额及其增长速度

商品名称	单位	数量	比上年增长（%）	金额（亿元）	比上年增长（%）
谷物及谷物粉	万吨	2559	16.4	440	17.2
大豆	万吨	9553	13.8	2688	19.6
食用植物油	万吨	577	4.4	307	11.3
铁矿砂及其精矿	万吨	107474	5.0	5175	35.0
氧化铝	万吨	287	-5.3	75	29.5
煤（包括褐煤）	万吨	27090	6.1	1536	63.7
原油	万吨	41957	10.1	11003	42.7
成品油	万吨	2964	6.4	982	33.3
初级形状的塑料	万吨	2868	11.5	3284	20.1
纸浆	万吨	2372	12.6	1039	28.5
钢材	万吨	1330	0.6	1027	18.2
未锻轧铜及铜材	万吨	469	-5.2	2115	21.3
集成电路	亿个	3770	10.1	17592	17.3
汽车	万辆	124	15.7	3422	16.3

表10 2017年对主要国家和地区货物进出口额及其增长速度

国家和地区	出口额（亿元）	比上年增长（%）	占全部出口比重（%）	进口额（亿元）	比上年增长（%）	占全部进口比重（%）
欧盟	25199	12.6	16.4	16543	20.2	13.3
美国	29103	14.5	19.0	10430	17.3	8.4
东盟	18902	11.9	12.3	15942	22.8	12.8
日本	9301	8.9	6.1	11204	16.3	9.0
中国香港	18899	-0.4	12.3	495	-54.9	0.4
韩国	6965	12.6	4.5	12013	14.4	9.6
中国台湾	2979	12.2	1.9	10512	14.5	8.4
巴西	1962	35.2	1.3	3974	31.4	3.2
印度	4615	19.8	3.0	1107	42.4	0.9
俄罗斯	2906	17.8	1.9	2790	31.0	2.2
南非	1004	18.4	0.7	1649	12.1	1.3

全年服务进出口[36]总额46991亿元，比上年增长6.8%。其中，服务出口15407亿元，增长10.6%；服务进口31584亿元，增长5.1%。服务进出口逆差16177亿元。

全年吸收外商直接投资（不含银行、证券、保险）新设立企业35652家，比上年增长27.8%。实际使用外商直接投资金额8776亿元（折1310亿美元），增长7.9%，增速比上年加快3.8个百分点。其中“一带一路”沿线国家对华直接投资新设立企业3857家，增长32.8%；对华直接投资金额374亿元（折56亿美元）。全年高技术制造业实际使用外资666亿元，增长11.3%。

表11 2017年外商直接投资（不含银行、证券、保险）及其增长速度

行　业	企业数（家）	比上年增长（%）	实际使用金额（亿元）	比上年增长（%）
总　计	**35652**	**27.8**	**8776**	**7.9**
其中：农、林、牧、渔业	706	26.5	72	-41.6
制造业	4986	24.3	2259	-1.9
电力、燃气及水生产和供应业	372	19.6	235	68.1
交通运输、仓储和邮政业	517	21.7	374	13.6
信息传输、计算机服务和软件业	3169	116.6	1389	157.1
批发和零售业	12283	30.7	770	-23.9
房地产业	737	95.0	1133	-10.4
租赁和商务服务业	5087	9.9	1125	7.5
居民服务和其他服务业	349	42.5	38	16.0

全年对外直接投资额（不含银行、证券、保险）8108亿元，按美元计价为1201亿美元，比上年下降29.4%。其中，对“一带一路”沿线国家直接投资额144亿美元。

表12　2017年对外直接投资额（不含银行、证券、保险）及其增长速度

行　业	对外直接投资金额（亿美元）	比上年增长（%）
总　计	1201	-29.4
其中：农、林、牧、渔业	22	-25.3
采矿业	83	-4.4
制造业	191	-38.4
电力、热力、燃气及水生产和供应业	32	26.5
建筑业	73	37.5
批发和零售业	249	-9.6
交通运输、仓储和邮政业	30	-16.9
信息传输、软件和信息技术服务业	103	-49.3
房地产业	22	-79.6
租赁和商务服务业	349	-17.3

全年对外承包工程业务完成营业额11383亿元，按美元计价为1686亿美元，比上年增长5.8%。其中，对“一带一路”沿线国家完成营业额855亿美元，增长12.6%，占对外承包工程业务完成营业额比重为50.7%。对外劳务合作派出各类劳务人员52万人，增长5.7%。

七、交通、邮电和旅游

全年货物运输总量479亿吨，比上年增长9.3%。货物运输周转量196130亿吨公里，增长5.1%。全年规模以上港口完成货物吞吐量126亿吨，比上年增长6.4%，其中外贸货物吞吐量40亿吨，增长5.7%。规模以上港口集装箱吞吐量23680万标准箱，增长8.3%。

表13　2017年各种运输方式完成货物运输量及其增长速度

指　　标	单　位	绝对数	比上年增长（%）
货物运输总量	亿　吨	479.4	9.3
铁路	亿　吨	36.9	10.7
公路	亿　吨	368.0	10.1
水运	亿　吨	66.6	4.3
民航	万　吨	705.8	5.7
管道	亿　吨	7.9	7.3
货物运输周转量	亿吨公里	196130.4	5.1
铁路	亿吨公里	26962.2	13.3
公路	亿吨公里	66712.5	9.2
水运	亿吨公里	97455.0	0.1
民航	亿吨公里	243.5	9.5
管道	亿吨公里	4757.2	13.4

全年旅客运输总量185亿人次，比上年下降2.6%。旅客运输周转量32813亿人公里，增长5.0%。

表14　2017年各种运输方式完成旅客运输量及其增长速度

指　　标	单　位	绝对数	比上年增长（%）
旅客运输总量	亿人次	185.1	-2.6
铁路	亿人次	30.8	9.6
公路	亿人次	145.9	-5.4
水运	亿人次	2.8	4.1
民航	亿人次	5.5	13.0
旅客运输周转量	亿人公里	32812.7	5.0
铁路	亿人公里	13456.9	7.0
公路	亿人公里	9765.1	-4.5
水运	亿人公里	77.9	7.7
民航	亿人公里	9512.8	13.5

年末全国民用汽车保有量21743万辆（包括三轮汽车和低速货车820万辆），比上年末增长11.8%，其中私人汽车保有量18695万辆，增长12.9%。民用轿车保有量12185万辆，增长12.0%，其中私人轿车11416万辆，增长12.5%。

全年完成邮政行业业务总量[37]9764亿元，比上年增长32.0%。邮政业全年完成邮政函件业务31.5亿件，包裹业务0.3亿件，快递业务量400.6亿件；快递业务收入4957亿元。全年完成电信业务总量[38]27557亿元，比上年增长76.4%。电信业全年新增移动电话交换机容量[39]23646万户，达到242186万户。年末全国电话用户总数161125万户，其中移动电话用户141749万户。移动电话普及率上升至102.5部/百人。固定互联网宽带接入用户[40]34854万户，比上年增加5133万户，其中固定互联网光纤宽带接入用户[41]29392万户，比上年增加6627万户；移动宽带用户[42]113152万户，增加19077万户。移动互联网接入流量246亿G，比上年增长162.7%。互联网上网人数7.72亿人，增加4074万人，其中手机上网人数[43]7.53亿人，增加5734万人。互联网普及率达到55.8%，其中农村地区互联网普及率达到35.4%。软件和信息技术服务业[44]完成软件业务收入55037亿元，比上年增长13.9%。

图16　2013-2017年快递业务量及其增长速度

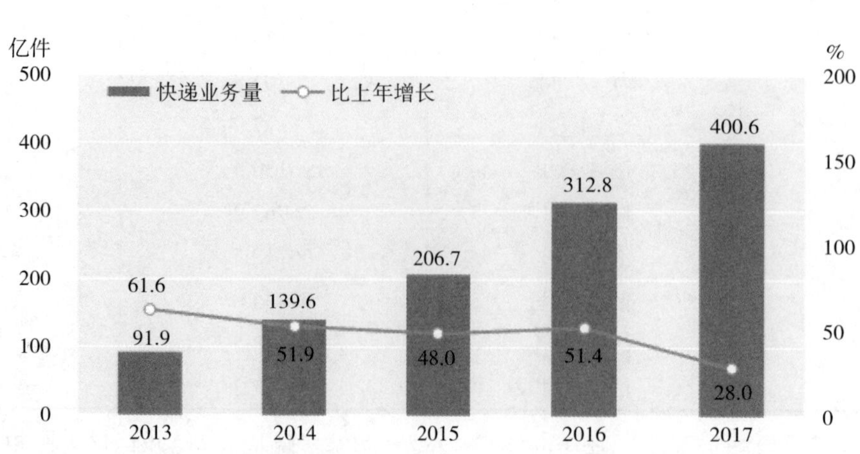

图17　2013-2017年年末固定互联网宽带接入用户和移动宽带用户数

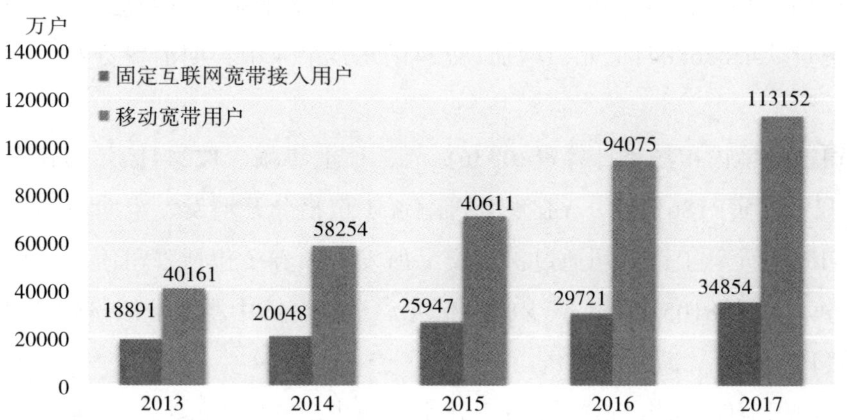

全年国内游客50亿人次，比上年增长12.8%；国内旅游收入45661亿元，增长15.9%。入境游客13948万人次，增长0.8%。其中，外国人2917万人次，增长3.6%；香港、澳门和台湾同胞11032万人次，与上年持平。在入境游客中，过夜游客6074万人次，增长2.5%。国际旅游收入1234亿美元，增长2.9%。国内居民出境14273万人次，增长5.6%。其中因私出境13582万人次，增长5.7%；赴港澳台出境8698万人次，增长3.6%。

八、金融

年末广义货币供应量（M2）余额167.7万亿元，比上年末增长8.2%；狭义货币供应量（M1）余额54.4万亿元，增长11.8%；流通中货币（M0）余额7.1万亿元，增长3.4%。

全年社会融资规模增量[45]19.4万亿元，按可比口径计算比上年多1.6万亿元；年末社会融资规模存量[46]174.6万亿元，比上年末增长12.0%。年末全部金融机构本外币各项存款余额169.3万亿元，比年初增加13.7万亿元，其中人民币各项存款余额164.1万亿元，增加13.5万亿元。全部金融机构本外币各项贷款余额125.6万亿元，增加13.6万亿元，其中人民币各项贷款余额120.1万亿元，增加13.5万亿元。

表15　2017年年末全部金融机构本外币存贷款余额及其增长速度

指　　标	年末数（亿元）	比上年末增长（%）
各项存款	1692727	8.8
其中：境内住户存款	651983	7.5
其中：人民币	643768	7.7
境内非金融企业存款	571641	7.7
各项贷款	1256074	12.1
其中：境内短期贷款	411153	8.2
境内中长期贷款	750894	18.2

年末主要农村金融机构（农村信用社、农村合作银行、农村商业银行）人民币贷款余额149820亿元，比年初增加15602亿元。全部金融机构人民币消费贷款余额315194亿元，增加64717亿元。其中，个人短期消费贷款余额68041亿元，增加18724亿元；个人中长期消费贷款余额247154亿元，增加45993亿元。

全年上市公司通过境内市场累计筹资40836亿元，比上年减少12244亿元。其中，首次公开发行A股完成申购419只，筹资2186亿元；A股现金再融资（包括公开增发、定向增发、配股、优先股）9209亿元，减少4178亿元；上市公司通过沪深交易所发行债券（包括公司债、可转债、可交换债和企业资产支持证券）筹资28105亿元，减少8563亿元。全年全国中小企业股份转让系统[47]新增挂牌公司2176家，筹资1336亿元，减少3.95%。

全年发行公司信用类债券[48]5.64万亿元，比上年减少2.59万亿元。

全年保险公司原保险保费收入[49]36581亿元，比上年增长18.2%。其中，寿险业务原保险保费收入21456亿元，健康险和意外伤害险业务原保险保费收入5291亿元，财产险业务原保险保费收入9835亿元。支付各类赔款及给付11181亿元。其中，寿险业务给付4575亿元，健康险和意外伤害险赔款及给付1518亿元，财产险业务赔款5087亿元。

九、居民收入消费和社会保障

全年全国居民人均可支配收入[50]25974元，比上年增长9.0%，扣除价格因素，实际增长7.3%。全国居民人均可支配收入中位数[51]22408元，增长7.3%。按常住地分，城镇居民人均可支配收入36396元，比上年增长8.3%，扣除价格因素，实际增长6.5%。城镇居民人均可支配收入中位数33834元，增长7.2%。农村居民人均可支配收入13432元，比上年增长8.6%，扣除价格因素，实际增长7.3%。农村居民人均可支配收入中位数11969元，增长7.4%。按全国居民五等份收入分组[52]，低收入组人均可支配收入5958元，中等偏下收入组人均可支配收入13843元，中等收入组人均可支配收入22495元，中等偏上收入组人均可支配收入34547元，高收入组人均可支配收入64934元。全国农民工人均月收入3485元，比上年增长6.4%。

图18　2013-2017年全国居民人均可支配收入及其增长速度

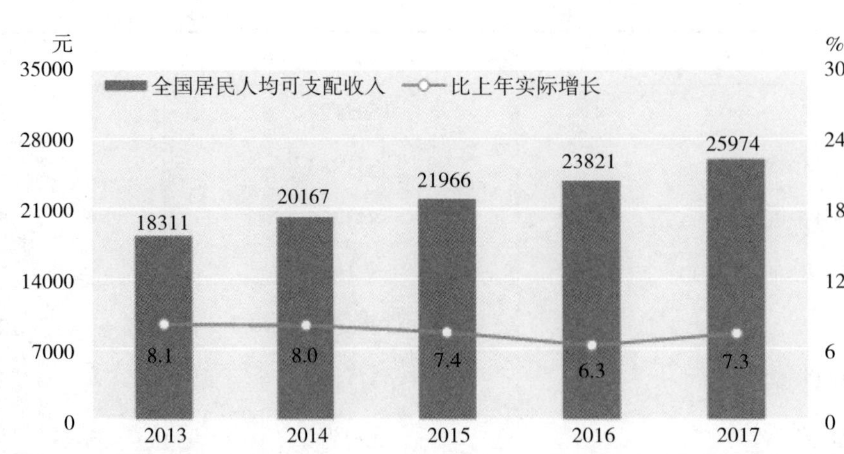

全国居民人均消费支出18322元，比上年增长7.1%，扣除价格因素，实际增长5.4%。按常住地分，城镇居民人均消费支出24445元，增长5.9%，扣除价格因素，实际增长4.1%；农村居民人均消费支出10955元，增长8.1%，扣除价格因素，实际增长6.8%。恩格尔系数为29.3%，比上年下降0.8个百分点，其中城镇为28.6%，农村为31.2%。

图19 2017年全国居民人均消费支出及其构成

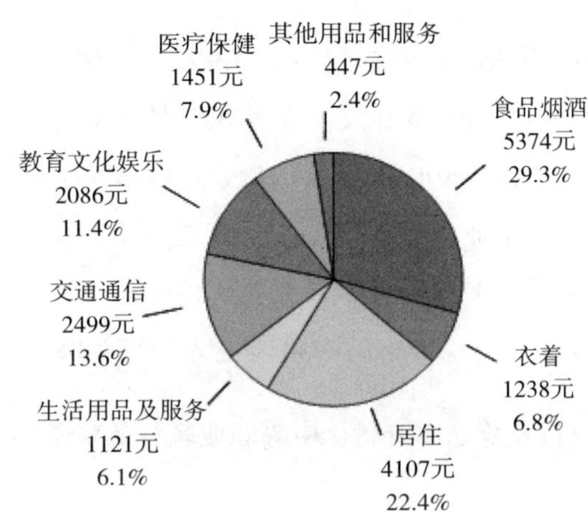

按照每人每年2300元（2010年不变价）的农村贫困标准计算，2017年，年末农村贫困人口3046万人，比上年末减少1289万人[53]；贫困发生率[54]3.1%，比上年下降1.4个百分点。贫困地区[55]农村居民人均可支配收入9377元，比上年增长10.5%，扣除价格因素，实际增长9.1%。

图20 2013-2017年年末全国农村贫困人口

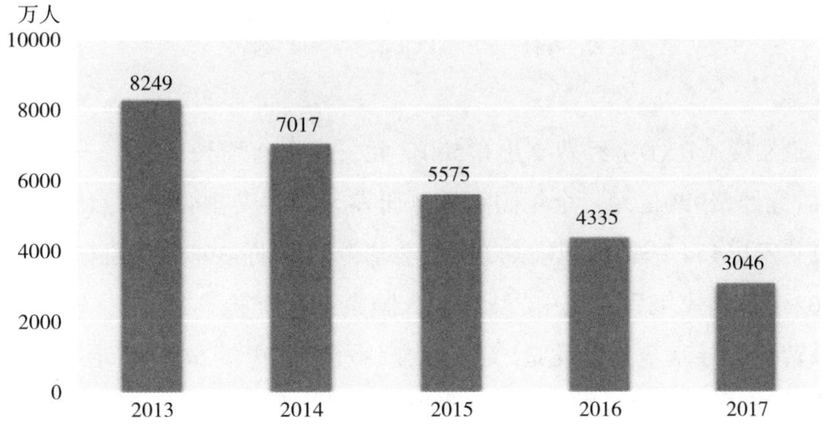

年末全国参加城镇职工基本养老保险人数40199万人，比上年末增加2269万人。参加城乡居民基本养老保险人数51255万人，增加408万人。参加基本医疗保险人数117664万人，增加43272万人。其中，参加职工基本医疗保险人数30320万人，增加789万人；参加城乡居民基本医疗保险人数87343万人[56]，增加42483万人。参加失业保险人数18784万人，增加695万人。年末全国领取失业保险金人数220万人。参加工伤保险人数22726万人，增加836万人，其中参加工伤保险的农民工7807万人，增加297万人。参加生育保险人数19240万人，增加789万人。年末全国共有1264万人享受城市居民最低生活保障，4047万人享受农村居民最低生活保障，467万人享受农村特困人员[57]救助供养。全年资助5203万人参加基本医疗保险，医疗救助3536万人次。国家抚恤、补助各类优抚对象859万人。

十、教育、科学技术和文化体育

全年研究生教育[58]招生80.5万人，在学研究生263.9万人，毕业生57.8万人。普通本专科招生761.5万人，在校生2753.6万人，毕业生735.8万人。中等职业教育[59]招生582.4万人，在校生1592.5万人，毕业生496.9万人。普通高中招生800.1万人，在校生2374.5万人，毕业生775.7万人。初中招生1547.2万人，在校生4442.1万人，毕业生1397.5万人。普通小学招生1766.6万人，在校生10093.7万人，毕业生1565.9万人。特殊教育招生11.1万人，在校生57.9万人，毕业生6.9万人。学前教育在园幼儿4600.1万人。九年义务教育巩固率为93.8%，高中阶段毛入学率为88.3%。

图21　2013-2017年普通本专科、中等职业教育及普通高中招生人数

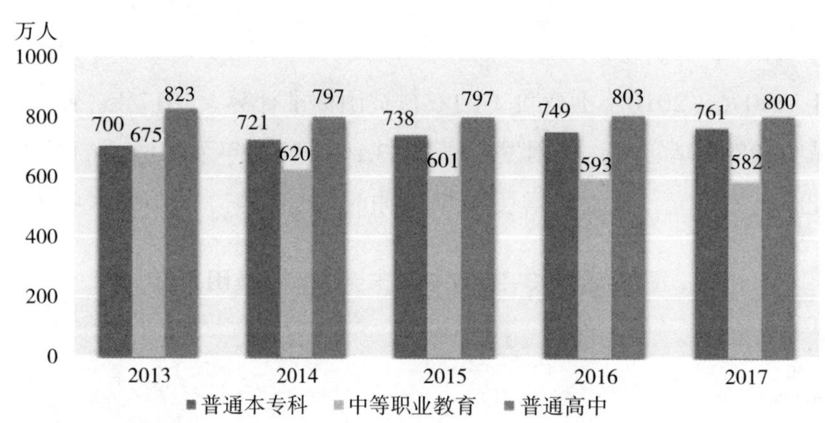

全年研究与试验发展（R&D）经费支出17500亿元，比上年增长11.6%，与国内生产总值之比为2.12%，其中基础研究经费920亿元。全年国家重点研发计划共安排42个重点专项1115个科技项目，国家科技重大专项共安排454个课题，国家自然科学基金共资助43935个项目。截至年底，累计建设国家重点实验室503个，国家工程研究中心131个，国家工程实验室217个，国家企业技术中心1276家。国家科技成果转化引导基金累计设立5支子基金，资金总规模247.2亿元。全年境内外专利申请369.8万件，授予专利权183.6万件；PCT专利申请受理量[60]为5.1万件。截至年底，有效专利714.8万件，其中境内有效发明专利135.6万件，每万人口发明专利拥有量9.8件。全年共签订技术合同36.8万项，技术合同成交金额13424亿元，比上年增长17.7%。

图22 2013-2017年研究与试验发展（R&D）经费支出及其增长速度

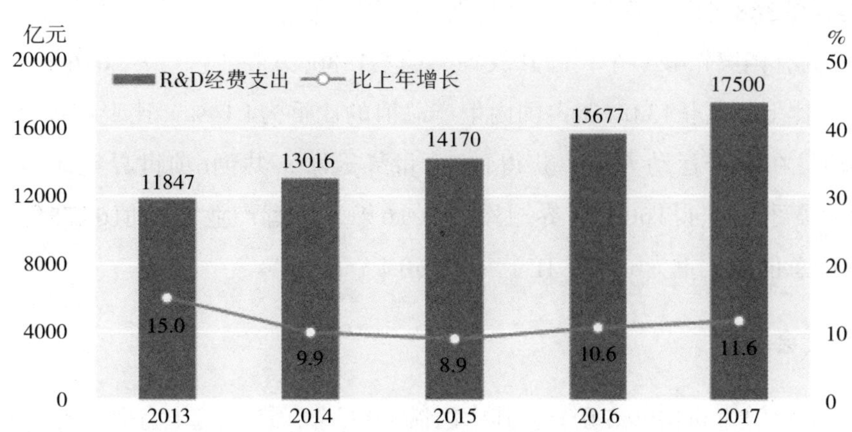

表16 2017年专利申请、授权和有效专利情况

指 标	专利数（万件）
专利申请数	369.8
其中：境内专利申请	351.3
其中：发明专利申请	138.2
其中：境内发明专利	123.4
专利授权数	183.6
其中：境内专利授权	170.5
其中：发明专利授权	42.0
其中：境内发明专利	32.0
年末有效专利数	714.8
其中：境内有效专利	620.4
其中：有效发明专利	208.5
其中：境内有效发明专利	135.6

全年成功完成17次宇航发射。首颗高轨道高通量通信卫星实践十三号、首颗大型硬X射线空间探测卫星“慧眼”卫星成功发射；北斗导航全球卫星系统组网首发双星成功发射；天舟一号货运飞船成功发射，完成与天宫二号交会对接。“墨子号”量子卫星成功实现预定科学目标，暗物质粒子探测卫星“悟空”发现反常电子信号，C919大型客机、“鲲龙”AG600水陆两栖飞机首飞成功。

年末全国共有产品检测实验室35000个，其中国家检测中心739个。全国现有产品质量、体系认证机构401个，已累计完成对140250个企业的产品认证。全国共有法定计量技术机构4037个，全年强制检定计量器具8326万台（件）。全年制定、修订国家标准3811项，其中新制定2684项。

年末全国文化系统共有艺术表演团体2054个，博物馆3217个。全国共有公共图书馆3162个，总流通[61]72641万人次；文化馆3327个。有线电视实际用户2.20亿户，其中有线数字电视实际用户1.98亿户。年末广播节目综合人口覆盖率为98.7%，电视节目综合人口覆盖率为99.1%。全年生产电视剧

310部13310集，电视动画片83599分钟。全年生产故事影片798部，科教、纪录、动画和特种影片[62] 172部。出版各类报纸368亿份，各类期刊26亿册，图书90亿册（张），人均图书拥有量[63] 6.49册（张）。年末全国共有档案馆4237个，已开放各类档案13806万卷（件）。2016年，文化及相关产业增加值30785亿元，比上年增长13.0%；占国内生产总值的比重为4.14%，比上年提高0.19个百分点。

全年我国运动员在24个运动大项中获得106个世界冠军，共创6项世界纪录。全年我国残疾人运动员在11项国际赛事中获得160个世界冠军。2016年，体育产业增加值6475亿元，比上年增长17.8%；占国内生产总值的比重为0.9%，比上年提高0.1个百分点。

十一、卫生和社会服务

年末全国共有医疗卫生机构99.5万个，其中医院3.0万个，在医院中有公立医院1.2万个，民营医院1.8万个；基层医疗卫生机构94.0万个，其中乡镇卫生院3.7万个，社区卫生服务中心（站）3.5万个，门诊部（所）23.0万个，村卫生室63.8万个；专业公共卫生机构2.2万个，其中疾病预防控制中心3482个，卫生监督所（中心）3133个。年末卫生技术人员891万人，其中执业医师和执业助理医师335万人，注册护士379万人。医疗卫生机构床位785万张，其中医院609万张，乡镇卫生院125万张。全年总诊疗人次[64] 81.0亿人次，出院人数[65] 2.4亿人。

图23　2013-2017年年末卫生技术人员人数

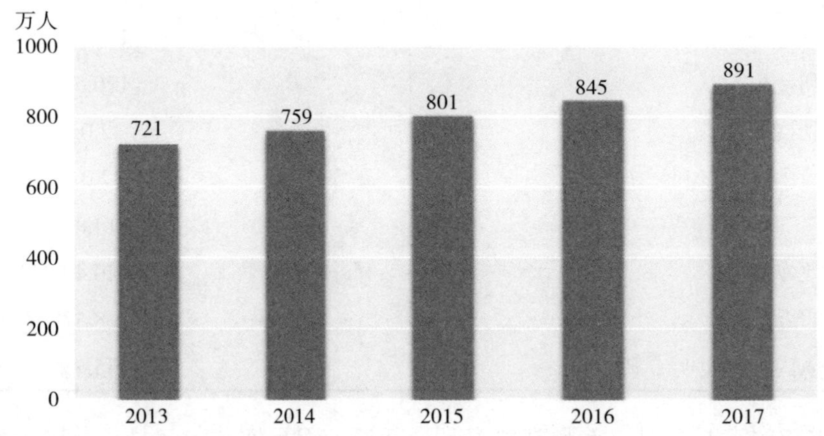

年末全国共有各类提供住宿的社会服务机构3.2万个，其中养老服务机构2.9万个，儿童服务机构656个。社会服务床位[66] 749.5万张，其中养老服务床位714.2万张，儿童服务床位9.6万张。年末共有社区服务中心2.5万个，社区服务站13.9万个。

十二、资源、环境和安全生产

全年全国国有建设用地供应总量[67] 60万公顷，比上年增长16.4%。其中，工矿仓储用地12万公顷，增长1.6%；房地产用地[68] 11.5万公顷，增长7.2%；基础设施等用地36.5万公顷，增长26.1%。

全年水资源总量28675亿立方米。全年平均降水量640毫米。年末全国监测的604座大型水库蓄水总量3518亿立方米，比上年末蓄水量有所增加。全年总用水量6090亿立方米，比上年增长0.8%。其中，生活用水增长2.8%，工业用水增长0.2%，农业用水增长0.6%，生态补水增长1.7%。万元国内生产总值用水量[69]78立方米，比上年下降5.6%。万元工业增加值用水量49立方米，下降5.9%。人均用水量439立方米，比上年增长0.3%。

全年完成造林面积736万公顷，其中人工造林面积390万公顷，占全部造林面积的53.0%。森林抚育面积830万公顷。截至年底，自然保护区达到2750个，其中国家级自然保护区463个。新增水土流失治理面积5.6万平方公里。

初步核算，全年能源消费总量44.9亿吨标准煤，比上年增长2.9%。煤炭消费量增长0.4%，原油消费量增长5.2%，天然气消费量增长14.8%，电力消费量增长6.6%。煤炭消费量占能源消费总量的60.4%，比上年下降1.6个百分点；天然气、水电、核电、风电等清洁能源消费量占能源消费总量的20.8%，上升1.3个百分点。全国万元国内生产总值能耗下降3.7%。重点耗能工业企业单位烧碱综合能耗下降0.3%，吨水泥综合能耗下降0.1%，吨钢综合能耗下降0.9%，吨粗铜综合能耗下降4.8%，每千瓦时火力发电标准煤耗下降0.8%。全国万元国内生产总值二氧化碳排放下降5.1%。

图24　2013-2017年清洁能源消费量占能源消费总量的比重

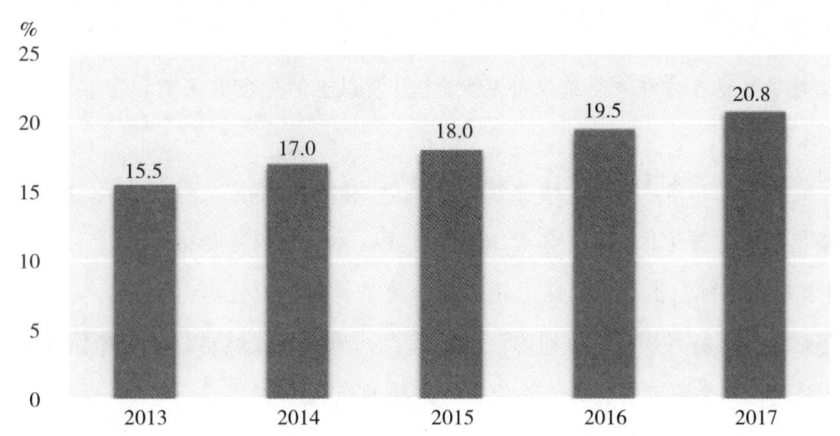

近岸海域417个海水水质监测点中，达到国家一、二类海水水质标准的监测点占67.8%，三类海水占10.1%，四类、劣四类海水占22.1%。

在监测的338个地级及以上城市中，城市空气质量达标的城市占29.3%，未达标的城市占70.7%。细颗粒物（PM2.5）未达标城市（基于2015年PM2.5年平均浓度未达标的262个城市）年平均浓度48微克/立方米，比上年下降5.9%。

在监测的323个城市中，城市区域声环境质量好的城市占5.9%，较好的占65.0%，一般的占27.9%，较差的占0.9%，差的占0.3%。

全年平均气温为10.39℃，比上年上升0.03℃。共有8个台风登陆。

全年农作物受灾面积1848万公顷，其中绝收183万公顷。全年因洪涝和地质灾害造成直接经济损失1910亿元，因旱灾造成直接经济损失375亿元，因低温冷冻和雪灾造成直接经济损失19亿元，因海洋灾害造成直接经济损失58亿元。全年大陆地区共发生5.0级以上地震13次，成灾11次，造成直接经济损失148亿元。全年共发生森林火灾3223起，森林火灾受害森林面积2.5万公顷。

全年各类生产安全事故共死亡37852人。工矿商贸企业就业人员10万人生产安全事故死亡人数1.639人，比上年下降3.7%；道路交通事故万车死亡人数2.06人，下降3.7%；煤矿百万吨死亡人数0.106人，下降32.1%。

注释：

[1] 本公报中数据均为初步统计数。各项统计数据均未包括香港特别行政区、澳门特别行政区和台湾省。部分数据因四舍五入的原因，存在着与分项合计不等的情况。

[2] 国内生产总值、各产业增加值和人均国内生产总值绝对数按现价计算，增长速度按不变价格计算。

[3] 国民总收入，原称国民生产总值，是指一个国家或地区所有常住单位在一定时期内所获得的初次分配收入总额。它等于国内生产总值加上来自国外的初次分配收入净额。

[4] 人户分离的人口是指居住地与户口登记地所在的乡镇街道不一致且离开户口登记地半年及以上的人口。

[5] 流动人口是指人户分离人口中扣除市辖区内人户分离的人口。市辖区内人户分离的人口是指一个直辖市或地级市所辖区内和区与区之间，居住地和户口登记地不在同一乡镇街道的人口。

[6] 2017年年末，0-14岁（含不满15周岁）人口为23348万人，15-59岁（含不满60周岁）人口为91570万人。

[7] 年度农民工数量包括年内在本乡镇以外从业6个月及以上的外出农民工和在本乡镇内从事非农产业6个月及以上的本地农民工两部分。

[8] 农产品生产者价格是指农产品生产者直接出售其产品时的价格。

[9] 居住类价格包括租赁房房租、住房保养维修及管理、水电燃料等价格。

[10] 产能利用率是指实际产出与生产能力（均以价值量计量）的比率。企业的实际产出是指企业报告期内的工业总产值；企业的生产能力是指报告期内，在劳动力、原材料、燃料、运输等保证供给的情况下，生产设备（机械）保持正常运行，企业可实现的、并能长期维持的产品产出。

[11] 工业战略性新兴产业包括节能环保产业，新一代信息技术产业，生物产业，高端装备制造产业，新能源产业，新材料产业，新能源汽车产业等七大产业中的工业相关行业。

[12] 高技术制造业包括医药制造业，航空、航天器及设备制造业，电子及通信设备制造业，计算机及办公设备制造业，医疗仪器设备及仪器仪表制造业，信息化学品制造业。

[13] 装备制造业包括金属制品业，通用设备制造业，专用设备制造业，汽车制造业，铁路、船舶、航空航天和其他运输设备制造业，电气机械和器材制造业，计算机、通信和其他电子设备制造业，仪器仪表制造业。

[14] 规模以上服务业包括年营业收入1000万元及以上，或年末从业人员50人及以上的交通运输、仓储和邮政业，信息传输、软件和信息技术服务业，房地产业（不含房地产开发经营），租赁和商务服务业，科学研究和技术服务业，水利、环境和公共设施管理业，教育，卫生和社会工作；年营业收入500万元及以上，或年末从业人员50人及以上的居民服务、修理和其他服务业，文化、体育和娱乐业法人单位。

[15] 战略性新兴服务业包括节能环保产业，新一代信息技术产业，生物产业，高端装备制造产业，新能源产业，新材料产业，新能源汽车产业等七大产业中的服务业相关行业。

[16] 高技术产业投资包括医药制造、航空航天器及设备制造等六大类高技术制造业投资和信息服务、电

子商务服务等九大类高技术服务业投资。

[17] 工业技术改造投资是指工业企业利用新技术、新工艺、新设备、新材料对现有设施、工艺条件及生产服务等进行改造提升，实现内涵式发展的投资活动。

[18] 网上零售额是指通过公共网络交易平台（主要从事实物商品交易的网上平台，包括自建网站和第三方平台）实现的商品和服务零售额。其中，网上零售额包括的服务，以及少部分用于生产经营用或被转卖的商品不统计在社会消费品零售总额中。

[19] 为推进财政资金统筹使用，2017年1月1日起将新增建设用地土地有偿使用费、南水北调工程基金、烟草企业上缴专项收入3项政府性基金调整转列一般公共预算。为此，在2016年基数中考虑3项政府性基金转列一般公共预算的影响，并以此为基础计算同口径同比增减额和增减幅。

[20] 全员劳动生产率为国内生产总值（以2015年价格计算）与全部就业人员的比率。

[21] 制造业产品质量合格率是指以产品质量检验为手段，按照规定的方法、程序和标准实施质量抽样检测，判定为质量合格的样品数占全部抽样样品数的百分比，统计调查样本覆盖制造业的29个行业。

[22] 六大高耗能行业包括石油加工、炼焦和核燃料加工业，化学原料和化学制品制造业，非金属矿物制品业，黑色金属冶炼和压延加工业，有色金属冶炼和压延加工业，电力、热力生产和供应业。

[23] 火电包括燃煤发电量，燃油发电量，燃气发电量，余热、余压、余气发电量，垃圾焚烧发电量，生物质发电量。

[24] 钢材产量数据中含企业之间重复加工钢材约24000万吨。

[25] 移动通信手持机、钢材2016年产量根据有关专项调查进行了调整，2017年产量增速均按可比口径计算。

[26] 少量发电装机容量（如地热等）公报中未列出。

[27] 根据第三次农业普查结果对2016年固定资产投资基数进行调整，2017年增速按可比口径计算。

[28] 固定资产投资（不含农户）按东部、中部、西部和东北地区计算的合计数据小于全国数据，是因为有部分跨地区的投资未计算在地区数据中。其中，东部地区是指北京、天津、河北、上海、江苏、浙江、福建、山东、广东和海南10省（市）；中部地区是指山西、安徽、江西、河南、湖北和湖南6省；西部地区是指内蒙古、广西、重庆、四川、贵州、云南、西藏、陕西、甘肃、青海、宁夏和新疆12省（区、市）；东北地区是指辽宁、吉林和黑龙江3省。

[29] 基础设施投资是指建造或购置为社会生产和生活提供基础性、大众性服务的工程和设施的支出。公报中的基础设施投资包括交通运输、邮政业，电信、广播电视和卫星传输服务业，互联网和相关服务业，水利、环境和公共设施管理业投资。

[30] 民间固定资产投资是指具有集体、私营、个人性质的内资企事业单位以及由其控股（包括绝对控股和相对控股）的企业单位建造或购置固定资产的投资。

[31] 房地产业投资除房地产开发投资外，还包括建设单位自建房屋以及物业管理、中介服务和其他房地产投资。

[32] 高速铁路是指线路最大速度200公里/小时及以上的铁路和200公里/小时以下仅运行动车组列车的铁路。

[33] 各省（自治区、直辖市）汇总上报截至2017年12月底建档立卡贫困户农村危房改造实际竣工数。

[34] 货物进出口、服务进出口、吸收外资采用人民币计价。对外投资和对外承包工程由于技术原因仍主要沿用美元计价。

[35] “一带一路”是指“丝绸之路经济带”和“21世纪海上丝绸之路”。

[36] 服务进出口按照《国际收支手册（第六版）》标准统计，增速按可比口径计算。

[37] 邮政行业业务总量按2010年价格计算。

[38] 电信业务总量按2015年价格计算。

[39] 移动电话交换机容量是指移动电话交换机根据一定话务模型和交换机处理能力计算出来的最大同时服务用户的数量。

[40] 固定互联网宽带接入用户是指报告期末在电信企业登记注册，通过xDSL、FTTx+LAN、FTTH/O以及其他宽带接入方式和普通专线接入公众互联网的用户。

[41] 固定互联网光纤宽带接入用户是指报告期末在电信企业登记注册，通过FTTH或FTTO方式接入公众互联网的用户。

[42] 移动宽带用户是指报告期末在计费系统拥有使用信息，占用3G或4G网络资源的在网用户。

[43] 手机上网人数是指过去半年通过手机接入并使用互联网的6周岁及以上中国居民数量。

[44] 软件和信息技术服务业包括软件开发，信息系统集成服务，信息技术咨询服务，数据处理和存储服务，集成电路设计和其他信息技术服务等行业。

[45] 社会融资规模增量是指一定时期内实体经济（境内非金融企业和个人）从金融体系获得的资金总额。

[46] 社会融资规模存量是指一定时期末（月末、季末或年末）实体经济（境内非金融企业和个人）从金融体系获得的资金余额。

[47] 全国中小企业股份转让系统又称“新三板”，是2012年经国务院批准设立的全国性证券交易场所。

[48] 公司信用类债券包括非金融企业债务融资工具、企业债券以及公司债、可转债等。

[49] 原保险保费收入是指保险企业确认的原保险合同保费收入。

[50] 全国居民收入名义增速快于分城乡居民收入增速的原因是：在城镇化过程中，一部分在农村收入较高的人口进入城镇地区，但在城镇属于较低收入人群，他们的迁移对城乡居民收入均有拉低作用。但无论在城镇还是农村，其收入增长效应都会体现在全体居民收入增长中。

[51] 人均收入中位数是指将所有调查户按人均收入水平从低到高（或从高到低）顺序排列，处于最中间位置调查户的人均收入。

[52] 全国居民五等份收入分组是指将所有调查户按人均收入水平从高到低顺序排列，平均分为五个等份，处于最高20%的收入群体为高收入组，依此类推依次为中等偏上收入组、中等收入组、中等偏下收入组、低收入组。

[53] 减贫人口等于当年贫困人口减去上年贫困人口，也相当于当年脱贫人口减去当年返贫人口。

[54] 贫困发生率是指贫困人口占目标调查人口的比重。

[55] 贫困地区包括集中连片特困地区和片区外的国家扶贫开发工作重点县，原共有832个县。2017年开始将新疆阿克苏地区纳入贫困监测范围。

[56] 参加城乡居民基本医疗保险人数增加较多，一是原参加新型农村合作医疗人员并入城乡居民基本医

疗保险参保人员统计；二是开展全民参保登记，基本医疗保险覆盖面进一步扩大。

[57] 农村特困人员是指无劳动能力，无生活来源，无法定赡养、抚养、扶养义务人或者其法定义务人无履行义务能力的农村老年人、残疾人以及未满16周岁的未成年人。

[58] 2017年研究生招生、在学研究生指标口径发生变化（增加非全日制研究生）。

[59] 中等职业教育包括普通中专、成人中专、职业高中和技工学校。

[60] PCT专利申请受理量是指国家知识产权局作为PCT专利申请受理局受理的PCT专利申请数量。PCT（Patent Cooperation Treaty）即专利合作条约，是专利领域的一项国际合作条约。

[61] 总流通人次是指本年度内到图书馆场馆接受图书馆服务的总人次，包括借阅书刊、咨询问题以及参加各类读者活动等。

[62] 特种影片是指那些采用与常规影院放映在技术、设备、节目方面不同的电影展示方式，如巨幕电影、立体电影、立体特效（4D）电影、动感电影、球幕电影等。

[63] 人均图书拥有量是指在一年内全国平均每人能拥有的当年出版图书册数。

[64] 总诊疗人次指所有诊疗工作的总人次数，包括门诊、急诊、出诊、预约诊疗、单项健康检查、健康咨询指导（不含健康讲座）人次。

[65] 出院人数指报告期内所有住院后出院的人数，包括医嘱离院、医嘱转其他医疗机构、非医嘱离院、死亡及其他人数，不含家庭病床撤床人数。

[66] 社会服务床位数除收养性机构外，还包括救助类机构、社区类机构以及军休所、军供站等机构的床位。

[67] 国有建设用地供应总量是指报告期内市、县人民政府根据年度土地供应计划依法以出让、划拨、租赁等方式将土地使用权提供给单位或个人使用的国有建设用地总量。

[68] 房地产用地是指商服用地和住宅用地的总和。

[69] 万元国内生产总值用水量、万元工业增加值用水量和万元国内生产总值能耗按2015年价格计算。

资料来源：

本公报中户籍人口城镇化率、民用汽车、交通事故数据来自公安部；城镇新增就业、登记失业率、社会保障、技工学校数据来自人力资源社会保障部；外汇储备、汇率数据来自外汇局；财政数据来自财政部；制造业产品质量合格率、质量检验、国家标准制定修订等数据来自质检总局；水产品产量数据来自农业部；木材产量、林业、森林火灾数据来自林业局；灌溉面积、水资源、水土流失治理数据来自水利部；发电装机容量、新增220千伏及以上变电设备数据来自中电联；新建铁路投产里程、增新建铁路复线投产里程、电气化铁路投产里程、铁路运输数据来自铁路总公司；新改建公路里程、港口万吨级码头泊位新增通过能力、公路运输、水运、港口货物吞吐量数据来自交通运输部；新增民用运输机场、民航数据来自民航局；新增光缆线路长度、电信业务总量、电话交换机容量、电话用户、宽带用户、移动互联网接入流量、上网人数、互联网普及率、软件业务收入等数据来自工业和信息化部；棚户区住房改造、公租房、农村地区建档立卡贫困户危房改造数据来自住房城乡建设部；货物进出口数据来自海关总署；服务进出口、外商直接投资、对外直接投资、对外承包工程、对外劳务合作等数据来自商务部；管道数据来自中石油、中石化、中海油；邮政业务数据来自邮政局；农村地区互联网普及率数据来自中国互联网络信息中心；旅游数据来自旅游局、公安部；货币金融、公司信用类债券数据来自人民银行；上市公司数据来自证监会；保险业数据来自保监会；城乡低保、农村特困人员救助供养、社会服务、农作物受灾面积、洪涝地质灾害造成直接经济损失、旱灾造成直接经济损失、低温冷冻和雪灾造成直接经济损失来自民政部；教育数据来自教育部；重点研发计划、科技重大专项、国家重点实验室、科技成果转化引导基金、技术合同等数据来自科技部；自然科学基金项目数据来自自然基金委；国家工程研究中心、国家工程实验室、企业技术中心、万元国内生产总值二氧化碳排放等数据来自发展改革委；专利数据来自知识产权局；宇航发射数据来自国防科工局；艺术表演团体、博物馆、公共图书馆、文化馆数据来自文化部；广播电视、电影、报纸、期刊、图书数据来自新闻出版广电总局；档案数据来自档案局；体育数据来自体育总局；残疾人运动员数据来自中国残联；卫生数据来自卫生计生委；国有建设用地供应数据来自国土资源部；自然保护区、环境监测数据来自环境保护部；平均气温、登陆台风数据来自气象局；海洋灾害造成直接经济损失数据来自海洋局；地震次数、地震灾害直接经济损失数据来自地震局；安全生产数据来自安全监管总局；其他数据均来自国家统计局。

2017年甘肃省国民经济和社会发展统计公报

甘肃省统计局　国家统计局甘肃调查总队

（2018年4月18日）

2017年，面对复杂多变的国内外环境和多年少有的严峻形势，在省委省政府的正确领导下，全省各级各部门深入贯彻落实党的十八大、十九大精神，以习近平新时代中国特色社会主义思想为指导，全面落实习近平总书记视察甘肃重要讲话和“八个着力”重要指示精神，以供给侧结构性改革为主线，统筹推进稳增长、促改革、调结构、惠民生、防风险各项工作，及时制定出台“三重”“三一”工作方案，稳住了全省经济运行的基本面，经济平稳发展，结构不断优化，质量效益好转，社会和谐稳定。

一、综合

初步核算，全年全省实现生产总值7677.0亿元，比上年增长3.6%。其中，第一产业增加值1063.6亿元，增长5.4%；第二产业增加值2562.7亿元，下降1.0%；第三产业增加值4050.8亿元，增长6.5%。三次产业结构比为13.85：33.38：52.77。按常住人口计算，人均生产总值29326元，比上年增长3.0%。

表1　2017年甘肃省生产总值及其增长速度

单位：亿元、%

指　标	绝对数	比上年增长
生产总值	7677.0	3.6
第一产业增加值	1063.6	5.4
第二产业增加值	2562.7	-1.0
工业	1769.7	-1.5
建筑业	811.4	0.1
第三产业增加值	4050.8	6.5
#交通运输、仓储和邮政业	293.5	8.1
批发和零售贸易业	563.2	3.5
住宿和餐饮业	229.9	6.0
金融业	553.6	5.3
房地产业	274.3	1.9

年末全省常住人口2625.71万人，比上年末增加15.76万人。其中，城镇人口1218.07万人，占常住人口比重为46.39%，比重比上年末提高1.70个百分点。全年出生人口32.93万人，出生率为12.54‰，比上年上升0.36个千分点；死亡人口17.12万人，死亡率为6.52‰，上升0.34个千分点；人口自然增长率为6.02‰，上升0.02个千分点。

表2 2017年甘肃省年末人口数及其构成

单位：万人、%

指 标	年末数	比重
全省常住人口	2625.71	
其中：城镇	1218.07	46.39
乡村	1407.64	53.61
其中：男性	1339.64	51.02
女性	1286.07	48.98
其中：0–14 岁	458.45	17.46
15–64 岁	1880.53	71.62
65 岁及以上	286.73	10.92

年末全省就业人员1553.84万人，其中城镇就业人员617.36万人。全年城镇新增就业人员43.78万人，其中失业人员再就业15.73万人。年末城镇登记失业率为2.71%。全年输转城乡富余劳动力529.5万人，比上年增长0.4%。其中，省外输转195.6万人，增长2.7%；省内输转333.9万人，下降0.9%。

全年居民消费价格比上年上涨1.4%，其中城市居民消费价格上涨1.4%，农村居民消费价格上涨1.3%。商品零售价格上涨1.4%。

表3 2017年甘肃省居民消费价格比上年涨跌幅度

单位：%

指 标	全省	城市	农村
居民消费价格	1.4	1.4	1.3
其中：食品烟酒	0.1	0.0	0.1
衣着	0.8	0.9	0.7
居住	2.5	1.9	3.4
生活用品及服务	0.6	0.6	0.5
交通和通信	1.1	1.2	1.1
教育文化和娱乐	1.7	2.1	0.7
医疗保健	5.2	6.5	3.0
其他用品和服务	0.9	0.6	1.9

全年工业生产者出厂价格比上年上涨14.5%，工业生产者购进价格上涨15.5%。固定资产投资价格上涨5.9%。农产品生产价格下降0.9%。农业生产资料价格上涨3.7%。

全年一般公共预算收入815.6亿元，比上年增长7.8%。其中，税收收入547.1亿元，增长10.4%；非税收入268.5亿元，增长2.9%。从主体税种看，国内增值税270.8亿元，增长6.8%；企业所得税67.2亿元，增长22.3%；个人所得税27.3亿元，增长33.0%。一般公共预算支出3307.3亿元，增长5.0%。其中，交通运输支出289.9亿元，增长32.2%；公共安全支出170.5亿元，增长8.9%；节能环保支出103.0亿元，增长8.1%；农林水支出519.0亿元，增长6.3%；一般公共服务支出308.6亿元，增长6.1%；医疗卫生与计划生育支出289.3亿元，增长5.9%。

表4　2017年甘肃省财政收支及其增长速度

单位：亿元、%

产品名称	绝对数	比上年增长
一般公共预算收入	815.6	7.8
税收收入	547.1	10.4
国内增值税	270.8	6.8
国内增值税	153.5	18.7
改征增值税	117.3	–5.6
企业所得税	67.2	22.3
个人所得税	27.3	33.0
资源税	16.7	28.5
城市维护建设税	45.6	5.8
房产税	21.0	7.7
印花税	8.8	3.8
城镇土地使用税	19.4	1.0
土地增值税	28.8	22.3
车船税	12.0	12.4
耕地占用税	6.8	23.4
契税	22.6	–3.9
其他税收收入	0.1	–38.9
非税收入	268.5	2.9
上划中央收入	724.9	6.0
一般公共预算支出	3307.3	5.0
一般公共服务支出	308.6	6.1
公共安全支出	170.5	8.9

产品名称	绝对数	比上年增长
教育支出	565.7	3.0
科学技术支出	25.3	-3.6
文化体育与传媒支出	64.1	0.4
社会保障和就业支出	468.7	0.8
医疗卫生与计划生育支出	289.3	5.9
节能环保支出	103.0	8.1
城乡社区支出	168.2	-14.4
农林水支出	519.0	6.3
交通运输支出	289.9	32.2
资源勘探信息等支出	50.7	-27.5
商业服务业等支出	26.2	8.0
金融支出	0.4	-88.2
国土海洋气象等支出	55.6	49.9
住房保障支出	133.0	6.8
粮油物资储备支出	9.4	-28.5
债务付息及发行费用支出	35.6	22.7

二、农业

全年粮食总产量1128.31万吨，比上年减产1.1%。其中，夏粮产量304.92万吨，减产0.7%；秋粮产量823.39万吨，减产1.2%。

粮食作物种植面积278.25万公顷，比上年减少3.15万公顷；棉花种植面积1.68万公顷，增加0.35万公顷；油料种植面积32.08万公顷，减少1.12万公顷；蔬菜种植面积56.98万公顷，增加2.28万公顷，其中设施蔬菜种植面积10.93万公顷，增加0.38万公顷；中药材种植面积30.10万公顷，增加1.06万公顷。果园面积46.07万公顷，减少1.22万公顷。

主要经济作物中，蔬菜产量2106.47万吨，比上年增产7.9%，其中设施蔬菜产量579.71万吨，增产3.4%；园林水果产量557.02万吨，增产10.0%；中药材产量123.26万吨，增产6.8%。

全年肉类总产量105.29万吨，比上年增长3.3%。其中，猪肉产量51.77万吨，增长1.8%；牛肉产量22.41万吨，增长4.5%；羊肉产量24.51万吨，增长8.1%；禽肉产量4.26万吨，下降8.0%。牛奶产量64.48万吨，增长0.6%。年末大牲畜存栏654.11万头（只），比上年末下降3.1%；大牲畜出栏237.93万头（只），增长5.6%。羊存栏1989.00万只，下降2.0%；羊出栏1551.44万只，增长8.0%。生猪存栏611.87万头，下降5.0%；生猪出栏733.29万头，增长1.9%。

全年水产品产量1.54万吨，比上年增长0.7%。

表5　2017年甘肃省主要农产品产量及其增长速度

产品名称	单位	产量	比上年增长（%）
粮食	万吨	1128.31	-1.1
#夏粮	万吨	304.92	-0.7
秋粮	万吨	823.39	-1.2
#小麦	万吨	265.42	-0.9
玉米	万吨	546.16	-2.6
油料	万吨	71.61	-5.8
#油菜籽	万吨	36.46	6.5
棉花	万吨	2.73	37.2
甜菜	万吨	23.13	39.1
烟叶（未加工）	万吨	0.89	-19.0
中药材	万吨	123.26	6.8
园林水果	万吨	557.02	10.0
蔬菜	万吨	2106.47	7.9
#设施蔬菜	万吨	579.71	3.4
肉类	万吨	105.29	3.3
#猪肉	万吨	51.77	1.8
牛肉	万吨	22.41	4.5
羊肉	万吨	24.51	8.1
禽肉	万吨	4.26	-8.0
牛奶	万吨	64.48	0.6
水产品	万吨	1.54	0.7
年末大牲畜存栏数	万头（只）	654.11	-3.1
#牛存栏	万头	487.20	-5.0
羊存栏	万只	1989.00	-2.0
猪存栏	万头	611.87	-5.0
大牲畜出栏数	万头（只）	237.93	5.6
#牛出栏	万头	213.11	4.7
羊出栏	万只	1551.44	8.0
猪出栏	万头	733.29	1.9

三、工业和建筑业

全年全部工业增加值1769.7亿元，比上年下降1.5%。规模以上工业增加值1603.7亿元，下降1.7%。在规模以上工业中，分经济类型看，国有及国有控股企业完成工业增加值1251.8亿元，下降3.9%；集体企业完成工业增加值9.8亿元，下降12.5%；股份制企业完成工业增加值1164.6亿元，下降3.1%；外商及港澳台投资企业完成工业增加值41.0亿元，增长80.3%。分隶属关系看，中央企业完成工业增加值913.7亿元，增长0.4%；省属企业完成工业增加值250.0亿元，增长0.6%；省以下地方企业完成工业增加值440.0亿元，下降11.6%。分轻重工业看，轻工业增加值260.0亿元，下降5.2%；重工业增加值1343.7亿元，下降1.2%。

全年规模以上工业中，石化、有色、食品、电力、冶金、煤炭和装备制造等重点行业完成工业增加值1430.9亿元，比上年下降1.4%，占规模以上工业增加值的比重为89.2%。

表6　2017年甘肃省规模以上工业重点行业增加值

单位：亿元、%

行　业	绝对数	占规模以上工业增加值比重	比上年增长
合计	1430.9	89.2	-1.4
石化工业	588.7	36.7	-1.8
有色工业	201.0	12.5	11.7
电力工业	222.5	13.9	12.3
冶金工业	69.3	4.3	-18.7
装备制造业	91.3	5.7	0.8
食品工业	186.4	11.6	-5.1
煤炭工业	71.7	4.5	-18.5

全年规模以上工业中，战略性新兴产业完成工业增加值134.3亿元，增长11.3%，占规模以上工业增加值的比重为8.4%。高技术产业完成工业增加值75.5亿元，增长8.7%，占规模以上工业增加值的比重为4.7%。

表7　2017年甘肃省主要工业产品产量及其增长速度

产品名称	单位	产量	比上年增长（%）
原煤	万吨	3738.4	-9.3
天然原油	万吨	827.0	3.2
天然气	万立方米	17729.0	68.6
原油加工量	万吨	1440.8	7.4
发电量	亿千瓦小时	1349.1	11.1
#火力发电量	亿千瓦小时	713.9	1.4
水力发电量	亿千瓦小时	374.1	19.3
风力发电量	亿千瓦小时	187.6	37.5
铁矿石原矿	万吨	1962.2	15.3
卷烟	万箱	96.5	0.7

产品名称	单位	产量	比上年增长（%）
电石	万吨	108.8	-3.4
水泥	万吨	4009.4	-10.7
生铁	万吨	456.2	-7.7
粗钢	万吨	560.5	-10.8
钢材	万吨	702.3	5.3
十种有色金属	万吨	398.6	6.4
#铜	万吨	91.5	4.5
铅	万吨	2.8	30.3
锌	万吨	40.2	0.5
镍	万吨	13.5	-5.7
铝	万吨	250.5	8.7
汽车	辆	18554.0	61.9

全年规模以上工业企业实现利润总额246.9亿元，比上年净增130.0亿元，其中国有及国有控股企业实现利润147.9亿元，比上年净增86.0亿元。规模以上工业亏损企业亏损额111.6亿元，比上年下降22.4%，其中国有及国有控股亏损企业亏损额78.7亿元，下降27.8%。规模以上工业企业每百元主营业务收入中的成本为86.2元，比上年降低1.4元。年末规模以上工业企业资产负债率为64.5%，比上年末下降0.8个百分点。

年末全省规模以上工业产成品库存432.6亿元，比上年末下降15.1%。其中国有及国有控股企业产成品库存274.8亿元，下降17.7%。煤炭工业产成品库存12.2亿元，下降34.4%；有色工业产成品库存161.0亿元，下降31.3%。

全年建筑业实现增加值811.4亿元，比上年增长0.1%。

四、固定资产投资

全年固定资产投资5696.3亿元，比上年下降40.3%。按三次产业分，第一产业投资382.0亿元，下降43.7%；第二产业投资1188.3亿元，下降63.1%，其中工业投资999.4亿元，下降54.9%；第三产业投资4126.1亿元，下降26.8%。民间固定资产投资2463.6亿元，下降42.6%。高技术产业投资72.0亿元，下降52.0%。

全年项目投资4751.8亿元，下降45.3%。其中，制造业投资540.8亿元，下降58.9%；电力、热力、燃气及水的生产和供应业投资371.3亿元，下降48.6%；交通运输、仓储和邮政业投资956.6亿元，下降13.0%；水利、环境和公共设施管理业投资777.3亿元，下降27.6%。

表8　2017年甘肃省分行业项目投资及其增长速度

单位：亿元、%

行　业	投资额	比上年增长
农林牧渔业	382.0	-43.7
采矿业	87.3	-51.2
制造业	540.8	-58.9
电力、热力、燃气及水的生产和供应业	371.3	-48.6
建筑业	189.0	-81.2
批发和零售业	177.1	-63.2
交通运输、仓储和邮政业	956.6	-13.0
住宿和餐饮业	102.7	-47.5
信息传输、软件和信息技术服务业	52.8	-49.7
金融业	6.2	-72.5
房地产业	332.5	-32.8
租赁和商务服务业	94.1	-35.1
科学研究和技术服务业	38.7	-51.0
水利、环境和公共设施管理业	777.3	-27.6
居民服务和其他服务业	76.0	-46.5
教育	151.7	-48.4
卫生和社会工作	105.3	-32.1
文化、体育和娱乐业	130.4	-55.3
公共管理和社会组织	180.0	-12.3

全年房地产开发投资944.5亿元，比上年增长11.1%，其中住宅投资601.3亿元，增长6.7%。房屋施工面积9153.5万平方米，增长2.5%，其中住宅施工面积6087.9万平方米，下降1.7%。在房屋施工面积中,房屋新开工面积2374.6万平方米，增长1.8%，其中住宅新开工面积1443.0万平方米，下降9.1%。全年房屋竣工面积847.9万平方米，下降14.5%，其中住宅竣工面积619.4万平方米，下降15.2%；商品房销售面积1559.5万平方米，下降7.1%，其中住宅销售面积1386.0万平方米，下降6.3%。

五、国内贸易和对外经济

全年社会消费品零售总额3426.6亿元，比上年增长7.6%。按经营地统计，城镇消费品零售额2729.9亿元，增长7.7%；乡村消费品零售额696.7亿元，增长7.4%。按消费类型统计，商品零售额2877.9亿元，增长7.3%；餐饮收入额548.7亿元，增长9.0%。

全年限额以上批零住餐企业通过公共网络实现零售额11.2亿元，比上年增长26.6%。

全年批发业实现商品销售额5585.1亿元，比上年增长7.1%；零售业实现商品销售额3479.7亿元，增长11.0%；住宿业实现营业额116.3亿元，增长9.1%；餐饮业实现营业额717.6亿元，增长14.1%。

全年进出口总额341.7亿元，比上年下降23.9%。其中，出口123.7亿元，下降53.4%；进口218.0亿元，增长18.6%。

全年外商直接投资合同项目11个，外商直接投资实际使用金额0.44亿美元，比上年下降62.4%。对外承包工程完成营业额2.35亿美元，下降12.7%。对外承包工程新签合同金额1.95亿美元。

六、交通、邮电和旅游

年末全省新建铁路投产里程554.6公里，增、新建铁路复线投产里程554.2公里，电气化铁路投产里程574.4公里。公路里程14.2万公里，其中等级公路12.5万公里。新建二级以上公路246.1公里。全年各种运输方式完成货物周转量2439.8亿吨公里，比上年增长12.4%；旅客周转量643.1亿人公里，增长1.3%。甘肃省民航机场集团完成旅客吞吐量1440.6万人次，比上年增长16.7%；货邮吞吐量6.3万吨，增长2.3%。

表9　2017年甘肃省主要运输方式完成货物、旅客运输量及其增长速度

指　标	单　位	绝对数	比上年增长（%）
货运量	万吨	66205.0	9.2
#铁路	万吨	6052.2	3.3
公路	万吨	60117.0	9.8
货物周转量	亿吨公里	2439.8	12.4
#铁路	亿吨公里	1390.7	14.0
公路	亿吨公里	1048.9	10.5
客运量	万人次	42793.3	2.5
#铁路	万人次	4467.5	23.9
公路	万人次	38079.7	0.4
旅客周转量	亿人公里	643.1	1.3
#铁路	亿人公里	371.7	3.3
公路	亿人公里	247.8	-2.2

年末全省民用汽车保有量334.6万辆，比上年末增长1.3%，其中私人汽车保有量287.6万辆，增长10.6%。民用轿车保有量137.3万辆，增长13.3%，其中私人轿车保有量120.9万辆，增长14.7%。

按2010年不变价格计算，全年邮政业务总量26.7亿元，比上年增长20.5%；按2015年不变价格计算，电信业务总量455.9亿元，比上年增长97.3%。邮政业完成邮政函件业务864.0万件；包裹业务61.1万件；快递业务量7201.7万件，比上年增长18.7%，快递业务收入14.8亿元，增长18.4%。电信业年末局用电话交换机总容量76.3万门，下降34.5%；移动电话交换机容量5227.0万户，增长67.1%。年末电话用户2853.2万户，其中移动电话用户2526.4万户，其中4G移动电话用户1744.5万户。移动电话普及率96.8部/百人，比上年增加12部/百人。互联网宽带接入用户数2569.4万户，比上年增长24.7%，其中移动宽带用户1993.0万户，增长19.6%；互联网宽带接入端口1099.9万个，增长16.4%。移动宽带普及率76.4部/百人，固定宽带接入用户普及率22.1部/百人。

全年接待国内游客23897.3万人次，比上年增长25%；国内旅游收入1578.7亿元，增长29%。接待境外旅游人数7.88万人次，增长10.3%。其中，接待外国游客4.22万人次，增长6.4%；接待港澳台同胞3.66万人次，增长14.9%。国际旅游外汇收入2086万美元，增长17.9%。

七、金融

年末全省金融机构本外币各项存款余额17777.2亿元，比上年末增长1.5%，其中人民币各项存款余额17660.8亿元，增长1.4%。金融机构本外币各项贷款余额17707.2亿元，增长11.2%，其中人民币各项贷款余额17404.6亿元，增长11.2%。

表10　2017年甘肃省金融机构本外币各项存贷款余额及其增长速度

单位：亿元、%

指　标	年末数	比上年末增长
金融机构本外币各项存款余额	17777.2	1.5
#境内存款	17771.7	1.5
#住户存款	9094.3	6.6
活期存款	3382.2	0.1
定期及其他存款	5712.1	10.9
非金融企业存款	5148.9	-7.3
活期存款	3522.0	-0.1
定期及其他存款	1626.9	-19.8
广义政府存款	3175.2	9.1
财政性存款	398.3	10.4
机关团体存款	2776.9	8.9
金融机构本外币各项贷款余额	17707.2	11.2
#境内贷款	17600.5	11.2
#住户贷款	4591.7	12.9
短期贷款	1644.2	9.2
中长期贷款	2947.5	15.1
非金融企业及机关团体贷款	13008.8	10.6
短期贷款	3496.9	4.8
中长期贷款	8494.1	14.3

年末全省共有境内上市公司33家，比上年末增加3家。年末股票总市值3408.7亿元，增长23.2%。发行、配售股票筹集资金29.1亿元，下降70.8%。上市公司发行公司债14.2亿元。

全年保费收入366.4亿元，比上年增长19.1%；赔付额119.2亿元，增长9.0%。

表11　2017年甘肃省保险业务情况

单位：亿元、%

指　标	绝对数	比上年增长
保费收入	366.4	19.1
财产险收入	112.3	11.6
人身险收入	254.1	22.7
寿险收入	200.7	19.5
健康险收入	42.8	47.2
意外伤害险收入	10.7	5.5
赔付支出	119.2	9.0
财产险赔款	54.9	6.8
人身险赔付	64.3	10.9
寿险赔付	45.1	8.3
健康险赔付	15.9	14.8
意外伤害险赔付	3.3	33.2

八、人民生活和社会保障

全年全省居民人均可支配收入16011.0元，比上年增长9.1%。按常住地分，城镇居民人均可支配收入27763.4元，增长8.1%；农村居民人均可支配收入8076.1元，增长8.3%。全省居民人均消费支出13120.1元，比上年增长7.1%。按常住地分，城镇居民人均消费支出20659.4元，增长5.7%；农村居民人均消费支出8029.7元，增长7.2%。全省居民恩格尔系数为29.6%，比上年下降0.6个百分点，其中城镇为29.2%，农村为30.4%。贫困发生率9.7%，比上年下降2.9个百分点。

表12　2017年甘肃省城乡居民家庭人均收支情况

单位：元、%

指　标	城　镇		农　村	
	绝对数	比上年增长	绝对数	比上年增长
可支配收入	27763.4	8.1	8076.1	8.3
工资性收入	18459.6	10.2	2275.4	7.1
经营净收入	2132.1	8.7	3556.2	9.0
财产净收入	2378.7	1.0	142.3	10.8
转移净收入	4793.0	3.6	2102.2	8.2
生活消费支出	20659.4	5.7	8029.7	7.2
食品烟酒	6032.6	4.4	2438.2	4.1
衣着	1905.8	7.2	507.9	5.3
居住	3828.3	2.0	1561.5	16.4
生活用品及服务	1358.0	2.2	484.9	5.7
交通通信	2952.6	17.3	1016.0	6.4
教育文化娱乐	2341.9	0.9	993.7	2.9
医疗保健	1741.2	10.0	890.6	8.4
其他用品和服务	499.1	4.0	136.8	13.2

年末全省参加城镇职工基本养老保险人数429.8万人，其中职工288.2万人，离退休人员141.6万人。参加城乡居民基本养老保险人数1262.4万人，比上年增长0.69%。参加城乡基本医疗保险人数2512.2万人。其中，参加职工基本医疗保险人数320.2万人，增长1.85%；参加城乡居民基本医疗保险人数2192万人。参加失业保险人数165.4万人，增长0.67%。参加工伤保险人数198.6万人，增长5.43%。参加生育保险人数175.3万人，增长7.72%。全年各项社会保险基金总收入727.19亿元，各项社会保险基金总支出645.71亿元。年末共有65.09万人享受城市居民最低生活保障，299.38万人享受农村居民最低生活保障，11.11万人享受农村特困人员救助供养。全年资助524.83万人参加基本医疗保险，医疗救助102.32万人次。

九、教育、科学技术和文化体育

全年研究生教育招生1.28万人，在学研究生3.45万人，毕业生0.92万人。普通本专科招生13.85万人，在校生46.62万人，毕业生12.48万人。中等职业教育招生7.32万人，在校生19.39万人，毕业生6.78万人。普通高中招生18.26万人，在校生57.72万人，毕业生20.81万人。初中招生28.56万人，在校生85.61万人，毕业生29.81万人。普通小学招生33.63万人，在校生185.57万人，毕业生29.47万人。特殊教育招生0.25万人，在校生1.35万人。幼儿园在园幼儿92.97万人。学龄儿童入学率99.9%，九年义务教育巩固率95%，高中阶段毛入学率94%。

全省共有国家工程研究中心5个。国家认定企业技术中心22家。省部级以上科技成果1070项，其中，基础理论成果371项，应用技术成果653项，软科学成果46项。获得奖励151项。受理专利申请24448件，比上年增长20.58%；授予专利权9672件，增长21.28%，其中授予发明专利权1340件，增长2.40%。截至年底，有效专利6045件，每万人口发明专利拥有量2.32件。全年共签订技术合同5850项，增长11.39%；技术合同成交金额162.95亿元，增长8.05%。

全年有线电视用户192.06万户，有线数字电视用户153.68万户。年末广播综合人口覆盖率98.38%，比上年末提高0.26个百分点；电视综合人口覆盖率98.68%，提高0.13个百分点。

全年体育获得各类奖牌170枚，比上年减少5枚。

十、卫生和社会服务

年末全省共有医疗卫生机构28878个，其中医院、卫生院1902个，妇幼保健院（所、站）99个，专科疾病防治院（所、站）7个，社区卫生服务中心（站）602个，诊所、卫生所、医务室7508个。卫生技术人员14.7万人，其中，执业医师和执业助理医师5.6万人，注册护士5.9万人。医院卫生技术人员8.5万人，社区卫生服务中心（站）卫生技术人员0.7万人，诊所、卫生所、医务室卫生技术人员1.2万人。疾病预防控制中心（防疫站）103个，疾病预防控制中心（防疫站）卫生技术人员3400人。卫生监督所（中心）93个，卫生监督所（中心）卫生技术人员1399人。乡镇卫生院1378个，乡镇卫生院卫生技术人员2.6万人。医疗卫生机构拥有床位数14.7万张，其中医院、卫生院拥有床位13.7万张。全年总诊疗人次13563.97万人次，出院人数432.60万人。

年末全省共有各类提供住宿的社会服务机构352个，其中养老服务机构245个，儿童服务机构19

个。社会服务床位13.0万张，其中养老服务床位12.6万张，儿童服务床位3020张。年末共有社区服务中心876个，社区服务站1923个。

十一、资源、环境和安全生产

全年水资源总量277.1亿立方米，人均水资源量1055立方米，比上年增长31.4%。平均降水量289.7毫米,增长7.1%。年末全省大型水库蓄水总量36.7亿立方米，比上年末增长0.1%。全年总用水量116.6亿立方米，比上年下降1.5%。其中，生活用水与上年持平，工业用水下降9.7%，农业用水下降1.4%。人均用水量444.0立方米，比上年下降2.1%。全年完成造林成活面积32.54万公顷，其中人工造林面积28.04万公顷。全民义务植树9719万株。截止年底，全省自然保护区达到60个，其中国家级自然保护区21个。共有国家地质公园11个，省级地质遗迹保护区3个。

省内38个地表水监测断面中，达到或优于III类断面比例占94.7%，IV类断面比例占5.3%，无劣V类断面。

全年全省空气质量优良天数比率为85.3%，比上年提高0.6个百分点。

省内监测的14个城市中，城市区域声环境评价好的城市有3个，评价较好的有7个。

全年平均气温为9℃，比上年上升0.9℃；年日照小时数2359小时，比上年减少105小时；年降水量451.6毫米，比上年减少61.6毫米。全省气象雷达观测站点7个，卫星云图接收站点7个。

全省地震台站（点）425个，有人值守的地震监测台站27个，无人值守的地震监测台站（点）398个。全年未发生5.0级以上的地震。2017年8月8日四川九寨沟7.0级地震造成我省直接经济损失17439万元。

全年农作物受灾面积49.42万公顷，比上年下降41.5%；农作物成灾面积27.81万公顷，下降44.4%。全年共发生森林火灾6起。

全年共发生各类生产安全事故1127起，比上年下降7.17%；死亡887人，下降9.30%；受伤1007人，下降2.80%；直接经济损失10460.01万元，下降12.31%。亿元生产总值生产安全事故死亡人数为0.12人，下降12.12%；工矿商贸企业就业人员10万人生产安全事故死亡人数2.20人，增长4.77%；煤矿百万吨死亡人数0.21人，下降24.11%；十二类营运车辆道路交通事故万车死亡人数16.10人，下降13.58%。

注：

1. 本公报各项数据均为初步统计数，正式数据以《甘肃发展年鉴2018》为准。部分数据因四舍五入的原因，存在着总计与分项合计不等的情况。

2. 公报中生产总值、各产业增加值和人均生产总值绝对数按现价计算，增长速度按不变价格计算。

3. 工业增加值和利润含长庆油田甘肃境内部分。

4. 本公报主要工业产品产量表中，原煤、原油、天然气、发电量数据为全部口径，包含规模以上和规模以下工业产品产量，其余产品产量数据均为规模以上工业产品产量。

5. 本公报中城镇登记失业率、城镇新增就业人员数据来自甘肃省人力资源和社会保障厅；财政数据来自甘肃省财政厅；水产品产量数据来自甘肃省农牧厅；外贸数据来自兰州海关；利用外资数据来自甘肃省商务厅；交通运输数据来自甘肃省交通运输厅、甘肃省公安厅交警总队、中国铁路兰州局集团有限公司、甘肃省民航机场集团、东航甘肃分公司；邮政数据来自甘肃省邮政管理局；通信数据来自甘肃省通信管理局；旅游数据来自甘肃省旅游发展委员会；金融数据来自中国人民银行兰州中心支行；保险数据来自中国保监会甘肃监管局；证券数据来自中国证监会甘肃监管局；社会保障数据来自甘肃省人力资源和社会保障厅；城乡低保、农村特困人员救助供养、社会服务数据来自甘肃省民政厅；教育数据来自甘肃省教育厅；除国家认定企业技术中心数据外，其他科技数据来自甘肃省科技厅；专利数据来自甘肃省专利局；广播、电视数据来自甘肃省新闻出版广电局；卫生数据来自甘肃省卫生和计划生育委员会；体育数据来自甘肃省体育局；用水量数据来自甘肃省水利厅；林业、森林火灾数据来自甘肃省林业厅；自然保护区、环境监测数据来自甘肃省环境保护厅；地质公园、地质遗迹保护区数据来自甘肃省国土资源厅；气象数据来自甘肃省气象局；地震数据来自甘肃省地震局；安全生产数据来自甘肃省安全生产监督管理局。

2017年兰州市国民经济和社会发展统计公报

兰州市统计局　国家统计局兰州调查队

（2018 年 4 月）

2017年以来，面对复杂多变的国际国内经济环境和艰巨繁重的改革发展任务，兰州市上下在市委、市政府的正确领导下，坚持稳中求进工作总基调，守住百姓增收、生态良好、社会平安“底线”，抓改革、促转型、治环境、惠民生，兰州市经济社会发展取得了新的进步。

一、综合

经济增长：初步核算，全年完成生产总值2523.54亿元，比上年增长5.7%。其中，第一产业增加值61.47亿元，增长5.9%；第二产业增加值881.74亿元，增长3.1%；第三产业增加值1580.34亿元，增长7.2%。三次产业结构比为2.44:34.94：62.62，与上年的2.67:34.89:62.44相比，第一产业比重回落0.23个百分点，第二产业比重提高0.05个百分点，第三产业比重提高0.18个百分点。按常住人口计算，人均生产总值67882元，比上年增长5.18%。

图1　2011-2017年地区生产总值及其增长速度

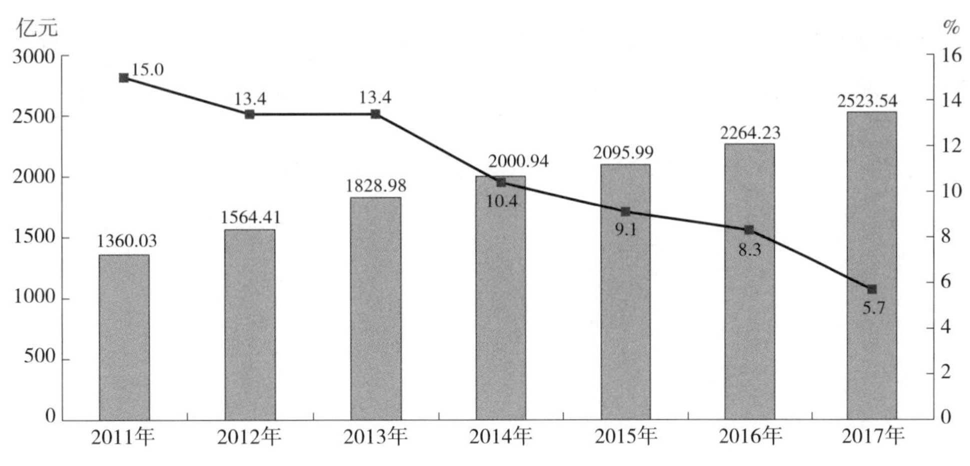

非公经济增加值1154.41亿元，比上年增长10.03%，占生产总值的45.7%。

物价：全年居民消费价格总水平累计上涨1.5%，全市商品零售价格总水平累计上涨1.8%。

表1 2017年兰州市居民消费价格

类 别	累计比（%）
居民消费价格总指数	101.5
商品零售价格总指数	101.8
服务项目价格指数	102.2
食品	99.7
其中：粮食	100.7
食用油	103.4
畜肉类	96.7
禽肉类	97.6
蛋类	95.7
水产品	102.0
菜	96.5
食糖	100.7
干鲜瓜果类	105.2
奶类	101.1
在外餐饮	100.8

二、农业

全年粮食总产量43.88万吨，比上年下降2.66%。其中，夏粮产量15.53万吨，下降3.81%；秋粮产量28.35万吨，下降1.97%。

粮食作物种植面积172.41万亩，比上年减少6.31万亩；蔬菜种植面积113.83万亩，增加5.71万亩，其中设施蔬菜种植面积11.5万亩，减少0.12万亩；中药材种植面积26.73万亩，增加5.52万亩。

图2 2011-2017年粮食产量及其增长速度

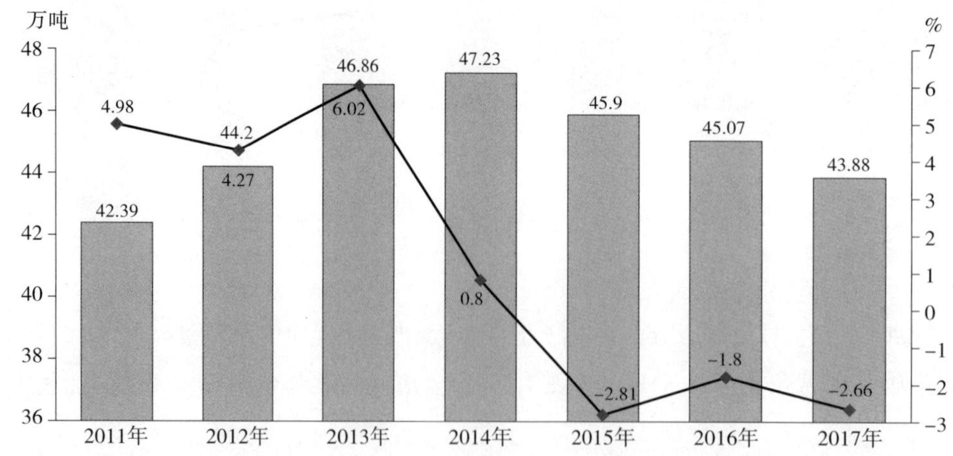

主要经济作物中，蔬菜产量329.52万吨，增长5.62%，其中设施蔬菜产量46.9万吨，下降2.22%；中药材产量3.96万吨，增长9.89%；园林水果产量17.17万吨，下降0.35%。

表2　2017年兰州市主要农产品产量

产品名称	产量（万吨）	比上年增长（%）
粮食	43.88	-2.66
油料	1.88	-6.78
#油菜籽	0.5	8.66
中药材	3.96	9.89
园林水果	17.17	-0.35
蔬菜	329.52	5.62
#设施蔬菜	46.9	-2.22

图3　2011–2017年蔬菜产量及其增长速度

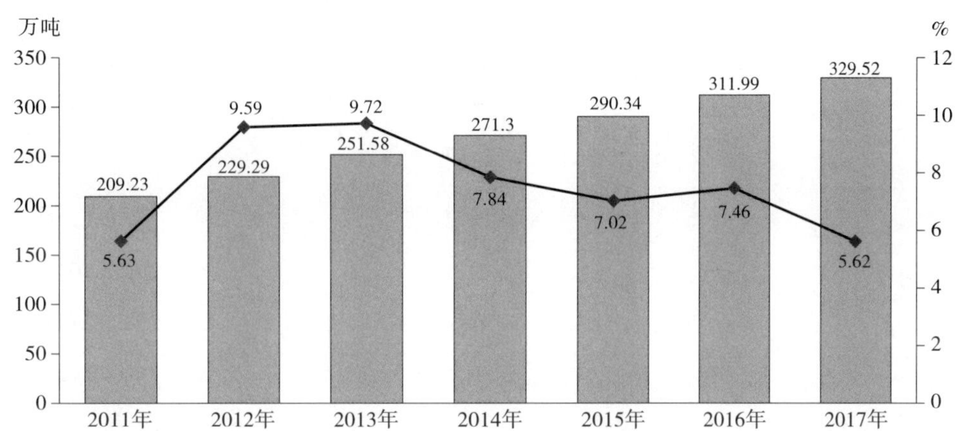

年末大牲畜存栏7.95万头，比上年末下降5.16%；牛存栏4.93万头，下降1.13%；羊存栏64.01万只，下降0.22%；猪存栏33.77万头，下降3.06%。牛出栏0.96万头，羊出栏35.47万只，猪出栏34.69万头，牛、羊、猪出栏分别比上年增长7.76%、7.57%、3.46%。

三、工业和建筑业

全年全部工业增加值607.13亿元，比上年增长4.6%。规模以上工业增加值583.69亿元，比上年增长4.8%。规模以上市属工业完成增加值155.4亿元，比上年增长2.2%。规模以上工业企业产品销售率95.5%。

图4　2011–2017年工业增加值及其增长速度

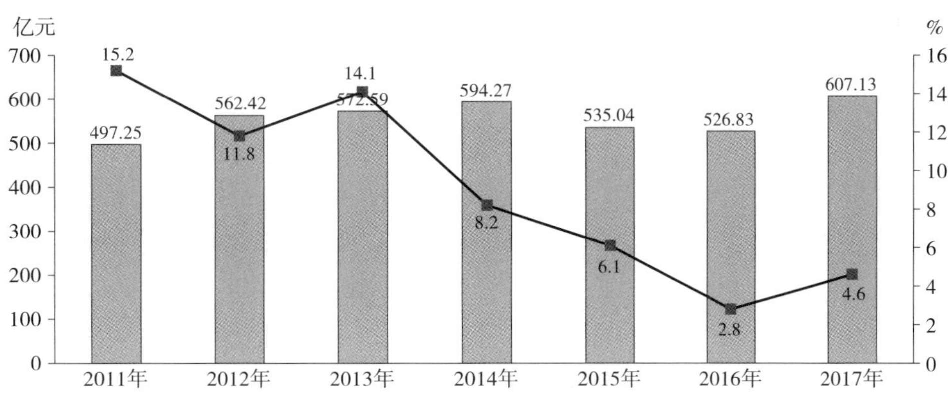

规模以上工业增加值中，国有企业完成工业增加值48亿元，增长3%；集体企业完成工业增加值4.5亿元，下降23.2%；股份制企业完成工业增加值497.3亿元，增长2.2%；外商及港澳台投资企业完成工业增加值33.3亿元，增长107.1%。

规模以上轻工业增加值151.6亿元，增长2.8%；重工业增加值432.1亿元，增长5.6%。

表3　2017年规模以上工业增加值

指标	总量（亿元）	比上年增长（%）
规模以上工业增加值	583.69	4.8
#轻工业	151.6	2.8
重工业	432.1	5.6
#国有经济	48.0	3.0
集体经济	4.5	–23.2
股份合作	–	–
股份制	497.3	2.2
外商及港澳台	33.3	107.1
其他	0.6	–13.2
#国有控股	452.8	5.5
#大中型企业	480.4	3.8
#国有企业	47.7	3.6

表4　2017年主要工业产品产量

产品名称	单位	产量	比上年增长（%）
啤酒	万升	32936.7	–13.4
卷烟	亿支	282.42	–3.9
原油加工量	万吨	880.84	7.03
汽油	万吨	223.6	9.77
水泥	万吨	905.91	–18.4
平板玻璃	万重量箱	515.9	–14.2
粗钢	万吨	73.8	–5.9
钢材	万吨	121.54	–9.9
发电量	亿千瓦时	155.32	1.64
铁合金	万吨	26.63	3.9

表5　2017年兰州市重点支柱行业主要经济指标

支柱行业	增加值		利润总额	
	绝对量（亿元）	增长（%）	绝对量（亿元）	增长（%）
石化工业	188.8	3.1	-4.6	-
有色冶炼工业	62.3	57.0	6.0	1.6倍
农副产品加工业	115.1	1.5	9.7	-25.4
黑色冶炼工业	11.9	-19.4	-6.8	-
电力工业	61.8	2.7	22.2	7.5倍
装备制造业	41.7	-1.1	10.4	4.0
煤炭工业	13.0	24.7	4.6	-

建筑业：全年建筑业实现增加值279亿元，比上年增长0%。全市具有建筑业资质等级的总承包和专业承包建筑业企业完成总产值971.27亿元，下降3.18%。

四、固定资产投资

全年固定资产投资1315.35亿元，比上年下降33.93%。其中，项目投资883.19亿元，下降44.79%。按三次产业分，第一产业投资19.89亿元，下降45.78%；第二产业投资162.50亿元，下降63.58%，其中工业投资157.41亿元，下降61.19%；第三产业投资1132.96亿元，下降24.87%。

图5　2011-2017年固定资产投资及其增长速度

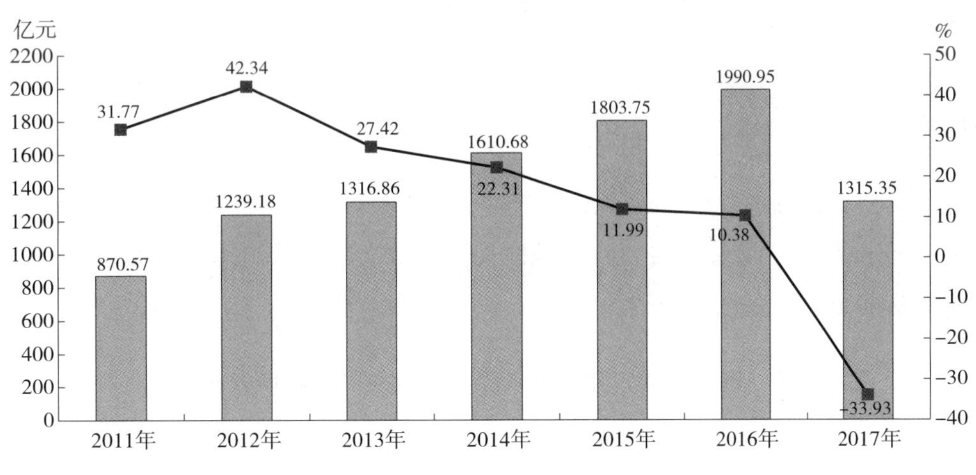

表6　2017年兰州市分行业项目投资及其增长速度

行业	投资额（亿元）	比上年增长（%）
农、林、牧、渔业	19.89	-45.78
采矿业	4.02	-54.42
制造业	112.18	-62.48
电力、热力、燃气及水生产和供应业	41.21	-57.89

行业	投资额（亿元）	比上年增长（%）
建筑业	5.09	-87.46
批发和零售业	40.13	-60.45
交通运输、仓储和邮政业	150.39	-24.80
住宿和餐饮业	15.31	-55.44
信息传输、软件和信息技术服务业	13.29	-64.04
金融业	2.64	-71.27
房地产业	112.11	-10.54
租赁和商务服务业	38.58	-31.98
科学研究和技术服务业	6.31	-66.75
水利、环境和公共设施管理业	212.76	-33.98
居民服务、修理和其他服务业	2.99	-78.54
教育	58.48	-42.02
卫生和社会工作	22.12	-40.31
文化、体育和娱乐业	17.04	-48.56
公共管理、社会保障和社会组织	8.63	-67.68

全年房地产开发投资432.16亿元，增长10.48%，其中住宅投资274.28亿元，增长9.59%。房屋施工面积4407.62万平方米，增长0.89%；房屋竣工面积212.7万平方米，下降30.52%。商品房销售面积733.66万平方米，下降17%；商品房销售额547.26亿元，下降4.04%，其中期房销售额462.78亿元，下降2.06%。

五、国内贸易

全年社会消费品零售总额1358.72亿元，比上年增长7.6%。按销售单位所在地统计，城镇社会消费品零售总额1155.86亿元，增长8.5%，其中城区社会消费品零售总额960.84亿元，增长7.7%；乡村社会消费品零售总额202.86亿元，增长2.5%。

图6　2011–2017年社会消费品零售总额及其增长速度

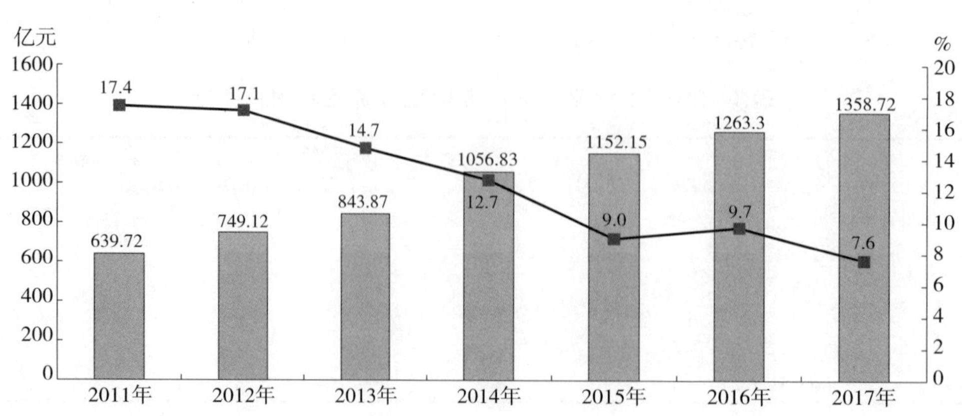

全年限额以上企业实现商品零售额632.78亿元，比上年下降1.3%。其中，石油及制品类零售额115.60亿元，增长3.3%；汽车类零售额200.70亿元，下降1.0%；粮油、食品类零售额119.54亿元，下降16.6%；服装鞋帽、针纺织品类零售额45.34亿元，与上年持平；中西药类零售额48.56亿元，增长28.9%；家用电器和音像器材类零售额15.16亿元，下降5.5%；金银珠宝类零售额13.85亿元，增长4.1%。

六、对外经济

对外贸易：全年外贸进出口总值（同口径）125.11亿元，比上年增长21.75%。其中，出口总值72.88亿元，增长55.39%；进口总值52.23亿元，下降6.5%。

对外工程承包：全年新签对外承包工程合同65份，新签合同金额1.5亿美元，比上年下降82%，完成营业额1.9亿美元，下降60%。

七、交通、邮电和旅游

全年交通运输、仓储和邮政业实现增加值137.07亿元，比上年增长10.1%。

交通运输：全年公路运输完成货运周转量173.99亿吨公里，旅客周转量69.95亿人公里。

表7　2017年兰州市主要运输方式完成货物和旅客运输量

指标	单位	总量
货运量	万吨	12882.39
铁路	万吨	837.12
公路	万吨	12039.18
航空（货邮吞吐量）	万吨	6.09
货物周转量	万吨公里	1739895.35
铁路	万吨公里	--
公路	万吨公里	1739895.35
航空	万吨公里	--
客运量	万人次	7684.69
铁路	万人次	2039.42
公路	万人次	4363.63
航空（旅客吞吐量）	万人次	1281.64
旅客周转量	万人公里	699477.08
铁路	万人公里	--
公路	万人公里	699477.08
航空	万人公里	--

年末全市民用汽车保有量101.7万辆，比上年末增长13.15%。其中，轿车41.19万辆，增长36.84%；本年新注册汽车10.84万辆，下降8.52%。

邮电通讯：按2015年不变价格计算，电信业务总量133.81亿元,比上年增长107.38%；按2010年不变价格计算，邮政业务总量9.99亿元，比上年增长17.7%。年末固定电话用户61.86万户,其中：城市57.76万户；农村4.1万户。本年减少固定电话用户12.95万户。年末移动电话用户609.68万户，本年新增186.89万户。其中，4G移动电话用户401.68万户。年末固定互联网宽带接入用户数达137.12万户，互联网宽带接入端口251.86万个。

旅游：全年接待国内旅游人数5431.4万人次，比上年增长22.03%；入境旅游人数3.981万人次，比上年下降9.52%。国内旅游收入456.5亿元，比上年增长26.99%。

八、财政、金融、证券和保险业

财政：全年全市地区性财政收入671.65亿元，比上年同口径增长10.7%。一般公共预算收入为234.2亿元，增长8.69%。其中，增值税70.35亿元，增长55.6%；营业税0.42亿元，下降98.2%；企业所得税19.75亿元，增长42.6%；个人所得税7.12亿元，增长25.8%。一般公共预算支出为429.36亿元，增长1.23%。

金融：年末全市金融机构本外币各项存款余额8612.69亿元，下降1.09%。金融机构人民币各项存款余额8513.59亿元，下降1.27%。年末全市金融机构本外币各项贷款余额9935.34亿元，增长14.69%。金融机构人民币各项贷款余额9643.55亿元，增长14.78%。

证券：2017年年末全市共有境内股票上市公司20家。年末股票总市值1777.16亿元，增长9.6%。发行、配售股票筹集资金154.03亿元，增长110.16%。

保险：2017年全年保费收入122.44亿元，增长23.78%。其中，财产险收入40.05亿元，增长13.85%；寿险收入60.34亿元，增长23.33%；意外险保费收入3.86亿元，增长15.67%。健康险保费收入18.19亿元，增长58.45%。

九、科学技术、教育

科学技术：全年全市登记科技成果782项，比上年减少82项。其中，基础理论成果357项，应用技术成果380项，软科学成果45项。专利申请受理7793件，比上年增长4.1%；授权专利4244件，增长21.1%；授予发明专利权907件，增长4.6%。全年共签订技术合同4881项，增长10.61%；技术合同成交金额56.14亿元，增长14.97%。

教育：全市研究生教育招生1.26万人，比上年增长19.65%，在校研究生3.42万人，增长10.61%；普通高等教育招生9.4万人，增长7.1%，在校学生35.96万人，增长12.78%；中等职业教育招生1.38万人，下降12.66%；普通高中招生2.27万人，下降0.69%；初中学校招生3.34万人，增长1.44%；普通小学招生3.92万人，增长4.42%；特殊教育招生0.02万人，增长10.53%；幼儿园在园幼儿11.81万人，增长4.77%。

表8　2017年兰州市各类教育招生和在校生情况

指　标	招生数（万人）	比上年增长（%）	在校生数（万人）	比上年增长（%）	毕业生数（万人）	比上年增长（%）
研究生教育	1.26	19.65	3.42	10.61	0.9	3.65
普通高等教育	9.4	7.1	35.96	12.78	8.43	3.9
中等职业教育	1.38	−12.66	4.10	−16.37	1.81	−21.45
普通高中	2.27	−0.69	6.83	−0.69	2.24	−0.93
普通初中	3.34	1.44	9.69	−1.19	3.39	−0.27
普通小学	3.92	4.42	21.78	2.73	3.38	1.13

十、文化、卫生、体育

文化：年末全市共有文化馆9个（不含省级），公共图书馆8个（不含省级），博物馆（含纪念馆）25个（不含省级），国有艺术表演团体1个（不含省级）。广播和电视综合人口覆盖率分别为99.64%和99.71%，与上年基本持平。有线电视用户35.87万户，下降22.8%；有线数字电视用户35.61万户，下降14.5%。

卫生：年末全市共有卫生机构2465个，其中医院、卫生院195个，妇幼保健院（所、站）10个，专科疾病防治院（所、站）2个。医院、卫生院拥有床位2.7万张。卫生技术人员3.5万人。其中执业医师和执业助理医师1.4万人，注册护士1.6万人。

体育：2017年全市共获得国家级金牌3枚、银牌2枚、铜牌5枚，国际赛事金牌1枚、银牌2枚，合计奖牌总数为13枚。

十一、人口、人民生活和社会保障

人口：年末全市户籍人口325.55万人，其中，城镇人口226.05万人，乡村人口99.5万人。年末全市常住人口372.96万人，比上年末增加2.41万人。其中，城镇人口302.17万人，占81.02%；乡村人口70.79万人，占18.98%。

全年出生人口3.87万人，人口出生率为10.38‰，比上年提高0.27个千分点；死亡人口1.86万人，人口死亡率为4.99‰，比上年提高0.25个千分点；人口自然增长率为5.39‰，比上年提高0.02个千分点。

人民生活：全年全市城镇居民人均可支配收入32331元，比上年增长9.0%；城镇居民人均消费性支出24071元，比上年增长5.2%；城镇居民家庭恩格尔系数30.6%。农村居民人均可支配收入11305元，比上年增长8.8%；农村居民人均生活消费支出9442元，比上年增长8.3%；农村居民家庭恩格尔系数31.6%。

图7　2011-2017年城镇居民人均可支配收入及其增长速度

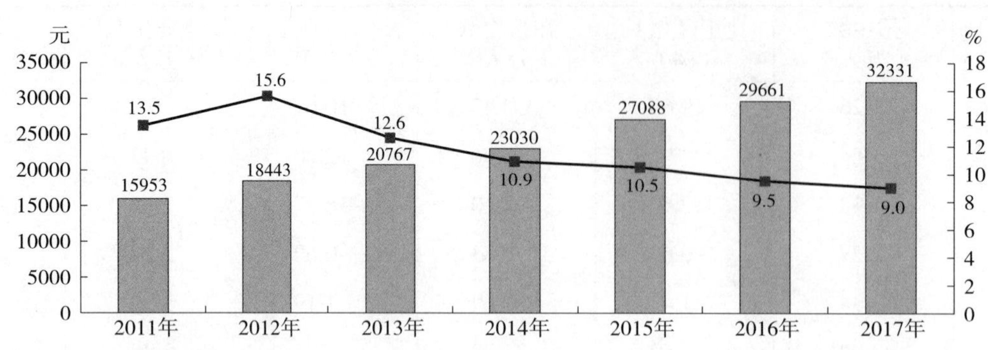

图8　2011-2017年农村居民人均可支配收入及其增长速度

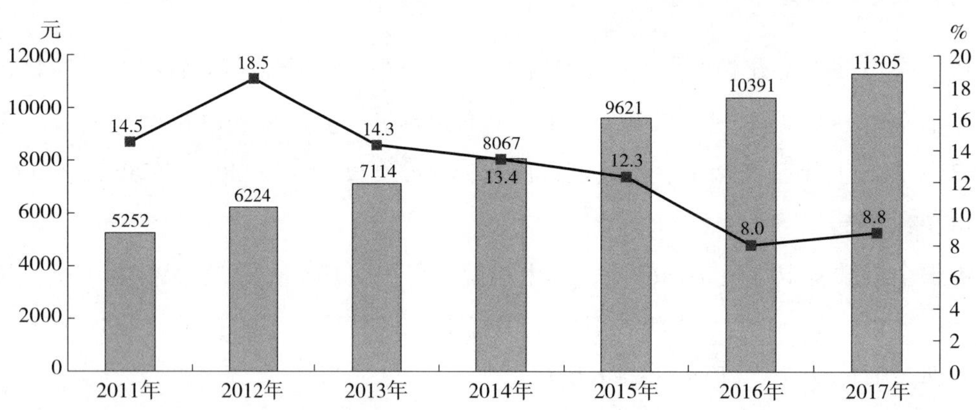

社会保障：年末全市参加城镇职工基本养老保险人数76.3万人，增长6.4%；参加城镇职工基本医疗保险人数92.99万人，增长2.5%；参加城镇居民医疗保险人数103.53万人，下降2.2%；参加失业保险人数56.73万人，下降0.05%；参加工伤保险人数55.12万人，增长10.4%；参加生育保险人数54.94万人，增长13.3%；城乡居民社会养老保险参保人数72.85万人，增长0.1%。年末参加新型农村合作医疗农民人数111.84万人，参合率达98.6%。全年新型农村合作医疗基金支出总额6.37亿元，增长6.7%，累计受益229.48万人次。

十二、安全生产与自然灾害

安全生产：全年安全生产事故死亡171人，比上年下降4.29%。亿元生产总值生产安全事故死亡人数为0.07人，下降9.1%。煤矿百万吨死亡人数为0.6人，下降4.76%。全年发生道路交通事故666起（其中：生产经营性道路事故141起），造成246人死亡、791人受伤（其中：生产经营性道路事故死亡116人、受伤123人），直接经济损失316万元；道路交通万车死亡人数为2.69人，下降10.3%。

市区全年平均气温11.2℃，平均降水量341.4毫米。

自然灾害：全年农作物累计受灾面积10.54万亩，比上年减少14.79万亩。其中累计成灾面积7.26万亩，比上年减少2.69万亩。

注：

1. 本公报各项统计数据为初步统计数。正式数据以《兰州统计年鉴2018》为准。部分数据因四舍五入的原因，存在着总计与分项合计不等的情况。

2. 公报中的生产总值、各产业增加值绝对数按当年价格计算，增长速度按可比价格计算。

3. 文化产业增加值为年快报数据，增长速度按现价计算。

4. 本公报中安全生产数据来自兰州市安全生产监督管理局，合同投资数据来自兰州市经济合作服务局，财政收入数据来自兰州市财政局，金融、保险数据来自兰州市人民政府金融工作办公室，旅游数据来自兰州市文化和旅游局，文教数据来自兰州市教育局，科学技术数据来自兰州市科学技术局，医疗数据来自兰州市卫计委，户籍人口数据来自兰州市公安局，城镇就业人员、失业率、社会保障数据来自兰州市人力资源与社会保障局、兰州市新型农村合作医疗管理局，交通运输数据来自中国铁路兰州局集团有限公司、兰州市交通委、兰州中川机场管理有限公司，邮电通讯数据来自兰州市邮政管理局、兰州市工信委、中国电信有限公司兰州分公司、中国联合网络通信有限公司兰州分公司、中国移动通信集团兰州分公司，气象数据来自兰州市气象局。

一、综 合

1-1　行政区划

（2017年）

	镇数	乡数	街道办事处数	社区居委会数	村民委员会数
全市	**47**	**14**	**54**	**420**	**730**
市区	14	2	54	384	151
城关区			26	155	18
七里河区	5	1	9	78	59
西固区	5	1	7	70	40
安宁区			8	59	
红古区	4		4	22	34
各县	33	12		36	579
永登县	15	3		24	240
皋兰县	7			6	71
榆中县	11	9		6	268

1-2　气象

（2017年）

	市区	榆中县	皋兰县	永登县
平均气温（摄氏度）	**11.2**	**7.8**	**8.0**	**6.7**
冬季（12–2）	–0.3	–3.2	–4.7	–4.5
春季（3–5）	12.3	8.6	9.5	7.2
夏季（6–8）	22.7	18.9	20.3	18.0
秋季（9–11）	10.8	7.6	7.6	6.8
年降水量（毫米）	**341.3**	**409.9**	**303.1**	**337.8**
冬季	6.1	8.1	6.6	4.6
春季	60.4	82.4	51.6	44.1
夏季	228.0	251.3	186.2	187.6
秋季	46.7	67.8	58.7	100.9

1-3 县区所辖街道办事处、乡、镇名称

（2017年）

	街道办事处、镇			乡
城关区	临夏路街道	张掖路街道	白银路街道	
	伏龙坪街道	酒泉路街道	广武门街道	
	东岗西路街道	皋兰路街道	渭源路街道	
	雁南街道	雁北街道	盐场路街道	
	草场街街道	靖远路街道	团结新村街道	
	铁路东村街道	铁路西村街道	五泉街道	
	火车站街道	拱星墩街道	嘉峪关路街道	
	焦家湾街道	东岗街道	青白石街道	
	高新区街道	雁园街道		
七里河区	秀川街道	土门墩街道	西站街道	魏岭乡
	西园街道	西湖街道	建兰路街道	
	龚家湾街道	晏家坪街道	敦煌路街道	
	黄峪镇	西果园镇	阿干镇	
	八里镇	彭家坪镇		
西固区	西固城街道	先锋路街道	福利路街道	金沟乡
	四季青街道	陈坪街道	西柳沟街道	
	临洮街街道	达川镇	东川镇	
	新城镇	河口镇	柳泉镇	
安宁区	培黎街道	安宁西路街道	银滩路街道	
	刘家堡街道	孔家崖街道	十里店街道	
	安宁堡街道	沙井驿街道		
红古区	窑街街道	下窑街道	矿区街道	
	海石湾镇	花庄镇	平安镇	
	华龙街道	红古镇		
永登县	城关镇	武胜驿镇	中堡镇	坪城乡　民乐乡　七山乡
	中川镇	连城镇	河桥镇	
	红城镇	上川镇	树屏镇	
	大同镇	苦水镇	秦川镇	
	龙泉寺镇	柳树镇	通远镇	
皋兰县	九合镇	西岔镇	什川镇	
	忠和镇	石洞镇	黑石镇	
	水阜镇			
榆中县	甘草店镇	夏官营镇	城关镇	小康营乡　清水驿乡　中连川乡　园子岔乡
	高崖镇	青城镇	金崖镇	上花岔乡　哈岘乡　马坡乡　龙泉乡
	定远镇	和平镇	连搭镇	韦营乡
	新营镇	贡井镇		

1-4　各部门机构数和人数

	机构数（个）										
	2006	2008	2009	2010	2011	2012	2013	2014	2015	2016	2017
基层组织											
镇政府	34	34	34	34	35	35	35	37	40	46	47
乡政府	27	27		26	26	26	26	24	21	15	14
街道	51	52		52	52	52	53	53	53	53	54
社区居委会	353	390		390	399	399	399	405	405	402	420
村民委员会	785	749		749	731	731	731	730	730	730	730
居民总户数（万户）	91.16	96.31	98.35	100.18	102.00	103.17	104.93	106.33	107.65	109.57	110.50
规模以上工业企业	**546**	**553**	**504**	**480**	**342**	**344**	**390**	**374**	**367**	**359**	**361**
国有及国有控股企业	148	129	128	121	106	90	94	87	87	90	96
集体企业	111	100	57	49	28	24	21	12	10	9	8
建筑施工企业	**294**	**346**	**343**	**329**	**327**	**464**	**493**	**492**	**494**	**470**	**466**
国有经济	53	49	41	41	41	44	27	23	22	21	19
集体经济	40	38	37	34	36	40	31	30	29	25	22
其他经济	201	259	265	254	250	380	435	439	443	424	425
卫生											
医院、卫生院	168	160	159	163	167	166	165	167	164	172	194
卫生防疫站	12	11	11	11	11	11	11	11	11	11	10
妇幼保健站、所	10	10	10	10	10	10	10	10	10	10	10
教育											
高等院校（含成人教育）	18	19	19	19	19	19	25	24	25	23	23
中等职业学校	34	36	38	40	40	41	42	44	61	57	56
普通中学	249	224	221	219	211	206	205	204	198	197	199
小学	870	786	733	697	676	616	607	570	523	515	518
幼儿园	239	247	294	281	295	324	324	456	464	815	863
文化事业机构											
图书馆	8	9	9	8	8	8	8	8	8	8	8
群众艺术馆	9	9	9	9	9	9	9	9	9	9	9

1–5 国民经济和社会发

	总量指标						
	1995	2005	2006	2007	2008	2009	2010
人口							
户籍总人口（万人）	270.84	311.74	313.64	319.28	322.28	323.59	323.54
非农业人口	142.99	183.93		198.53	201.63	202.77	202.92
农业人口	127.85	127.81		120.75	120.65	120.82	120.62
男女性别比（以女性为 100）	107.18			105.20	105.03	104.30	104.20
人口自增率（‰）	9.78			7.64	6.27	4.35	3.06
就业							
从业人员（万人）	161.22	150.75	150.63	153.98	157.15	162.72	176.48
单位从业人员	87.39	57.06	56.71	56.41	53.15	54.68	55.74
在岗职工		52.70	55.60	54.19	50.96	52.18	53.14
城镇登记失业人数（万人）	1.70	1.85	2.26	2.20	1.89	2.12	2.37
宏观经济							
地区生产总值（亿元）	210.43	567.04	638.47	732.76	847.47	925.98	1100.39
第一产业增加值	11.83	22.13	22.73	26.09	28.10	30.55	33.79
第二产业增加值	120.85	249.99	290.38	336.08	408.59	433.62	529.18
第三产业增加值	77.75	294.92	325.36	370.59	410.85	461.81	537.42
非公有制经济增加值		171.57	194.99	236.40	287.62	351.96	433.40
支出法地区生产总值	210.43	567.04	638.47	732.76	847.47	925.98	1100.39
最终消费	109.72	273.87	300.66	330.82	364.45	395.49	441.27
居民消费	85.18	219.97	238.58	258.59	280.90	302.35	332.22
政府消费	24.54	53.90	62.08	72.23	83.54	93.14	109.04
资本形成总额	83.04	283.02	328.48	396.85	488.48	543.96	662.58
固定资本形成	66.02	259.59	298.21	358.61	429.58	502.15	611.49
存货增加	17.01	23.44	30.27	38.24	58.90	41.81	51.09
固定资产投资							
固定资产投资总额（亿元）	66.02	259.59	298.21	358.61	431.98	506.18	660.69
房地产投资	10.52	52.57	53.81	74.54	92.51	98.61	118.28
财政							
地区财政收入（亿元）			106.19	134.06	152.44	254.80	304.13
公共财政预算收入	10.09	28.93	33.14	46.63	50.86	57.04	72.76
公共财政预算支出	11.77	50.22	63.13	83.30	99.56	119.83	146.93
物价总指数（上年 =100）							
商品零售价格指数（%）	115.5	98.8	100.3	103.1	107.2	100.5	103.9
居民消费价格总指数（%）	119.0	100.6	101.7	105.3	107.2	99.6	103.8
利用外资							
合同投资总额（亿美元）	1.88		0.96	3.10	1.87	1.79	0.97
合同外资额（亿美元）	0.97			0.82	0.95	0.78	0.33
实际使用外资额（亿美元）		2.22	0.38		0.39	0.43	0.20

展总量与速度指标

2011	2012	2013	2014	2015	年平均增长速度(%) 1996–2000	2001–2005	2006–2010	2011–2015	比上年增长(%)
323.30	321.52	321.43	321.64	321.90	1.42	1.41	0.75	−0.10	0.09
202.67	202.50	201.41	200.99	214.17	2.24	2.86	1.98	1.09	6.56
120.63	119.02	120.02	120.65	107.73	0.48	0.48	−1.15	−2.23	−10.71
103.40	102.86	102.55	102.10	101.82					−0.27
5.95	4.28	6.99	8.14	5.67					
179.72	181.95	196.26	205.05	208.09	−2.00	0.68	3.20	3.35	1.48
56.76	58.32	69.60	71.37	71.47	−6.02	−2.29	−0.47	5.10	0.14
53.39	56.44	64.93	65.29	59.55	−1.58	−3.10	0.17	2.30	−8.79
2.15	1.44	1.44	1.52	1.46	11.73	−8.97	5.08		−3.95
1360.03	1564.41	1828.98	2000.94	2095.99	8.86	11.18	14.18	12.24	9.1
40.00	44.55	48.06	52.44	56.22	4.99	4.48	8.83	6.16	5.9
656.55	744.70	777.71	824.89	782.65	8.06	11.75	16.18	11.53	6.8
663.48	774.57	1003.21	1123.61	1257.11	10.11	11.30	12.75	13.13	11.2
521.16	579.99	738.76	835.09	913.85	17.29	17.27	20.36	15.79	10.20
1360.03	1563.82	1828.98	2000.94	2095.99	8.86	11.18	14.18	12.24	9.1
545.71	605.57	676.85	742.96	820.20	6.27	10.87	10.01	11.57	10.2
427.36	466.18	524.71	584.68	653.37	6.34	10.99	8.60	12.92	11.1
118.35	139.39	152.14	158.28	166.83	6.06	10.49	15.13	6.92	6.5
826.86	983.71	1187.62	1315.51	1385.45	16.43	10.45	18.55	14.08	10.3
899.14	1004.16	1142.52	1270.33	1325.63	21.62	9.31	18.69	15.52	9.5
−72.28	−20.45	45.10	45.18	59.82	−30.79	43.94	16.86		32.0
870.57	1239.18	1316.86	1610.68	1803.75	18.42	11.05	20.54	31.32	11.99
159.67	223.31	286.81	336.54	339.01	13.75	21.29	17.61	23.44	0.74
350.63	406.08	394.82	467.48	593.81				14.81	27.02
86.49	103.73	124.52	152.33	185.19	10.48	11.74	20.26	22.32	21.57
175.48	202.43	242.32	280.10	344.00	12.56	18.75	23.95	18.56	22.85
105.4	102.4	102.7	101.8	100.6	0.40	−0.62	1.01	2.20	−1.18
105.4	102.4	103.5	102.2	101.3	1.80	0.79	0.63	2.50	−0.88
1.06	0.79	1.14	2.90	3.66	1.75			16.39	26.21
0.40	0.46	0.62	0.36	1.38	2.55	15.08			283.33
0.17	0.75	0.21							

1-5 国民经济和社会发展

	总量指标						
	1995	2005	2006	2007	2008	2009	2010
农业							
耕地面积（万亩）	328.36	316.85	316.37	315.23	314.79	314.51	314.22
农林牧渔业劳动力（万人）	43.61	43.51		41.67	41.43	40.77	40.34
农林牧渔业增加值（亿元）	11.83	22.13		26.09	28.10	30.55	33.79
主要农产品产量（万吨）							
粮食	29.57	32.30		37.17	38.75	38.79	40.38
油料	1.20	2.39	2.17	2.23	2.11	1.98	2.26
甜菜	1.78	0.61	0.55	0.67	0.70	0.45	0.53
水果	9.22	10.58	11.85	12.47	12.34	12.65	12.90
肉类	3.81	4.18	4.37	4.00	2.81	2.92	3.14
猪牛羊肉	3.79	3.90	4.04	3.71	2.54	2.65	2.84
工业							
规模以上工业增加值(亿元)		181.39	212.39	247.92	296.59	308.17	372.67
轻工业		22.18	41.00	43.55	53.67	59.67	76.19
重工业		159.21	171.39	204.38	242.92	248.50	296.48
主要工业产品产量							
呢绒（万米）	411.00	558.57	554.25	556.64	553.70	451.75	490.40
卷烟（万支）	817500	1525845	1944414	2285550	2425481	2265221	2395810
发电量（亿千瓦时）	45.81	125.69	121.06	128.60	121.51	164.41	169.27
原煤（万吨）	147.38	510.99	553.12	575.50	464.83	452.76	486.03
水泥（万吨）	151.09	402.15	409.61	441.84	487.21	516.05	548.06
建筑业							
建筑业增加值（亿元）	17.85	52.29	59.50	68.20	79.32	102.40	130.12
房屋施工面积（万平方米）	622.00	1048.74	1162.07	1205.57	1403.85	1593.00	1842.00
房屋竣工面积（万平方米）	278.00	428.93	462.81	447.94	528.85	464.00	458.00
交通运输							
货运量（万吨）	3245.40	5972.19	6263.85	6839.45	7206.66	7358.37	8054.29
铁路	724.00	820.55	903.10	1234.50	1318.65	1202.33	1221.15
公路	2521.00	5151.00	5360.00	5604.00	5887.00	6155.00	6832.00
空运	0.40	0.64	0.75	0.95	1.01	1.04	1.14
客运量（万人）	1380.50	2545.68	2731.67	2925.50	3150.41	3373.04	3802.30
铁路	448.00	586.77	635.90	672.53	777.16	874.19	975.81
公路	904.00	1896.00	1995.62	2112.37	2253.18	2346.24	2627.00
空运	28.50	62.91	100.15	140.60	120.07	152.61	199.49
邮电通信业							
邮电业务总量（亿元）	3.42	24.07	25.23	29.75	28.50	29.36	36.05
国内商业							
社会消费品零售总额（亿元）	96.67	256.67	289.72	337.57	395.04	469.77	545.11
旅游							
国内旅游者（万人次）			348.20	435.00	522.00	700.01	887.50
入境旅游者（万人次）			5.82	6.53	4.60	2.39	3.20
旅游总收入（亿元）			21.84	26.70	31.00	37.20	63.50
对外经济贸易（亿美元）							
进出口总额	4.47	7.16	7.88	7.15	7.15	4.88	10.60
进口额	0.86	2.16	2.08		1.29	1.82	1.90
出口额	3.61	5.00	5.80	5.66	5.86	3.06	8.70

总量与速度指标（续一）

2011	2012	2013	2014	2015	年平均增长速度(%) 1996-2000	2001-2005	2006-2010	2011-2015	比上年增长(%)
314.01	314.44	314.44	318.80	308.92	-0.39	-0.32	-0.17	-0.40	-3.42
40.88	39.85	38.20	37.71	37.00	0.82	-0.86	-1.50	-1.66	-1.62
40.00	44.55	49.12	53.64	57.56	4.99	4.48	8.83	8.65	7.31
42.39	44.20	46.80	47.23	45.90	2.50	-0.70	4.57	2.62	-2.81
2.23	2.56	2.53	2.04	2.03	5.66	8.63	-1.11	-2.12	-0.82
0.51	0.44	0.53	0.26	0.00	9.01	-25.95	-2.77		
13.10	13.56	14.50	15.35	16.06	1.62	1.15	4.04	4.47	4.64
3.06	3.20	3.31	3.49	4.09	1.40	3.32	-5.56	5.43	17.19
2.73	2.86	2.98	3.13	3.14	-2.38	3.03	-6.15	2.03	0.32
465.03	538.15	575.10	565.00	515.00		13.14	15.49	10.80	5.50
97.27	128.83	148.80	164.37	168.80		11.83	27.99	12.41	6.80
367.76	409.32	426.30	429.90	346.20		12.89	13.24	7.91	-0.40
491.60	459.00	386.20	405.80	340.10	-3.16	0.98	-2.57	-7.06	-16.19
2602713	2771520	3197600	3344568	3462000	10.96	8.82	9.44	7.64	3.50
182.13	203.74	210.38	185.92	178.47	-3.19	18.91	6.13	1.98	-3.72
511.37	716.32	714.57	629.18	628.12	-7.19	-1.30	-1.00	10.77	-0.17
568.56	847.17	966.90	1104.30	1154.20	4.17	8.03	6.39	14.36	7.50
159.30	182.28	205.97	234.90	251.52	13.66	9.13	20.00	12.96	8.60
2709.00	4815.33	4409.92	5508.88	4960.84	0.39	10.59	11.92	21.91	-9.95
720.00	1108.43	1136.51	1372.34	1468.49	2.62	6.28	1.32	26.24	7.01
8907.70	9671.89	10490.84	11139.69	11801.02	9.75	2.94	6.16	7.94	5.94
1214.52	1003.95	955.66	936.11	799.42	2.40	0.14	8.28	-8.03	-14.60
7663.50	8664.34	9531.00	10198.88	10996.60	11.53	3.43	5.81	9.99	7.82
2.68	3.60	4.18	4.70	5.00	5.79	3.84	12.24	14.32	6.38
4388.82	4829.07	5324.79	5655.52	6153.30	7.66	5.02	8.35	9.20	8.80
1042.06	996.95	1039.97	1084.23	1277.30	1.22	4.27	10.71	5.53	17.81
2965.86	3373.82	3719.86	3871.29	4067	10.41	5.04	6.74	9.14	5.06
380.90	458.30	564.96	700.00	809.00	5.29	13.77	25.96	17.55	15.57
44.27	48.90	53.38	69.34	92.39	41.01	4.77	8.41	19.81	28.37
639.72	749.16	843.87	1056.83	1152.15	10.61	9.91	16.26	14.14	9.00
1403.60	2101.51	2602.52	3030.77	3703.75				35.74	22.10
3.80	3.90	3.48	2.71	1.74					
102.30	154.35	206.50	232.28	290.93				39.08	25.13
18.80	33.94	40.57	45.60	50.59	2.00	12.13	8.16	51.51	10.94
6.50	7.02	4.69	5.53	6.00	7.59	11.74		19.78	8.50
12.30	26.92	35.88	40.07	44.59	4.95	12.30	11.71	37.88	11.28

1–5 国民经济和社会发展

	总量指标						
	1995	2005	2006	2007	2008	2009	2010
金融保险							
金融机构各项存款(亿元)	263.29	1421.92	1615.51	1791.12	2156.29	2621.20	3235.84
金融机构各项贷款(亿元)	223.79	1089.42		1346.58	1520.26	2007.19	2359.28
中外资保险公司保险金额(亿元)	276.00	1667.93		2403.70	2652.02	3141.01	12335.43
中外资保险公司保费(亿元)	2.32	18.17		24.11	35.45	35.85	58.12
中外资保险公司赔款及给付(亿元)	0.80	3.05		4.53	4.92	5.76	11.12
教育							
在校学生数(万人)	53.94	76.40	80.51	84.13	91.10	92.86	94.76
普通高等学校	3.87	17.98	16.79	17.14	20.07	21.82	22.76
中等职业学校	2.28	3.60	4.04	4.92	5.78	6.18	6.22
普通中学	12.99	22.02	22.20	21.56	20.80	20.35	19.89
小学	27.61	25.10	25.11	24.92	23.46	22.16	21.76
地方财政用于教育支出(万元)	20994	108284	129103	181881	230436	269714	295364
文化							
图书印数(万册)	6181	7521	7571	7591	7593	8890	9260
家庭、生活、环境							
家庭							
家庭总户数(万户)	72.09	89.99	91.16	94.33	96.31	98.35	100.18
城镇居民平均每户家庭人口(人)	3.14	2.79	2.78	2.74	2.67	2.65	2.60
农村居民平均每户家庭人口(人)	4.86	4.23	4.20	4.15	4.18	4.14	4.14
婚姻							
结婚数(万对)	2.16	2.03	4.74	2.36		2.65	2.47
离婚数(万对)	0.12	0.22	0.44	0.45	0.41	0.48	0.50
居住							
城镇居民人均居住面积(平方米)	8.81	16.69	17.98	17.00	17.60	17.76	18.46
农村居民人均居住面积(平方米)	17.21	22.32	21.94	22.37	22.90	24.26	25.00
生活							
城市居民人均可支配收入(元)	3539	8529	9418	10271	11677	12761	14062
农村居民人均纯收入(元)	1142	2713	2898	3103	3503	4001	4587
城乡居民储蓄存款余额(亿元)	137.16	581.71	687.75	710.52	907.10	1089.97	1295.95
工资							
单位从业人员劳动报酬总额(亿元)	50.69	87.15	98.79	115.20	133.16	147.12	171.78
单位从业人员平均劳动报酬(元)	5564	16609	18822	22152	25849	28569	33340
卫生							
卫生机构数	957	285	290	1646	1456	1534	2257
医院、卫生院个数	250	170	168	160	160	159	163
卫生机构床位数	14098	148825	15658	17045	31461	21873	25498
医院、卫生院床位数	14322	13954	14854	15884	21220	14841	16916
卫生技术人员	21344	18738	20651	20573	20721	22372	24388
医生	9585	7951	8801	8890	8971	9440	10060
市政建设							
全年供水总量(万立方米)	38345	23105	21437	21770	28670	27891	24276
道路面积(万平方米)	868	1805	2214	2318	1635	1974	2162
园林绿地面积(公顷)	1911	4977	4770	3920	4593	4651	4441
环境							
工业废水排放量(万吨)			4029	3725	3737.12	2945.18	2529.10
工业废气排放量(亿标立方米)			1342.00	1766.00	1869.68	2070.00	1805.00

总量与速度指标（续二）

2011	2012	2013	2014	2015	年平均增长速度(%) 1996-2000	2001-2005	2006-2010	2011-2015	比上年增长(%)
3833.55	4589.26	5499.15	6617.51	7803.12	20.61	16.18	17.88	19.25	17.92
2917.88	3672.85	4407.71	5612.72	6892.02	21.35	13.10	16.71	23.91	22.79
13319.38	11462.40	13759.57	15917.50	36309.49	42.13	0.82	49.21	24.05	128.00
52.43	59.66	65.90	74.52	87.05	24.36	21.36	26.18	11.37	16.05
13.84	16.34	23.25	29.93	32.20	18.00	10.76	29.53	23.49	7.61
94.60	92.90	108.11	100.73	99.57	3.19	3.89	4.40	0.89	-1.15
23.85	24.75	46.28	41.42	41.64	13.31	19.99	4.83	12.84	0.53
6.31	6.29	7.76	6.50	5.98	10.93	1.23	11.56	-0.78	-8.00
18.74	18.42	18.06	17.82	17.01	5.55	5.29	-2.01	-3.08	-4.55
20.88	20.38	20.28	20.35	20.80	1.06	2.92	-2.82	-0.90	2.21
339636	403815	429489	514802	671067	15.81	19.87	22.22	17.84	30.35
9502	9350	6573	5312	6650	2.55	1.42	4.25	4.80	25.19
102.00	103.17	104.93	106.33	107.65	2.49	1.99	2.17	1.45	1.24
2.73	2.73				0.13	2.21	-1.40		
3.97	3.95	4.03	4.11		1.79	0.96	-0.43		
2.81	2.50	2.87	2.73	2.83	2.43	1.22		2.79	3.62
0.60	0.55	0.65	0.65	0.71	5.92	6.58	17.84	5.46	9.35
18.42	19.08	22.45	33.50	34.67	6.55	6.64	2.04	13.43	3.49
24.00	31.00	33.99	30.95	32	0.73	6.11	2.29	5.06	3.39
15953	18443	20767	23030	27088	12.28	7.83	10.52	12.60	10.50
5252	6224	7114	8067	9621	11.92	6.24	11.07	14.58	12.30
1480.16	1743.18	2021.56	2262.94	2608.54	16.79	14.31	17.38	15.02	15.27
198.37	239.77	307.61	354.39	390.64	4.22	6.93	14.54	17.86	10.23
37754	43658	46621	51928	58967	10.45	12.67	14.95	12.08	13.56
2362	2359	2288	2288	2385	6.97	3.41	51.26		4.24
167	166	165	167	164	0.60	平	-0.84	0.12	-1.80
25411	27545	23614	23614	22774	0.09	0.91	-29.73		-3.56
18444	19936	21441	22753	22409	165.00	3.47	3.92	5.79	-1.51
26363	27914	28489	30859	30967	4.85	2.39	5.41	4.89	0.35
10745	11308	11349	12252	12354	6.54	2.99	4.82	4.19	0.83
29401	26828	21818	23903	27491.60	2.96	6.88	0.99	6.80	15.01
2168	2219	2910.44	3545.53	4294.88	1.71	17.77	3.67	7.77	21.14
4471	5495	6584	7201.62	7742.59	5.37	27.97	-2.25	9.84	7.51
4097.28	4624.55	4909.07	4563.49	4138.48	3.18	11.76	-9.42		-9.31
3183.02	3954.42	4068.37	3768.00	3576.57					-5.08

1-5 国民经济和社会发展总量与速度指标（续三）

	总量指标		比上年增长(%)
	2016	2017	
人口			
户籍总人口(万人)	324.23	325.55	0.41
非农业人口	222.73	226.05	1.49
农业人口	101.50	99.50	-1.97
男女性别比(以女性为100)	101.47	100.90	-0.56
人口自增率(‰)	7.75	5.37	
就业			
从业人员(万人)	215.60	224.14	3.96
单位从业人员	77.25	80.81	4.61
在岗职工	63.01	65.67	4.22
城镇登记失业人数(万人)	1.73	1.55	-10.40
宏观经济			
地区生产总值(亿元)	2287.16	2523.54	5.7
第一产业增加值	60.36	61.47	5.9
第二产业增加值	795.06	881.74	3.1
第三产业增加值	1431.74	1580.34	7.2
非公有制经济增加值	1015.76	1154.41	10.03
支出法地区生产总值	2287.16	2523.54	5.7
最终消费	899.35	1075.07	6.1
居民消费	718.53	809.37	6.1
政府消费	180.82	265.7	6.1
资本形成总额	1492.04	1558.75	5.9
固定资本形成	1443.61	1324.18	-7.1
存货增加	48.43	234.57	409.9
固定资产投资			
固定资产投资总额(亿元)	1990.95	1315.35	-33.93
房地产投资	391.15	432.16	10.48
财政			
地区财政收入(亿元)	606.75	671.65	10.70
公共财政预算收入	215.48	234.20	8.69
公共财政预算支出	424.16	429.36	1.23
物价总指数(上年=100)			
商品零售价格指数(%)	100.7	101.8	1.80
居民消费价格总指数(%)	100.8	101.5	1.50
利用外资			
合同投资总额(亿美元)	10.55	3.53	-66.54
合同外资额(亿美元)	3.38	1.00	-70.41

1-5 国民经济和社会发展总量与速度指标（续四）

	总量指标		比上年增长(%)
	2016	2017	
农业			
耕地面积（万亩）	304.84	303.50	-0.44
农林牧渔业劳动力（万人）	36.94	36.16	-2.11
农林牧渔业增加值（亿元）	61.80	63.02	5.91
主要农产品产量（万吨）			
粮食	45.07	43.88	-2.66
油料	2.01	1.88	-6.78
甜菜			
水果	17.23	17.17	-0.35
肉类	4.11	4.11	0.00
猪牛羊肉	3.11	3.25	4.62
工业			
规模以上工业增加值（亿元）	502.00	583.69	4.8
轻工业	154.10	151.60	2.8
重工业	347.90	432.10	5.6
主要工业产品产量			
呢绒（万米）	414.30	435.00	5.0
卷烟（万支）	2938458	2824246	-3.90
发电量（亿千瓦时）	147.53	155.32	1.64
原煤（万吨）	637.63	503.24	-1.27
水泥（万吨）	1130.00	905.91	-18.40
建筑业			
建筑业增加值（亿元）	267.12	279.00	0.00
房屋施工面积（万平方米）	4877.02	5031.90	3.18
房屋竣工面积（万平方米）	1317.80	1090.84	-17.22
交通运输			
货运量（万吨）	12208.84	12882.39	5.52
铁路	741.90	837.12	12.83
公路	11461.00	12039.18	5.04
空运	5.94	6.09	2.53
客运量（万人）	6950.64	7684.69	10.56
铁路	1648.89	2039.42	23.68
公路	4212.75	4363.63	3.58
空运	1089.00	1281.64	17.69
邮电通信业			
电信业务总量（亿元）	136.57	133.81	107.38
邮政业务总量（亿元）	8.49	9.99	17.70
国内商业			
社会消费品零售总额（亿元）	1263.35	1358.72	7.60
旅游			
国内旅游者（万人次）	5337.57	5431.40	22.03
入境旅游者（万人次）	4.40	3.98	-9.52
旅游总收入（亿元）	448.12	456.50	26.99
对外经济贸易（亿元人民币）			
进出口总额	277.05	125.11	21.75
进口额	56.70	52.23	-6.50
出口额	220.35	72.88	55.39

1-5 国民经济和社会发展总量与速度指标（续五）

	总量指标		比上年增长(%)
	2016	2017	
金融保险			
金融机构人民币各项存款(亿元)	8623.11	8513.59	-1.27
金融机构人民币各项贷款(亿元)	8401.56	9643.55	14.78
中外资保险公司保险金额(亿元)	255548.01	157159.54	-38.50
中外资保险公司保费(亿元)	98.92	122.44	23.78
中外资保险公司赔款及给付(亿元)	39.26	42.67	8.67
教育			
在校学生数(万人)	102.62	103.80	1.15
普通高等学校	42.48	44.56	3.67
中等职业学校	4.90	4.10	-16.33
普通中学	16.69	16.53	-0.96
小学	21.20	21.78	2.74
地方财政用于教育支出(万元)	740910	803250	8.41
文化			
图书印数(万册)	7576	7288	-3.80
家庭、生活、环境			
家庭			
家庭总户数(万户)	109.57	110.50	0.85
城镇居民平均每户家庭人口(人)			
农村居民平均每户家庭人口(人)			
婚姻			
结婚数(万对)	2.64	2.46	-7.0
离婚数(万对)	0.78	0.85	9.0
居住			
城镇居民人均居住面积(平方米)	36.18	36.42	-0.50
农村居民人均居住面积(平方米)	32.86	33	0.43
生活			
城市居民人均可支配收入(元)	29661	32331	9.0
农村居民人均可支配收入(元)	10391	11305	8.8
住户存款余额(亿元)	2796.24	2949.27	5.47
工资			
单位从业人员劳动报酬总额(亿元)	462.51	524.61	13.43
单位从业人员平均劳动报酬(元)	64551	69555	7.75
卫生			
卫生机构数	2408	2464	2.33
医院、卫生院个数	172	194	12.97
卫生机构床位数	26538	29164	9.90
医院、卫生院床位数	24031	26589	10.64
卫生技术人员	32153	35251	9.64
医生	13123	13692	4.26
市政建设			
全年供水总量(万立方米)	26441	27178	2.79
道路面积(万平方米)	4536.73	4805.11	5.92
园林绿地面积(公顷)	7852.30	9592.07	2.66
环境			
工业废水排放量(万吨)	3341.89	3527.75	5.56
工业废气排放量(亿标立方米)	2566.45	2146.49	-16.36

1-6 地区生产总值

单位：亿元

	地区生产总值	第一产业	第二产业			第三产业			人均GDP（元）（按常住人口计算）
				工业	建筑业		交通运输仓储及邮政业	批发和零售业	
“一五”时期									
1953	1.46	0.20	0.36	0.24	0.12	0.90	0.38	0.32	179
1954	1.76	0.21	0.46	0.32	0.14	1.09	0.39	0.38	202
1955	2.43	0.23	0.85	0.59	0.26	1.35	0.46	0.44	255
1956	3.31	0.24	1.52	0.93	0.59	1.55	0.49	0.51	308
1957	3.72	0.26	1.70	1.06	0.64	1.76	0.50	0.57	313
“二五”时期									
1958	4.99	0.25	2.65	2.01	0.64		0.78	0.58	388
1959	7.69	0.25	5.23	4.39	0.84	2.21	0.86	0.66	548
1960	8.09	0.25	5.88	4.89	0.99	1.96	0.64	0.61	553
1961	4.52	0.25	2.62	2.45	0.17	1.65	0.47	0.47	314
1962	4.32	0.24	2.37	2.24	0.13	1.71	0.43	0.54	314
三年调整期									
1963	5.82	0.29	3.67	3.42	0.25	1.86	0.43	0.63	421
1964	7.94	0.34	5.39	5.07	0.32	2.21	0.48	0.64	544
1965	10.01	0.39	7.09	6.48	0.61	2.53	0.65	0.59	647
“三五”时期									
1966	9.85	0.40	6.91	6.69	0.22	2.54	0.62	0.59	609
1967	11.70	0.41	8.80	8.52	0.28	2.49	0.57	0.57	702
1968	12.92	0.43	10.15	9.82	0.33	2.34	0.50	0.51	759
1969	13.55	0.46	10.68	10.40	0.28	2.41	0.54	0.54	786
1970	14.99	0.52	11.92	11.51	0.41	2.55	0.60	0.59	856
“四五”时期									
1971	16.22	0.53	13.03	12.78	0.25	2.66	0.62	0.60	896
1972	17.96	0.53	14.34	13.89	0.45	3.09	0.67	0.79	958
1973	18.91	0.53	14.91	14.26	0.65	3.47	0.73	0.98	981
1974	20.84	0.66	16.40	15.82	0.58	3.78	0.79	1.11	1063
1975	22.70	0.67	17.89	17.23	0.66	4.14	0.85	1.26	1143
“五五”时期									
1976	22.69	0.69	17.76	17.10	0.66	4.24	0.88	1.32	1130
1977	21.82	0.70	16.78	16.21	0.57	4.34	0.91	1.38	1077
1978	21.80	0.74	16.56	15.85	0.71	4.50	0.94	1.44	1067
1979	24.54	0.78	18.60	17.72	0.88	5.16	0.95	1.63	1180
1980	25.68	0.94	18.80	17.64	1.16	5.94	0.98	1.96	1209

注：人均GDP自2007年后按常住人口计算，2007年以前数据按户籍人口计算。

1-6 地区生产总值（续一）

单位：亿元

	地区生产总值	第一产业	第二产业			第三产业			人均GDP（元）（按常住人口计算）
				工业	建筑业		交通运输仓储及邮政业	批发和零售业	
“六五”时期									
1981	24.01	0.80	16.75	15.61	1.14	6.46	10.60	2.27	1116
1982	25.82	0.84	18.09	16.67	1.42	6.89	1.28	2.27	1179
1983	29.49	1.12	20.89	19.25	1.64	7.48	1.51	2.39	1326
1984	35.40	1.40	23.74	21.80	1.94	10.26	1.90	4.00	1579
1985	43.50	1.90	28.16	25.46	2.70	13.44	2.72	5.17	1915
“七五”时期									
1986	50.79	2.20	32.01	28.66	3.35	16.58	3.87	6.18	2198
1987	56.11	2.33	33.95	29.68	4.27	19.83	4.27	7.23	2383
1988	64.30	3.06	36.77	32.15	4.62	24.47	4.74	9.76	2682
1989	73.69	3.80	42.60	38.52	4.08	27.29	5.31	10.03	3015
1990	77.89	4.26	45.05	40.13	4.92	28.58	5.21	10.09	3126
“八五”时期									
1991	85.23	5.01	45.50	40.17	5.33	34.72	5.49	11.20	3364
1992	100.57	5.53	52.52	46.11	6.41	42.52	6.41	13.37	3918
1993	126.72	6.54	73.65	64.64	9.01	46.53	7.55	14.87	4878
1994	172.49	9.57	100.92	87.69	13.23	62.00	9.22	20.75	6548
1995	210.43	11.83	120.85	103.01	17.82	77.75	10.25	26.82	7844
“九五”时期									
1996	225.01	13.72	119.25	96.82	22.43	92.04	12.58	31.98	8228
1997	237.42	14.08	119.36	94.04	25.32	103.98	17.31	35.79	8532
1998	252.55	15.24	121.06	92.09	28.97	116.25	21.11	39.29	8949
1999	267.46	15.61	125.65	94.42	31.23	126.19	23.57	42.21	9360
2000	300.32	15.89	140.71	107.04	33.67	143.72	29.60	45.66	10387
“十五”时期									
2001	341.68	16.89	156.38	116.37	37.01	171.42	37.10	49.27	11638
2002	381.41	17.68	166.87	126.38	40.49	196.85	45.45	53.39	12768
2003	433.65	18.38	188.70	143.19	45.51	226.57	50.54	58.47	14328
2004	500.25	20.61	218.30	167.70	50.60	261.34	54.97	65.65	16335
2005	567.04	22.13	249.99	197.70	52.29	294.92	48.47	55.70	18296
“十一五”时期									
2006	638.47	22.73	290.38	230.88	59.50	325.36	52.68	61.56	20419
2007	732.76	26.09	336.08	267.88	68.2	370.59	59.78	70.02	23155
2008	847.47	28.10	408.52	318.93	89.59	410.85	63.90	76.38	25664
2009	925.98	30.55	433.62	331.22	102.40	461.81	64.37	90.29	27904
2010	1100.39	33.79	529.18	399.06	130.12	537.42	71.53	108.4	30672
“十二五”时期									
2011	1360.03	40.00	656.55	497.25	159.30	663.48	89.01	133.95	37570
2012	1564.41	45.14	744.7	562.42	182.28	774.57	108.56	148.66	43175
2013	1828.98	49.12	782.56	572.59	209.97	997.30	114.03	175.9	50301
2014	2000.94	53.64	829.23	594.27	234.96	1118.07	119.45	194.93	54771
2015	2095.99	56.22	782.65	535.04	251.52	1257.11	122.18	202.27	56972
“十三五”时期									
2016	2287.16	60.36	795.06	531.8	267.11	1431.74	124.33	213.71	61207
2017	2523.54	61.47	881.74	607.13	279.00	1580.34	137.07	222.79	67881

1-7 地区生产总值构成

单位：%

	地区生产总值	第一产业	第二产业			第三产业		
				工业	建筑业		交通运输仓储及邮政业	批发和零售业
“一五”时期								
1953	100.00	13.62	24.39	16.44	8.22	61.99	26.03	21.92
1954	100.00	11.93	26.14	18.18	7.95	61.93	22.16	21.59
1955	100.00	9.34	34.95	24.28	10.70	55.71	18.93	18.11
1956	100.00	7.32	45.91	28.10	17.82	46.77	14.80	15.41
1957	100.00	6.99	45.70	28.49	17.20	47.31	13.44	15.32
“二五”时期								
1958	100.00	5.14	53.04	40.28	12.83	41.82	15.63	11.62
1959	100.00	3.25	68.01	57.09	10.92	28.74	11.18	8.58
1960	100.00	3.09	72.68	60.44	12.24	24.23	7.91	7.54
1961	100.00	5.53	57.96	54.20	3.76	36.50	10.40	10.40
1962	100.00	5.56	54.86	51.85	3.01	39.58	9.95	12.50
三年调整期								
1963	100.00	5.01	62.99	58.76	4.30	32.00	7.39	10.82
1964	100.00	4.28	67.88	63.85	4.03	27.83	6.05	8.06
1965	100.00	3.90	70.83	64.74	6.09	25.27	6.49	5.89
“三五”时期								
1966	100.00	4.06	70.15	67.92	2.23	25.79	6.29	5.99
1967	100.00	3.50	75.21	72.82	2.39	21.28	4.87	4.87
1968	100.00	3.37	78.55	76.01	2.55	18.08	3.87	3.95
1969	100.00	3.39	78.82	76.75	2.07	17.79	3.99	3.99
1970	100.00	3.48	79.55	76.78	2.74	16.97	4.00	3.94
“四五”时期								
1971	100.00	3.23	80.34	78.79	1.54	16.43	3.82	3.70
1972	100.00	2.95	79.84	77.34	2.51	17.20	3.73	4.40
1973	100.00	2.80	78.85	75.41	3.44	18.35	3.86	5.18
1974	100.00	3.17	78.69	75.91	2.78	18.14	3.79	5.33
1975	100.00	2.93	78.83	75.90	2.91	18.24	3.74	5.55
“五五”时期								
1976	100.00	3.04	78.27	75.36	2.91	18.69	3.88	5.82
1977	100.00	3.18	76.93	74.29	2.61	19.89	4.17	6.32
1978	100.00	3.39	75.96	72.71	3.26	20.64	4.31	6.61
1979	100.00	3.18	75.79	72.21	3.59	21.03	3.87	6.64
1980	100.00	3.66	73.21	68.69	4.52	23.13	3.82	7.63

1-7 地区生产总值构成（续一）

单位：%

	地区生产总值	第一产业	第二产业			第三产业		
				工业	建筑业		交通运输仓储及邮政业	批发和零售业
“六五”时期								
1981	100.00	3.33	69.77	65.01	4.75	26.90	4.41	9.45
1982	100.00	3.25	70.06	64.56	5.50	26.68	4.96	8.79
1983	100.00	3.80	70.85	65.28	5.56	25.35	5.12	8.10
1984	100.00	3.96	67.06	61.58	5.48	28.98	5.37	11.30
1985	100.00	4.37	64.74	58.53	6.21	30.90	6.25	11.89
“七五”时期								
1986	100.00	4.33	63.02	56.43	6.60	32.64	7.62	12.17
1987	100.00	4.15	60.51	52.90	7.61	35.34	7.61	12.89
1988	100.00	4.76	57.19	50.00	7.19	38.06	7.37	15.18
1989	100.00	5.16	57.81	52.27	5.54	37.03	7.21	13.61
1990	100.00	5.46	57.85	51.52	6.32	36.69	6.69	12.95
“八五”时期								
1991	100.00	5.88	53.38	47.13	6.25	40.74	6.44	13.14
1992	100.00	5.49	52.23	45.85	6.37	42.28	6.37	13.29
1993	100.00	5.16	58.12	51.01	7.11	36.72	5.96	11.74
1994	100.00	5.55	58.51	50.84	7.67	35.94	5.34	12.03
1995	100.00	5.62	57.43	48.95	8.48	36.95	4.87	12.74
“九五”时期								
1996	100.00	6.10	53.00	43.03	9.97	40.91	5.59	14.21
1997	100.00	5.93	50.27	39.61	10.66	43.80	7.29	15.07
1998	100.00	6.04	47.93	36.46	11.47	46.03	8.36	15.56
1999	100.00	5.84	46.98	35.30	11.68	47.18	8.81	15.78
2000	100.00	5.29	46.85	35.64	11.21	47.86	9.86	15.20
“十五”时期								
2001	100.00	4.94	44.89	34.06	10.83	50.17	10.86	14.42
2002	100.00	4.64	43.75	33.14	10.62	51.61	11.92	14.00
2003	100.00	4.24	43.51	33.02	10.49	55.25	11.66	13.48
2004	100.00	4.12	43.64	33.52	10.11	52.24	10.99	13.12
2005	100.00	3.90	44.10	34.87	9.22	52.00	10.90	12.77
“十一五”时期								
2006	100.00	3.56	45.48	36.16	9.32	50.96	8.25	9.64
2007	100.00	3.56	45.87	36.56	9.31	50.57	8.16	9.56
2008	100.00	3.32	48.20	37.63	10.57	48.48	7.54	9.01
2009	100.00	3.30	46.83	35.77	11.06	49.87	6.95	9.75
2010	100.00	3.07	48.09	36.27	11.82	48.84	6.5	9.85
“十二五”时期								
2011	100.00	2.94	48.27	36.56	11.71	48.79	6.54	9.85
2012	100.00	2.89	47.60	35.96	11.66	49.51	6.94	9.51
2013	100.00	2.63	42.52	31.31	11.48	54.85	6.23	9.62
2014	100.00	2.62	41.23	29.70	11.74	56.15	5.97	9.74
2015	100.00	2.68	37.34	25.53	12.00	59.98	5.83	9.65
“十三五”时期								
2016	100.00	2.67	34.89	23.27	11.80	62.44	5.49	9.43
2017	100.00	2.44	34.94	24.06	11.06	62.62	5.43	8.83

1-8　地区生产总值指数

（上年=100）　　单位：%

	地区生产总值	第一产业	第二产业			第三产业			人均GDP（按常住人口计算）
				工业	建筑业		交通运输仓储及邮政业	批发和零售业	
1955	119.70	103.30	125.20	124.10	120.60	122.80			109.30
1956	119.60	104.20	135.60	126.50	162.70	114.30			106.20
1957	116.00	105.10	124.6	130.20	111.60	112.70			105.10
“二五”年均	**104.12**	**96.01**	**112.02**	**117.02**	**90.33**	**97.98**			**101.15**
1958	128	92.4	150.9	163.9	115.8	118.4			118.30
1959	128.5	82.4	156.7	168.8	110.4	108.9			117.80
1960	111.9	100.1	128.8	135.8	88	89.7			107.30
1961	61.9	99.2	50.1	48.6	63.8	80.5			63.00
1962	107.4	107.9	115.6	120.2	83.8	97			112.40
三年调整期	**122.79**	**119.1**	**127.91**	**125.82**	**145.77**	**114.99**			**118.06**
1963	120.6	118.6	128.6	125	164.3	108.9			119.90
1964	122.9	119.8	124.4	124.4	124.1	120.9			116.30
1965	124.9	118.9	130.8	128.1	151.9	115.5			118.00
“三五”年均	**103.02**	**103.54**	**103.69**	**104.86**	**94.73**	**101.54**			**100.48**
1966	102.3	102.9	100.7	107.2	59.4	105.6			97.60
1967	92.4	103	87.6	86	106.1	99.6			89.90
1968	102.3	103.3	107.1	107.4	104.5	93.9			100.10
1969	108.1	103.7	111.2	113.1	93.5	103			106.70
1970	111	104.8	114.1	113.2	123.9	106.1			109.30
“四五”年均	**109.27**	**104.32**	**109.75**	**110.6**	**98.63**	**109.38**			**106.59**
1971	107.5	100.6	109.4	113.7	64.2	104.7			104.00
1972	110.3	100.6	110.8	110.3	120	111.5			106.40
1973	105.9	97.1	103.9	103.5	110.5	112.9			103.10
1974	109.4	124	108.5	108.8	104.1	108.8			107.60
1975	113.4	101.4	116.5	117.2	105.3	109.2			112.10
“五五”年均	**102.56**	**100.54**	**101.86**	**101.68**	**105.16**	**106.2**			
1976	100.5	100.6	99.6	99.6	99.5	102.7			99.40
1977	100.2	100.7	98.9	99	98.1	102.8			99.30
1978	102.2	95.6	102.5	102.1	110.4	102.7			101.30
1979	109.7	102.1	108.6	108.5	109.5	113.6			107.80
1980	100.5	103.9	100	99.5	109	109.7			101.00

注：人均GDP自2007年后按常住人口计算，2007年以前数据按户籍人口计算。

1-8 地区生产总值指数（续一）

（上年=100）

单位：%

	地区生产总值	第一产业	第二产业			第三产业			人均GDP（按常住人口计算）
				工业	建筑业		交通运输仓储及邮政业	批发和零售业	
“六五”年均	108.87	110.96	106.50	104.96	114.24	112.47			107.46
1981	96.7	80.8	92.60	87.5	109	106.8			95.5
1982	106.9	110.1	107.50	106.5	120.6	105.5			105.1
1983	111.4	124.9	112.20	113	103.5	108.5			109.7
1984	117	117.8	110.9	111	110	127			116.1
1985	113.5	128.5	110.6	109	130	115.9			112.1
“七五”年均	106.41	105.53	107.75	107.3	111.98	104.56			104.45
1986	112.30	109.90	109.60	108.00	125.90	116.30			110.4
1987	107.80	97.50	108.10	106.00	126.30	108.90			105.8
1988	103.80	100.50	108.00	108.00	108.10	98.70			101.9
1989	103.80	109.60	106.40	107.50	98.30	99.30			101.8
1990	104.60	110.90	106.70	107.00	104.20	100.70			102.6
“八五”年均	109.48	104.87	110.58	110.01	115.24	108.73			108.64
1991	102.20	112.50	98.80	98.00	105.20	106.30			101.20
1992	110.30	107.20	110.40	109.80	114.80	110.70			108.90
1993	111.60	102.70	114.90	115.30	113.97	107.90			110.30
1994	114.49	101.20	119.60	118.80	125.90	110.90	114.47	113.80	110.27
1995	109.20	101.20	110.30	109.30	117.30	108.90	113.21	111.30	107.24
“九五”年均	108.86	104.99	108.06	107.05	113.66	110.11	115.53	110.07	107.09
1996	109.18	105.80	109.30	108.40	114.80	109.45	112.00	112.20	107.10
1997	108.88	103.60	108.80	107.00	119.70	109.50	125.60	109.60	107.00
1998	108.74	107.10	106.60	105.00	115.00	111.30	117.10	111.40	107.23
1999	108.24	104.50	107.40	107.00	109.50	109.47	109.90	109.00	106.89
2000	109.24	104.00	108.20	107.90	109.60	110.83	113.70	108.20	107.24
“十五”年均	111.18	104.48	111.75	112.55	109.14	111.30	111.63	109.41	109.44
2001	110.54	105.50	109.90	110.10	109.40	111.56	113.90	108.30	108.86
2002	110.79	104.80	110.81	110.84	110.70	111.36	116.70	108.60	108.89
2003	110.99	104.80	111.60	111.90	110.90	111.01	108.90	108.50	109.55
2004	111.58	103.27	112.70	113.56	109.80	111.40	110.87	109.40	110.28
2005	112.00	104.05	113.78	116.46	105.00	111.17	108.00	112.30	109.65
“十一五”年均	111.92	104.73	113.21	113.59	111.49	111.26	107.07	112.16	110.90
2006	112.01	103.11	115.01	116.60	109.01	110.13	108.63	110.20	111.02
2007	112.50	103.69	115.78	117.12	110.30	110.22	110.39	111.57	111.16
2008	111.51	105.71	111.43	113.16	104.02	111.96	107.67	109.19	110.83
2009	110.80	106.17	110.23	109.42	113.56	111.64	101.10	115.10	110.21
2010	112.80	105.01	113.72	111.82	121.28	112.39	107.79	114.85	111.30
“十二五”年均	112.24	105.98	111.53	111.03	112.96	113.13	112.33	109.16	111.87
2011	115.00	105.20	116.30	115.20	119.60	114.30	116.30	113.40	114.90
2012	113.40	106.70	112.20	111.80	113.40	114.80	119.30	108.80	113.24
2013	113.40	105.80	113.50	114.10	111.90	113.60	120.70	112.20	113.05
2014	110.40	106.30	109.10	108.20	111.60	111.80	102.70	109.00	109.90
2015	109.10	105.90	106.80	106.10	108.60	111.20	104.00	102.70	108.40
“十三五”年均									
2016	108.30	106.00	104.30	102.80	107.30	110.90	102.30	104.70	107.70
2017	105.70	105.90	103.10	104.60	100.00	107.20	110.10	102.80	105.18

1-9　各县区生产总值

单位：亿元

	生产总值	第一产业	第二产业			第三产业			人均GDP（元）（按常住人口计算）
				工业	建筑业		交通运输仓储及邮政业	批发和零售业	
兰州市	**2523.54**	**61.47**	**881.74**	**607.13**	**279.00**	**1580.34**	**137.07**	**222.79**	**67881**
城关区	948.89	2.17	128.23	57.03	71.68	818.49	45.84	137.49	72398
七里河区	452.78	5.48	164.00	118.40	46.27	283.30	33.15	35.23	79074
西固区	406.79	4.66	246.81	209.03	37.78	155.32	17.58	32.97	110782
安宁区	169.27	0.16	65.05	40.65	24.40	104.06	0.41	9.89	59814
红古区	129.19	10.05	79.12	68.74	11.37	40.02	8.82	3.86	92080
永登县	107.15	11.64	33.08	21.60	11.49	62.43	21.65	6.00	31005
皋兰县	52.84	6.66	24.18	16.42	7.77	21.99	5.00	2.23	49081
榆中县	104.78	16.93	27.41	12.49	14.94	60.44	4.48	8.47	23625
兰州新区	164.11	3.72	117.50	64.22	53.28	42.90	7.30	2.00	

1-10　各县区生产总值构成

单位：%

	生产总值	第一产业	第二产业			第三产业		
				工业	建筑业		交通运输仓储及邮政业	批发和零售业
兰州市	**100.00**	**2.44**	**34.94**	**24.06**	**11.06**	**62.62**	**5.43**	**8.83**
城关区	100.00	0.23	13.51	6.01	7.55	86.26	4.83	14.49
七里河区	100.00	1.21	36.22	26.15	10.22	62.57	7.32	7.78
西固区	100.00	1.15	60.67	51.39	9.29	38.18	4.32	8.10
安宁区	100.00	0.09	38.43	24.01	14.41	61.48	0.24	5.84
红古区	100.00	7.78	61.24	53.21	8.80	30.98	6.83	2.99
永登县	100.00	10.86	30.87	20.16	10.72	58.26	20.21	5.60
皋兰县	100.00	12.60	45.77	31.07	14.70	41.62	9.46	4.22
榆中县	100.00	16.16	26.16	11.92	14.26	57.68	4.28	8.08
兰州新区	100.00	2.27	71.60	39.13	32.47	26.14	4.45	1.22

1-11 各县区生产总值指数

（上年=100） 单位：%

	县区生产总值	第一产业	第二产业			第三产业			人均GDP（元）按常住人口计算）
				工业	建筑业		交通运输仓储及邮政业	批发和零售业	
兰州市	**105.7**	**105.9**	**103.1**	**104.6**	**100.0**	**107.2**	**110.1**	**102.8**	**105.2**
城关区	105.6	102.5	102.6	105.7	100.1	106.1	109.0	105.3	106.9
七里河区	106.7	103.1	100.9	101.0	100.8	111.0	110.1	102.2	106.0
西固区	104.2	105.1	101.5	101.8	100.3	107.4	110.4	107.8	104.3
安宁区	106.9	100.0	102.9	103.9	100.3	110.5	108.3	99.0	106.6
红古区	108.5	104.9	109.7	111.9	99.8	107.2	109.6	103.1	108.6
永登县	104.4	106.0	99.0	98.2	101.3	107.7	110.6	103.5	104.5
皋兰县	102.5	105.8	96.3	93.9	105.2	108.7	114.1	104.0	101.8
榆中县	107.4	106.2	102.0	100.3	105.6	110.9	111.8	103.8	107.4
兰州新区	115.6	100.0	114.3	133.6	97.7	122.1	109.0	108.5	

主要统计指标解释

行政区划　指国家对行政区域的划分。根据宪法规定，我国的行政区域划分如下：（1）全国分为省、县、自治区、直辖市；（2）省、自治区分为自治州、县、自治县、市；（3）自治州分为县、自治县、市；（4）县、自治县分为乡、民族乡、镇；（5）直辖市和较大的市区分为区、县；（6）国家在必要时设立的特别行政区。

耕地面积　指经过开垦用以种植农作物并经常进行耕耘的土地面积。包括种有作物的土地面积、休闲地、新开荒地和抛荒未满三年的土地面积。

林业面积　指成品种植乔木、竹类、灌木、沿海红树林等林木的土地面积，包括有林地、灌木林、疏林地、未成林造林地、迹地、苗圃等。

草地面积　指牧区和农区用于放牧牲畜或割草，植被盖度在5%以上的草原、草坡、草山等面积。包括天然的和人工种植或改良的草地面积。

气温　指空气的温度，我国一般以摄氏度（℃）为单位表示。气象观测的温度表是放在离地面约1.5米处通风良好的百叶箱里测量的，因此，通常说的气温指的是离地面1.5米处百叶箱中的温度。其统计计算方法为：

月平均气温　是将全月各日的平均气温相加，除以该月的天数而得。

年平均气温　是将12个月的平均气温累加后除以12而得。

降水量　指从天空降落到地面的液态或固态（经融化后）水、未经蒸发、渗透、流失而在地面上积聚的深度。其统计计算方法为：

月降水量　是将全月各日的降水量累加而得。

年降水量　是将12个月的月降水量累加而得。

日照时数　指太阳实际照射地面的时间。其统计方法与降水量相同。

可比价格　指计算各种总量指标所采用的扣除了价格变动因素的价格，可进行不同时期总量指标的对比。按可比价格计算总量指标有两种方法：一种是直接用产品产量乘某一年的不变价格计算；另一种是用价格指数进行缩减。

平均增长速度　我国计算平均增长速度有两种方法：一种是习惯上经常使用的“水平法”，又称几何平均法，是以间隔期最后一年的水平同基期水平对比来计算平均每年增长（或下降）速度；另一种是“累计法”，又称代数平均法或方程法，是以间隔期内各年水平的总和同基期水平对比来计算平均每年增长（或下降）速度。

在一般正常情况下，两种方法计算的平均每年增长速度比较接近；但在经济发展不平衡、出现大起大落时，两种方法计算的结果差别较大。

企业（单位）登记注册类型　是以在工商行政管理机关登记注册的各类企业为划分对象，以工商行政管理部门对企业登记注册的类型为依据，将企业登记注册类型分为内资企业、港澳台商投资企业和外商投资企业三大类。内资企业包括国有企业、集体企业、股份合作企业、联营企业、有限责任公司、股份有限公司、私营公司和其他企业；港澳台商投资企业和外商投资企业分别包括合资经营企业、合作经营企业、独资经营企业和股份有限公司。对不在工商行政管理部门进行登记注册的行政机关、事业单位和社会团体，主要按其经费来源和管理方式进行划分。

国有企业 指企业全部资产归国家所有，并按《中华人民共和国企业法人登记管理条例》规定登记注册的非公司制的经济组织。不包括有限责任公司中的国有独资公司。

集体企业 指企业资产归集体所有，并按《中华人民共和国企业法人登记管理条例》规定登记注册的经济组织。

股份合作企业 指以合作制为基础，由企业职工共同出资入股，吸收一定比例的社会资产投资组建，实行自主经营，自负盈亏，共同劳动，民主管理，按劳分配与按股分红相结合的一种集体经济组织。

联营企业 指两个及两个以上相同或不同所有制性质的企业法人或事业单位法人，按自愿、平等、互利的原则，共同投资组成经济组织。联营企业包括国有联营企业、集体联营企业、国有与集体联营企业和其他联营企业。

有限责任公司 指根据《中华人民共和国公司登记管理条例》规定登记注册，由两个以上、五十个以下的股东共同出资，每个股东以其所认缴的出资额对公司承担有限责任，公司以其全部资产对其债务承担责任的经济组织。有限责任公司包括国有独资公司以及其他有限责任公司。

股份有限公司 指根据《中华人民共和国公司登记管理条例》规定登记注册，其全部注册资本由等额股份构成并通过发行股票筹集资本，股东以其认购的股份对公司承担有限责任，公司以其全部资产对其债务承担责任的经济组织。

私营企业 指由自然人投资设立或由自然人控投，以雇佣劳动为基础的营利性经济组织。包括按照《公司法》、《合伙企业法》、《私营企业暂行条例》规定登记注册的私营有限责任公司、私营股份有限公司、私营合伙企业和私营独资企业。

其他企业 指上述企业之外的其他内资经济组织。

与港澳台商合资经营企业 指港澳台地区投资企业与内地企业依照《中华人民共和国中外合资经营企业法》及有关法律的规定，按合同规定的比例投资设立、分享利润和分担风险的企业。

与港澳台商合作经营企业 指港澳台地区投资者与内地企业依照《中华人民共和国中外合作经营企业法》及有关法律的规定，依照合作合同的约定进行投资或提供条件设立、分配利润和分担风险的企业。

港澳台商独资经营企业 指依照《中华人民共和国外资企业法》及有关法律的规定，在内地由港澳台地区投资者全额投资设立的企业。

港澳台商投资股份有限公司 指根据国家有关规定，经外贸部依法批准设立，其中港、澳、台商的股本占公司注册资本的比例达25%以上的股份有限公司。凡其中港、澳、台商的股本占公司注册资本的比例小于25%的，属于内资企业中的股份有限公司。

中外合资经营企业　指外国企业或外国人与中国内地企业依照《中华人民共和国中外合资企业法》及有关法律的规定，按合同规定的比例投资设立、分享利润和分担风险的企业。

中外合作经营企业　指外国企业或外国人与中国内地企业依照《中华人民共和国中外合作经营企业法》及有关法律的规定，依照合作合同的约定进行投资或提供条件设立、分配利润和分担风险的企业。

外资企业　指依照《中华人民共和国外资企业法》及有关法律的规定，在中国内地由外国投资者全额投资设立的企业。

外商投资股份有限公司　指根据国家有关规定，经外经贸部部依法批准设立，其中外资的股本占公司注册资本的比例达25%以上的股份有限公司。凡其中外资股本占公司注册资本的比例小于25%的，属于内资企业中的股份有限公司。

行政机关、事业单位和社会团体　参照企业登记注册类型，主要按其经费来源和管理方式划分。具体规定如下：

（1）行政机关：包括国家机关和政党机关，原则上均列为“国有”。但有特殊规定的，如供销社等，则列为“集体”。

（2）事业单位：包括经国家机构编制部门和有关业务主管部门批准成立的各类事业单位，不包括实行企业化管理的事业单位。事业单位的划分办法如下：

①由国家财政预算拨款或列入财政预算外资金管理以及经费主要来源于国有主管部门或国有上级单位的事业单位，列为“国有”。

②经费主要来源于集体单位的事业单位，列为“集体”。

③公民个人（或个人合伙）开办的事业单位，列为“私营”。

④上述以外的其他事业单位，如果其经费来源不明确，按管理方式进行归类。

（3）社会团体：包括经民政部门批准成立以及未纳入社会团体管理条例范围的工会、妇联等各类社会团体。社会团体的划分办法如下：

①未纳入民政部社会团体管理条例范围的工会、妇联、共青团、青联、工商联、科协、侨联等社会团体，国家拨款设立的基金会或基金管理组织以及经费主要来源于国有业务主管部门或国有上级单位的社会团体，列为“国有”。

②经费主要来源于集体单位的社会团体，列为“集体”。

③公民个人（或个人合伙）开办的社会团体，划为“私营”。

④上述以外的其他社会团体，如果其经费来源不明确，改按管理方式进行归类。

进出口总额　海关进出口总额指实际进出我国国境的货物总金额。包括对外贸易实际进出口货物，来料加工装配进出口货物，国家间、联合国及国际组织无偿援助物资和赠送品，华侨、港澳台同胞和外籍华人捐赠品，租赁期满归承租人所有的租赁货物，进料加工进出口货物，边境地方贸易及边境地区小额贸易进出口货物（边民互市贸易除外），中外合资企业、中外合作经营企业、外商独资经营企业进出口货物和公用物品，到、离岸价格在规定限额以上的进出口货样和广告品（无商业价值、无使用价值和免费提供出口的除外），从保税仓库提取在中国境内销售的进口货物，以及其他进出口货物。进出口总额用以观察一个国家在对外贸易方面的总规模。我国规定出口货物按离岸价格统计，进口货物按到岸价格统计。

国际旅游（外汇）收入 指入境旅游的外国人、华侨、港澳同胞和台湾同胞在中国大陆旅游过程中发生的一切旅游支出，对于国家来说就是国际旅游（外汇）收入。

地区生产总值（GDP） 指一个国家（或地区）所有常住单位在一定时期内生产活动的最终成果。地区生产总值有三种表现形态，即价值形态、收入形态和产品形态。从价值形态看，它是所有常住单位在一定时期内生产的全部货物和服务价值超过同期中间投入的全部非固定资产货物和服务价值的差额、即所有常住单位的增加值之和；从产品形态看，它是所有常住单位在一定时期内最终使用的货物和服务价值与货物和服务净出口价值之和。在实际核算中，地区生产总值有三种计算方法，即生产法、收入法和支出法。三种方法分别从不同的方面反映地区生产总值及其构成。

三次产业是根据社会生产活动历史发展的顺序对产业结构的划分，产品直接取自自然界的部门称为第二产业，为生产和消费提供各种服务的部门称为第三产业。它是世界上较为通用的产业结构分类，但各国的划分不尽一致。

我国的三次产业划分是：

第一产业：农业（包括种植业、林业、牧业和渔业）。

第二产业：工业（包括采掘业、制造业、电力、煤气及水的生产和供应业）和建筑业。

第三产业：除第一、第二产业以外的其他各业。由于第三产业包括的行业多、范围广、根据我国的实际情况，第三产业可分为两大部分：一是流通部门，二是服务部门。具体又可分为四个层次：

第一层次：流通部门，包括交通运输、仓储及邮电通信业、批发和零售贸易、餐饮业。

第二层次：为生产和生活服务的部门，包括金融、保险业、地质勘查业、水利管理业，记地产业，社会服务业、农、林、牧、渔服务业，交通运输辅助业，综合技术服务业等。

第三层次：为提高科学文化水平和居民素质服务的部门，包括教育、文化艺术及广播电影电视业，卫生、体育和社会福利业，科学研究业等。

第四层次：为社会公共需要服务的部门，包括国家机关、政党机关和社会团体以及军队、警察等。

支出法国内生产总值 指一个国家（或地区）所有常住单位在一定时期内用于最终消费，资本形成总额，以及货物和服务的净出口总额，它反映本期生产的国内生产总值的使用及构成。

最终消费 指常住单位在一定时期内对于货物和服务的全部最终消费支出，也就是常住单位为满足物质、文化和精神生活的需要，从本国经济领土和国外购买的货物和服务的支出；不包括非常住单位在本国经济领土内的消费支出。最终消费分为居民消费和政府消费。

居民消费 指常住住户对货物和服务的全部最终消费支出。居民消费按市场价格计算，即按居民支付的购买者价格计算。购买者价格是购买者取得货物所支付的价格，包括购买者支付的运输和商业费用。居民消费除了直接以货币形式购买货物和服务的消费之外，还包括以其他方式获得的货物和服务的消费支出，即所谓的虚拟消费支出。居民虚拟消费支出包括以下几种类型：单位以实物报酬及实物转移的形式提供给劳动者的货物和服务；住户生产并由本住户消费了的货物和服务，其中的服务仅指住户的自有住房服务；金融机构提供的金融媒介服务；保险公司提供的保险服务。

政府消费　指政府部门为全社会提供公共服务的消费支出和免费或以较低价格向住户提供的货物和服务的净支出。前者等于政府服务的产出价值减去政府单位所获得的经营收入的价值，政府服务的产出价值等于它的经常性业务支出加上固定资产折旧；后者等于政府部门免费或以较低价格向往户提供的货物和服务的市场价值减去向住户收取的价值。

资本形成总额　指常住单位在一定时期内获得的减去处置的固定资产加存货的变动，包括固定资本形成总额和存货增加。

固定资本形成总额　指常住单位购置、转入和自产自用的固定资产，扣除固定资产的销售和转出后的价值，分有形固定资产形成总额和无形固定资产形成总额。有形固定资产形成总额包括一定时期内完成的建筑工程、安装工程和设备工器购置（减处置）价值，以及土地改良、新增役、种、奶、毛、娱乐用牲畜和新增经济林木价值。无形固定资产形成总额包括矿藏的勘探，计算机软件、娱乐和文学艺术品原件等获得减处置。

存货增加　指常住单位存货实物最变动的市场价值，即期末价值减去期初价值的差额。存货增加可以是正值，也可是负值；正值表示存货上升，负值表示存货下降。它包括生产单位购进的原材料、燃料和储备物资等存货，以及生产单位生产的产成品、在制品等。

货物和服务净出口　指货物和服务出口减货物和服务进口的差额。出口包括常住单位向非常住单位出售或无偿转让的各种货物和服务的价值；进口包括常住单位从常住单位购买或无偿得到的各种货物和服务的价值。由于服务活动的提供与使用同时发生，因此服务的进出口业务并不发生出入境现象，一般把常住单位从国外得到的服务作为进口，非常住单位从本国得到的服务作为出口。货物的出口和进口都按离岸价格计算。

劳动者报酬　指劳动者因从事生产活动所获得的全部报酬。包括劳动者获得的各种形式的工资、奖金和津贴，既包括货币形式的，也包括实物形式的；还包括劳动者所享受的公费医疗和医药卫生费、上下班交通补贴和单位支付的社会保险费等。对于个体经济来说，其所有者所获得的劳动报酬和经营利润不易区分，这两部分统一作为劳动者报酬处理。

生产税净额　指生产税减生产补贴后的余额。生产税指政府对生产单位生产、销售和从事经营活动以及因从事生产活动使用某些生产要素（如固定资产、土地、劳动力）所征收的各种税、附加费和规费。生产补贴与生产税相反，指政府对生产单位的单方面收入转移，因此视为负生产税，包括政策亏损补贴、粮食系统价格补贴、外贸企业出口退税收等。

固定资产折旧　指一定时期内为弥补固定资产损耗按照核定的固定资产折旧率提取的固定资产折旧，或按国民经济核算统一规定的折旧率虚拟计算的固定资产折旧。它反映了固定资产在当期生产中的转移价值。各类企业和企业化管理的事业单位的固定资产折旧是指实际计提并计入成本费中的折旧费；不计提折旧的政府机关、非企业化管理的事业单位和居民住房的固定资产折旧是按照统一规定的折旧率和固定资产原值计算的虚拟折旧。原则上，固定资产折旧应按固定资产的重置价值计算，但是目前我国尚不具备对全社会固定资产进行重估价的基础，所以暂时只能采用上述办法。

营业盈余　指常住单位创造的增加值扣除劳动者报酬、生产税净额和固定资产折旧后的余额。它相当于企业的营业利润加上生产补贴，但要扣除从利润中开支的工资和福利等。

二、人口

2-1　人口数及构成（户籍数）

单位：万人、%

年份	年末户籍总人口	按性别分				按城乡分			
		男		女		非农业人口		农业人口	
		人口数	比重	人口数	比重	人口数	比重	人口数	比重
1979	210.35	110.72		99.63	47.36	97.75	46.47	112.60	53.53
1980	214.50	112.68		101.82	47.47	100.17	46.70	114.33	53.30
1981	215.98	113.53		102.45	47.43	102.42	47.42	113.56	52.58
1982	221.96	116.09		105.87	47.70	103.56	46.66	118.40	53.34
1983	222.84	116.74	52.39	106.10	47.61	107.63	48.30	115.21	51.70
1984	225.59	118.09	52.35	107.50	47.65	109.68	48.62	115.91	51.38
1985	228.71	119.60	52.29	109.11	47.71	112.69	49.27	116.02	50.73
1986	233.40	121.73	52.16	111.67	47.84	116.53	49.93	116.87	50.07
1987	237.49	123.55	52.02	113.94	47.98	119.24	50.21	118.25	49.79
1988	241.98	126.00	52.07	115.98	47.93	122.66	50.69	119.32	49.31
1989	246.74	128.27	51.99	118.47	48.01	125.56	50.89	121.18	49.11
1990	251.69	131.54	52.26	120.15	47.74	127.10	50.50	124.59	49.50
1991	255.01	132.70	52.04	122.31	47.96	129.85	50.92	125.16	49.08
1992	258.38	134.10	51.90	124.28	48.10	132.20	51.16	126.18	48.84
1993	261.21	135.43	51.85	125.78	48.15	133.87	51.25	127.34	48.75
1994	265.67	137.73	51.84	127.94	48.16	138.70	52.21	126.97	47.79
1995	270.84	140.11	51.73	130.73	48.27	142.99	52.80	127.85	47.20
1996	276.09	142.41	51.58	133.68	48.42	147.54	53.44	128.55	46.56
1997	280.46	144.57	51.55	135.89	48.45	150.65	53.72	129.81	46.28
1998	283.93	146.22	51.50	137.71	48.50	153.75	54.15	130.18	45.85
1999	287.19	148.08	51.56	139.11	48.44	156.58	54.52	130.61	45.48
2000	290.68	149.62	51.47	141.06	48.53	159.75	54.96	130.93	45.04
2001	296.51	152.47	51.42	144.04	48.58	164.87	55.60	131.64	44.40
2002	300.95	154.67	51.39	146.28	48.61	170.09	56.52	130.86	43.48
2003	304.36	156.53	51.43	147.83	48.57	175.54	57.68	128.82	42.32
2004	308.11	158.53	51.45	149.58	48.55	180.27	58.51	127.84	41.49
2005	311.74	160.29	51.42	151.45	48.58	183.93	59.00	127.81	41.00
2006	313.64	160.94	51.31	152.70	48.69	185.69	59.20	127.95	40.80
2007	319.28	163.68	51.27	155.6	48.73	198.53	62.18	120.75	37.82
2008	322.28	165.09	51.23	157.19	48.77	201.63	62.56	120.65	37.44
2009	323.59	165.2	51.05	158.39	48.95	202.77	62.66	120.82	37.34
2010	323.54	165.09	51.03	158.44	48.97	202.92	62.72	120.62	37.28
2011	323.30	164.35	50.84	158.95	49.16	202.67	62.69	120.63	37.31
2012	321.52	163.03	50.71	158.49	49.29	202.5	62.98	119.02	37.02
2013	321.43	162.74	50.63	158.69	49.37	201.41	62.66	120.02	37.34
2014	321.64	162.50	50.52	159.14	49.48	200.99	62.49	120.65	37.51
2015	321.90	162.4	50.45	159.50	49.55	214.17	66.53	107.73	33.47
2016	324.23	163.30	50.37	160.93	49.63	222.73	68.69	101.5	31.31
2017	325.55	163.5	50.22	162.05	49.78	226.05	69.44	99.5	30.56

2-2 人口自然变动情况

年份	出生人口（人）	出生率（‰）	死亡人口（人）	死亡率（‰）	自然增长率（‰）
1979	30212	14.36	9410	4.73	9.63
1980	23621	11.01	9702	4.85	6.16
1981	35132	16.27	9940	4.82	11.45
1982	36541	16.46		4.70	11.76
1983	34831	15.63		4.68	10.95
1984	33714	14.91		4.62	10.29
1985	31721	13.87		4.55	9.32
1986	37634	16.12	10430	4.46	11.66
1987	39136	16.48	10400	4.69	11.79
1988	39024	16.13	10411	4.67	11.46
1989	35728	14.48	9549	3.87	10.61
1990	32518	12.92	9539	3.79	9.13
1991	34554	13.55	12546	4.92	8.63
1992	33693	13.04	13229	5.12	7.92
1993	33905	12.98	10762	4.12	8.86
1994	31987	12.04	10228	3.85	8.19
1995	38621	14.40	12398	4.62	9.78
1996	41756	15.27	12428	4.54	10.73
1997	34588	12.34	14824	5.28	7.06
1998	31938	11.24	15842	5.56	5.68
1999	26837	9.39	11002	3.85	5.54
2000	39386	13.62	19904	6.88	6.74
2001	32626	11.00	10324	3.48	7.52
2002	28276	9.40	12730	4.22	5.18
2003	26083	8.62	12399	4.10	4.52
2004	30509	9.96	18249	5.96	4.00
2005	32817	10.59	11202	3.61	6.98
2006	31249	9.99	12962	4.15	5.84
2007	36346	11.49	12180	3.85	7.64
2008	33596	10.47	13462	4.20	6.27
2009	31660	9.81	17641	5.46	4.35
2010	35785	11.06	25904	8.00	3.06
2011	30598	9.46	11342	3.51	5.95
2012	34178	10.60	20381	6.32	4.28
2013	34295	10.67	11817	3.68	6.99
2014	40861	12.71	14698	4.57	8.14
2015	34909	10.84	16654	5.17	5.67
2016	38453	11.86	13311	4.11	7.75
2017	37463	10.11	17564	4.74	5.37

2–3　各县区人口情况

	行政区划面积（平方公里）	建成区面　积（平方公里）	常住人口（万人）	户籍人口			人口密度（人/平方公里）
				年末总户数（万户）	年末总人口（万人）	非农业人口	
兰州市	13192.31	357.10	372.96	110.50	325.55	226.05	283
城关区	207.84	73.92	131.61	33.37	93.60	92.78	6332
七里河区	394.47	42.62	57.51	16.60	46.85	39.17	1458
西固区	358.32	41.75	36.65	11.67	32.24	28.14	1023
安宁区	82.33	27.89	28.35	7.18	19.63	19.63	3443
红古区	531.14	13.47	13.97	5.48	14.43	11.28	263
永登县	5846.73	62.94	34.61	16.68	54.06	16.32	59
皋兰县	2476.78	49.08	10.77	6.27	19.35	8.66	43
榆中县	3294.70	45.43	44.37	13.25	45.39	10.07	135

注：建成区面积为2016年度城镇土地变更调查数据，为《土地利用现状分类》城市（201）和建制镇（202）两类之和，由兰州市国土资源局提供。

2–4 就业

	2000	2008	2009	2010
从业人员合计	**145.67**	**157.15**	**162.72**	**176.48**
第一产业	45.43	41.75	41.08	40.78
第二产业	43.88		44.72	47.16
第三产业	56.36		76.92	88.54
从业人员构成	**100.00**		**100.00**	**100.00**
第一产业	31.39		25.25	23.11
第二产业	30.12	26.96	27.48	26.72
第三产业	38.69	46.47	47.27	50.17
按城乡分从业人员	**145.67**	**157.15**	**162.72**	**176.48**
城镇从业人员	64.06	86.59	92.03	105.33
国有单位	51.78	34.32	37.33	40.43
城镇集体单位	9.06	1.76	1.74	1.91
股份合作单位	3.22	0.33	0.22	0.23
联营单位		0.03	0.04	0.25
有限责任公司		11.52	10.56	8.19
股份有限公司		4.52	3.80	3.83
私营企业	6.38	18.57	20.17	30.67
港澳台商投资单位		0.31	0.31	0.27
外商投资单位		0.21	0.43	0.36
其他		0.15	0.25	0.27
个体	6.44	14.87	17.18	18.92
乡村从业人员	68.79	70.56	70.69	71.15
城镇单位从业人数	**64.06**	**53.15**	**54.68**	**55.74**
国有单位	51.78	34.32	37.33	37.63
城镇集体单位	9.06	1.76	1.74	1.91
其他单位	3.22	17.07	15.61	16.20
城镇单位女性从业人员		**18.21**	**18.13**	**18.28**
城镇登记失业人数	**2.96**	**1.89**	**2.12**	**2.37**
城镇登记失业率（%）	**2.60**	**2.80**	**3.09**	**3.12**
下岗失业人员再就业人数	**0.96**	**2.49**	**2.03**	**1.00**

基本情况

单位：万人

2011	2012	2013	2014	2015	2016	2017
179.72	181.95	196.26	205.05	208.09	215.6	224.14
41.19	40.75	39.64	39.51	38.73	39.04	40.56
47.25	47.16	52.50	53.73	55.25	59.50	61.18
91.28	94.04	104.12	111.81	114.11	117.06	122.4
100.00	100.00	100.00	100.00	100.00	100.00	100.00
22.92	22.40	20.20	19.27	18.61	18.11	18.1
26.29	25.92	26.75	26.20	26.55	27.60	27.3
50.79	51.68	53.05	54.53	54.84	54.29	54.6
179.72	181.95	196.26	205.05	208.09	215.6	224.14
108.99	110.93	127.01	136.03	137.19	144.62	153.74
38.80	39.13	36.46	36.26	36.61	42.59	40.75
1.92	2.02	2.55	2.08	1.89	1.74	1.53
0.19	0.19	0.13	0.08	0.09	0.08	0.07
0.04	0.03	0.20	0.19	0.05	0.03	0.03
11.00	11.63	20.06	22.72	23.16	23.00	26.2
4.09	4.48	8.10	8.13	8.02	8.14	10.43
31.48	29.07	31.66	35.89	35.28	36.29	37.56
0.05	0.13	0.66	0.61	0.57	0.61	0.55
0.40	0.50	1.04	1.08	0.88	0.86	1.04
0.27	0.21	0.40	0.23	0.21	0.18	0.21
20.75	23.54	25.75	28.76	30.44	31.08	35.37
70.73	71.02	69.25	69.02	70.89	70.98	70.4
56.76	58.32	69.60	71.37	71.47	77.25	80.81
38.80	39.13	36.46	36.26	36.61	42.59	40.75
1.92	2.02	2.55	2.08	1.89	1.74	1.53
16.04	17.17	30.59	33.03	32.97	32.91	38.53
18.17	19.96	23.14	24.19	24.08	25.96	27.91
2.15	1.44	1.44	1.52	1.46	1.73	1.55
2.94	1.63	1.71	1.77	1.77	2.17	2.04
2.72	3.17	1.41	2.19	2.5	2.46	1.9

2-5 城乡劳动力资源配置情况

单位：万人

	合计	城镇	乡村
年末劳动力资源总数	298.11	221.84	76.27
当年新增加的劳动力资源	3.32	2.24	1.20
年末16岁以上全部人数	318.40	237.03	81.37
不计入劳动力资源的人数	20.29	15.19	5.10
经济活动人口			
从业人员	224.14	153.74	70.40
按就业身份分			
在岗职工	65.67	65.67	
私营业主	15.69	14.38	1.31
个体户主	19.28	17.10	2.18
私营企业和个体从业人员	56.93	47.62	9.31
农村劳动力	57.60		57.60
其他从业人员	8.97	8.97	
按经济类型分			
国有经济	40.75	40.75	
集体经济	55.97	1.53	54.44
私营经济	49.10	37.56	11.54
个体经济	39.79	35.37	4.42
联营经济	0.03	0.03	
股份制经济	36.70	36.70	
外商投资经济	1.04	1.04	
港、澳、台投资经济	0.55	0.55	
其他经济	0.21	0.21	
按国民经济行业分			
农林牧渔业	40.56	3.95	36.61
采矿业	3.58	1.58	2.00
制造业	19.95	13.87	6.08
电力、燃气及水的生产和供应业	6.27	6.27	
建筑业	31.38	20.62	10.76
批发和零售业	43.93	40.97	2.96
交通运输、仓储和邮政业	11.51	7.50	4.01
住宿和餐饮业	15.01	9.24	5.77
信息传输、计算机服务和软件业	3.36	3.08	0.28
金融业	2.91	2.77	0.14
房地产业	3.81	3.81	
租赁和商务服务业	6.72	6.72	
科学研究、技术服务和地质勘查业	5.48	5.35	0.13
水利、环境和公共设施管理	2.01	2.01	
居民服务和其他服务业	5.50	5.50	
教育	7.82	7.40	0.42
卫生、社会保障和社会福利业	4.48	4.13	0.35
文化、体育和娱乐业	2.24	2.12	0.12
公共管理和社会组织	7.62	6.85	0.77
非经济活动人口			
16岁以上在校学生	44.58	40.58	4.00

2-6 从业人员

单位：万人

年份	从业人员合计	单位从业人员	国有单位	集体单位	其他单位	城镇私营企业及个体劳动者	农村劳动者
1979	103.23	61.66		8.55		0.05	41.52
1980	106.56	59.93		6.81		0.20	44.43
1981	108.90	63.00		7.16		0.72	45.18
1982	115.51	64.20		7.45		0.53	50.78
1983	118.74	66.22	58.05	8.17		0.87	51.65
1984	123.35	67.01	58.61	8.40	0.02	1.98	54.36
1985	127.98	71.05	61.68	9.37	0.03	2.57	54.36
1986	132.58	73.38	63.33	9.96	0.09	2.52	56.68
1987	135.35	75.47	65.45	9.91	0.11	2.31	57.55
1988	138.54	76.36	66.25	9.97	0.14	3.50	58.68
1989	140.17	76.37	65.94	10.30	0.14	3.40	60.40
1990	143.97	79.34	67.36	11.85	0.14	2.86	61.77
1991	151.47	84.86	68.87	15.81	0.19	3.84	62.78
1992	157.36	87.58	69.47	17.68	0.44	5.91	63.86
1993	160.12	87.30	69.58	17.18	0.53	8.13	64.89
1994	160.89	88.14	70.33	16.67	1.14	7.29	65.46
1995	161.22	87.40	70.03	15.20	2.16	7.82	65.99
1996	162.27	86.26	68.93	15.31	2.02	9.44	66.57
1997	160.26	82.64	67.83	13.00	1.81	10.39	67.23
1998	160.37	82.53	67.22	10.11	5.21	13.23	67.48
1999	152.32	65.17	51.12	9.00	5.06	19.53	67.61
2000	145.70	64.06	51.78	9.06	3.22	12.82	68.79
2001	141.40	59.04	47.17	5.28	6.59	13.19	69.17
2002	153.36	59.42	46.06	4.83	8.53	13.87	80.07
2003	154.23	60.01	45.18	4.13	10.90	15.85	78.25
2004	150.04	59.34	44.75	3.52	11.06	23.80	66.90
2005	150.75	57.06	43.87	3.11	10.08	23.33	70.36
2006	150.63	56.71	35.35	2.69	18.67	23.09	70.83
2007	153.98	56.46	35.35	2.69	18.42	26.98	70.54
2008	157.15	53.15	34.32	1.76	17.07	33.44	70.56
2009	162.72	54.68	37.33	1.74	15.61	37.35	70.69
2010	176.48	55.74	37.63	1.91	16.20	49.59	71.15
2011	179.72	56.76	38.80	1.92	16.04	52.23	70.73
2012	181.95	58.32	39.13	2.02	17.17	52.61	71.02
2013	196.26	69.60	36.46	2.55	30.59	57.41	69.25
2014	205.05	71.37	36.26	2.08	33.03	64.66	69.02
2015	208.09	71.47	36.61	1.89	32.97	65.72	70.89
2016	215.60	77.25	42.59	1.74	32.91	67.37	70.98
2017	224.14	80.81	40.75	1.53	38.53	72.93	70.4

2-6 从业人员（续一）

单位：万人

年份	从业人员	第一产业	第二产业	第三产业	构成（%） 第一产业	第二产业	第三产业
1979	103.23						
1980	106.56						
1981	108.90						
1982	115.51						
1983	118.74						
1984	123.35						
1985	127.98						
1986	132.58	38.80	56.39	37.79	29.27	42.53	28.50
1987	135.35	41.60	56.40	37.35	30.74	41.67	27.60
1988	138.54	43.76	58.13	37.64	31.59	41.96	27.17
1989	140.17	43.56	57.86	38.76	31.08	41.28	27.65
1990	143.97	44.99	58.54	40.44	31.25	40.66	28.09
1991	151.47	45.80	61.31	44.36	30.24	40.48	29.29
1992	157.36	46.46	63.86	47.03	29.52	40.58	29.89
1993	160.12	43.43	64.83	51.86	27.12	40.49	32.39
1994	160.89	43.53	61.48	55.88	27.06	38.21	34.73
1995	161.22	43.61	61.96	55.64	27.05	38.43	34.51
1996	162.27	43.57	60.48	58.23	26.85	37.27	35.88
1997	160.26	44.44	58.16	57.66	27.73	36.29	35.98
1998	160.37	44.80	55.49	60.08	27.94	34.40	37.46
1999	152.32	44.60	45.91	61.80	29.28	30.14	40.57
2000	145.70	45.43	43.88	56.36	31.18	30.12	38.70
2001	141.40	45.56	39.88	55.91	32.22	28.20	39.58
2002	142.96	45.04	40.09	57.83	31.51	28.04	45.45
2003	145.63	44.72	42.78	58.13	30.71	29.73	39.92
2004	150.04	41.65	48.09	59.00	27.75	32.93	39.32
2005	150.75	44.68	43.18	62.89	29.64	28.64	41.72
2006	150.63	42.81	44.92	62.90	28.42	29.82	41.76
2007	153.98	42.04	45.86	66.08	27.26	29.73	43.01
2008	157.15	41.75	42.37	73.03	26.57	26.96	46.47
2009	162.72	41.08	44.72	76.92	25.25	27.48	47.27
2010	176.48	40.78	47.16	88.54	23.11	26.72	50.17
2011	179.72	41.19	47.25	91.28	22.92	26.29	50.79
2012	181.95	40.75	47.16	94.04	22.40	25.92	51.68
2013	196.26	39.64	52.50	104.12	20.20	26.75	53.05
2014	205.05	39.51	53.73	111.81	19.27	26.20	54.53
2015	208.09	38.73	55.25	114.11	18.61	26.55	54.84
2016	215.60	39.04	59.50	117.06	18.11	27.60	54.29
2017	224.14	40.56	61.18	122.4	18.1	27.3	54.6

2-7 全市分行业从业人员

单位：万人

	从业人员	单位从业人员	城镇私营企业	城镇个体劳动者	农村劳动者
合计	224.14	80.81	37.56	35.37	70.40
农、林、牧、渔业	40.56	1.51	1.58	0.86	36.61
采矿业	3.58	1.50	0.08		2.00
制造业	19.95	11.12	1.80	0.95	6.08
电力、煤气和水生产和供应业	6.27	6.09	0.18		
建筑业	31.38	16.35	4.15	0.12	10.76
批发和零售业	43.93	2.26	17.88	20.93	2.96
交通、仓储和邮政业	11.51	6.70	0.40	0.40	4.01
住宿和餐饮业	15.01	1.19	1.05	7.00	5.77
信息传输、计算机服务和软件	3.36	0.93	2.00	0.15	0.28
金融业	2.91	2.61	0.16		0.14
房地产业	3.81	3.13	0.58		
租赁和商务服务业	6.72	2.46	3.60	0.66	
科学研究技术服务和地质勘探业	5.48	4.22	1.08	0.05	0.13
水利、环境和公共设施管理	2.01	1.82	0.19		
居民服务和其他服务业	5.50	0.11	1.71	3.68	
教育	7.82	7.17	0.21	0.02	0.42
卫生、社会保障和社会福利业	4.48	3.75	0.09	0.29	0.35
文化、体育和娱乐业	2.24	1.06	0.81	0.25	0.12
公共管理和社会组织	7.62	6.83	0.01	0.01	0.77
按三次产业分					
第一产业	40.56	1.51	1.58	0.86	36.61
第二产业	61.18	35.06	6.21	1.07	18.84
第三产业	122.40	44.24	29.77	33.44	14.95

2-8 全市城镇非私营单位从业人员

单位：人

	合计		国有单位	城镇集体单位	其他单位
		在岗职工			
合计	808109	634796	407439	15334	385336
按执行会计标准类别分组					
企业	593748	452017	194884	13795	385069
事业	155236	133190	153573	1411	252
机关	57395	49283	57391		4
民间非营利组织					
其他	1730	306	1591	128	11
按国民经济行业分					
农、林、牧、渔业	570	479	492		78
农业					
林业	285	251	244		41
畜牧业	102	91	102		
渔业					
农、林、牧、渔服务业	183	137	146		
采矿业	11252	11246	68		11184
制造业	103233	95481	8836	2031	92366
电力、热力、燃气及水生产和供应业	58726	52821	50704		8022
电力、热力生产和供应业	54874	49226	50479		4395
燃气生产和供应业	1686	1477			1686
水的生产和供应业	2166	2118	225		1941
建筑业	171815	93453	50777	5277	115761
房屋建筑业	97442	57430	25644	2167	69631
土木工程建筑业	42323	24461	3250	2348	36725
建筑安装业	26474	7724	19613	607	6254
建筑装饰和其他建筑业	5576	3838	2270	155	3151
批发和零售业	30515	27741	2826	1435	26254
批发业	10301	9831	1822	521	7958
零售业	20214	17910	1004	914	18296
交通运输、仓储和邮政业	56043	51627	34219	290	21534
铁路运输业	28093	28045	27740	45	308
道路运输业	16073	15267	2135	59	13879
水上运输业	73	73	17		56
航空运输业	4136	2807	1923		2213
管道运输业					
装卸搬运和运输代理业	307	215	173	8	126
仓储业	1886	1657	421	178	1287
邮政业	5475	3563	1810		3665
住宿和餐饮业	12851	10711	3812	507	8532
住宿业	8198	7623	3264	487	4447
餐饮业	4653	3088	548	20	4085
信息传输、软件和信息技术服务业	11946	11127	5673		6273
电信、广播电视和卫星传输服务	9861	9133	5530		4331
互联网和相关服务	5	5	5		
软件和信息技术服务业	2080	1989	138		1942

2-8 全市城镇非私营单位从业人员（续一）

单位：人

	合计	在岗职工	国有单位	城镇集体单位	其他单位
金融业	27247	19674	8575	827	17845
货币金融服务业	16908	16169	6617	827	9464
资本市场服务业	1607	1457	1607		
保险业	8628	1952	247		8381
其他金融业	104	96	104		
房地产业	30810	24564	3913	155	26742
房地产开发经营	12097	10984	1043	42	11012
物业管理	17238	12241	1664	113	15461
房地产中介服务	262	252	26		236
租赁和商务服务业	47686	24785	14880	3361	29445
租赁业	570	570	1	37	532
商务服务业	47116	24215	14879	3324	28913
科学研究、技术服务业	42439	37347	29217	121	13101
研究和试验发展	9810	9127	8822		988
专业技术服务业	30151	25919	18036	103	12012
科技推广和应用服务业	2478	2301	2359	18	101
水利、环境和公共设施管理业	22282	17474	21037		1245
水利管理业	2988	2522	2696		292
生态保护和环境治理业	1139	958	1038		101
公共设施管理业	18155	13994	17303		852
居民服务、修理和其他服务业	624	624	472	12	140
居民服务业	361	361	209	12	140
机动车、电子产品和日用产品修理业	263	263	263		
其他服务业					
教育	68225	62398	66622	284	1319
卫生和社会工作	35895	27055	32918	948	2029
卫生	34996	26343	32019	948	2029
社会工作	899	712	899		
文化、体育和娱乐业	11635	10190	8087	86	3462
新闻和出版业	3690	3651	1514		2176
广播、电视、电影和影视录音制作业	3487	2644	2986		501
文化艺术业	2823	2447	2647	86	90
体育	770	646	770		
娱乐业	865	802	170		695
公共管理、社会保障和社会组织	64315	55999	64311		4
中国共产党机关	1688	1590	1688		
国家机构	59473	51438	59473		
人民政协、民主党派	1472	1390	1472		
社会保障	232	220	232		
群众社团、社会团体和其他成员组织	1430	1341	1426		4

2-9 按登记注册类型分的其他单位从业人员

单位：万人

	2007	2008	2009	2010	2011	2012	2013	2014	2015	2016	2017
城镇单位从业人员	18.42	17.03	15.61	16.20	16.04	17.17	30.59	33.03	32.97	32.91	38.53
内资	17.70	16.41	14.88	15.57	15.95	16.54	28.89	31.34	31.52	31.44	36.95
股份合作	0.34	0.32		0.23	0.19	0.19	0.13	0.08	0.09	0.08	0.07
联营	0.04	0.03		0.25	0.04	0.03	0.20	0.19	0.05	0.03	0.03
国有联营				0.21			0.15	0.14			
集体联营	0.04						0.02	0.01	0.01	0.01	
有限责任公司	11.80	10.52	10.57	10.99	11.36	11.63	20.07	22.72	23.16	23	26.2
国有独资	2.90	3.05	3.42	2.80	3.55	3.70	3.43	3.96	4.29	4.72	5.86
股份有限公司	5.36	5.34	3.80	3.83	4.09	4.49	8.09	8.13	8.02	8.14	10.43
其他	0.16	0.21	0.25	0.27	0.27	0.21	0.40	0.22	0.21	0.18	0.21
港、澳、台商投资	0.35	0.31	0.31	0.27	0.05	0.13	0.66	0.61	0.57	0.61	0.55
外商投资	0.38	0.31	0.42	0.36	0.40	0.50	1.04	1.08	0.88	0.86	1.04

主要统计指标解释

人口数 指一定时点、一定地区范围内的有生命的个人的总和。

出生率 （又称粗出生率）指在一定时期内（通常为一年）一定地区的出生人数与同期内平均人数（或期中人数）之比。一般用于千分率表示。本资料中的出生率指年出生率，其计算公式为：

出生率=出生人数/年平均人数×1000

式中：出生人数指活产婴儿，即胎儿脱离母体时（不管怀孕月数），有过呼吸或其他生命现象。年平均人数指年初、年底人口数的平均数，也可用年中人口数代替。

死亡率（又称粗死亡率） 指在一定时期内（通常为一年）一定地区的死亡人数与同期内平均人数（或期中人数）之比，一般用千分率表示。本资料中的死亡率指年死亡率，其计算公式为：

死亡率=年死亡人数/年平均人数×1000

人口自然增长率 指在一定时期内（通常为一年）人口自然增加数（出生人数减死亡人数）与该时期内平均人数（或期中人数）之比，一般用于千分率表示。计算公式为：

人口自然增长率=（本年出生人数-本年死亡人数）/年平均人数×1000

社会劳动者人数 指在16岁以上，有劳动能力，参加或要求参加社会经济活动的人口；包括就业人员和失业人员。

就业人员 指从事一定社会劳动并取得劳动报酬或经营收入的人员，包括在岗职工、劳务派遣人员、再就业的离退休人员、私营业主、个体户主、私营和个体业人员、乡镇就业人员、农村就业人员、其他就业人员（包括民办教师、宗教职业者、现役军人等）。这一指标反映了一定时期内全部劳动力资源的实际利用情况，是研究我国基本国情国力的重要指标。

单位从业人员 指在各级国家机关、政党机关、社会团体及企业、事业单位中工作，取得工资或其他形式的劳动报酬的全部人员。包括在岗职工、劳务派遣人员、再就业的离退休人员、民办教师以及在各单位中工作的外方人员和港澳台方人员、兼职人员、借用的外单位人员和第二职业者。不包括离开本单位仍保留劳动关系的职工。各单位的就业人员反映了各单位实际参加生产或工作的全部劳动力。

城镇私营和个体就业人员 城镇私营就业人员指在工商管理部门注册登记，其经营地址设在县城关镇（含城关镇）以上的私营企业就业人员；包括私营企业投资者和雇工。城镇个体就业人员指在工商管理部门注册登记，并持有城镇户口或在城镇长期居住，经批准从事个体工商经营的就业人员；包括个体经营者和在个体工商户劳动的家庭帮工和雇工。

城镇登记失业人员 指有非农业户口，在一定的劳动年龄内，有劳动能力，无业而要求就业，并在当地就业服务机构进行求职登记的人员。

城镇登记失业率 指城镇登记失业人数同城镇单位就业人数、城镇私营企业及个体就业人数和城外地登记失业人数之和的比。计算公式为：

城镇登记失业率=城镇登记失业人数/（城镇单位就业人数+城镇私营企业及个体就业人数+城镇登记失业人数）×100%

职工 指在国有经济、城镇集体经济、联营经济、股份制经济、外商和港、澳、台投资经济、其他经济单位及其附属机构工作，并由其支付工资的各类人员，不包括返聘的离休人员、民办教师、在国有经济单位工作的外方人员和港、澳、台人员（1998年以后的数据无均为在岗职工数据，其他相关指标如职工工资总额，职工平均工资等指标也从1998年按此口径进行了相应调整）。

国有单位职工 指在国有经济单位及其附属机构工作，并由其支付工资的各类人员。

城镇集体单位职工 指在城镇集体经济单位及其管理部门工作，并由其支付工资的各类人员。

其他单位职工 指在联营经济、股份制经济、外商投资经济、港、澳、台投资经济单位工作，并由其支付工资的各类人员。

在岗职工 指在本单位工作并由单位支付工资的人员，以及有工作岗位，但由于学习、病伤产假等原因暂未工作，仍由单位支付工资的人员。

三、工业、能源

3-1 工业总产值

单位：万元

	工业总产值	规模以上工业总产值			规模以下工业总产值
			轻工业	重工业	
1979	387180	382146		313867	5034
1980	393214	388655		306011	4559
1981	393634	368655		284776	24979
1982	402933	397848		303337	5085
1983	452318	446016	100809	345207	6302
1984	506286	497314	119696	377618	8972
1985	650997	636937	170041	466896	14060
1986	736686	716432	183217	533215	20254
1987	814390	788055	199186	588869	26335
1988	974522	935277	255726	679551	39245
1989	1236599	1137169	296794	840375	99430
1990	1337530	1266043	310566	955477	71487
1991	1412200	1337000	320200	1016800	75200
1992	1624700	1526000	353200	1172800	98700
1993	2148400	1979800	362000	1617800	168600
1994	2813500	2536700	424500	2112200	276800
1995	3063300	2719400	487600	2231800	343900
1996	3337100	2880400	514600	2365800	456700
1997	3633400	3026500	612500	2414000	606900
1998	3458292	2874587	540416	2334171	583705
1999	3525637	2994886	510166	2484720	530751
2000	4151708	3822717	633789	3188928	328991
2001	4465245	4119243	717486	3401757	346002
2002	4855780	4501780	826553	3675227	354000
2003	5615352	5266652	924420	4342232	348700
2004	6963369	6553669	1017456	5536213	409700
2005	8324634	7883023	943905	6939118	441611
2006	10121752	9531331	1076998	8454333	590421
2007	12466174	11806174	1295577	10510597	660000
2008	14266389	13556379	1275307	12281072	710010
2009	14096146	13315146	1437491	11877655	781000
2010	16843587	15914704	1750149	14164555	928833
2011	19738858	18913058	2020394	16892664	825800
2012	21236242	20554242	2534796	18019446	682000
2013	25008485	24161985	2997312	21164673	846500
2014	26380000	25482000	3178000	22304000	898000
2015	22793000	22181000	3457000	18724000	612000
2016	21633300	20872000	3569000	17303000	761300
2017	22330111	21797211	3319572	18477639	532900

注：2000年以前工业总产值划分为乡及乡以上和乡以下。

3-2 工业总产值指数

（上年=100）

单位：%

	工业总产值	规模以上工业总产值	轻工业	重工业	规模以下工业总产值
1979	105.46	105.33		109.91	124.23
1980	99.65	100.43		97.17	90.56
1981	94.05	94.01		103.24	99.30
1982	107.26	107.30		102.52	102.12
1983	111.47	111.38	160.03	102.43	123.92
1984	110.68	110.42	110.64	110.35	142.36
1985	117.13	116.89	145.79	108.55	140.03
1986	108.32	107.86	92.42	113.84	144.03
1987	109.35	109.06	114.74	107.28	125.90
1988	111.10	110.36	113.50	109.31	148.84
1989	106.90	105.75	105.27	105.91	150.30
1990	108.09	106.22	105.79	106.37	157.71
1991	103.27	103.16	101.95	103.58	105.14
1992	110.48	109.20	106.61	110.08	133.03
1993	109.55	106.77	101.37	108.39	149.61
1994	111.00	109.74	104.62	111.48	123.97
1995	109.10	105.10	108.10	101.78	148.58
1996	109.62	104.90	101.90	107.61	138.01
1997	116.40	110.90	126.73	103.74	141.96
1998	105.10	102.66	92.27	106.34	113.93
1999	106.00	106.20	105.30	106.70	105.21
2000	109.88	107.10	106.45	107.30	
2001	112.00	111.70	114.30	110.90	
2002	113.60	113.38	114.66	113.00	
2003	112.60	112.94	109.95	113.89	
2004	114.90	114.73	109.82	115.32	104.75
2005	114.65	114.82	108.43	115.98	112.17
2006	114.88	114.98	111.60	115.07	114.72
2007	121.43	122.02	113.59	123.09	110.91
2008	115.19	116.02	116.41	115.83	102.51
2009	110.10	110.50	119.60	108.50	108.74
2010	112.35	112.62	118.54	111.98	110.09
2011	116.31	116.18	110.64	116.73	118.40
2012	109.50	109.40	125.00	107.50	110.10
2013	115.20	116.80	117.80	116.60	112.40
2014	108.50	108.60	108.90	108.50	106.10
2015	100.2	100.90	116.10	101.30	88.9
2016	98.30	98.70	108.90	96.90	89.80
2017	108.3	108.30	91.30	107.40	100.1

3-3 工业增加值

单位：万元、%

	工业增加值	比上年增长	按轻重工业分		规模以上工业增加值	比上年增长
			轻工业	重工业		
1979	177174	8.50		145469		
1980	176356	–0.50		138881		
1981	156142	–12.50		113887		
1982	166653	6.50		127143		
1983	192461	13.00	43430	149031		
1984	218007	11.00	52314	165693		
1985	254647	9.00	67614	187033		
1986	286571	8.00	72847	213724		
1987	296764	6.00	74503	222261		
1988	321494	8.00	86969	234525		
1989	385201	7.50	96481	288720		
1990	401259	7.00	97461	303798		
1991	401739	–2.00	95368	306371		
1992	461109	9.80	95378	365731		
1993	646352	15.30	119053	527299		
1994	876935	13.20	175387	701548		
1995	1030058	9.20	206012	824046		
1996	968213	8.40	193643	774570		
1997	940371	7.00	188074	752297		
1998	920899	5.00	184180	736719	828299	3.66
1999	944221	7.00	188844	755377	846121	5.80
2000	1070358	7.90	214072	856286	963358	7.70
2001	1163695	10.10	232739	930956	1049095	10.00
2002	1263817	10.90	252764	1011053	1137817	10.86
2003	1431915	11.90	286383	1145532	1295515	12.12
2004	1677000	13.57	335400	1341600	1517200	14.58
2005	1977008	16.46	359940	1617068	1813854	18.36
2006	2308800	16.60	445669	1816131	2123855	17.17
2007	2678794	17.12	485481	2193313	2479248	17.98
2008	3189304	13.16	581414	2607886	2965904	13.50
2009	3312200	9.42	665850	2646350	3081700	9.83
2010	3990648	11.82	841902	3148746	3726746	12.30
2011	4967190	15.15	1067720	3899470	4650000	15.00
2012	5624200	11.80	1208922	4415278	5381538	11.50
2013	6144500	14.10	1731500	4413000	5751291	14.20
2014	5942700	8.20	1643700	4299000	5650000	8.10
2015	5350400	6.1	1469875	3880525	5150000	5.5
2016	5268300	2.80	1621000	3647300	5020000	2.60
2017	6071300	4.6	1750282	4321018	5836900	4.8

3-4 全市及市属工业增加值

单位：万元、%

	全市		市属	
	工业增加值	比上年增长	工业增加值	比上年增长
总计	**6071300**	**4.6**	**1784000**	**2.2**
规模以上工业	5836900	4.8	1554000	2.2
#国有企业	480000	3.0	5000	1.4
集体企业	45000	-23.2	43000	-24.8
股份合作企业				
股份制	4973000	2.2	1177000	-8.7
港澳台及外商商投资企业	333000	107.1	324000	114.8
其他经济类型	6000	-13.2	6000	-13.2
#轻工业	1516000	2.8	298000	-4.6
重工业	4321000	5.6	1257000	4.2

3-5 工业单位数及工业总产值

单位：个、万元

	全市		市属	
	企业单位数	工业总产值	企业单位数	工业总产值
总计				
规模以上工业	**361**	**21797211**	**290**	**8450470**
#国有企业	11	1760316	2	27309
集体企业	8	189963	7	182065
股份合作企业				
股份制	323	18301168	265	6820580
港澳台及外商商投资企业	17	1483110	14	1357862
其他经济类型	2	62654	2	62654
#轻工业	103	3319572	91	1574403
重工业	258	18477639	199	6876067

3-6 规模以上工业企业单位数和工业总产值、销售产值

单位：个、万元

	企业单位数	工业总产值	工业销售产值
总计	**361**	**21797211**	**20820092**
国有控股企业	96	14054646	13771177
按登记注册类型分			
国有企业	11	1760316	1765065
集体企业	8	189963	179637
股份合作企业			
股份制企业	323	18301168	17360248
外商及港澳台商投资企业	17	1483110	1466552
其他企业	2	62654	48590
按轻重工业			
轻工业	103	3319572	3067772
重工业	258	18477639	17752320
按工业行业大类分			
采掘业			
煤炭开采和洗选业	6	342008	547630
非金属矿采选业	1	11559	
制造业			
农副食品加工业	23	424791	356114
食品制造业	6	171156	158179
酒、饮料和精制茶制造业	7	263750	257576
烟草制品业	2	1265999	1200218
纺织业	3	95706	72811
纺织服装、服饰业	1	12021	3490
皮革、毛皮、羽毛及其制品和制鞋业	1	3125	17173
木材加工和木、竹、藤、棕、草制品业		92809	
家具制造业			
造纸和纸制品业	4	107499	42135
印刷和记录媒介复制业	7	65231	71662
石油加工、炼焦和核燃料加工业	5	3740467	5070258
化学原料和化学制品制造业	38	2368205	1050106
医药制造业	17	554146	523143
化学纤维制造业		15132	
橡胶和塑料制品业	26	359961	294747
非金属矿物制品业	67	1758752	1471274
黑色金属冶炼和压延加工业	12	787076	617696
有色金属冶炼和压延加工业	19	3757966	3943405
金属制品业	24	938343	433683
通用设备制造业	13	388815	342781
专用设备制造业	17	665574	981937
汽车制造业	2	137296	129390
铁路、船舶、航空航天和其他运输设备制造业	2	2054	5337
电气机械和器材制造业	20	486791	509517
计算机、通信和其他电子设备制造业	4	65395	49165
仪器仪表制造业	4	37574	42495
其他制造业	1	9895	8908
废弃资源综合利用业	4	59223	40991
金属制品、机械和设备修理业	3	89644	111922
电力、热力的生产和供应业	15	2275710	2026590
燃气生产和供应业	2	385528	383726
水的生产和供应业	3	58007	56034

3-7 市属规模以上工业企业单位数和工业总产值、销售产值

单位：个、万元

	企业单位数	工业总产值	工业销售产值
总计	290	8450470	7791239
国有控股企业	32	1020338	1033599
按登记注册类型分			
国有企业	2	27309	27309
集体企业	7	182065	171739
股份合作企业			
股份制企业	265	6820580	6194569
外商及港澳台商投资企业	14	1357862	1349032
其他企业	2	62654	48590
按轻重工业分			
轻工业	91	1574403	1407613
重工业	199	6876067.22	6383627
按工业行业类型分			
煤炭开采和洗选业	5	47528	46770
非金属矿采选业	1	11559	11559
农副食品加工业	22	304795	255550
食品制造业	5	167301	154323
酒、饮料和精制茶制造业	7	260774	257576
纺织业	2	67686	44211
纺织服装、服饰业			
木材加工和木、竹、藤、棕、草制品业		92809	
家具制造业			
造纸和纸制品业	4	107499	42135
印刷和记录媒介复制业	4	45430	45342
石油加工、炼焦和核燃料加工业	2	96567	35403
化学原料和化学制品制造业	30	766248	815419
医药制造业	15	298135	288529
化学纤维制造业		15132	
橡胶和塑料制品业	25	342875	293601
非金属矿物制品业	57	1459587	1302976
黑色金属冶炼和压延加工业	9	429313	360668
有色金属冶炼和压延加工业	14	1948880	1877846
金属制品业	20	375013	352290
通用设备制造业	10	158593	163957
专用设备制造业	12	121276	126147
汽车制造业	2	129390	129390
铁路、船舶、航空航天和其他运输设备制造业	2	2054	5337
电气机械和器材制造业	15	415254	412622
计算机、通信和其他电子设备制造业	3	49324	46330
仪器仪表制造业	4	37574	42495
其他制造业	1	9895	8908
废弃资源综合利用业	4	59223	40991
金属制品、机械和设备修理业			
电力、热力的生产和供应业	8	190926	190926
燃气生产和供应业	2	383726	383726
水的生产和供应业	2	47767	47767

3-8 规模以上工业增加值

单位：万元、%

	工业增加值	比上年增长
总计	**5836900**	**4.8**
国有控股企业	4528000	5.5
按登记注册类型分		
国有企业	480000	3.0
集体企业	45000	-23.2
股份合作企业		
股份制企业	4973000	2.2
外商及港澳台商投资企业	333000	107.1
其他企业	6000	-13.2
按隶属关系分		
中央企业	3807000	5.3
省属企业	476000	9.3
市及市以下属企业	1554000	2.2
按轻重工业分		
轻工业	1516000	2.8
重工业	4321000	5.6
按工业行业分		
煤炭开采和洗选业	129929	24.7
非金属矿采选业	3571	-19.8
开采辅助活动		
农副食品加工业	35543	-5.2
食品制造业	30560	19.0
酒、饮料和精制茶制造业	41097	-7.1
烟草制品业	1043836	1.7
纺织业	19434	-10.9

3-8 规模以上工业增加值（续一）

单位：万元、%

	工业增加值	比上年增长
纺织服装、服饰业	4190	10.9
皮革、毛皮、羽毛及其制品和制鞋业	725	-35.5
木材加工和木、竹、藤、棕、草制品业	21793	-24.2
家具制造业		
造纸和纸制品业	13183	113.7
印刷和记录媒介复制业	26285	-5.3
石油加工、炼焦和核燃料加工业	1499179	-0.2
化学原料和化学制品制造业	388740	17.0
医药制造业	257498	15.0
化学纤维制造业	2394	-48.2
橡胶和塑料制品业	41435	-27.0
非金属矿物制品业	297560	-14.8
黑色金属冶炼和压延加工业	119129	-19.4
有色金属冶炼和压延加工业	622722	57.0
金属制品业	107594	-6.8
通用设备制造业	55979	-4.7
专用设备制造业	149050	7.2
汽车制造业	27905	-7.3
铁路、船舶、航空航天和其他运输设备制造业	530	0.2
电气机械和器材制造业	44404	8.9
计算机、通信和其他电子设备制造业	23332	-21.0
仪器仪表制造业	8678	19.6
其他制造业	47	39.1
废弃资源综合利用业	2230	-4.0
金属制品、机械和设备修理业	21270	13.3
电力、热力的生产和供应业	617653	2.7
燃气生产和供应业	93915	10.8
水的生产和供应业	25541	-0.9

3-9 市属规模以上工业增加值

单位：万元、%

	工业增加值	比上年增长
总计	**1554000**	**2.2**
国有控股企业	269000	-0.8
按登记注册类型分		
国有企业	5000	1.4
集体企业	43000	-24.8
股份合作企业		
股份制企业	1177000	-8.7
外商及港澳台商投资企业	324000	114.8
其他企业	6000	-13.2
按轻重工业分		
轻工业	298000	-4.6
重工业	1257000	4.2
按工业行业分		
煤炭开采和洗选业	18056	-7.3
非金属矿采选业	3571	-19.8
农副食品加工业	29048	-7.7
食品制造业	29794	19.4
酒、饮料和精制茶制造业	40311	-6.0
纺织业	11706	-22.4
纺织服装、服饰业		
木材加工和木、竹、藤、棕、草制品业	21793	-24.2
家具制造业		
造纸和纸制品业	13183	113.7
印刷和记录媒介复制业	17840	-1.9
石油加工、炼焦和核燃料加工业	38704	-19.1
化学原料和化学制品制造业	71172	-4.9
医药制造业	111535	-6.3
化学纤维制造业	2394	-48.2
橡胶和塑料制品业	39590	-28.9
非金属矿物制品业	235320	-14.8
黑色金属冶炼和压延加工业	77772	-29.9
有色金属冶炼和压延加工业	446759	54.6
金属制品业	32790	-1.9
通用设备制造业	24906	15.1
专用设备制造业	27912	-10.0
汽车制造业	26521	-6.8
铁路、船舶、航空航天和其他运输设备制造业	530	0.2
电气机械和器材制造业	34981	3.3
计算机、通信和其他电子设备制造业	19772	-22.4
仪器仪表制造业	8678	19.6
其他制造业	47	39.1
废弃资源综合利用业	2230	-4.0
电力、热力的生产和供应业	45217	-1.6
燃气生产和供应业	93476	10.7
水的生产和供应业	23930	-1.1

3-10 规模以上独立核

	工业经济效益指数（%）	总资产贡献率（%）	资本保值增值率（%）
总计	**392.66**	**17.71**	**114.27**
国有控股企业	437.85	21.86	112.96
按登记注册类型分			
国有企业	722.04	31.18	98.04
集体企业	249.80	13.51	80.00
股份合作企业			
股份制企业	383.96	18.23	114.51
外商和港澳台商投资企业	355.41	4.08	118.64
其他企业			66.67
按工业行业分			
煤炭开采和洗选业	224.79	15.38	146.60
非金属矿采选业	203.70	20.00	200.00
开采辅助活动			
农副食品加工业	182.78	4.13	95.33
食品制造业	274.43	7.66	133.64
酒、饮料和精制茶制造业	173.18	12.14	108.98
烟草制品业	2327.13	66.24	111.51
纺织业	255.02	16.67	121.95
纺织服装、服饰业	59.12	14.29	100.00
皮革、毛皮、羽毛及其制品和制鞋业	-5.62	-3.25	81.13
木材加工和木、竹、藤、棕、草制品业			
家具制造业			
造纸和纸制品业	117.58	8.33	466.67
印刷和记录媒介复制业	121.08	0.89	95.65
石油加工、炼焦和核燃料加工业	1006.29	110.21	132.36
化学原料和化学制品制造业	289.21	1.92	130.26
医药制造业	535.05	17.15	114.31
化学纤维制造业			
橡胶和塑料制品业	132.75	0.37	72.38
非金属矿物制品业	359.29	16.27	132.65
黑色金属冶炼和压延加工业	138.84	-4.75	42.31
有色金属冶炼和压延加工业	626.38	7.01	118.34
金属制品业	217.86	3.48	105.47
通用设备制造业	156.37	3.70	151.47
专用设备制造业	161.80	3.86	103.75
汽车制造业	223.83	0.51	100.00
铁路、船舶、航空航天和其他运输设备制造业	62.63		110.00
电气机械和器材制造业	105.62	2.35	118.69
计算机、通信和其他电子设备制造业	218.12	5.48	106.25
仪器仪表制造业	91.56	0.60	96.55
其他制造业	76.60		150.00
废弃资源综合利用业	113.72	5.76	111.54
金属制品、机械和设备修理业	98.34	-0.27	149.06
电力、热力的生产和供应业	750.94	17.96	95.56
燃气生产和供应业	398.08	9.41	100.69
水的生产和供应业	123.77	1.47	99.54

算工业企业效益指标

资产负债率（%）	流动资产周转次数（次/年）	工业成本费用利润率（%）	全员劳动生产率（元/人、年）	产品销售率（%）
63.05	1.55	5.95	459598	95.52
65.86	1.77	5.41	514545	97.98
80.99	8.15	23.30	685714	100.27
60.36	3.41	5.00	225000	94.56
63.71	1.51	5.16	448018	94.86
44.83	1.52	1.67	475714	98.88
33.33	8.20			77.55
83.41	1.12	16.03	99945	160.12
20.00	1.00	33.33		
57.85	2.20	2.66	177715	83.83
35.59	1.15	6.92	305603	92.42
41.85	1.56	4.23	136990	97.66
40.91	1.15	12.54	3479454	94.80
40.48	2.00	13.70	194337	76.08
42.86	0.67			29.03
44.16	0.13	−26.32	7246	549.49
61.11	2.25			39.20
41.07	1.08	−1.79	131424	109.86
69.95	12.29	−0.88	999453	135.55
55.71	2.07	−1.30	388740	44.34
30.80	0.70	53.48	429163	94.41
72.06	1.84	−1.43	138118	81.88
52.91	0.80	31.12	270509	83.65
93.35	1.18	−11.02	238257	78.48
51.56	2.73	1.82	889603	104.93
52.15	1.00	2.05	268984	46.22
76.16	0.34	7.81	111957	88.16
70.97	0.63	6.26	124208	147.53
76.53	1.06	−0.75	279050	94.24
56.00	0.16			259.84
63.06	1.01	−1.36	88807	104.67
53.42	0.84	6.82	233322	75.18
40.96	0.28		86780	113.10
	4.50			90.02
58.27	0.39	13.16	22298	69.21
78.88	0.56	−5.79	106350	124.85
104.87	6.05	17.61	772066	89.05
62.85	1.57	10.18	469573	99.53
20.22	2.00	−1.72	127703	96.60

3-11 规模以上独立核

	企业单位数	亏损企业	从事工业生产活动的从业人员平均人数	流动资产合计
总计	**361**	**99**	**12.7**	**1223.2**
国有控股企业	96	27	8.8	750.7
按登记注册类型分				
国有企业	11	3	0.7	13.3
集体企业	8	1	0.2	3.7
股份合作企业	0	0	0	0
股份制企业	323	90	11.1	1105.8
外商和港澳台商投资企业	17	5	0.7	99.9
其他企业	2	0	0	0.5
按轻重工业				
轻工业	103	21	2.3	301.96
重工业	258	78	10.4	921.24
按工业行业分				
煤炭开采和洗选业	6	0	1.3	31.9
黑色金属矿采选业	2	2	0	0.5
有色金属矿采选业	0	0	0	0
非金属矿采选业	1	0	0	0.4
农副食品加工业	23	2	0.2	15.8
食品制造业	6	0	0.1	14.7
饮料制造业	7	1	0.3	18.1
烟草制品业	2	0	0.3	133.2
纺织业	3	0	0.1	3.6
纺织服装、鞋、帽制造业	1	0	0	0.6
皮革、毛皮、羽毛（绒）及其制品业	1	1	0.1	12.9
木材加工及木、竹、藤、棕、草制品业	0	0	0	0
家具制造业	0	0	0	0
造纸及纸制品业	4	1	0	1.6
印刷业和记录媒介的复制	7	4	0.2	5
石油加工、炼焦及核燃料加工业	5	2	1.5	41.2
化学原料及化学制品制造业	38	12	1	43.2
医药制造业	17	2	0.6	70.4
化学纤维制造业	0	0	0	0
橡胶和塑料制品业	26	7	0.3	15
非金属矿物制品业	67	19	1.1	182.5
黑色金属冶炼及压延加工业	12	3	0.5	47.1
有色金属冶炼及压延加工业	19	8	0.7	123.9
金属制品业	24	7	0.4	35.1
通用设备制造业	13	5	0.5	57.9
专用设备制造业	17	4	1.2	218.1
汽车制造业	2	2	0.1	12.6
铁路、船舶、航空航天和其他运输设备制造业	2	1	0	2.5
电气机械及器材制造业	20	6	0.5	43
通信设备、计算机及其他电子设备制造业	4	1	0.1	5.5
仪器仪表及文化、办公用机械制造业	4	1	0.1	13.1
其他制造业	1	0	0	0.2
废弃资源综合利用业	4	0	0.1	7.1
金属制品、机械和设备修理业	3	1	0.2	20.5
电力、热力的生产和供应业	15	5	0.8	23.1
燃气生产和供应业	2	1	0.2	20.1
水的生产和供应业	3	1	0.2	2.8

算工业企业经济指标

单位：个、亿元、万人

年末负债合计	主营业务收入	主营业务税金及附加	营业费用	管理费用	利润总额（亏损为负）	利税总额
1516.1	1897.3	209.8	42.2	94.4	95.9	398.6
1088.4	1281.8	205.8	20.2	70.5	57.9	341.5
63.9	106.9	0.4	0.6	2.1	20.6	24.5
6.7	11.1	0.2	0.2	0.8	0.6	1.3
0	0	0	0	0	0	0
1375.9	1624.8	207.7	34.5	88.6	72.2	367.1
69.4	150.4	1.5	6.9	2.9	2.5	5.7
0.2	4.1	0	0	0	0	0
201.03	306.78	91.3	18.8	14.87	28.18	141.08
1315.07	1590.52	118.5	23.4	79.53	67.72	257.5
75.9	35.7	1.6	0.5	5.2	4.6	11.5
0.5	0	0	0	0	0	0
0	0	0	0	0	0	0
0.1	0.4	0	0	0	0.1	0.1
14	34.6	–	1.1	0.7	0.9	1.0
7.9	15.5	0.1	1.6	0.6	1.1	1.4
13.1	26.9	1.5	5.5	0.9	1.1	3.7
70.4	149.7	89.1	2.1	4.7	7.1	113.7
3.4	7.2	0.1	0.3	0.5	1	1.3
0.3	0.4	0	0	0.2	0	0.1
6.8	1.6	0	0.1	0.3	–0.5	–0.5
0	0	0	0	0	0	0
0	0	0	0	0	0	0
2.2	3.6	0	0.1	0.1	0	0.2
4.6	4.9	0	0.3	1.3	–0.1	0.1
95.3	504.3	110.8	3.9	28.5	–3.4	147.7
63.9	83.5	0.4	3.6	4.4	–1.2	1.1
35.2	49.1	0.4	6.4	4.7	16.9	19.3
0	0	0	0	0	0	0
19.6	27.6	0.1	0.9	0.7	–0.4	–0.1
152.6	144.7	1.4	5	12	34.3	44.7
108.1	51.9	0.2	0.9	6.7	–6.8	–5.9
125.7	328.5	1.3	2	3.3	6	12.5
31.5	34.7	0.4	0.8	1.4	0.7	1.6
65.8	19.4	0.1	1.3	2.4	1.5	2
270.6	130.4	1.2	2.3	6.6	8.6	10.9
15	13	0	0	0.6	–0.1	–0.1
1.4	0.4	0	0	0.1	0	0
61.8	42.9	0.2	1.4	2.6	–0.6	0.4
3.9	4.6	0	0.2	0.3	0.3	0.4
13.6	3.7	0	0.2	0.9	0	0
0	0.9	0	0	0	0	0
8.1	2.8	0	0.1	0.3	0.5	0.6
29.5	11.1	0.1	0.2	1.2	–0.7	–0.4
185.1	131.3	0.7	0.1	0.8	22.2	27.5
24.7	26.5	0.1	1.3	1.4	2.9	3.6
5.5	5.5	0	0	1.0	–0.1	0.2

3-12 市属规模以上独立

	工业经济效益指数（%）	总资产贡献率（%）	资本保值增值率（%）
总计	**265.38**	**7.84**	**116.44**
国有控股企业	188.69	5.43	115.33
按登记注册类型分			
国有企业	108.36	3.17	93.94
集体企业	225.35	10.75	84.00
股份合作企业			
股份制企业	260.96	8.60	116.80
外商和港澳台商投资企业	344.58	3.58	119.13
其他企业			66.67
按工业行业分			
煤炭开采和洗选业	205.37	10.71	129.41
非金属矿采选业		20.00	200.00
农副食品加工业	233.97	1.09	84.88
食品制造业	269.73	7.31	134.29
酒、饮料和精制茶制造业	171.75	12.14	108.98
烟草制品业		25.00	100.00
纺织业		20.00	100.00
纺织服装、服饰业			
皮革、毛皮、羽毛及其制品和制鞋业			
木材加工和木、竹、藤、棕、草制品业			
家具制造业			
造纸和纸制品业		8.33	466.67
印刷和记录媒介复制业			100.00
石油加工、炼焦和核燃料加工业		27.27	81.82
化学原料和化学制品制造业	116.11	0.34	90.14
医药制造业	339.79	10.37	109.73
化学纤维制造业			
橡胶和塑料制品业	174.21	0.44	62.65
非金属矿物制品业	373.74	17.40	135.86
黑色金属冶炼和压延加工业	307.37	4.35	94.59
有色金属冶炼和压延加工业	1428.50	1.67	144.75
金属制品业	140.20	6.09	119.23
通用设备制造业	187.63	4.49	171.72
专用设备制造业	121.46	2.00	98.09
汽车制造业	215.82	0.51	100.00
铁路、船舶、航空航天和其他运输设备制造业		0.00	110.00
电气机械和器材制造业	138.26	4.34	101.90
计算机、通信和其他电子设备制造业		5.71	106.90
仪器仪表制造业	92.89	0.60	96.55
其他制造业			150.00
废弃资源综合利用业	113.72	5.76	111.54
金属制品、机械和设备修理业			
电力、热力的生产和供应业	136.81	2.11	117.39
燃气生产和供应业	397.28	9.67	100.69
水的生产和供应业	115.44	0.80	99.52

核算工业企业效益指标

资产负债率（%）	流动资产周转次数（次/年）	工业成本费用利润率（%）	全员劳动生产率（元/人、年）	产品销售率（%）
58.66	1.19	6.66	287777.78	92.20
66.35	0.95	6.20	168125.00	101.30
50.79	1.00	6.90	50000.00	100.00
54.84	3.40	1.71	215000.00	94.33
61.29	1.16	8.11	267500.00	90.82
44.49	1.50	1.15	462857.14	99.35
33.33	8.20			77.55
60.71	1.09	5.88	180560.30	98.40
20.00	1.00	33.33		100.00
60.33	1.98	0.40	290480.00	83.84
35.62	1.15	7.05	297941.70	92.24
41.85	1.56	4.23	134371.47	98.77
25.00	2.25			
	2.59	4.88		65.32
61.11	2.25			39.20
76.92	1.00			99.80
18.18	3.40	6.06		36.66
78.23	2.68	−3.67	101674.31	106.42
39.85	0.57	29.17	278837.78	96.78
77.19	2.15	−1.48	197950.60	85.63
52.31	0.75	35.68	261466.23	89.27
61.96	2.51	0.33	388862.00	84.01
61.21	2.25		2233796.95	96.36
55.56	1.52	2.08	109300.60	93.94
66.80	0.31	12.96	124531.25	103.38
56.00	0.48	−2.63	139560.75	104.02
76.53	1.06	−0.75	265205.30	100.00
56.00	0.16			259.84
61.20	1.39	1.68	116604.97	99.37
55.71	0.81	7.32		93.93
40.96	0.28		86780.40	113.10
	4.50			90.02
58.27	0.39	13.16	22298.40	69.21
115.52	2.08	−5.84	150724.60	100.00
62.85	1.57	10.18	467378.40	100.00
16.40	1.88	−1.92	119650.70	100.00

3-13 市属规模以上独立

	企业单位数	亏损企业	从业人员平均人数	流动资产合计
总计	**290**	**80**	**5.4**	**575.5**
国有控股企业	32	10	1.6	116.3
按登记注册类型分				
国有企业	2	0	0.1	2.9
集体企业	7	1	0.2	3.5
股份合作企业	0	0	0	0
股份制企业	265	74	4.4	474.9
外商和港澳台商投资企业	14	5	0.7	93.7
其他企业	2	0	0	0.5
按轻重工业				
轻工业	91	19	1.5	118.4
重工业	199	61	3.9	457.1
按工业行业分				
煤炭开采和洗选业	5	0	0.1	3.3
黑色金属矿采选业	2	2	0	0.5
有色金属矿采选业	0	0	0	0
非金属矿采选业	1	0	0	0.4
农副食品加工业	22	2	0.1	12.6
食品制造业	5	0	0.1	14.4
饮料制造业	7	1	0.3	18.1
烟草制品业	1	0	0	0.4
纺织业	2	0	0	1.7
纺织服装、鞋、帽制造业	0	0	0	0
家具制造业	0	0	0	0
造纸及纸制品业	4	1	0	1.6
印刷业和记录媒介的复制	4	2	0	1.4
石油加工、炼焦及核燃料加工业	2	0	0	1
化学原料及化学制品制造业	30	12	0.8	25.4
医药制造业	15	2	0.5	43.5
化学纤维制造业	0	0	0	0
橡胶和塑料制品业	25	7	0.2	12.4
非金属矿物制品业	57	15	0.9	170.9
黑色金属冶炼及压延加工业	9	1	0.2	12.2
有色金属冶炼及压延加工业	14	6	0.2	73.3
金属制品业	20	6	0.3	19.5
通用设备制造业	10	5	0.2	36.5
专用设备制造业	12	4	0.2	23.5
汽车制造业	2	2	0.1	12.6
铁路、船舶、航空航天和其他运输设备制造业	2	1	0	2.5
电气机械及器材制造业	15	4	0.3	26.1
通信设备、计算机及其他电子设备制造业	3	1	0	5.4
仪器仪表及文化、办公用机械制造业	4	1	0.1	13.1
其他制造业	1	0	0	0.2
废弃资源综合利用业	4	0	0.1	7.1
金属制品、机械和设备修理业	0	0	0	0
电力、热力的生产和供应业	8	3	0.3	13.2
燃气生产和供应业	2	1	0.2	20.1
水的生产和供应业	2	1	0.2	2.6

核算工业企业效益指标

单位：个、亿元、万人

年末负债合计	主营业务收入	主营业务税金及附加	营业费用	管理费用	利润总额（亏损为负）	利税总额
562.9	686.7	4.8	25.2	30.5	43.1	65.9
152.8	95.7	0.9	4	7.4	6.5	10.6
3.2	2.9	0	0.1	0.3	0.2	0.3
5.1	10.4	0.2	0.2	0.8	0.2	0.9
0	0	0	0	0	0	0
490.9	530.3	3.2	18.7	26.9	41.1	60
63.5	139	1.4	6.2	2.5	1.6	4.7
0.2	4.1	0	0	0	0	0
104.6	114.9	2.0	12.1	5.8	8.7	13.5
458.3	571.8	2.8	13.1	24.7	34.4	52.4
3.4	3.6	0.1	0.1	0.6	0.2	0.6
0.5	0	0	0	0	0	0
0	0	0	0	0	0	0
0.1	0.4	0	0	0	0.1	0.1
11.1	24.9	0	0.5	0.4	0.1	0.2
7.8	15.2	0	1.7	0.6	1.1	1.4
13.1	26.9	1.6	5.6	0.8	1.1	3.7
0.1	0.9	0	0	0.1	0	0.1
0	4.4	0.1	0.1	0.1	0.2	0.4
0	0	0	0	0	0	0
0	0	0	0	0	0	0
2.2	3.6	0	0.1	0.1	0	0.2
2	1.4	0	0	0.1	0	0
0.2	3.4	0	0.1	0.1	0.2	0.3
46	63.9	0.3	2.9	2.8	–2.6	–0.7
26.9	24.9	0.2	2.7	2.1	5.6	6.7
0	0	0	0	0	0	0
17.6	26.7	0.1	0.8	0.6	–0.4	–0.1
135.9	127.6	1.3	4.3	10.4	33.4	43.3
11.4	30.6	0	0.2	0.5	0.1	0.5
58.8	164.4	0.2	1	0.7	0	0.8
15.5	29.3	0.3	0.6	1.1	0.6	1.3
34.2	11.1	0	1.1	1.4	1.4	1.8
19.6	11.1	0.1	0.6	1.6	–0.3	0.4
15	13	0	0	0.6	–0.1	–0.1
1.4	0.4	0	0	0.1	0	0
25.4	36.2	0.1	1	1.2	0.6	1.3
3.9	4.4	0	0.1	0.3	0.3	0.4
13.6	3.7	0	0.2	0.9	0	0
0	0.9	0	0	0	0	0
8.1	2.8	0	0.1	0.3	0.5	0.6
0	0	0	0	0	0	0
60.3	19.7	0.3	0.1	0.6	–1.8	–1
24.7	26.5	0.1	1.3	1.4	2.9	3.6
4.1	4.8	0	0	1	–0.1	0.1

3-14 规模以上工业企业

	工业总产值	工业增加值	工业销售产值
总计	100	100	100
煤炭开采和洗选业	1.57	2.23	2.63
黑色金属矿采选业	0.05	0.06	
非金属矿采选业			
农副食品加工业	1.95	0.61	1.71
食品制造业	0.79	0.52	0.76
酒、饮料和精制茶制造业	1.21	0.70	1.24
烟草制品业	5.81	17.88	5.76
纺织业	0.44	0.33	0.35
纺织服装、服饰业	0.06	0.07	0.02
皮革、毛皮、羽毛（绒）及其制品业	0.01	0.01	0.08
木材加工及木、竹、藤、棕、草制品业	0.43	0.37	
家具制造业			
造纸及纸制品业	0.49	0.23	0.20
印刷和记录媒介复制业	0.30	0.45	0.34
石油加工、炼焦及核燃料加工业	17.16	25.68	24.35
化学原料及化学制品制造业	10.86	6.66	5.04
医药制造业	2.54	4.41	2.51
化学纤维制造业	0.07	0.04	
橡胶和塑料制品业	1.65	0.71	1.42
非金属矿物制品业	8.07	5.10	7.07
黑色金属冶炼及压延加工业	3.61	2.04	2.97
有色金属冶炼及压延加工业	17.24	10.67	18.94
金属制品业	4.30	1.84	2.08
通用设备制造业	1.78	0.96	1.65
专用设备制造业	3.05	2.55	4.72
汽车制造业	0.63	0.48	0.62
铁路、船舶、航空航天和其他运输设备制造业	0.01	0.01	0.03
电气机械及器材制造业	2.23	0.76	2.45
计算机、通信和其他电子设备制造业	0.30	0.40	0.24
仪器仪表制造业	0.17	0.15	0.20
其他制造业	0.05		0.04
废弃资源综合利用业	0.27	0.04	0.20
金属制品、机械和设备修理业	0.41	0.36	0.54
电力、热力的生产和供应业	10.44	10.58	9.73
燃气生产和供应业	1.77	1.61	1.84
水的生产和供应业	0.27	0.44	0.27

分行业主要指标构成

单位：%

年末资产总计	年末负债总计	产品销售收入	应交增值税
100	100	100	100
3.78	5.01	1.88	5.71
0.02	0.03		
0.02	0.01	0.02	
1.01	0.92	1.82	
0.92	0.52	0.82	0.32
1.30	0.86	1.42	1.19
7.16	4.64	7.89	18.86
0.35	0.22	0.38	0.22
0.03	0.02	0.02	0.11
0.64	0.45	0.08	
0.15	0.15	0.19	0.22
0.47	0.30	0.26	0.22
5.66	6.28	26.58	43.43
4.77	4.21	4.40	2.05
4.75	2.32	2.59	2.05
1.13	1.29	1.45	0.22
11.98	10.06	7.63	9.81
4.82	7.13	2.74	0.75
10.14	8.29	17.31	5.82
2.51	2.08	1.83	0.54
3.59	4.34	1.02	0.43
15.86	17.85	6.87	1.19
0.82	0.99	0.69	
0.10	0.09	0.02	
4.08	4.08	2.26	0.86
0.30	0.26	0.24	0.11
1.38	0.90	0.20	
0.01		0.05	
0.58	0.53	0.15	0.11
1.56	1.95	0.59	0.22
7.34	12.21	6.92	4.96
1.63	1.63	1.40	0.65
1.13	0.36	0.29	0.32

3-15 各县区规模以上

	城关区	七里河区	西固区	安宁区
企业及单位数（个）	49	42	62	28
亏损企业	13	7	15	8
工业销售产值	1718032	1808784	6468200	1863061
出口交货值	10860		0	30071
全部从业人员年平均人数（人）	15950	16634	29000	7723
年末资产总计	3250325	3444845	2923000	1406611
产成品	64155	124736	81000	36472
流动资产合计	1627629	2281803	1125000	564812
固定资产合计	816600	571722	1589900	560330
年末负债合计	1770520	1960347	1962000	936284
年末所有者权益	1479805	1484498	961000	470327
主营业务收入	1121993	2082554	6196000	1605714
主营业务销售税金及附加	7139	898556	1117000	15300
管理费用	103567	110412	342000	21975
利润总额	215001	59968	–46000	245541
利税总额	258660	1150621	1501200	305493
工业经济效益综合指数（%）	282.9	565	622.3	148.1
总资产贡献率（%）	9.0	34.3	53.0	21.7
资产负债率（%）	55.6	56.9	67.1	66.6
流动资产周转次数（次 / 年）	0.7	0.9	5.5	3.3
工业成本费用利润率（%）	21.9	5.3	–0.9	17.8
全员劳动生产率（元 / 人、年）	227193	713625	713828	493332
产品销售率（%）	99.3	96.8	98.6	100.1

工业企业主要经济指标

单位：万元

红古区	永登县	皋兰县	榆中县	兰州新区
25	37	34	26	58
7	13	6	6	24
2889287	1207368	709360	204517	2774733
245094	331	13865	0	3656
20000	8000	4458	7455	17683
2943000	1346000	685267	2388023	5660407
64000	49000	50663	118019	138256
1416000	453000	424938	1013718	3325170
283300	790015	185892	879645	1065237
1524000	1025000	431564	1457182	4094126
1419000	321000	253703	930841	1566281
2034000	1410000	771122	756033	2995416
30000	5000	2500	6138	16062
139000	39000	18468	82957	86415
368000	-7000	36143	14963	73077
537000	37000	46678	43177	106109
141	186.6	306.2	138.0	85.77
19.6	3.8	8.3	2.6	3.1
53.1	76.2	66.6	60.9	72.3
1.5	2.5	1.8	0.7	0.9
19.0	-1.0	5.1	2.0	2.5
378151	23	345413	132744	320508
93.2	90.7	78.9	90.3	94.3

3-16 规模以上工业企业

	2007	2008	2009	2010	2011
原煤（万吨）	575.50	464.83	452.76	486.03	511.37
原油加工（万吨）	1056.85	1001.90	1045.19	1033.72	1053.36
汽油（万吨）	212.01	212.30	236.16	201.7	221.55
煤油（万吨）	41.87		45.66	29.48	28.75
柴油（万吨）	420.30		458.72	457.62	477.32
润滑油（万吨）	27.44		17.35	23.93	25.23
燃料油（万吨）	25.72		6.61	16.35	12.52
焦炭（万吨）	3.00	42.12	43.59	44.99	44.92
发电量总（万千瓦时）	1286035	1215070	1644050	1692679	1821306
啤酒（千升）	283278	399781	436922	470152	432683
合成洗涤剂（万吨）	2.67	2.24	2.25	1.74	1.39
卷烟（万支）	2285550	2425481	2265221	2395810	2602713
纱（万吨）	0.13	0.10	0.34	0.32	0.32
绒线（毛线）（吨）	941	188			
毛机织物（呢绒）（万米）	556.64	553.70	451.75	490.4	491.6
合成橡胶（万吨）	6.76	12.22	16.36	18.64	18.35
合成纤维单体（万吨）	3.04	2.82	1.99	2.40	2.38
塑料制品（万吨）	6.18	5.50	5.70	5.25	4.53
塑料薄膜（万吨）	1.35	2.04	1.74	1.80	1.72
机制纸板（万吨）	2.80	0.50			
合成氨（万吨）	37.39	26.93	35.06	30.02	25.36
农用化肥（万吨）	35.67	25.90	30.38	21.61	16.35
氮肥（万吨）	30.25	24.37	30.38	21.61	16.35
磷肥（万吨）	5.41	1.52			
乙烯（万吨）	68.18	70.15	69.38	69.48	69.39
聚丙烯树脂（万吨）	38.80	41.14	39.95	38.93	40.06
水泥（万吨）	441.84	487.21	516.05	548.06	568.56
平板玻璃（万重量箱）	588.09	576.59	508.09	653.89	577.14
钢材（万吨）	112.99	111.56	144.29	138.62	163.17
铁合金（万吨）	42.27	37.63	40.80	45.54	44.93
原铝（电解铝）（万吨）	58.01	77.05	75.74	79.71	61.73
变压器（万千伏安）	129.02	140.81	212.69	227.76	224.99
家用洗衣机（万台）	9.10	9.81	9.50	8.34	6.47

主要工业产品产量

2012	2013	2014	2015	2016	2017	比上年增长（%）
716.32	714.57	629.18	628.12	637.63	503.24	-1.27
1002.12	1050.02	916	967.2	823.02	880.84	7.03
209.86	220.93	201.98	246.51	203.71	223.6	9.77
34.27	68.06	46.49	58.6	63.03	81.85	29.86
444.42	429.49	392.52	382.87	305.59		
24.82	41.21	36.45	28.23	16.72		
15.63	19.12	23.94	16.54	6.06		
42.18	38.96	44.63	42.77	2.42		
	2103773	1859200	1784700	1475300	1553200	1.64
447037	456851	408818	386000	380127	329367	-13.4
0.05	0.05					
2771520	3197558	3344568	3462000	2938458	2824246	-3.9
0.11						
459	386.2	405.8	340.1	414.3	435	5
17.79	16.54	12.73	13.4	11.9	14.44	20.9
2.46	2.15	2.1	2.5	2.2	2.67	23.6
7.91	10.97	8.24	17.4	22.5	49.75	118.7
1.31	1.59	2.1	2.5	3.2	2.99	-12.5
28.11	15.04					
18.12	9.51					
18.12	9.51					
64.67	63.16	62.99	64.2	51.7	64	23.7
40.07	39.62	35.69	42	33.4	41.32	23.7
847.17	966.9	1104.3	1154.2	1130	905.91	-18.4
496.79	600.07	538.32	124.8	600.9	515.9	-14.2
212.98	380.42	432.08	246.8	135	121.54	-9.9
38.5	49.84	41.56	29.3	25.3	26.63	3.9
84.89	87.84	79.81	77.2	82.3	81.29	-1.3
294.02	261.29	233.49	70.8	63.3	58.58	-7.5
5.97	4.08					

3-17 规模以上工业企业

	煤炭（万吨）	焦炭（万吨）	天然气（亿立方米）	原油（万吨）
规模以上工业企业	917.52	93.85	6.57	881.47
轻工业	5.21		0.70	
重工业	912.31	93.85	5.87	881.47
采掘业	57.27	1.61	0.81	
煤炭开采和洗选业	57.27	1.61	0.81	
黑色金属矿采选业				
非金属矿采选业				
制造业	371.53	92.23	5.53	881.47
农副食品加工业	0.20		0.01	
食品制造业	1.24			
饮料制造业			0.19	
烟草制品业			0.05	
纺织业			0.03	
纺织服装、鞋、帽制造业			0.03	
皮革、毛皮、羽毛（绒）等			0.02	
木材加工及木、竹、藤等				
家具制造业				
造纸及纸制品业	2.59		0.01	
印刷业和记录媒介的复制			0.01	
文教体育用品制造业				
石油加工炼焦及核燃料	26.12		2.57	881.47
化学原料及化学制品制造	16.47	49.30	0.03	
医药制造业	1.07		0.17	
化学纤维制造业				
橡胶和塑料制品业	0.01		0.07	
非金属矿物制品业	112.74	4.05	0.99	
黑色金属冶炼及压延	24.78	36.53		
有色金属冶炼及压延	185.71	2.35	0.91	
金属制品业	0.56		0.04	
通用设备制造业			0.04	
专用设备制造业			0.22	
汽车制造业				
铁路、船舶、航空航天和其他运输设备制造业				
电气机械及器材制造业	0.01		0.10	
通信设备、计算机及其他				
仪器仪表及文化、办公用				
电力、热力的生产和供应	488.67		0.23	
燃气生产和供应业				
水的生产和供应业	0.05			

主要能源品种消费量

汽油（万吨）	柴油（万吨）	燃料油（万吨）	炼厂干气（万吨）	其他石油制品（万吨）	热力（万百万千焦）	电力（亿千瓦时）
0.79	2.80	0.88	82.68	27.77	1901.21	269.28
0.09	0.08				7.08	5.33
0.70	2.72	0.88	82.68	27.77	1894.13	263.96
0.04	0.23					4.35
0.04	0.22					4.35
	0.01					
0.66	2.49	0.88	82.68	27.77	1896.10	244.55
0.03	0.01					0.22
	0.01					0.27
0.01						0.84
						0.29
	0.01				1.97	0.22
						0.07
						0.04
	0.02					0.46
0.01	0.02					0.09
0.02	0.11	0.85	82.61	27.77	1740.37	20.40
0.03	0.10	0.02	0.07		56.32	36.98
0.01	0.01					0.71
0.03	0.01				2.39	0.87
0.28	1.75				7.75	16.65
0.02	0.03				14.40	30.54
0.02	0.21	0.01			61.69	132.79
0.10	0.01					0.63
0.01						0.14
0.03	0.02					1.03
	0.02				11.21	0.08
0.02	0.01					0.75
						0.06
						0.01
0.06	0.08					18.49
0.02						0.47
0.01					5.11	1.42

3-18　各县区规模以上工业增加值

单位：亿元、%

	规模以上工业增加值	比上年增长
兰州市	583.69	4.80
城关区	53.22	6.1
七里河区	114.18	1.0
西固区	207.01	1.9
安宁区	39.09	4.0
红古区	68.45	12.0
永登县	19.75	-2.0
皋兰县	15.4	-7.0
榆中县	9.9	0.3
兰州新区	56.7	37.4

3-19　规模以上工业主要能源消费与库存

	年初库存量	本年消费量			年末库存量
			工业生产消费量	非工业生产消费量	
原煤（万吨）	98.89	897.90	889.54	8.36	76.19
焦炭（万吨）	3.30	93.85	93.77	0.08	7.02
原油（万吨）	14.79	881.47	881.47		15.34
汽油（万吨）	0.02	0.79	0.38	0.41	0.03
煤油（万吨）		0.01	0.01		
柴油（万吨）	0.21	2.80	2.32	0.48	0.21
燃料油（万吨）		0.88	0.88		
天然气（亿立方米）	0.03	6.57	6.15	0.42	0.01
热力（万百万千焦）		1901.21	1892.81	8.40	
电力（亿千瓦小时）		269.28	261.48	7.80	

主要统计指标解释

工业 指从事自然资源的开采，对采掘品和农产品进行加工和再加工的物质部门。具体包括：（1）对自然资源的开采，如采矿、晒盐、森林采伐等（但不包括禽兽捕猎和水产捕捞）；（2）对农副产品的加工、再加工、如粮油加工、食品加工、轧花、缫丝、纺织、制革等；（3）对采掘品的加工、再加工、如炼铁、炼钢、化工生产、石油加工、机器制造、木材加工等，以及电力、自来水、煤气的生产和供应等；（4）对工业品的修理、翻新，如机器设备的修理、交通运输工具（包括小卧车）的修理等。

1984年以前农村的村及村以下办工业归属农业，1984年以后划归工业。

工业统计调查单位　工业统计调查单位分为两类：独立核算法人工业企业和工业活动单位。

（1）独立核算法人工业企业是指从事工业生产经营活动的单位。独立核算法人工业企业应同时具备以下条件：①依法成立，有自己的名称、组织机构和场所，能够承担民事责任；②独立拥有和使用资产、承担负债，有权与其他单位签订合同；③独立核算盈亏，并能够编制资产负债表。

（2）工业活动单位是指在一个场所从事一种或主要从事一种工业生产活动的经济单位。它包括独立核算工业企业按主营业务活动（即工业生产活动）划分的主营业务活动单位和非工业企业所属的工业生产活动单位（即原非独立核算工业生产单位）。工业活动单位，一般应同时具备以下三个条件：①具有一个场所，从事一种或主要从事一种工业活动；②单独组织工业生产、经营或业务活动；③单独核算收入和支出。

本年鉴中涉及的企业登记注册类型：

（1）国有及国有控股企业指国有企业加上国有控股企业。国有企业（即过去的全民所有制工业或国营工业）是指企业全部资产归国家所有，并按《中华人民共和国企业法人登记管理条例》规定登记注册的非公司制的经济组织。包括国有企业、国有独资公司和国有联营企业。1957年以前的公私合营和私营工业，后均改造为国营工业，1992年改为国有工业，这部分工业的资料不单独分列时，均包括在国有企业内。国有控股企业是对混合所有制经济的企业进行的“国有控股”分类。它是指这些企业的全部资产中国有资产（股份）相对其他所有者中的任何一个所有者占资（股）最多的企业。该分组反映了国有经济控股情况。

（2）集体企业指企业资产归集体所有，并按《中华人民共和国企业法人登记管理条例》规定登记注册的经济组织。是社会主义公有制经济的组成部分。包括城乡所有使用集体投资举办的企业，以及部分个人通过集资自愿放弃所有权并依法经工商行政管理机关认定为集体所有制的企业。

（3）股份合作企业指以合作制为基础，由企业职工共同出资入股，吸收一定比例的社会资产投资组建，实行自主经营，自负盈亏，共同劳动，民主管理，按劳分配与按股分红相结合的一种集体经济组织。

（4）联营企业指两个及两个以上相同或不同所有制性质的企业法人或事业单位法人，按自愿、平等、互利的原则，共同投资组成的经济组织。联营企业包括：

国有联营企业 指国有企业与国有企业间的联营；

集体联营企业 指集体企业与集体企业间的联营；

国有与集体联营企业 指国有企业与集体企业间的联营。

（5）有限责任公司指根据《中华人民共和国公司登记管理条例》规定登记注册，由两个以上，五十个以下的股东共同出资，每个股东以其所认缴的出资额对公司承担有限责任，公司以其全部资产对其债务承担责任的经济组织。

有限责任公司包括国有独资公司以及其他有限责任公司。

（6）股份有限公司指根据《中华人民共和国企业法人登记管理条例》规定登记注册，其全部注册资本由等额股份构成并通过发行股票筹集体资本，股东以其认购的股份对公司承担的有限责任，公司以其全部资产对其债务承担责任的经济组织。

（7）私营企业指由自然人投资设立或由自然人控股，以雇佣劳动为基础的营利性经济组织。包括按照《公司法》、《合伙企业法》、《私营企业暂行条例》规定登记注册的私营有限责任公司、私营股份有限公司、私营合伙企业和私营独资企业。

（8）港、澳、台商投资企业指企业注册登记类型中的港、澳、台资合资、合作、独资经营企业和股份有限公司之和。

（9）外商投资企业指企业注册登记类型中的中外合资、合作经营企业、外资企业和外商投资股份有限公司之和。

“三资”企业 系指港、澳、台商投资企业和外资企业的简称。

规模以上工业企业 规模以上工业为年主营业务收入2000万元以上的企业。

轻工业 指主要提供生活消费品和制作手工工具的工业。按其所使用的原料不同，可分为两大类：（1）以农产品为原料的轻工业，是指直接或间接以农产品为基本原料的轻工业。主要包括食品制造、饮料制造、烟草加工、纺织、缝纫、皮革和毛皮制作、造纸以及印刷等工业；（2）以非农产品为原料的轻工业，是指以工业品为原料的轻工业。主要包括文教体育用品、化学药品制造、合成纤维制造、日用化学制品、日用玻璃制品、日用金属制品、手工工具制造、医疗器械制造、文化和办公用机械制造等工业。

重工业 是指为国民经济各部门提供物质技术基础的主要生产资料的工业。按其生产性质和产品用途，可以分为下列三类：（1）采掘（伐）工业，是指对自然资源的开采，包括石油开采、煤炭开采、金属矿开采、非金属矿开采和木材采伐等工业；（2）原材料工业，指向国民经济各部门提供基本材料、动力和燃料的工业。包括金属冶炼及加工、炼焦及焦炭、化学、化工原料、水泥、人造板以及电力、石油和煤炭加工等工业；（3）加工工业，是指对工业原材料进行再加工制造的工业。包括装备国民经济各部门的机械设备制造工业、金属结构、水泥制品等工业，以及为农业提供的生产资料如化肥、农药等工业。

根据上述划分原则，修理业中以重工业产品为修理作业对象的划为重工业，反之划为轻工业。

工业总产值 是以货币表现的工业企业在一定时期内生产的已出售或可供出售工业产品总量，它反映一定时间内工业生产的总规模和总水平。它包括：在本企业内不再进行加工，经检验，包装入库（规定不需包装的产品除外）的成品价值，对外加工费收入，自制半成品、在产品期末初差额价值。工业总产值采用“工厂法”计算，即以工业企业作为一个整体，按企业工业生产活动的最终成果来计算，企业内部不允许重复计算，不能把企业内部各个车间（分厂）生产的成果相加。但在企业之间、行业之间、地区之间存在着重复计算。

轻重工业总产值的划分是按“工厂法”计算的，即一个工业企业生产的主要产品性质属于轻工业，则该企业的全部总产值作为轻工业总产值；如它的主要产品性质属于重工业，则该企业的全部总产值作为重工业总产值。

工业增加值 是指工业行业在报告期内以货币表现的工业生产活动的最终成果。

实收资本 指企业实际收到的投资人投入的资本。按投资主体可分为国家资本、集体资本、法人资本、个人资本、港澳台资本和外商资本等。

资产合计 指企业拥有或控制的能以货币计量的经济资源。包括各种财产、债权和其他权利。资产按其流动性划分为流动资产、长期投资、固定资产、无形及递延资产和其他资产。

（1）流动资产指企业可以在一年内或者超过一年的一个生产周期内变现或耗用的资产合计。包括现金及各种存款、短期投资、应收及预付款项、存货等。

（2）固定资产指企业固定资产净值、固定资产清理、在建工程、待处理固定资产损失所占用的资金合计。

（3）无形资产指企业长期使用而没有实物形态的资产。包括专利权、非专利技术、商标权、著作权、土地使用权、商誉等。

负债合计 指企业承担能以货币计量，将以资产或劳务偿付的债务。负债一般按偿还期长短分为流动负债和长期负债、递延税项等。

（1）流动负债指企业在一年内或者超过一年的一个营周期内需要偿还的债务合计，其中包括短期借款、应付及预收款项、应付工资、应交税金和应交利润等。

（2）长期负债指企业在一年以上或者超过一年的一个营业周期以上需要偿还的债务合计，其中包括长期借款、应付债务、长期应付款项等。

所有者权益 指企业投资人对企业净资产的所有权。企业净资产等于企业全部资产减去全部负债后的余额，其中包括投资者对企业的最初投入，以及资本公积金、盈余公积金和未分配利润，对股份制企业即为股东权益。

固定资产原价 指企业在建造、购置、安装、改建、扩建、技术改造某项固定资产时所支出的全部货币总额。它一般包括买价、包装费、运杂费和安装费等。

固定资产净值 是指固定资产原价减去历年已提折旧额后的净额。

流动资产 是指可以在一年或者超过一年的一个营业周期内变现或者耗用的资产，包括现金及各种存款、短期投资、应收及预付货款、存货等。

产品销售收入 指企业销售产品和提供劳务等主要经营业务取得的收入总额。

产品销售成本 指企业销售品和提供劳务等主要经营业务的实际成本。

产品销售税金及附加 指企业销售产品和提供工业性劳务等主要经营业务应负担的城市维护建设税、消费税、资源税和教育费附加。

产品销售利润 指企业销售产品和提供工业性劳务等主要经营业务收入扣除其成本、费用、税金后的利润。

利润总额 指企业实现的利润。

应交增值税 指企业在报告期内应交纳的增值税额。

总资产贡献率 反映企业全部资产的获利能力，是企业经营业绩和管理水平的集中表现，是评价和考核企业盈利能力的核心指标。计算公式为：

总资产贡献率=（利润总额+税金总额+利息支出）/平均资产总额×100%

资产负债率 该指标既反映企业经营风险的大小，也反映企业利用债权人提供的资金从事经营活动的能力。计算公式为：

资产负债率=负债总额/资产总额*100%

工业成本费用利润率 指在一定时期内实现的利润与成本费用之比，是反映工业生产成本及费用投入的经济效益指标，同时也是反映降低成本的经济效益的指标。计算公式为：

工业成本费用利润率（%）=利润总额/成本及费用总额×100%

工业增加值率 指在一定时期内工业增加值占同期工业总产值的比重，反映降低中间消耗的经济效益。计算公式为：

工业增加值率（%）=工业增加值（现价）/工业总产值×100%

流动资产周转次数 指在一定时期内流动资产完成的周转次数，反映流动资产的周转速度。计算公式为：

流动资产周转次数=产品销售收入/全部流动资产平均余额

产品销售率 指报告期工业销售产值与同期全部工业总产值之比，是反映工业产品已实现销售的程度，分析工业产销衔接情况，研究工业产品满足社会需求程度的指标。计算公式为：

产品销售率（%）=工业销售产值/工业总产值（现价）×100%

全员劳动生产率 指根据产品的价值量指标计算的平均每一个从业人员在单位时间内的产品生产量。是考核企业经济活动的重要指标，是企业生产技术水平、经营管理水平、职工技术熟练程度和劳动积极性的综合表现。目前我国的全员劳动生产率是将工业企业的工业增加值除以同一时期全部从业人员的平均人数来计算的。计算公式为：

全员劳动生产率（%）=工业增加值/全部从业人员平均人数×100%

四、交通运输业

4-1 交通运输业基本情况

	2008	2009	2010	2011	2012	2013
客运量总计（万人）	**3150.41**	**3373.04**	**3802.30**	**4388.82**	**4829.07**	**5326.85**
铁路	777.16	874.19	975.81	1042.06	996.95	1042.03
公路	2253.18	2346.24		2965.86	3373.82	3719.86
民用航空	120.07	152.61		380.90	458.30	564.96
货运量总计（万吨）	**7206.66**	**7358.37**		**8907.70**	**9671.89**	**10509.61**
铁路	1318.65	1202.33		1214.52	1003.95	974.43
公路	5887.00	6155.00	6832.00	7663.50	8664.34	9531.00
民用航空	1.01	1.04	1.14	2.68	3.60	4.18
公路货运周转量（万吨公里）	**268812.00**	**299187.00**	**348553.00**	**408905.50**	**575369.50**	**822779.60**
公路旅客周转量（万人公里）	**236636.00**	**247188.81**	**286738.00**	**331490.90**	**481164.5**	**544721.33**

4-1 交通运输业基本情况（续表）

	2014	2015	2016	2017	比上年增长（%）
客运量总计（万人）	**5655.52**	**6153.3**	**6950.64**	**7684.69**	**10.56**
铁路	1084.23	1277.3	1648.89	2039.42	23.68
公路	3871.29	4067	4212.75	4363.63	3.58
民用航空	700.00	809.00	1089.00	1281.64	17.69
货运量总计（万吨）	**11139.69**	**11801.02**	**12208.84**	**12882.39**	**5.52**
铁路	936.11	799.42	741.9	837.12	12.83
公路	10198.88	10996.60	11461.00	12039.18	5.04
民用航空	4.70	5.00	5.94	6.09	2.53
公路货运周转量（万吨公里）	**1033571.00**	**1271118**	**1484530**	**1739898**	**17.20**
公路旅客周转量（万人公里）	**582882.14**	**626095**	**660459**	**699477**	**5.91**

4-2 客运量和货运量

年份	客运量合计（万人）	铁路	公路	民航	货运量合计（万吨）	铁路	公路	民航
1983	833	389	444		1616	1007	609	
1984	1165	452	709	5	1721	1040	681	0.11
1985	1000	466		7	1541	817	724	0.17
1986	1121	503		12	1723	942	781	0.17
1987	1167	517		12	1977	1073	904	0.20
1988								
1989	1273	510	753	10	2075	905	1170	0.23
1990	1037	405	620	12	2282	892	1390	0.18
1991	1163	409	736	18	2529	896	1633	0.25
1992	1250	434	790	26	3015	1191	1824	0.30
1993	1303	447	828	29	2701	703	1998	0.30
1994	1342	460	863	19	2849	599	2249	0.35
1995	1381	448	904	29	3245	724	2521	0.40
1996	1477	416	1003	59	3559	725	2833	0.32
1997	1569	431	1082	55	3932	742	3190	0.34
1998	1693	443	1224	26	4273	698	3574	0.35
1999	1832	459	1345	28	4749	764	3985	0.41
2000	2002	476	1483	43	5167	815	4351	0.53
2001	2141	499	1608	33	5401	758	4642	0.60
2002	2253	556	1662	35	5634	824	4809	0.99
2003	2209	474	1695	40	5581	653	4927	0.80
2004	2416	567	1798	51	5786	783	5002	0.88
2005	2546	587	1896	63	5972	821	5151	0.64
2006	2732	636	1996	100	6264	903	5360	0.75
2007	2926	673	2112	141	6839	1235	5604	0.95
2008	3150	777	2253	120	7207	1319	5887	1.01
2009	3373	847	2346	153	7358	1202	6155	1.04
2010	3802	976	2627	199	8054	1221	6832	1.14
2011	4389	1042	2966	381	8908	1215	7664	2.68
2012	4829	997	3374	458	9672	1004	8664	3.60
2013	5327	1042	3720	565	10510	974	9531	4.18
2014	5656	1084	3871	700	11140	936	10199	4.70
2015	6153.3	1277.3	4067	809.00	11801.02	799.42	10996.60	5.00
2016	6950.64	1648.89	4212.75	1089.00	12208.84	741.90	11461.00	5.94
2017	7684.69	2039.42	4363.63	1281.64	12882.39	837.12	12039.18	6.09

4-3 邮电业务基本情况

	2008	2009	2010	2011	2012	2013	2014	2015	2016	2017
邮电业务总量（亿元）	28.50	29.36	36.05	44.27	48.90	53.38	69.34	92.39	145.06	–
电信业务总量（亿元）	26.58	27.64	34.35	42.43	47.14	51.40	64.50	86.44	136.57	133.81
邮政业务总量（亿元）	1.92	1.72		1.84	1.76	1.98	4.84	5.95	8.49	9.99
快递企业业务量（万件）				1098.07	1360.15	1110.80	1703.92	2130.06	3333.97	3695.25
函件（万件）	1122.21	1301.93		1129.56	1548.69	1573.58	1320.33	864.59	534.87	475.52
普通包件（万件）	29.93	27.86		8.94	9.99	9.41	7.70	16.17	8.96	8.54
代办特快专递（万件）	79.19	66.18	71.00	72.42	68.24	61.61	51.30	17.25	–	60.49
报刊期发数（万份）				5750.71	6458.60	6497.37	61.33	6447.77	6266.50	5902.54
固定长途电话（万分）				27084.31	23156.38	18791.68	15693.23	12339	–	
本地电话年末用户（万户）	113.92	98.38	104.66	105.45	94.39	92.57	76.72	64.61	74.81	61.86
普通电话	45.56	74.98	88.29	89.15	51.85	53.16	59.44	60.27	–	
公用电话	14.00	23.40	16.37	16.30	15.78	16.63	14.18	6.49	–	
年末移动电话用户（万户）	263.90	293.54	349.25	390.04	418.93	469.36	527.37	461.32	335.53	609.68
国际互联网用户（户）	296900	382000	500400	468600	496900	540000	737200	795898	–	
邮电局所（处）	164	165	165	145	147	146	150	160	159	159
集邮业务（万枚）	817.72	822.31	650.83	1159.35	921.52	862.54	726.00	731	196.32	381.46

注：1、由于邮政报刊期发数由原来的期末数变为累计数。

2、2014年邮政业务总量包括邮政企业业务总量和快递企业业务总量两部分。

3、2017年电信业务总量按照2015年不变价格计算。

主要统计指标解释

货（客）运量 指在一定时期内，各种运输工具实际运送的货物（旅客）数量。它是反映运输业为国民经济和人民生活服务的数量指标，也是制定和检查运输生产计划、研究运输发展规模和速度的重要指标。货运按吨计算，客运按人计算。货物不论运输距离长短、货物类别，均按实际重量统计。旅客不论行程远近或票价多少，均按一人一次客运量统计；半价票、小孩票也按一人统计。

邮电业务总量 指以价值量形式表现的邮电通信企业为社会提供各类邮电通信服务的总数量。邮电业务量按专业分类包括函件、包件、汇票、报刊发行、邮政快件、特快专递、邮政储蓄、集邮、公众电报、用户电报、传真、长途电话、出租电路、移动电话、分组交换数据通信、出租代维等。计算方法为各类产品乘以相应的平均单价（不变价）之和，再加上出租电路和设备、代用户维护电话交换机和线路等的服务收入。它综合反映了一定时期邮电业务发展的总成果，是研究邮电业务量构成和发展趋势的重要指标。计算公式为：

邮电业务总量=Σ（各类邮电业务量×不变单价）+出租代维及其他业务收入

移动电话用户 是指通过移动电话交换机进入移动电话网、占用移动电话号码的电话用户。用户数量以报告期末在移动电话营业部门实际办理登记手续进入移动电话网的户数进行计算，一部移动电话统计为一户。

电话用户 指接入国家公众固定电话网，并按固定电话业务进行经营管理的电话用户。1997年以前，电话用户分为市内电话用户和农村电话用户。“市内电话用户”是指接入县城及县以上城市的电话网上的电话用户；“农村电话用户”是指接入县邮电局农话台及县以下农村电话交换点，以县城为中心（除市话用户外）联通县、乡（镇）、行政村、村民小组的用户。从1997年起，电话用户数分组调整为以用户所在区域划分为“城市电话用户”和“乡村电话用户”，与过去的按市内电话和农村电话划分方法不同。而电话用户总数、电话机总部数统计范围不变。

城市电话用户 指直辖市、省辖市、地级市、县级市的市区、市郊区及县城（包括县人民政府所在地的县城关区或行政建制相当于县人民政府所在地的镇）范围内接入局用交换机的电话用户数，包括分布在农村地区的独立工矿区、林区、驻军等接入局用交换机的电话用户数。

乡村电话用户 指县城关区以下的集镇和农村接入局用交换机的电话用户数。

住宅电话用户 是指安装在居民住宅或农民家里并按照住宅电话登记注册和收费的电话用户。包括私人付费、单位付费和按规定免费安装的住宅电话用户。

局用交换机容量 是指安装在本地电信运营商内用于接结续本地固定电话的电话交换机容量，有倍增设备按倍增后的数量计算。包括现用和备用的人工或自动交换机的全部容量。

五、农 业

5-1　各县区农村基本情况

	乡镇数（个）	镇	村民委员会（个）	农村户数（万户）	农村人口（万人）
兰州市	61	47	754	33.44	123.45
城关区			33	1.20	4.20
七里河区	6	5	59	2.16	8.81
西固区	6	5	49	2.18	7.51
安宁区					
红古区	4	4	34	1.38	5.50
永登县	16	13	200	9.30	34.13
皋兰县	6	6	57	3.46	11.62
榆中县	20	11	268	10.20	37.94
兰州新区	3	3	54	3.57	13.74

5-2　各县区农村劳动力情况

单位：万人

	乡村劳动力	乡村从业人员	农林牧渔业	工业	建筑业	交通运输仓储及邮政业	批发零售贸易业	住宿和餐饮业
兰州市	81.70	70.40	36.16	6.04	5.38	4.09	3.02	2.56
城关区	2.38	2.07	0.68	0.17	0.02	0.20	0.27	0.13
七里河区	5.55	4.98	2.96	0.54	0.18	0.24	0.22	0.14
西固区	4.87	4.39	1.76	0.69	0.31	0.36	0.23	0.19
安宁区	2.58	2.16	0.28	0.40	0.04	0.19	0.41	0.46
红古区	3.84	3.10	1.85	0.25	0.24	0.24	0.17	0.11
永登县	23.16	20.24	10.35	1.55	1.45	1.25	0.75	0.60
皋兰县	7.00	6.28	3.44	0.48	0.46	0.40	0.24	0.23
榆中县	24.85	20.48	11.70	1.17	2.18	0.90	0.49	0.49
兰州新区	7.48	6.71	3.14	0.80	0.52	0.32	0.23	0.21

5-3 农林牧渔业增加值

单位：万元

年份	农林牧渔业增加值					
		农业	林业	牧业	渔业	服务业
1979	7788.36	6638.07	110.88	1038.06	1.38	
1980	9392.15	8045.01		1213.24	1.04	
1981	7994.08	6504.60		1295.24	1.03	
1982	8420.08	6584.56		1378.05	2.00	
1983	11178.75	8947.76		1553.05	1.85	
1984	14017.15	11046.91	994.06	1974.45	1.73	
1985	18976.08	15294.47	1041.19	2635.64	4.78	
1986	22036.67	17611.67	911.00	3492.48	21.52	
1987	23296.91	18423.25	746.92	4077.74	49.00	
1988	30603.00	22452.91	741.23	7239.48	169.38	
1989	38054.41	27624.39	716.71	9578.27	135.05	
1990	42605.00	31278.31	1198.86	9800.29	327.54	
1991	50054.63	36455.46	1287.62	11901.63	409.92	
1992	55261.00	41527.47	968.69	12226.92	537.92	
1993	65390.76	49687.61	1320.88	13853.49	528.78	
1994	95391.00	67546.45	2431.70	24568.40	844.45	
1995	118296.96	89095.33	2856.17	25149.63	1195.83	
1996	137205.13	103602.91	3229..78	29073.27	1299.17	
1997	140826.62	101431.00	3262.37	34891.39	1240.97	
1998	152430.54	116295.29	3248.73	31399.17	1487.35	
1999	156129.94	119674.18	2851.99	31506.43	2097.34	
2000	158915.80	121106.04	3299.07	33007.61	1503.08	
2001	168914.30	129533.55	2800.48	34706.09	1874.18	
2002	176821.31	135578.93	2300.11	37217.84	1724.43	
2003	185709.77	140560.98	2754.87	38760.00	1700.40	
2004	206062.21	147959.34	2409.67	51800.50	1665.82	2226.83
2005	221299.01	162258.36	1174.17	53642.65	1880.66	2343.17
2006	227335.06	165709.78	1634.15	55151.49	2141.87	2697.77
2007	260863.43	198151.39	1425.23	56178.84	2177.63	2930.35
2008	281007.69	223506.73	1756.52	47491.08	2732.45	5520.91
2009	305453.65	248499.34	1911.75	46525.01	2669.97	5847.58
2010	337891.83	275887.33	2861.70	52621.57	496.06	6025.21
2011	400073.13	324875.17	3864.68	62003.54	640.14	8689.60
2012	445480.50	363945.30	3845.21	67444.56	676.85	9568.58
2013	491187.84	403270.68	3544.58	72682.30	1104.16	10586.12
2014	536429.14	443085.82	3567.76	76774.59	978.48	12022.49
2015	575551.72	478638.62	5755.66	75890.06	1168.17	14099.21
2016	617950.43	518527.06	6317.25	77543.50	1180.04	14382.58
2017	630190.16	528370.23	6079.31	79117.41	1135.08	15488.13

注：1、自2003年起农林牧渔业增加值为新行业口径，新增农林牧渔服务业；包括农业、林业、牧业、渔业和农林牧渔服务业增加值；

2、2008年农林牧渔业有关数据为农普口径统计数据，增速为可比速度。

5-4 农林牧渔业增加值指数

（上年=100）

年份	农林牧渔业增加值					
		农业	林业	牧业	渔业	服务业
1979	91.22	90.94	97.74	91.9	120.64	
1980	116.38	116.52		117.47	76.63	
1981	80.78	77.28		92.49	84.28	
1982	110.09	105.85		108.59	193.66	
1983	124.86	128.12		106.71	93.45	
1984	117.78	114.97	140.86	121.65	92.58	
1985	128.48	131.52	85.46	135.44	358.13	
1986	109.9	108.54	87.89	122.57	198.01	
1987	97.5	97.07	81.89	101.32	394.66	
1988	100.6	101.82	85.77	98.42	113.07	
1989	109.64	107.26	79.81	129.21	119.04	
1990	110.88	110.45	115.3	106.56	129.05	
1991	112.49	116.61	74.64	102.9	98.43	
1992	107.23	108.74	96.52	102.31	106.62	
1993	102.74	92.72	169.67	137.29	159.33	
1994	101.18	101.96	104.93	98.72	101.45	
1995	101.2	102.73	97.83	96.67	120.55	
1996	105.83	107.53	102.31	101.04	106.33	
1997	103.6	100.78	97.72	113.47	95.79	
1998	107.1	112.87	101.33	90.94	114.79	
1999	120.42	119.27	121.58	127.15	107.02	
2000	107.6	107.09	116.48	107.45	90.42	
2001	105.5	105.6	98	106	105.8	
2002	104.8	105.4	70.7	105.7	107.8	
2003	104.9	104.84	130	104.87	100	
2004	103.27	100.94	96.61	111.9	96.76	115.17
2005	104.05	104.88	42.69	104.2	112.9	105.22
2006	103.11	101.97	135.51	104.92	113.92	115.13
2007	103.69	107.59	79.45	92.52	101.67	108.62
2008	105.71	103.96	123.9	115.74	103.87	103.32
2009	106.17	106.39	105	104.8	116.99	103.74
2010	105.01	104.89	138.64	109.08	34.11	99.46
2011	105.2	104.37	119.38	104.65	118.54	139.21
2012	106.7	107.26	95.3	104.56	100.37	106.29
2013	105.8	106.35	88.06	103.19	155.96	107.01
2014	106.28	106.81	97.46	103.31	89.6	111.23
2015	105.9	106.61	140.27	99.6	122.66	108.51
2016	106.03	106.96	123.11	99.22	101.8	105.76
2017	105.91	106.31	96.23	104.00	104.29	106.41

5-5 农林牧渔业增加值及构成

	绝对数（万元）			构成（%）			比上年增长（%）
	2015	2016	2017	2015	2016	2017	
农林牧渔业增加值	**575551.71**	**617950.43**	**630190.16**	**100.00**	**100.00**	**100.00**	**5.91**
农业	480498.61	518527.06	528370.23	83.49	83.91	83.84	6.31
林业	4675.66	6317.25	6079.31	0.81	1.02	0.96	-3.77
牧业	75890.06	77543.50	79117.41	13.19	12.55	12.55	4.00
渔业	1168.17	1180.04	1135.08	0.20	0.19	0.18	4.29
农林牧渔服务业	13319.21	14382.58	15488.13	2.31	2.33	2.46	6.41

5-6 各县区农林牧渔业增加值

单位：万元、%

	农林牧渔业增加值						比上年增长
		农业	林业	牧业	渔业	服务业	
兰州市	**630190.16**	**528370.23**	**6079.31**	**79117.41**	**1135.08**	**15488.13**	**5.91**
城关区	22563.59	19201.13	1418.88	1036.85		906.73	2.52
七里河区	58709.63	41074.54	-21.92	13710.99		3946.02	3.96
西固区	46839.89	41096.92	277.89	5053.80	156.82	254.46	5.09
安宁区	1761.01	1006.99	429.75	169.05		155.22	0.06
红古区	101029.16	92534.92	99.83	7820.59	85.07	488.75	4.92
永登县	116997.52	92530.03	628.76	22442.72	842.52	553.49	7.35
皋兰县	68458.40	58264.79	866.48	7476.44	-0.51	1851.20	5.99
榆中县	175383.77	151882.58	1371.39	16009.96	51.18	6068.66	7.93
兰州新区	38447.19	30778.33	1008.25	5397.01		1263.60	1.29

5-7 农林牧渔业总产值

单位：万元、%

	农林牧渔业总产值			构成		
	2015	2016	2017	2015	2016	2017
农林牧渔业总产值	**931076.95**	**999450.74**	**1022051.48**	**100**	**100**	**100**
农业产值	747714.07	809195.27	828365.02	80.31	80.96	81.05
谷物	79497.57	71938.56	136658.03	8.54	7.20	13.37
豆类	7899.14	9076.41	7768.29	0.85	0.91	0.76
油料	10047.57	9705.65	8702.7	1.08	0.97	0.85
麻类						
薯类	35503.13	37202.53	36019.23	3.81	3.72	3.52
蔬菜	505271.93	569901.11	586329.27	54.27	57.02	57.37
瓜类	24306.6	22450.27	23617.39	2.61	2.25	2.60
中药材	26247.98	31207.64	34997.63	2.82	3.12	3.42
林业产值	13665.28	14189.43	15903.33	1.47	1.42	1.56
林木的培育和种植	9628.35	9743.58	11398.96	1.03	0.97	1.12
木材采运	11.93	5.85	4.37	0.0	0.0	0.00
林产品的采集	4025	4440	4500	0.43	0.44	0.44
牧业产值	116896.95	119183.26	116816.82	12.56	11.92	11.43
牲畜	47482.42	48633.12	53243.43	5.10	4.87	5.21
猪	47997.11	50196.05	44092.39	5.16	5.02	4.31
羊	15177	16253.1	18844.63	1.63	1.63	1.84
家禽饲养	20966.59	19875.32	18820.24	2.25	1.99	1.84
渔业产值	1572.95	1565.13	1396.63	0.17	0.16	0.14
农林牧渔服务业产值	51227.7	55317.65	59569.68	5.50	5.53	5.83

5-8 农作物播种面积

	2007	2008	2009	2010	2011	2012	2013	2014	2015	2016	2017
总播种面积（万亩）	**309.46**	**309.66**	**319.89**	**320.03**	**328.63**	**333.36**	**345.19**	**350.12**	**354.81**	**358.85**	**362.39**
谷物及其它作物播种面积	**235.84**	**231.25**	**238.2**	**236.83**	**238.93**	**234.88**	**236.93**	**231.45**	**226.61**	**221.28**	**213.45**
粮食作物	186.08	188.69	199.50	194.94	197.12	195.25	196.26	191.51	184.19	178.72	172.41
夏粮		101.52	103.80	96.20	93.63	89.58	86.82	78.89	74.15	68.56	64.67
秋粮		87.17	95.70	98.74	103.49	105.67	109.44	112.62	110.04	110.16	107.74
谷物		119.90	131.68	127.20	128.30	127.38	126.47	120.66	115.61	108.53	102.74
小麦		68.00	73.24	68.58	67.41	66.26	65.16	60.62	57.06	52.60	49.62
玉米	24.04	34.48	41.55	47.81	51.43	52.00	52.62	54.22	53.26	52.08	50.27
豆类	24.37	20.78	18.74	19.94	19.26	17.18	15.74	14.22	13.39	13.45	12.75
大豆	0.29	0.59	0.18	0.22	0.24	0.19	0.15	0.15	0.15	0.20	0.20
薯类	45.74	48.01	49.08	47.80	49.56	50.69	54.05	56.63	55.19	56.74	56.92
油料	27.59	24.71	25.09	25.14	24.39	22.71	20.64	17.95	17.77	17.23	15.95
甜菜	0.64	0.69	0.57	0.56	0.52	0.44	0.46	0.20	0	0.00	0.00
蔬菜园艺播种面积	**65.22**	**68.81**	**71.96**	**73.43**	**75.72**	**82.08**	**88.74**	**94.06**	**100.70**	**108.42**	**114.30**
蔬菜	65.01	68.61	71.65	73.17	75.47	81.85	88.49	93.77	100.42	108.12	113.83
花卉	0.21	0.2	0.31	0.26	0.25	0.23	0.25	0.29	0.28	0.30	0.47
瓜果播种面积	**6.12**	**6.83**	**6.84**	**7.01**	**7.22**	**7.65**	**7.81**	**8.15**	**8.05**	**7.94**	**7.91**
瓜类	5.81	6.56	6.53	6.76	6.97	7.43	7.62	7.96	7.9	7.78	7.73
草莓	0.31	0.27	0.31	0.25	0.25	0.2	0.19	0.19	0.15	0.16	0.18
药材播种面积	**2.28**	**2.77**	**2.89**	**2.76**	**6.76**	**8.75**	**11.71**	**16.46**	**19.46**	**21.21**	**26.73**
占总播种面积比重（%）	**100**	**100**	**100**	**100**	**100**	**100**	**100**	**100**	**100**	**100**	**100**
谷物及其它作物播种面积	**76.21**	**74.68**	**74.46**	**74.00**	**72.70**	**70.46**	**68.64**	**66.11**	**63.87**	**61.66**	**58.90**
粮食作物	60.13	60.93	62.37	60.91	59.98	58.57	56.86	54.54	51.91	49.83	47.58
夏粮	0.00	32.78	32.45	30.06	28.49	26.87	25.15	22.4	20.9	19.11	17.84
秋粮	0.00	28.15	29.92	30.85	31.49	31.7	31.7	31.89	31.01	30.72	29.73
谷物	0.00	38.72	41.16	39.75	39.04	38.21	36.64	34.07	32.58	30.24	28.35
小麦	0.00	21.96	22.90	21.43	20.51	19.88	18.88	17.07	16.08	14.66	13.69
玉米	7.77	11.13	12.99	14.94	15.65	15.6	15.24	15.23	15.01	14.51	13.87
豆类	7.88	6.71	5.86	6.23	5.86	5.15	4.56	3.98	3.77	3.75	3.52
大豆	0.09	0.19	0.06	0.07	0.07	0.06	0.04	0.04	0.04	0.06	0.06
薯类	14.78	15.5	15.34	14.94	15.08	15.21	15.66	15.77	15.56	15.81	15.71
油料	8.92	7.98	7.84	7.86	7.42	6.81	5.98	4.98	5.01	4.80	4.40
甜菜	0.21	0.22	0.18	0.17	0.16	0.13	0.13	0.06	0	0.00	0.00
蔬菜园艺播种面积	**21.08**	**22.22**	**22.50**	**22.94**	**23.04**	**24.62**	**25.71**	**26.87**	**28.38**	**30.21**	**31.54**
蔬菜	21.01	22.16	22.40	22.86	22.97	24.55	25.64	26.79	28.3	30.13	31.41
花卉	0.07	0.06	0.10	0.08	0.08	0.07	0.07	0.08	0.08	0.08	0.13
瓜果播种面积	**1.98**	**2.21**	**2.14**	**2.19**	**2.20**	**2.29**	**2.26**	**2.32**	**2.27**	**2.21**	**2.18**
瓜类	1.88	2.12	2.04	2.11	2.12	2.23	2.21	2.27	2.23	2.17	2.13
草莓	0.10	0.09	0.10	0.08	0.08	0.06	0.06	0.05	0.04	0.04	0.05
药材播种面积	**0.74**	**0.89**	**0.90**	**0.86**	**2.06**	**2.62**	**3.39**	**4.70**	**5.49**	**5.91**	**7.38**

5-9 各县区农作物播种面积

单位：万亩

	农作物播种面积	粮食			油料	药材	蔬菜	果园面积
			小麦	玉米				
兰州市	**362.39**	**172.41**	**49.62**	**50.27**	**15.95**	**26.73**	**113.83**	**16.05**
城关区	3.08	0.18	0.00	0.18	0.00	0.00	2.68	0.69
七里河区	17.13	2.37	0.31	2.01	0.05	0.21	14.49	0.98
西固区	9.10	0.91	0.29	0.58	0.07	0.04	7.96	1.49
安宁区	0.13	0.00	0.00	0.00	0.00	0.00	0.12	0.16
红古区	13.63	2.25	0.47	1.75	0.15	0.00	10.32	2.14
永登县	119.27	72.39	24.59	16.63	7.29	3.74	18.20	2.42
皋兰县	32.19	12.02	2.42	3.23	2.00	0.00	11.26	6.50
榆中县	138.84	69.58	16.07	25.31	3.97	22.43	42.23	0.61
兰州新区	29.02	12.71	5.46	0.57	2.41	0.31	6.56	1.51

5-10 耕地面积

	合计	城关区	七里河区	西固区	安宁区	红古区	永登县	皋兰县	榆中县	兰州新区
年初耕地面积（万亩）	**304.84**	**1.64**	**15.14**	**5.45**	**0.06**	**8.01**	**112.17**	**29.32**	**102.55**	**30.52**
当年增加耕地面积（万亩）	**0.0**	**0.0**	**0.0**	**0.0**	**0.0**	**0.0**	**0.0**	**0.0**	**0.0**	**0.0**
新开荒地面积	0.0	0.0	0.0	0.0	0.0	0.0	0.0	0.0	0.0	0.0
治河造田面积	0.0	0.0	0.0	0.0	0.0	0.0	0.0	0.0	0.0	0.0
当年减少的耕地面积（万亩）	**1.34**	**0.08**	**0.06**	**0.0**	**0.0**	**0.0**	**0.0**	**0.0**	**1.20**	**0.0**
国家基建占地（亩）	0.12	0.02	0.06	0.0	0.0	0.0	0.0	0.0	0.04	0.0
乡村基建占地（亩）	0.35	0.0	0.0	0.0	0.0	0.0	0.0	0.0	0.0	0.0
农民庄基占地（亩）	0.0	0.0	0.0	0.0	0.0	0.0	0.0	0.0	0.0	0.0
因灾废弃（亩）	0.0	0.0	0.0	0.0	0.0	0.0	0.0	0.0	0.0	0.0
还林还牧（亩）	0.35	0.0	0.0	0.0	0.0	0.0	0.0	0.0	0.35	0.0
其他（亩）	0.51	0.06	0.0	0.0	0.0	0.0	0.0	0.0	0.46	0.0
年末耕地面积（万亩）	**303.50**	**1.56**	**15.08**	**5.45**	**0.06**	**8.01**	**112.17**	**29.32**	**101.35**	**30.52**
水田	0.10	0.0	0.0	0.0	0.0	0.0	0.0	0.0	0.10	0.0
旱地	303.40	1.56	15.08	5.45	0.06	8.01	112.17	29.32	101.25	30.52
在册耕地退耕造林面积（亩）										
在册耕地退耕种草面积（亩）										

5-11 主要农产品产量

	2007	2008	2009	2010	2011	2012	2013	2014	2015	2016	2017
主要农产品产量(万吨)											
粮食	37.17	38.75	38.79	40.38	42.39	44.20	46.80	47.23	45.9	45.07	43.88
夏粮	18.73	18.38	16.52	18.08	16.97	17.14	17.50	17.99	17.05	16.15	15.53
秋粮		20.37	22.27	22.30	25.42	27.06	29.30		28.85	28.92	28.35
谷物		27.46	27.91	29.58	31.45	32.03	33.70	33.99	33.04	31.82	30.68
稻谷		0.06	0.01	0.02	0.05	0.04	0.04	0.04	0.01	0.01	0.02
小麦		12.30	11.75	12.44	12.25	11.99	12.71	14.63	13.52	12.63	12.2
玉米	10.13	11.55	13.75	14.32	16.97	17.65	18.59	18.10	18.11	18.14	17.55
豆类	3.44	2.83	2.58	3.22	2.67	2.95	2.67	2.31	2.32	2.64	2.52
薯类	7.61	8.46	8.30	7.59	8.28	9.21	10.52	10.92	10.54	10.62	56.92
油料	2.23	2.11	1.98	2.26	2.23	2.56	2.53	2.04	2.03	2.01	1.88
胡麻子油	1.64	1.64	1.56	1.77	1.63	2.04	1.89	1.51	1.54	1.53	1.35
油菜籽	0.54	0.42	0.36	0.45	0.53	0.47	0.53	0.50	0.46	0.46	0.5
甜菜	0.67	0.70	0.45	0.53	0.51	0.44	0.53	0.26	0	0.00	0.0
烟叶	0.04		0.02		0.01	0.02	0.01	0.01	0.02	0.01	0.02
百合	3.11	3.03									
药材	0.70	0.62	0.76	0.63	0.99	1.26	1.69	2.89	3.31	3.60	3.96
蔬菜	163.70	172.30	186.66	198.09	209.23	22.93	251.58	271.30	290.34	312.00	329.52
水果	12.47	12.34	12.65	12.90	13.10	13.56	14.50	15.35	16.06	17.23	17.17
农产品单位面积产量(公斤/亩)											
粮食	199.74	205.35	194.45	187.91	215.07	226.36	238.75	246.62	249.2	252.04	254.5
谷物	225.18	229.02	211.93	232.51	245.10	251.45	266.22	281.72	285.79	293.19	298.62
油菜籽	63.71	79.25	64.19	83.75	81.56	85.82	91.58	92.72	87.82	92.00	92.72
甜菜	1045.16	1016.00	782.11	953.57	986.54	1002.27	1160.43	1278.00			
烟叶	221.15	178.08	131.46	204.57	219.10	263.13	176.83	160.74	200.0	214.29	200.0

5-12 分县区农产品产量

单位：吨

	粮食			蔬菜	油料
		小麦	玉米		
兰州市	**438779.40**	**122033.30**	**175496.02**	**3295233.46**	**18753.38**
城关区	451.80		451.80	96020.50	
七里河区	9908.00	464.00	9350.00	282994.00	55.00
西固区	4183.20	718.40	3390.40	323305.00	100.60
安宁区				3385.00	
红古区	13868.06	1850.80	11930.68	677878.00	322.72
永登县	171993.94	51229.40	57989.94	474748.72	7925.10
皋兰县	42468.00	5331.00	17747.00	298483.00	3547.00
榆中县	157476.40	43677.70	72517.20	1042179.34	4623.96
兰州新区	38430.00	18762.00	2119.00	96239.90	2179.00

5-13 水果、水产品生产情况

	2007	2008	2009	2010	2011	2012	2013	2014	2015	2016	2017
水果产量（吨）	124736.17	123421.41	126452.88	128975.81	131001.07	135606.01	144929.77	153528.46	160648.83	172300.03	171698.25
苹果	57721.85	58166.40	59437.80	60267.45	62926.84	64873.99	69017.84	72590.22	74817.57	83356.23	80260.70
梨	24312.91	22508.60	24938.15	22912.88	23136.23	23027.55	24714.53	24369.95	27561.50	30813.59	32034.68
葡萄		3395.46	3021.65	3152.70	3310.00	4447.60	4661.50	6560.50	8011.53	9030.80	8919.40
红枣		4362.80	4827.90	5087.00	4112.70	4672.90	5208.90	5929.40	6365.40	6287.50	6694.40
杏子		5438.94	5429.28	5919.88	3898.10	3921.15	4652.84	4777.02	4727.22	4762.32	5604.18
桃子		28588.35	27418.10	29964.00	31276.90	32980.50	35083.96	36431.98	36938.72	35473.30	36330.20
草莓	4863.50	4447.30	4544.60	4161.52			3075.80	3155.61	2573.90	2636.70	2966.10
果园面积（万亩）	15.66	16.08	15.89	16.09	16.35	16.46	16.81	16.83	16.72	16.41	16.50
苹果园	5.27	5.32	5.21	5.18	5.09	5.10	5.20	5.20	5.38	5.36	5.22
梨园	4.09	3.85	3.73	3.67	3.63	3.61	3.63	3.62	3.59	3.54	3.49
桃园	4.06	3.92	3.85	3.82	3.73	3.71	3.68	3.69	3.70	3.59	3.72
杏园	1.08	1.38	1.37	1.60	1.53	1.70	1.73	1.66	1.35	1.32	1.43
水产品产量（吨）	1830	1726	1951	1162	1263	1256	1690	1543	1796	1799	1762.3
水产品养殖面积（亩）	7060	6220	12746	7295	7318	7301	7464	7161	7362	7344	7349

5-14 分县区水果、水产品生产情况

	水果产量（吨）			水产品产量（吨）	水产品养殖面积（亩）
		苹果	桃子		
兰州市	**171698.25**	**80260.70**	**36330.2**	**1762.30**	**7349**
城关区	18855	15218.00	1617.0		
七里河区	14058	4186.00	6731.0		
西固区	23532	7820.40	2207.3	275.3	469
安宁区	1891		1684.0		
红古区	57479	35593.00	11662.0	165	388
永登县	11777	2607.00	245.0	1212	4412
皋兰县	33842.6	11257.90	12055.4		
榆中县	7480.65	3178.40	128.5	110	2080
兰州新区	2783	400.00			

5-15 林业生产

	2007	2008	2009	2010	2011	2012	2013	2014	2015	2016	2017
荒山荒（沙）地造林面积（万亩）	**7.38**	**6.15**	**4.28**	**6.62**	**4.8**	**4.76**	**6.04**	**8.16**	**9.9**	**8.95**	**13.89**
人工造林	7.38	6.15	4.28	6.62	4.80	4.76	5.04	5.01	4.35	5.92	13.36
飞机播种造林											
防护林		3.92	2.02	2.22	2.20	2.89	2.70	4.75	7.75	6.61	8.47
用材林		0.06	0.06			0.01	0.01	0.08	0.00	–	
经济林		2.17	1.22	4.40	2.60	1.86	3.23	3.40	2.15	2.33	5.42
幼林抚育作业面积（万亩）		28.86	32.88	37.05	18.04	16.86	10.90	11.33	11.66	11.72	11.19
成林抚育作业面积（万亩）	19.94	20.31	18.05	17.54	33.41	34.93	36.75	39.25	38.95	38.95	38.4
迹地更新（万亩）								0.10			
当年零星（四旁）植树（万株）	266.06	248.52	250.54	223.59	236.19	206.04	230.93	81.25	228.21	80.32	57.71
年末实有育苗面积（万亩）	0.73	0.68	0.80	0.69	1.27	2.01	1.84	2.28	2.62	2.73	2.17
本年新育面积（万亩）	0.17	0.18	0.18	0.16	0.17	0.75	0.51	0.34	0.59	0.34	0.25
林产品产量（吨）											
核桃	8.00	9.00	192.00	195.00			601.60	2762.17	3438.27	3960.00	3570
花椒	73.56	81.20	98.64	82.54			60.30	53.96	54.75	54.20	54.2

5-16 牲畜存栏及畜产品产量

	2007	2008	2009	2010	2011	2012	2013	2014	2015	2016	2017
大牲畜年末头数（万头）	**14.45**	**10.44**	**10.51**	**10.66**	**10.28**	**9.82**	**9.34**	**9.07**	**8.73**	**8.39**	**7.95**
牛	5.72	4.44	4.69	4.86	4.91	4.79	4.98	5.01	5.03	4.99	4.93
良种乳牛	2.72	1.80	2.41	2.48	2.49	2.55	2.64	2.74	2.74	2.59	2.58
马		0.16	0.16	0.22	0.20	0.19	0.25	0.23	0.21	0.19	0.18
骡		3.34	3.25	3.09	2.94	2.74	2.22	2.07	1.90	1.77	1.54
驴		2.50	2.41	2.49	2.24	2.10	1.89	1.76	1.60	1.44	1.30
肉猪出栏头数（万头）		29.23	31.08	33.32	31.72	33.41	34.76	36.18	34.53	33.53	34.69
猪年末头数（万头）	34.24	28.94	31.44	34.39	34.55	35.53	36.50	37.20	35.59	34.84	33.77
羊年末只数（万只）	60.30	53.15	55.04	60.46	61.79	60.62	61.93	67.30	67.33	64.15	64.01
山羊	7.80	6.86	7.04	8.82	10.61	9.20	8.79	9.23	8.73	7.61	7.6
绵羊	52.50	46.29	48.00	51.64	51.18	51.42	53.14	58.07	58.60	56.54	56.41
肉类产品（万吨）	4.00	2.81	2.92	3.14	3.06	3.20	3.31	3.49	4.09	4.11	4.11
猪牛羊肉（吨）	37051.10	25391.10	26450.50	28436.90	27346.20	27929.80	29781.70	31345.24	31445.55	31057.12	32492.04
猪肉（吨）	31213.80	21045.60	22377.60	23990.40	22838.40	24055.20	25027.20	25797.54	24861.81	24142.39	24977.59
牛肉（吨）	638.50	555.00	576.00	633.00	806.50	700.50	786.50	869.14	887.99	930.65	1002.56
羊肉（吨）	5198.80	3790.50	3496.90	3813.50	3701.30	3804.10	3968.00	4698.56	5695.75	5984.08	6511.89
牛奶产量（吨）	84435.80	52750.80	61601.00	64993.30	65380.80	66569.50	68865.30	74268.85	73609.65	69630.14	71238.02
羊奶产量（吨）	174.00	153.00	99.00	141.00	387.00	256.00	274.00	260.33	250.07	220.39	201.44
绵羊毛（吨）	905.45	798.98	852.40	926.93	945.64	942.81	973.02	1024.83	1032.75	983.43	971.42
山羊毛（吨）	39.30	34.56	35.34	44.24	53.23	46.18	44.13	50.73	53.37	44.56	44.23
羊绒（吨）	10.21	9.13	9.69	12.68	15.73	13.46	12.63	13.41	12.52	10.52	10.81
禽蛋产量（万吨）	1.61	1.46	1.61	1.73	1.89	1.94	1.90	2.00	2.00	2.00	2.04
蜂蜜产量（吨）			0.90								0.03

5-17 分县区畜牧业生产情况

	大牲畜存栏（万头）	羊存栏数（万只）	牛出栏数（万头）	猪出栏数（万头）	羊出栏数（万只）	绵羊毛产量（吨）	猪牛羊肉总产量（吨）
兰州市	**7.95**	**64.01**	**0.96**	**34.69**	**35.47**	**971.39**	**32491.94**
城关区	0.17	0.46	0.04	0.54	0.26	7.38	473.59
七里河区	1.10	2.48	0.16	2.05	0.89	38.22	1790.78
西固区	0.40	1.91	0.04	1.57	1.16	27.96	1362.13
安宁区	0.02	0.17		0.13	0.16	3.31	121.29
红古区	0.77	4.41	0.10	3.12	2.20	63.47	2741.08
永登县	2.33	29.87	0.20	10.77	12.70	494.45	9870.53
皋兰县	0.18	7.75	0.00	3.39	6.87	134.20	3469.68
榆中县	2.78	13.92	0.39	10.21	9.29	156.75	9133.69
兰州新区	0.20	3.05	0.02	2.92	1.95	45.65	3529.17

5-18 受灾面积和成灾面积

单位：万亩、%

年份	受灾面积	成灾面积	成灾面积占受灾面积比重	水灾		旱灾	
				受灾面积	成灾面积	受灾面积	成灾面积
1992	124.90	92.62	74.16	5.59	3.22	81.62	64.32
1993	94.84	60.86		0.03	0.03	27.85	19.51
1994	88.65	71.92		2.34	2.24	64.04	51.61
1995	217.71	192.91		2.47	2.02	188.66	171.63
1996	39.66	26.00		0.79	0.73	6.03	5.14
1997	137.75	99.55	72.27	21.01	20.80	89.77	57.62
1998	52.03	37.75	72.55	12.10	7.75	21.49	18.10
1999	133.22	97.84	73.44	8.69	6.36	95.52	68.71
2000	191.45	153.75	80.31	1.96	1.93	172.37	138.94
2001	120.35	92.78	77.09	1.17	0.98	101.61	77.68
2002	54.96	39.53	71.93	3.50	2.26	17.99	14.62
2003	77.81	58.62	75.34	1.41	0.82	44.81	34.53
2004	148.35	123.37	83.16	3.78	3.77	116.67	104.04
2005	122.87	100.36	81.68	5.84	5.06	110.21	91.62
2006	153.78	118.81	77.26	2.23	2.08	137.08	104.79
2007	128.05	98.71	77.09	5.00	3.77	110.85	87.60
2008	100.76	67.50	67.00	0.68	0.54	80.82	53.58
2009	124.49	91.64	73.61	0.02	0.02	111.79	82.20
2010	159.92	106.48	66.58	5.05	3.93	107.57	69.24
2011	151.06	112.56	74.51	1.59	1.07	130.28	99.57
2012	122.51	84.82	69.24	18.14	16.41	86.44	53.72
2013	136.79	72.03	52.66	7.14	6.41	111.41	50.77
2014	46.42	29.06	62.60	1.65	1.19	1.17	2.29
2015	34.09	19.02	55.79	0.35	0.25	6.12	2.24
2016	25.33	10.00	39.48	2.39	2.17	20.94	6.54
2017	10.54	7.26	68.88	0.35		3.33	1.44

5-19　农业现代化

	2007	2008	2009	2010	2011	2012	2013	2014	2015	2016	2017
农业机械化											
当年机耕地面积（万亩）	146.76	145.61	146.09	146.75	161.28	174.66	191.39	204.84	210.21	212.13	229.35
占总耕地地面积（%）	45.47	46.19	46.45	45.86	51.36		60.99	65.99	68.27	68.87	75.24
当年机播面积（万亩）		49.57	105.60	90.14	102.17	111.57	121.40	134.57	134.12	136.23	138.90
占总播种面积（%）		14.58	33.01	28.17	31.09		35.17	38.44	37.8	38.10	38.33
农业水利化											
有效灌溉面积（万亩）		117.70	118.65	119.08	114.61	122.13	121.72	120.11	121.62	122.40	119.64
占总播种面积（%）	37.83	36.86	37.09	37.21	34.88	36.64	35.26	34.31	34.28	35.10	33.01
水平梯田面积（万亩）	94.23	95.97	97.81	97.21	101.89	111.39	114.57	115.27	118.02	119.14	120.58
占总播种面积（%）	30.45	30.05	30.58	30.38	31.00	33.41	33.19	32.92	33.26	33.86	33.27
条田面积（万亩）	55.44	54.53	54.53	54.33	54.29	39.48	39.44	39.32	40.32	41.22	40.20
农业电气化											
农村用电量（万千瓦时）	37991	38204	40442	41883	42921	42698	45038	37644	37779	39784	38356
农村生产用电（万千瓦时）	28504	27524	29447	30080	30367	29847	31047	23625	23317	24323	23302
农民生活用电（万千瓦时）	9487	10679	10995	11803	12554	12851	13991	14019	14461	15461	15054
农村水电站（个）	10	12	14	14	14	14	15	18	18	18	18
已通电村（个）	808	788	788	785	786	779	764	756	754	756	753
占全市总数（%）	99.88	99.87	99.87	99.49	99.62	99.87	99.87	99.87	99.87	99.81	99.86
农业化学化											
农用化肥施用量（实物量）（吨）	128188	133000	131810	137958	139493	142677	145841	146723	143432	122023	118669
农用化肥施用量（折纯量）（吨）	38318	39313	40647	42726	43932	45308	48191	47697	47326	37358	36328
农用塑料薄膜使用量（吨）	6035	6529	7025	8266	8726	9100	11190	9812	10473	10214	10163

5-20 农用机械、用

	合计	城关区	七里河区	西固区
农业机械化程度				
机耕面积（千公顷）	15.29	0.04	0.29	0.26
占总耕地面积比重（%）	75.24	36.69	29.03	71.60
机播面积（千公顷）	9.26	0.01	0.11	0.05
机收面积（千公顷）	5.75	0.00	0.01	0.01
农业机械拥有量				
农业机械总动力（千瓦）	1104821	22708	67335	40257
大中型拖拉机（混合台）	4582	8	33	51
大中型拖拉机（千瓦）	115755	578	696	1244
小型拖拉机（混合台）	41500	331	1582	971
小型拖拉机（千瓦）	421380	3240	13714	11526
农用排灌动力机械（混合台）	6113	197	1523	289
农用排灌动力机械（千瓦）	289900	14930	30627	11580
农用水泵（台）				
收获机械（混合部）	76	0		2
牧业机械（混合部）	5761	149	906	1
渔业机械（部）	34	0		
农产品初加工机械（混合部）	4458	0	26	157
农村电气化（万千瓦时）				
农村生产用量	23302	1278	1801	2828
农民生活用电	15054	1076	906	1150
农村化肥施用量				
按实物价值量计算（吨）	118669	1189	6190	2535
按折纯法计算（吨）	36328	319	2234	957
农村水利情况				
年末有效灌溉面积（万亩）	1196362.00	11188.00	65495.00	40024.00
机电灌溉面积（万亩）	571065.00	10494.00	16557.00	35236.00
保证灌溉面积（万亩）	1024481.00	10521.00	49332.00	35236.00
本年新增（万亩）	4230.00			
水平梯田（万亩）	1205812.00	7251.00	73349.00	19446.00
本年新增（万亩）	19993.00			
条田（万亩）	401988.00	851.00	1486.00	8530.00
本年新增（万亩）				
机电井达到数（眼）	1277	9	50	
已配套机电井合计（眼）	1221	9	50	
水窖（眼）	249355	19420	3236	9085

电、化肥、水利情况

安宁区	红古区	永登县	皋兰县	榆中县	兰州新区
0.00	0.41	6.65	1.13	6.50	
0.00	77.68	88.88	57.82	95.12	
0.00	0.19	3.81	1.47	3.63	
0.00	0.17	2.18	1.13	2.25	
1143	117967	341071	207802	306538	
1	357	2661	374	1097	
22	13860	59335	8076	31944	
1	5830	17059	3853	11873	
13	58038	188661	49926	96261	
23	260	740	1867	1214	
515	13592	14933	101333	102390	
	15	24	11	24	
41	365	1545	934	1820	
		34	0		
	302	994	790	2189	
575	3240	6737	2092	3335	1416
1535	1673	3351	854	2932	1577
23	9165	27156	9469	55439	7503
11	2064	8842	3484	15990	2427
629.00	60554.00	330417.00	153908.00	290733.00	243414.00
629.00	24392.00	94136.00	152908.00	174041.00	62672.00
629.00	56593.00	284166.00	141686.00	223865.00	222453.00
		1500.00		2730.00	
	8500.00	407340.00	16647.00	634376.00	38903.00
		10290.00		9703.00	
	3485.00	271550.00		96436.00	19650.00
		610	19	514	75
		575	17	495	75
3629		4826	40317	32255	136587

5-21 农业机

	1995	2007	2008	2009	2010
农业机械总动力合计（万千瓦）	95.36	135.54	139.82	136.82	140.54
柴油发动机动力（万千瓦）	44.06	88.31	92.58	95.46	99.16
汽油发动机动力（万千瓦）	16.77	12.64	12.94	6.01	6.16
电动机动力（万千瓦）	34.53	34.59		35.35	35.21
农业机械原值（亿元）	3.83	6.98		8.95	7.26
农业机械净值（亿元）	2.68	4.53		5.45	4.58
农用大中型拖拉机（台）	962	241		736	875
大中型拖拉机（万千瓦）	3.33	1.23	1.88	1.92	2.24
小型拖拉机（台）	22187	11852	14245	19070	20944
小型拖拉机（万千瓦）	20.67	10.93	13.32	19.33	20.92
大中型拖拉机配套农具（部）	306	241	357	1051	1169
小型拖拉机配套农具（部）	15140	23233	24462	29180	33359
农用排灌动力机械动力（万千瓦）	27.83	26.93	26.49	28.9	29.02
联合收获机（台）	2	10	25	26	34
机动脱粒机（台）	366	607	628	457	732
机动喷雾机（部）	122	154	187	126	332
农用运输车（辆）	17790	56335	56964	58121	58490

注：2017年起，农用运输车指标农口不再统计

械拥有量

2011	2012	2013	2014	2015	2016	2017
145.12	153.42	159.53	163.84	173.31	177.44	110.48
103.95	110.00	114.04	115.93	124.67	127.92	63.10
6.08	6.09	6.05	6.62	6.42	6.94	3.49
35.09	37.33	39.45	41.28	42.19	42.58	43.89
7.01	8.48	8.84	8.26	8.42	8.73	2.75
4.46	5.24	5.56	5.06	5.16	5.42	1.61
1764	2302	2769	2999	3676	4088	4582
3.83	5.35	5.90	6.63	9.88	9.43	11.58
25546	29439	33224	33221	38878	41186	41500
25.04	28.05	31.63	31.90	38.52	40.20	42.14
3119	3770	4683	5500	9130	9411	9823
56517	71900	81261	84525	85919	89910	92538
28.54	28.28	28.33	28.41	28.72	28.89	28.99
44	43	52	80	73	90	76
717	1298	1452	3031	3070	3186	3208
480	528	348	2134	2302	2497	4928
58755	58911	59432	58039	58067	60505	

5-22 水库、

	2007	2008	2009	2010	2011
水库数（座）	11	11	11	11	14
大型水库					
中型水库	1	1	1	1	1
小型水库		10	10	10	13
水库库容量（万立方米）		1591	1591	1591	12951
大型水库					
中型水库		1034	1034	1034	7594
小型水库	557	557	557	557	5357
灌溉面积（万亩）	103.30	155.57	158.73	158.73	160.92
有效灌溉面积（万亩）	117.06	132.59	133.86	135.00	136.05
旱涝保收面积（万亩）	85.99	112.76	114.03	115.50	82.28
机电灌溉面积（万亩）	51.10	77.38	67.72	67.06	57.28
机电提灌面积（万亩）	44.71	67.56	60.66	61.22	92.58
水利工程年供水量（万立方米）	51150	48420	140004	138770	138447
为水利发电年供水量（万立方米）					
为农业年供水量（万立方米）	46620	46248	43850	44841	44928
为工业年供水量（万立方米）	2194	779	74012	70909	71092
为城乡生活年供水量（万立方米）	2336	1393	19193	19991	19617

注：此表为水利部门数据。

灌溉情况

2012	2013	2014	2015	2016	2017
14	24	24	24		25
1	5	5	5	5	5
13	19	19	19	20	20
12951	15105	15105	15105.4	21470.47	21470.47
7594	12520	12520	12520	18480	18480
5357	2585	2585	2585.4	2990.47	2990.47
163.47	156.95	157.41	105.16	157.725	105.22
137.05	133.50	134.19	121.62	134.73	134.84
86.91	120.11	120.53	86.86		
53.66	51.39	47.95	38.52	52.8792	52.88
70.18	77.08	55.58		79.3188	79.32
180898.01	117833.14	121089.47	114182.18	115362.07	110179.92
5567					
69188	62759	53663	56072.21	58172.74	53463.46
57559	28211	44861	37834.67	32166.67	32501.3
25108	15113	18650	19244.09	20623.16	19059.5

主要统计指标解释

农林牧渔业总产值 指以货币表现的农、林、牧、渔业全部产品的总量，它反映一定时期内农业生产总规模和总成果。农林牧渔业总产值的计算方法通常是按农、林、牧、渔业产品及其副产品的产量分别乘以各自单位产品价格求得分项产品产值，产量不易统计的，则采用间接方法匡算其产值；然后将四业产品产值相加即为农林牧渔业总产值。

粮食产量 指全社会的产量。包括国有经济经营的、集体统一的和农民家庭经营的粮食产量，还包括工矿企业办的农场和其他生产单位的产量。粮食除包括稻谷、小麦、玉米、高粱、谷子及其他杂粮外，还包括薯类和豆类。其产量计算方法，豆类按去豆荚后的干豆计算；薯类（包括甘薯和马铃薯，不包括芋头和木薯）1963年以前按每4公斤鲜薯折1公斤粮食计算，从1964年开始改为按5公斤鲜薯折1公斤粮食计算。大中城市（50万以上和省会城市）郊区作为蔬菜的薯类（如马铃薯等）按鲜品计算，并且不作粮食统计。其他粮食一律按脱粒后的原粮计算。

油料产量 指全部油料作物的生产量。包括花生、油菜籽、芝麻、向日葵籽、胡麻籽（亚麻籽）和其他油料。不包括大豆油、木本油料和野生油料。花生以带壳干花生计算。

水产品产量指人工养殖的水产品和天然生长的水产品的捕捞量。包括海水的鱼类、虾蟹类、贝类和藻类以及内陆水域的鱼类、虾蟹类和贝类，不包括淡水生植物。

猪、牛、羊肉产量 指当年出栏并已屠宰、除去头蹄下水后带骨肉（即胴体重）的重量。

期初（末）畜禽存栏头（只）数指报告期初（末）农村各种合作经济组织和国营农场、农民个人、机关、团体、学校、工矿企业、部队等单位以及城镇居民饲养的大牲畜、猪、羊、家禽等畜禽的存栏数。

常用耕地 是指耕地总资源中专门种植农作物并经常进行耕种、能够正常收获的土地。包括当年实际耕种的熟地；弃耕、休闲不满三年，随时可以复耕的地；开荒利用三年以上的地。不包括临时种植农作物的坡度在25度以上的陡坡地；在河套、湖畔、库区临时开发的成片或零星土地；也不包括已列为国家和省（区、市）退耕计划但临时耕种的土地。

农作物播种面积 指实际播种或移植有农作物的面积。凡是实际种植有农作物的面积，不论种植在耕地上还是种植在非耕地上，均包括在农作物播种面积中。在播种季节基本结束后，因遭灾而重新改种和补种的农作物面积，也包括在内。

有效灌溉面积 指具有一定的水源，地块比较平整，灌溉工程或设备已经配套、在一般年景下当年能够进行正常灌溉的耕地面积。在一般情况下，有效灌溉面积应等于灌溉工程或设备已经配备，能够进行正常灌溉的水田和水浇地面积之和。

农用化肥施用量 指本年内实际用于农业生产的化肥数量，包括氮肥、磷肥、钾肥和复合肥。化肥施用量要求按实物量及折纯量两种方法统计。折纯量是指把氮肥、磷肥、钾肥分别按含氮、含五氧化二磷、含氧化钾的百分之一百成份进行折算后的数量。复合肥按其所含主要成分折算。实物量统计，就是按化肥实际施用的重量计算，即不论何种化肥，均按固有的实物形态计算，有一斤算一斤。

农业机械总动力　指主要用于农、林、牧、渔业的各种动力机械的的动力总和。包括耕地机械、排灌机械、收获机械、农用运输机械、植物保护机械、牧业机械、林业机械、渔业机械和其他农业机械内燃机按引擎马力折成瓦特计算、电动机按功率折成瓦特计算。不包括专门用于乡、镇、村、组办工业、基本建设、非农业运输、科学试验和教学等非农业生产方面用的动力机械与作业机械。

农林牧渔业劳动力　指农村社会直接参加农林牧渔业生产活动的劳动力。

六、投资、建筑

6-1 固定资产投资

单位：万元

年份	固定资产投资总额	国有经济	集体经济	个体经济	其他经济	市属固定资产投资总额
1979	30970	30970				8875
1980	45515	45189				8629
1981	49608	46869				14099
1982	65863	54724				17282
1983	68185	63869				18693
1984	80607	73520	7087			24117
1985	106617	92987	11230	2401		32386
1986	135289	120540	10166	4583		40495
1987	170828	155704	9647	5477		49620
1988	184714	161854	14337	8523		50458
1989	163592	142486	13312	7794		50598
1990	203301	186193	8878	8230		60796
1991	205313	188241	8505	8567		57760
1992	255004	231065	15316	8623		79856
1993	362019	275363	42470	10629	33557	130755
1994	545365	405267	46822	18178	75098	174739
1995	660237	528561	40131	16630	74915	179779
1996	902797	732937	57879	16140	95841	186265
1997	1036486	841993	59069	18058	117366	209781
1998	1248269	993449	62958	21496	170366	322432
1999	1391029	1080780	60885	44423	204941	429830
2000	1537434	1188921	69891	33154	245468	596366
2001	1724216	1230185	46631	50677	396723	667010
2002	1945440	1389500	68088	48789	439063	807061
2003	2106367	1420813	41905	46482	597167	908420
2004	2319181	1469824	50025	42277	757055	1024253
2005	2595851	1520212	96180	48942	930517	1237937
2006	2982056	1572539	82446	40928	1286143	1607977
2007	3586085	1726413	98337	46380	1714955	2099459
2008	4319841	2084418	152440	81385	2001598	2626370
2009	5061847	2736103	151086	85631	2089027	2961185
2010	6606877	3432545	191678	64072	2918582	3683399
2011	8705683	3815066	249850	19436	4621331	5701293
2012	12391809	5089519	321357	259869	6721064	9525441
2013	13168629	5679060	241479		7248090	9708727
2014	16106818	5178419	198120	12240	10718039	12045301
2015	18037526	5079472	307645	82329	12568080	15059612
2016	19909541	4217895	100726	40963	15549957	16389407
2017	13153496	4921582	4461	4570	8222883	11050966

注：1、2012年起国有经济投资专业发生变化。

2、2014年统计口径发生变化，房地产、国有也包括国有独资。

6-2 固定资

	2007	2008	2009	2010	2011
固定资产投资总额	3586085	4319841	5061847	6606877	8705683
住宅投资	695552	899651	897986	1547943	1996932
按登记注册类型分					
内资	3471655		4901552	6419861	8407629
国有	1726413		2736103	3432545	3815066
集体	98337		151086	191678	249850
股份合作	7760	1750	8598	5743	15775
国有联营		3497	2733	6152	5000
集体联营		22315	12640	4080	9600
国有与集体联营					
其他联营	26056	34633	31072	35689	34461
国有独资公司		59577	96647	240963	368896
其他有限责任公司	726773	909661	954129	1216608	2113314
股份有限公司	412539	280787	355127	397625	756635
私营	371038	472335	418222	716384	897206
其他	56359	59396	49564	108322	122390
个体经济	46380	81385	85631	64072	19436
港澳台商投资	48095	62234	68229	36708	162783
外商投资经济	66335	95413	92066	150308	135271
按隶属关系分					
中央	863742	1056765	1386576	2076401	1728107
省级	622884	636706	714086	847077	1276283
市属	2099459	2626370	2961185	3683399	5701293
按产业分					
第一产业	29451	43535	49290	45359	53421
第二产业	1392371	1662217	1861236	2181756	2722631
工业	1343583	1573010	1736861	2052830	2579495
第三产业	2164263	2614089	3151321	4379762	5929631
按管理渠道分					
城镇固定资产投资	3465223	4189269	4756602	5919779	8563531
城镇项目投资	2720747	3264171	3770522	4736964	6966807
房地产开发	744476	925125	986080	1182815	1596724
农村固定资产投资	120862	130545	200752	229098	142152
非农户（500万元以上）	65490	73663	139724	177152	142152
非农户（50万元以下）	16036	19749			
农村私人	39336	37133	61028	51946	
按构成分					
建筑安装工程	2019514	2396342	2815024	4253694	5505621
设备工具器具购置	803298	1019164	1310471	1436852	1990412
其他费用	763273	904335	936352	916331	1209650
房屋建筑面积（万平方米）					
施工面积	1795.49	1969.68	2480.41	2909.99	3579.9768
住宅	1077.68	1250.74	1534.23	1875.76	2408.3502
竣工面积	547.25	463.7	601.17	600.59	479.2477
住宅	292.86	267.29	376.46	303.84	258.7138
本年资金来源	3652930	4405929	5224874	7295779	8843760
国家预算内资金	119662	181513	293945	487965	589405
国内贷款	1050400	944146	778383	1126580	1730257
债券	47000				
利用外资	9878	8962	12839	10587	5808
自筹资金	1781469	2437996	3239517	4539803	5586572
其他资金	644521	833312	900190	1130844	931718
本年新增固定资产	2221673	3209110	2487808	3756514	4100138

产投资

单位：万元、万平方米

2012	2013	2014	2015	2016	2017
12391809	**13168629**	**16106818**	**18037526**	**19909541**	**13153496**
2136540	3003148	3228692	2942167	2760364	2855588
11957652	13085506	15948993	17647354	19650507	13095564
4704132	5679060	5178419	5079472	4217895	2118948
316407	241479	198120	307645	100726	4461
11380	43600	56044	64910	15495	784
38035	1900	1000	6075	73545	45395
9400	10	5755	0	7452	938
2880	2500		2691	10014	0
176204	74100	9740	1720	0	0
427712	628555	2191192	2010988	2755636	2757239
3085940	2627389	3704650	3525595	5254501	4109783
935587	1065762	869434	1103847	884640	370316
1983551	2362713	3289299	4327807	5619568	3251065
266424	358438	445340	708575	711035	436635
259869		12246	82329	40693	4570
58029	15255	122603	191426	153103	29181
116259	67868	22982	116417	65238	24181
1255081	1368482	1305945	864641	1087064	649477
1611287	2091420	2755572	2113273	2433070	1453053
9525441	9708727	12045301	15059612	16389407	11050966
249364	107072	192422	395894	366847	198918
3878839	3630735	4093952	3794024	4461933	1624984
3468329	3564878	4053056	3645794	4056395	1574127
8263606	9430822	11820444	13847608	15080761	11329594
12150671	13010065	16106818	18037526	19909541	13153496
9917578	10142011	12741436	14647377	15998041	8831908
2233093	2868054	3365382	3390149	3911500	4321588
241138	158564				
241138	158564				
8176695	9049208	12164670	14071018	15606835	10015535
2851986	2056397	2065511	2297057	2379367	1039496
1363128	2063024	1876637	1669451	1923339	2098465
4815.3317	5924.38	6958.101	7615.2606	6691.211	5428.8075
2789.8701	3274.74	3653.8917	3525.2165	3299.7039	3100.1721
1108.4267	714.01	1186.784	1032.67	908.3225	435.4648
404.9611	320.72	542.5297	327.094	317.1157	174.9011
12931318	15664947	16307003	18711729	19444860	13526722
584292	671531	457190	695350	937297	401307
2609199	2917933	3155978	4123100	4254914	3303177
	3620	200000	165000	15750	5325
9600		2000	692	14526	2752
8268508	10049700	10414050	11242304	11026547	6301591
1459719	2022163	2077785	2498291	3195826	3512570
9512818	6647819	7886476	10487306	11912967	5042126

6–3 市属固定

	2007	2008	2009	2010	2011
投资总额	2099459	2626370	2961185	3683399	5701293
住宅投资	562029	725483	697611	1081354	1542309
按登记注册类型分					
内资	1985029		2800890	3534871	5525924
国有	715750		964649	1107761	1887557
集体	92875		147169	190778	235912
股份合作	6400	1750	8598		10135
国有联营		3497	2733	6152	
集体联营		11315	12640	4080	9600
国有与集体联营					
其他联营	26056	34633	31072	35689	32761
国有独资公司		13377	19704	28465	118712
其他有限责任公司	576447	713306	860153	1031383	1834959
股份有限公司	94693	107525	206055	244652	365791
私营	371038	467335	418222	716384	897206
其他	55390	57341	44264	105455	113855
个体经济	46380	81385	85631	64072	19436
港澳台商投资	48095	60459	68229	36708	49498
外商投资经济	66335	95413	92066	111820	125871
按产业分					
第一产业	29451	43535	49290	44487	48621
第二产业	441946	625587	755464	876779	1143793
工业	412972	560240	695651	828918	1058242
第三产业	1628062	1957248	2156431	2762133	4508879
按管理渠道分					
城镇固定资产投资	1978597	2495825	2900157	3454301	5561641
城镇项目投资	1271733	1615498	2065441	2444603	4265357
房地产开发	706864	880327	834716	1009698	1296284
农村固定资产投资	120862	130545	200752	229098	139652
非农户（500万元以上）	65490	73663	139724	177152	139652
非农户（50万元以下）	16036	19749			
农村私人	39336	37133	61028	51946	
按构成分					
建筑安装工程	1272489	1609765	1748491	2429457	3884407
设备工具器具购置	221114	346127	506161	514619	838952
其他费用	605856	670478	706533	739323	977934
房屋建筑面积（万平方米）					
施工面积	1372.3	1464.45	1877.19	2160.54	2694.9368
住宅	831.74	958.06	1230.43	1450.98	1908.1192
竣工面积	455.61	367.27	497.82	428.24	329.0032
住宅	234.01	213.82	314.07	225.39	159.1332
本年资金来源	2166483	2729815	3114368	4222495	5829950
国家预算内资金	44987	79068	157550	170626	255612
国内贷款	673786	421125	455516	771795	1185606
债券					
利用外资	9678	1362	4761	10010	5808
自筹资金	911015	1566637	1813256	2491927	3640096
其他资金	527017	661623	683285	778137	742828
本年新增固定资产	1362901	1931865	1702864	2017970	2662048

资产投资

单位:万元、万平方米

2012	2013	2014	2015	2016	2017
9525441	9708727	12045301	15059612	16389407	11050966
1638734	2232634	2535894	2629109	2298999	2469356
					0
9099485	9625604	11887476	14669440	16277194	11027565
2976394	3211868	2753354	3390320	2654416	1222373
312752	223604	180862	292658	87418	4038
11380	43600	49744	59710	15495	784
7705	1900	1000	4100	4000	0
9400	10	5755	0	7452	0
2880	2500		2691	8840	0
160204	74100	9740	1720	0	0
185450	354661	1297246	1350912	2404960	2534599
2685686	2350037	3302698	3230707	4257130	3335411
499365	650673	552438	830704	508078	242660
1983551	2362713	3289299	4327807	5619568	3251065
264718	349938	445340	703566	709837	436635
259869		12240	82329	40693	4570
55628	15255	122603	191426	32507	5850
110459	67868	22982	116417	39013	12981
					0
227474	107072	192422	387444	359754	196040
2790695	2372490	2756634	3242382	3481168	1202449
2496218	2349620	2733978	3119993	3147944	1173371
6507272	7229165	9096245	11429786	12548485	9652477
					0
9284653	9550163	12045301	12275056	16389407	11050966
7424857	7180043	9102590	12010479	13003520	7277730
1859796	2370120	2942711	264577	3385887	3773236
240788	158564				0
240788	158564				0
					0
					0
					0
6547256	6885246	9255627	12025415	13213313	8573408
1803359	1226806	1183409	1636643	1514362	609149
1174826	1596675	1606265	1397554	1661732	1868409
					0
3828.8386	4744.02	5713.2107	6527.2515	5643.0935	4405.0434
2245.2448	2674	672.3775	3049.0847	2726.008	2528.5761
911.4967	532.55	880.43	889.1267	821.1317	359.3817
330.1693	242.97	268.402	273.3254	276.7139	14.3298
10114311	11923362	12474394	15707396	16286806	11530212
313563	237044	289926	465973	608298	307583
2421610	2610507	2598719	3512453	3820116	2960576
	3620		105000	13200	2490
9000		2000	692	5521	2752
6103126	7377607	7687116	9313407	8843110	5056532
1267012	1694584	1896633	2322879	2996561	3200279
7263303	4526724	5583841	8727571	9784757	6357389

6-4 国有经济固定资产投资（国有

	2005	2007	2008	2009	2010
投资总额	1520212	1726413	2084418	2736103	3432545
住宅投资	191866	246806	271523	311934	630780
按隶属关系分					
中央	815600	730834	956047	1236307	1794146
省级	412550	255370	305530	535147	530638
市属	292062	740209	822841	964649	1107761
按构成分					
建筑安装工程	840932	897503	1022985	1476485	2213366
设备工具器具购置	555376	396236	549866	794402	836271
其他费用	123904	432674	511567	465216	382908
按产业分					
第一产业	12106	11395	9946	14696	11773
第二产业	606629	579531	849566	1178021	1221747
第三产业	901477	1135487	1224906	1543386	2199025
按管理渠道分					
城镇固定资产投资	1520212	1707672	2069073	2736103	2930898
城镇项目投资	1501288	1607040	2008706	2448009	2766107
房地产开发	18924	100632	60367	138829	164791
农村固定资产投资		18741	15345	44772	43647
非农户（500万元以上）		18741	15345	44772	43647
非农户（50万元以下）					
农村私人					
本年新增固定资产	656925	1290309	1281043	1049671	2001337
固定资产交付使用率（%）	43.21	74.74	61.46	38.36	58.3
房屋建筑面积（万平方米）					
施工面积	782.68	567.3	709.91	911.47	1021.08
住宅	437.55	310.22	430.23	499.37	663.65
竣工面积	197.65	144.47	141.63	166.49	241.65
住宅	133.07	92.58	73	92.96	124.99
本年资金来源	1472994	1638852	2052868	2681382	3476067
国家预算内资金	66590	108457	167736	283333	444520
国内贷款	311204	515265	590697	549834	637345
债券	18353	47000			
利用外资	2658	5508	7600	12839	5887
自筹资金	873332	804958	1010359	1575192	1970539
其他资金	200857	157664	276476	260184	417776

注：1、2012年起国有经济投资专业发生变化。

2、2014年统计口径发生变化，房地产、国有也包括国有独资。

企业、国有联营、国有独资）

单位：万元、万平方米

2011	2012	2013	2014	2015	2016	2017
3815066	5169879	6309515	7370611	7530638	7047076	4921582
710386	747552	1096580	910427	1060397	461601	430795
						0
1320656	999477	1147402	1106667	1079240	581979	299693
606853	1000853	1593684	2212344	2194643	1401721	864917
1887557	3169549	3568429	4051600	4256755	5063376	3756972
						0
2472919	3666124	4449433	5677472	5869250	5573418	3802207
836269	927025	811640	751684	742973	766876	398482
505878	576730	1048442	941455	918415	706782	720893
						0
8294	49656	17479	25944	25944	23198	37644
1035555	1044570	1368856	1338786	1338786	1170260	420763
2771217	4075653	4923180	6005881	6165908	5853618	4463175
					0	0
3794404	5137674	6299891	7370611	7530638	7047076	4921582
3521347	4752287	5805460	6909565	6909565	6611474	4360332
273057	385387	494431	461046	621073	435602	561250
20662	32205	9624				0
20662	32205	9624				0
						0
						0
1919870	4568679	3116323	3578462	3511839	4415533	1963553
50.32	88.37	49.39	48.55	46.63	62.66	39.70
						0
1252.59	1581.2331	1998.82	1673.4306	1798.3873	1368.41	1037.09
872.75	903.7221	1054.32	616.4444	970.2622	507.29	393.19
178.2	479.5149	281.8	521.1931	501.3032	218.76	87.29
107.05	187.1927	144.58	308.8104	314.0718	63.96	28.98
3727006	5127881	6871944	6906515	7018769	6364222	4215881
562941	560543	662811	442192	442192	752118	327496
1109253	1708648	1759375	2237689	2311639	2374513	1566686
		3620	200000	200000	15050	5325
4608	9600		1000	1000	14526	0
1833894	2586125	3994993	3652286	3743732	2659228	1962309
216310	262965	451145	373348	320206	548787	354065

6-5 各县区固定资产投资

单位：万元、%

	固定资产投资	增长	房地产投资	增长
兰州市	**13153496**	**-33.93**	**4321588**	**10.48**
城关区	3153790.5	-22.74	1867479.5	3.16
七里河区	1911300.5	-30.47	954080.5	71.57
西固区	1658216	-35.48	66648	-45.08
安宁区	619390	-72.06	229171	-26.42
红古区	358032	-48.29	71319	1.86
永登县	504349.68	-34.33	33246	-69.21
皋兰县	658337	18.94	179460	215.89
榆中县	1571846	15.16	478035	94.81
兰州新区	2718234.32	-44.67	442149	-30.05

6-6 500万元以上项目投资汇总表（不含房地产开发）

单位：万元、平方米

	总计	按隶属关系			其中：总投资亿元以上项目
		中央	省级	市及市以下	
计划总投资	46630354	3389562	7948675	35292117	44253226
本年新开工项目	10906240	152763	3018855	7734622	9623516
自开始建设累计完成投资	25188876	2296154	3654357	19238365	23002812
自年初累计完成投资	8831908	484205	1069973	7277730	5660023
住宅	112784	2753	55156	54875	66987
按建设性质分					
新建	7477669	232086	824218	6421365	5059917
扩建	457838	115568	9649	332621	335400
改建和技术改造	516195	79887	112371	323937	197823
按构成分					
建筑工程	6121898	217554	713294	5191050	3879884
安装工程	587082	35058	53977	498047	393791
设备工器具购置	1023043	204350	225997	592696	474385
用于更新的设备	0	0	0	0	0
其他费用	1099885	27243	76705	995937	911963
新增固定资产	3985615	192771	602514	3190330	2199090
按经济类型分					
内资企业	8781162	475178	1044469	7261515	5639818
国有企业	2071420	271527	593940	1205953	835620
集体企业	4461	0	423	4038	0
股份合作企业	784	0	0	784	0
联营企业	46333	0	46333	0	45395
有限责任公司	4343942	137503	342265	3864174	3636537
股份有限公司	338909	66148	61508	211253	215763
私营企业	1538678	0	0	1538678	812962
其他企业	436635	0	0	436635	93541
港澳台商投资企业	28131	3126	20205	4800	20205
外商投资企业	18045	5901	5299	6845	0
个体经营	4570	0	0	4570	0
按行业分					
农、林、牧、渔业	198918	0	2878	196040	14726
农业	104446	0	2878	101568	14726
林业	1350	0	0	1350	0
畜牧业	55015	0	0	55015	0
渔业	0	0	0	0	0
农、林、牧、渔服务业	38107	0	0	38107	0

6-6 500万元以上项目投资汇总表（不含房地产开发）（续一）

单位：万元、平方米

	总计	按隶属关系			其中：总投资亿元以上项目
		中央	省级	市及市以下	
采矿业	40168	0	36168	4000	21460
煤炭开采和洗选业	40168	0	36168	4000	21460
石油和天然气开采业	0	0	0	0	0
黑色金属矿采选业	0	0	0	0	0
有色金属矿采选业	0	0	0	0	0
非金属矿采选业	0	0	0	0	0
开采辅助活动	0	0	0	0	0
其他采矿业	0	0	0	0	0
制造业	1121813	97273	100080	924460	595815
农副食品加工业	47057	0	0	47057	15129
食品制造业	15390	0	0	15390	10500
酒、饮料和精制茶制造业	587	0	0	587	0
烟草制品业	12572	12572	0	0	12572
纺织业	0	0	0	0	0
纺织服装、服饰业	8728	4048	0	4680	0
皮革、毛皮、羽毛及其制品和制鞋业	0	0	0	0	0
木材加工和木、竹、藤、棕、草制品	9515	0	0	9515	0
家具制造业	3165	0	0	3165	0
造纸和纸制品业	5660	0	0	5660	0
印刷和记录媒介复制业	7376	0	0	7376	0
文教、工美、体育和娱乐用品制造业	0	0	0	0	0
石油加工、炼焦和核燃料加工业	47890	47890	0	0	0
化学原料和化学制品制造业	47941	0	0	47941	32410
医药制造业	92370	2453	0	89917	63750
化学纤维制造业	5996	5996	0	0	0
橡胶和塑料制品业	13831	0	0	13831	0
非金属矿物制品业	180840	0	3031	177809	16961
黑色金属冶炼和压延加工业	9491	0	0	9491	0
有色金属冶炼和压延加工业	73874	13551	20205	40118	62398
金属制品业	104222	0	0	104222	45496
通用设备制造业	14577	5663	0	8914	0
专用设备制造业	139030	0	49478	89552	119269
汽车制造业	169936	0	0	169936	169936
铁路、船舶、航空航天和运输设备	5100	5100	0	0	0
电气机械和器材制造业	38420	0	19830	18590	10000
计算机、通信和其他电子设备制造	10786	0	7536	3250	0
仪器仪表制造业	14253	0	0	14253	10781
其他制造业	31113	0	0	31113	26613
废弃资源综合利用业	11309	0	0	11309	0
金属制品、机械和设备修理业	784	0	0	784	0
电力、热力、燃气及水生产和供应业	412146	160632	6603	244911	254052
电力、热力生产和供应业	228314	148868	3120	76326	150318
燃气生产和供应业	34793	1533	3483	29777	0
水的生产和供应业	149039	10231	0	138808	103734
建筑业	50857	16123	5656	29078	0
房屋建筑业	2248	0	530	1718	0
土木工程建筑业	35592	16123	5126	14343	0
建筑安装业	7715	0	0	7715	0
建筑装饰和其他建筑业	5302	0	0	5302	0

6-6 500万元以上项目投资汇总表（不含房地产开发）（续二）

单位：万元、平方米

	总计	按隶属关系			其中：总投资亿元以上项目
		中央	省级	市及市以下	
批发和零售业	401348	4303	9168	387877	311962
批发业	270512	3653	9168	257691	223558
零售业	130836	650	0	130186	88404
交通运输、仓储和邮政业	1503919	39298	331292	1133329	1249058
铁路运输业	149230	39298	4200	105732	132732
道路运输业	1071977	0	314558	757419	939045
水上运输业	0	0	0	0	0
航空运输业	0	0	0	0	0
管道运输业	15353	0	0	15353	12297
装卸搬运和运输代理业	812	0	0	812	0
仓储业	266547	0	12534	254013	164984
邮政业	0	0	0	0	0
住宿和餐饮业	153076	0	5835	147241	73866
住宿业	95712	0	1944	93768	73866
餐饮业	57364	0	3891	53473	0
信息传输、软件和信息服务	132919	27688	50934	54297	21464
电信、广电和卫星传输服务	77000	27688	47589	1723	0
互联网和相关服务	6747	0	2795	3952	0
软件和信息技术服务业	49172	0	550	48622	21464
金融业	26361	7783	15405	3173	0
货币金融服务	26361	7783	15405	3173	0
资本市场服务	0	0	0	0	0
保险业	0	0	0	0	0
其他金融业	0	0	0	0	0
房地产业	1121120	71321	189410	860389	940271
房地产业	1121120	71321	189410	860389	940271
租赁和商务服务业	385832	3784	41264	340784	277434
租赁业	641	0	0	641	0
商务服务业	385191	3784	41264	340143	277434
科学研究和技术服务业	63067	21036	17209	24822	15010
研究和试验发展	13582	12713	0	869	0
专业技术服务业	18547	0	17209	1338	15010
科技推广和应用服务业	30938	8323	0	22615	0
水利、环境和公共设施管理业	2127640	1974	22349	2103317	1308088
水利管理业	104634	0	0	104634	80857
生态保护和环境治理业	24561	1974	0	22587	0
公共设施管理业	1998445	0	22349	1976096	1227231
居民服务、修理和其他服务业	29870	0	0	29870	10327
居民服务业	24228	0	0	24228	10327
机动车、电子和日用品修理业	4662	0	0	4662	0
其他服务业	980	0	0	980	0

6-6 500万元以上项目投资汇总表（不含房地产开发）（续三）

单位：万元、平方米

	总计	按隶属关系			其中：总投资亿元以上项目
		中央	省级	市及市以下	
教育	584816	6405	125886	452525	386193
教育	584816	6405	125886	452525	386193
卫生和社会工作	221249	26083	67112	128054	120088
卫生	188624	26083	58785	103756	109906
社会工作	32625	0	8327	24298	10182
文化、体育和娱乐业	170441	0	27698	142743	60209
新闻和出版业	0	0	0	0	0
广播、电视、电影和录音制作	6625	0	0	6625	0
文化艺术业	43672	0	23413	20259	0
体育	54082	0	4285	49797	35041
娱乐业	66062	0	0	66062	25168
公共管理、社会保障和社会组织	86348	502	15026	70820	0
中国共产党机关	0	0	0	0	0
国家机构	76948	502	15026	61420	0
人民政协、民主党派	0	0	0	0	0
社会保障	3002	0	0	3002	0
群众团体、社会团体和其他组织	3320	0	0	3320	0
基层群众自治组织	3078	0	0	3078	0
国际组织	0	0	0	0	0
国际组织	0	0	0	0	0
房屋建筑面积	0	0	0	0	0
施工面积	10211854	657298	1458719	8095837	9528466
住宅	2073592	94724	572563	1406305	2061019
竣工面积	2227685	232562	415434	1579689	1892891
住宅	230022	29301	200721	0	217749
本年资金来源合计	7723184	481955	920680	6320549	6090277
上年末结余资金	648755	40207	58074	550474	647425
本年资金来源小计	7074429	441748	862606	5770075	5442852
国家预算内资金	401307	9489	84235	307583	211073
国内贷款	1728487	91237	144798	1492452	1681076
债券	5325	0	2835	2490	5325
利用外资	2752	0	0	2752	552
自筹资金	4457465	237768	589506	3630191	3222514
企、事业单位自有资金	0	0	0	0	0
其他资金来源	479093	103254	41232	334607	322312
各项应付款合计	1457964	41777	150043	1266144	1314113
工程款	952516	24234	62222	866060	818181

6-7 房地产开发企业投资、资金来源和土地开发情况汇总表

单位：万元、平方米

	总计	按经济类型分组			按隶属关系分组		
		国有	集体	其他	中央	省属	市及市以下级
计划总投资	24965277	3245393	0	21719884	476728	1962325	22526224
自开始建设累计完成投资	16801610	2235472	0	14566138	361358	1332437	15107815
本年完成投资	4321588	561250	0	3760338	165272	383080	3773236
其中：配套工程投资	0	0	0	0	0	0	0
按构成分							
建筑工程	2536807	364836	0	2171971	133758	154390	2248659
安装工程	769748	109210	0	660538	0	134096	635652
设备工器具购置	16453	0	0	16453	0	0	16453
其他费用	998580	87204	0	911376	31514	94594	872472
旧建筑物购置费	18590	0	0	18590	0	0	18590
土地购置费	568848	47704	0	521144	17677	25901	525270
按工程用途分							
商品住宅	2742804	373435	0	2369369	143229	185094	2414481
90平方米以下	834529	162038	0	672491	18954	21056	794519
140平方米以上	366879	61437	0	305442	0	37213	329666
别墅、高档公寓	8820	0	0	8820	0	0	8820
办公楼	425957	45276	0	380681	0	50701	375256
商业营业用房	675832	75871	0	599961	3219	86347	586266
其他	476995	66668	0	410327	18824	60938	397233
本年新增固定资产	1056511	220626	0	835885	0	37	1056474
本年资金来源合计							
上年末结余资金	1920892	63695	0	1857197	21369	133291	1766232
本年资金来源小计	6452293	864819	0	5587474	182230	509926	5760137
国内贷款	1574690	420000	0	1154690	61606	44960	1468124
银行贷款	1249390	120000	0	1129390	61606	44960	1142824
非银行金融机构贷款	325300	300000	0	25300	0	0	325300
自筹资金	1844126	280789	0	1563337	69010	348775	1426341
自有资金	0	0	0	0	0	0	0
其他资金来源	3033477	164030	0	2869447	51614	116191	2865672
定金及预收款	2000317	144034	0	1856283	51033	105674	1843610
个人按揭贷款	864994	19996	0	844998	581	9383	855030
本年各项应付款合计	2118670	1023951	0	1094719	151166	58221	1909283
工程款	1703700	840018	0	863682	135366	41505	1526829
待开发土地面积	2051087	483453	0	1567634	0	12056	2039031
本年购置土地面积	587109	469924	0	117185	0	0	587109
本年土地成交价款	93834	47640	0	46194	0	0	93834
其中：拆迁补偿费	8322	8322	0	0	0	0	8322
土地使用权出让金	0	0	0	0	0	0	0
契税	0	0	0	0	0	0	0

6-7 房地产开发企业投资、资金来源和土地开发情况汇总（续一）

单位：万元、平方米

	总计	按资质等级分					
		一级	二级	三级	四级	暂定	其他
计划总投资	24965277	1228976	5145986	7311446	246841	11032028	0
自开始建设累计完成投资	16801610	1043973	3958004	5449672	158058	6191903	0
本年完成投资	4321588	166732	467237	1276124	24834	2386661	0
其中：配套工程投资	0	0	0	0	0	0	0
按构成分							
建筑工程	2536807	81051	278852	739691	20634	1416579	0
安装工程	769748	73057	44673	301330	1287	349401	0
设备工器具购置	16453	0	0	4837	0	11616	0
其他费用	998580	12624	143712	230266	2913	609065	0
旧建筑物购置费	18590	0	0	5971	0	12619	0
土地购置费	568848	7030	116723	78701	509	365885	0
按工程用途分							
商品住宅	2742804	121403	290312	850942	20190	1459957	0
90平方米以下	834529	46141	105510	337436	15226	330216	0
140平方米以上	366879	180	25078	90508	0	251113	0
别墅、高档公寓	8820	0	40	1	0	8779	0
办公楼	425957	21230	45589	93402	0	265736	0
商业营业用房	675832	16142	61775	188430	3467	406018	0
其他	476995	7957	69561	143350	1177	254950	0
本年新增固定资产	1056511	43759	567484	319160	32431	93677	0
本年资金来源合计							
上年末结余资金	1920892	182926	687865	406673	18018	625410	0
本年资金来源小计	6452293	354530	1051828	1931006	45081	3069848	0
国内贷款	1574690	54940	262510	337432	2000	917808	0
银行贷款	1249390	47840	262510	332732	2000	604308	0
非银行金融机构贷款	325300	7100	0	4700	0	313500	0
自筹资金	1844126	140550	164967	807374	11338	719897	0
自有资金	0	0	0	0	0	0	0
其他资金来源	3033477	159040	624351	786200	31743	1432143	0
定金及预收款	2000317	109062	477948	463577	25043	924687	0
个人按揭贷款	864994	49888	85878	305987	6700	416541	0
本年各项应付款合计	2118670	73279	115879	565514	26480	1337518	0
工程款	1703700	73279	98850	487244	17301	1027026	0
待开发土地面积	2051087	0	56973	834797	28839	804318	326160
本年购置土地面积	587109	0	56973	7184	0	522952	0
本年土地成交价款	93834	0	38934	777	0	54123	0
其中：拆迁补偿费	8322	0	0	0	0	8322	0
土地使用权出让金	0	0	0	0	0	0	0
契税	0	0	0	0	0	0	0

6-8 房地产开发企业（单位）财务状况汇总表

单位：万元

	总计	按经济类型分组			按隶属关系分组		
		国有	集体	其他	中央	省级	市及市以下级
年初存货	134096521	8066616	73315	125956590	737508	11640997	121718016
期末资产负债							
流动资产	263091818	17361966	133260	245596592	1817016	17976204	243298598
存货	153757276	8677517	31007	145048752	719381	12436724	140601171
固定资产原价	11441329	577129	29988	10834212	862120	259001	10320208
累计折旧	1981789	75789	12620	1893380	71569	72644	1837576
本年折旧	409609	18068	873	390668	28952	16686	363971
资产总计	311858861	24445344	161513	287252004	2782565	23993814	285082482
负债合计	264104294	18277797	105107	245721390	1715925	19281732	243106637
所有者权益	47754567	6167547	56406	41530614	1066640	4712082	41975845
实收资本	28545038	2923745	32409	25588884	903130	1646940	25994968
损益及分配							
主营业务收入	42796339	2627099	4211	40165029	479960	4253187	38063192
土地转让收入	22517	0	0	22517	0	0	22517
商品房屋销售收入	41849152	2532664	0	39316488	398076	4144624	37306452
房屋出租收入	755614	85409	2825	667380	81884	46252	627478
其他收入	143769	9026	1386	133357	0	50669	93100
主营业务成本	30463361	2189471	1582	28272308	341010	3122554	26999797
主营业务税金及附加	1645405	100631	39	1544735	23530	300934	1320941
其他业务利润	21289	0	0	21289	0	0	21289
销售费用	1056657	37694	383	1018580	4173	47459	1005025
管理费用	1816685	78774	4997	1732914	41792	106211	1668682
税金	0	0	0	0	0	0	0
财务费用	999833	75345	-325	924813	-3117	31613	971337
利息收入	187760	12835	360	174565	3178	29057	155525
利息支出	918763	77346	0	841417	0	19285	899478
投资收益	68940	1848	0	67092	0	23547	45393
营业利润	5503535	110320	-2939	5396154	50382	661505	4791648
营业外收入	275728	21747	11	253970	258	13076	262394
营业外支出	273931	5341	175	268415	1642	9136	263153
利润总额	5505332	126726	-3103	5381709	48998	665445	4790889
应交所得税	1304744	41929	21	1262794	14920	191031	1098793
人工成本							
应付职工薪酬	1325644	119518	8117	1198009	27412	116395	1181837

6-8 房地产开发企业（单位）财务状况汇总表（续一）

单位：万元

	合计	按企业资质等级分组					
		一级	二级	三级	四级	暂定	其他
年初存货	134096521	10745171	39154552	34651755	3640563	45399743	504737
期末资产负债							
流动资产合计	263091818	20643275	67666405	71575956	11817960	88893114	2495108
年初存货存货	153757276	11513054	42676661	39142508	4295748	54840437	1288868
固定资产原价	11441329	3393961	4898754	2321210	183243	636593	7568
累计折旧	1981789	122378	802271	757706	61683	234320	3431
本年折旧	409609	23379	219299	99742	13394	53133	662
资产总计	311858861	32388544	79409826	78402020	16866845	101875020	2916606
负债合计	264104294	24946938	66830278	70730816	13964183	84819980	2812099
所有者权益合计	47754567	7441606	12579548	7671204	2902662	17055040	104507
实收资本	28545038	1147749	5960142	6201934	1201807	13971405	62001
损益及分配							
主营业务收入	42796339	3426446	13724163	10674781	506580	13775050	689319
土地转让收入	22517	0	0	1	22415	101	0
商品房屋销售收入	41849152	3254156	13347812	10390628	453983	13720855	681718
房屋出租收入	755614	160882	337356	216543	25957	14360	516
其他收入	143769	11408	21343	62529	2224	39180	7085
主营业务成本	30463361	2844573	9632088	7754305	383995	9265093	583307
主营业税金及附加	1645405	86022	692140	294061	17474	542433	13275
其他业务利润	21289	0	31433	-13000	4959	-2103	0
销售费用	1056657	108708	183041	200788	37061	526216	843
管理费用	1816685	126720	505915	560501	92969	528224	2356
税金	0	0	0	0	0	0	0
财务费用	999833	70396	233538	446639	151791	96674	795
利息收入	187760	29033	48248	63836	7162	38950	531
利息支出	918763	82572	226444	371677	156304	80451	1315
投资收益	68940	2291	57400	6035	522	2692	0
营业利润	5503535	122255	2234696	1105356	-230851	2183336	88743
营业外收入	275728	35963	46631	25552	29082	137664	836
营业外支出	273931	15642	45232	115186	8006	89798	67
利润总额	5505332	142576	2236095	1015722	-209775	2231202	89512
应交所得税	1304744	178666	440421	306428	3437	375792	0
人工成本							
应付职工薪酬	1325644	166684	311844	381451	59866	400262	5537

6-9 房地产开发企业施工、销售和空置情况汇总表

单位：万元、平方米

	总计	按经济类型分组			按隶属关系分组		
		国有	集体	其他	中央	省属	市及市以下级
房屋施工面积合计	44076221	5103048	0	38973173	1282727	3930108	38863386
住宅	28928129	3429922	0	25498207	1157313	1747706	26023110
90 平方米以下住宅	9214272	1917085	0	7297187	474547	329159	8410566
140 平米以上住宅	3613357	190934	0	3422423	38754	192264	3382339
别墅、高档公寓	275272	83365	0	191907	0	0	275272
办公楼	2188774	171014	0	2017760	0	359945	1828829
商业营业用房	6285425	744586	0	5540839	34645	614801	5635979
其他	6673893	757526	0	5916367	90769	1207656	5375468
房屋竣工面积合计	2126963	257457	0	1869506	0	0	2126963
住宅	1518989	155957	0	1363032	0	0	1518989
90 平方米以下住宅	508716	5945	0	502771	0	0	508716
140 平米以上住宅	107722	1537	0	106185	0	0	107722
别墅、高档公寓	2057	2057	0	0	0	0	2057
办公楼	108546	52338	0	56208	0	0	108546
商业营业用房	268913	40529	0	228384	0	0	268913
其他	230515	8633	0	221882	0	0	230515
商品房销售面积	7336617	740210	0	6596407	18207	747521	6570889
住宅	6445387	662116	0	5783271	18207	610346	5816834
90 平方米以下住宅	1166677	116968	0	1049709	0	97174	1069503
140 平米以上住宅	803427	125403	0	678024	0	25641	777786
别墅、高档公寓	93435	36191	0	57244	0	0	93435
办公楼	270434	18496	0	251938	0	46911	223523
商业营业用房	431379	57786	0	373593	0	90264	341115
其他	189417	1812	0	187605	0	0	189417
商品房销售额	5472584	445964	0	5026620	18947	588477	4865160
住宅	4489312	360406	0	4128906	18947	412052	4058313
90 平方米以下住宅	700091	67287	0	632804	0	40945	659146
140 平米以上住宅	695338	65702	0	629636	0	18699	676639
别墅、高档公寓	99254	30529	0	68725	0	0	99254
办公楼	401113	21587	0	379526	0	80708	320405
商业营业用房	480597	61018	0	419579	0	95717	384880
其他	101562	2953	0	98609	0	0	101562
空置面积	2179574	74590	0	2104984	0	15542	2164032
住宅	1334065	9364	0	1324701	0	2875	1331190
90 平方米以下住宅	435271	0	0	435271	0	0	435271
140 平米以上住宅	287159	0	0	287159	0	0	287159
别墅、高档公寓	16924	0	0	16924	0	0	16924
办公楼	150488	42075	0	108413	0	0	150488
商业营业用房	515662	16151	0	499511	0	5667	509995
其他	179359	7000	0	172359	0	7000	172359

6-9 房地产开发企业施工、销售和空置情况汇总表（续一）

单位：万元、平方米

	总计	按资质等级分					
		一级	二级	三级	四级	暂定	其他
房屋施工面积合计	**44076221**	**1963881**	**9596045**	**13232324**	**472032**	**18811939**	**0**
商品住宅	28928129	1464674	6820900	8226975	372080	12043500	0
90平方米以下住宅	9214272	51162	2804337	3690276	218025	2450472	0
140平米以上住宅	3613357	103314	788687	574186	0	2147170	0
别墅、高档公寓	275272	0	21800	20570	0	232902	0
办公楼	2188774	146058	322862	626723	10153	1082978	0
商业营业用房	6285425	173432	979410	1913351	61006	3158226	0
其他	6673893	179717	1472873	2465275	28793	2527235	0
房屋竣工面积合计	**2126963**	**73436**	**919887**	**746733**	**81234**	**305673**	**0**
商品住宅	1518989	73436	665817	529668	64671	185397	0
90平方米以下住宅	508716	0	112366	231382	33707	131261	0
140平米以上住宅	107722	0	76527	31195	0	0	0
别墅、高档公寓	2057	0	0	2057	0	0	0
办公楼	108546	0	58177	27535	10153	12681	0
商业营业用房	268913	0	77562	111535	6246	73570	0
其他	230515	0	118331	77995	164	34025	0
商品房销售面积	**7336617**	**318598**	**1003106**	**2137233**	**63146**	**3814534**	**0**
商品住宅	6445387	294584	860319	1976497	49924	3264063	0
90平方米以下住宅	1166677	44387	110318	596267	14485	401220	0
140平米以上住宅	803427	19382	120274	120315	2773	540683	0
别墅、高档公寓	93435	0	241	0	0	93194	0
办公楼	270434	14432	86087	52569	10024	107322	0
商业营业用房	431379	7810	30621	69082	3198	320668	0
其他	189417	1772	26079	39085	0	122481	0
商品房销售额	**5472584**	**255748**	**815947**	**1456352**	**29487**	**2915050**	**0**
商品住宅	4489312	192969	633569	1300250	23281	2339243	0
90平方米以下住宅	700091	39105	70193	322663	5675	262455	0
140平米以上住宅	695338	11842	93711	119016	1188	469581	0
别墅、高档公寓	99254	0	225	0	0	99029	0
办公楼	401113	50033	115800	65474	4466	165340	0
商业营业用房	480597	10812	52748	66027	1740	349270	0
其他	101562	1934	13830	24601	0	61197	0
空置面积合计	**2179574**	**0**	**335573**	**828909**	**77143**	**937949**	**0**
商品住宅	1334065	0	221170	471036	50514	591345	0
90平方米以下住宅	435271	0	15967	220257	47767	151280	0
140平米以上住宅	287159	0	182906	799	2250	101204	0
别墅、高档公寓	16924	0	0	0	0	16924	0
办公楼	150488	0	46796	17793	6707	79192	0
商业营业用房	515662	0	41019	235868	19808	218967	0
其他	179359	0	26588	104212	114	48445	0

6-10 建筑企业生产汇总

	企业个数（个）			合同情况（万元）		
	企业个数	有工作量的个数	亏损个数	签订的合同额	其中：上年结转合同额	其中：本年新签合同额
总　计	**466**	**438**	**120**	**21374429**	**10053793**	**11320636**
国有及国有控股企业	73	71	10	15962299	6714107	9248192
按登记注册类型分						
内资企业	464	437	120	21373994	10053793	11320200
国有企业	19	18	3	3378868	1328134	2050735
集体企业	22	21	5	124702	26056	98647
有限责任公司	211	198	56	12807417	5383338	7424079
股份有限公司	18	18	4	3561865	2532242	1029623
私营企业	194	182	52	1501141	784024	717117
港、澳、台商投资企业	1					
外商投资企业	1	1		436		436
按国民经济行业分						
房屋建筑业	126	120	28	11871510	5894055	5977455
土木工程建筑业	117	114	25	7489380	3555012	3934367
建筑安装业	83	76	31	1654600	507646	1146955
建筑装饰和其他建筑业	140	128	36	358939	97080	261859
按隶属关系分						
中央	18	17	4	5683646	3095027	2588619
省属	69	68	11	11731802	4954125	6777677
市及市以下	379	353	105	3958981	2004641	1954339
按企业资质等级分						
特级	3	3		3082910	1524455	1558455
一级	74	70	9	15337573	7558977	7778596
二级	239	224	67	1980696	743467	1237229
三级	150	141	44	973250	226894	746356
按区县分						
城关区	304	281	80	10296878	5589392	4707486
七里河区	63	60	11	5264538	2131691	3132847
西固区	39	38	16	1912318	906371	1005947
安宁区	18	18	5	3331833	1292692	2039141
红古区	8	8	3	52480	14620	37861
永登县	7	7	2	77364	23673	53692
皋兰县	5	5		29125	5175	23950
榆中县	4	4		160660	44078	116583
兰州新区	18	17	3	249234	46103	203131
按营业状态分						
营业	462	435	120	21325123	10033911	11291212
停业（歇业）	3	2		85	0	85
按控股情况分						
国有控股	73	71	10	15962299	6714107	9248192
集体控股	45	42	9	704606	401819	302787
私人控股	316	294	87	3110182	1746906	1363276
其他	32	31	14	1597343	1190962	406381

表（总承包和专业承包）

承包工程完成情况（万元）				建筑业总产值（万元）		
直接从建设单位承揽工程完成的产值	其中：自行完成施工产值	其中：分包出去工程的产值	从建设单位以外承揽工程完成的产值	建筑业总产值	其中：装饰装修产值	其中：在外省完成的产值
9855563	**9669420**	**186143**	**43286**	**9712706**	**260942**	**2564450**
7419194	7259044	160150	3458	7262502	119302	1983160
9855127	9668985	186143	43286	9712270	260506	2564450
1770442	1758714	11728	3152	1761866	34698	482531
98149	98149			98149	6531	3197
5761326	5599038	162288	30396	5629434	122706	1513595
1420748	1420748			1420748	16283	345347
804462	792335	12127	9738	802073	80288	219780
436	436			436	436	
5526666	5518051	8615	1705	5519756	61633	899983
3031019	3016807	14213	34826	3051632	65621	1326682
1028097	867879	160218	4481	872361	10171	322498
269780	266684	3097	2274	268958	123516	15288
2081042	2069315	11728	3008	2072323	67656	1319480
5633707	5485284	148423	21779	5507063	52172	872425
2140814	2114821	25992	18499	2133320	141114	372545
1545400	1545400			1545400	11809	537188
6659639	6502498	157141		6502497	168111	1917235
1216708	1194621	22088	11380	1206001	69001	69094
433817	426903	6914	31906	458808	12021	40934
4130270	4120190	10080	5239	4125429	147211	1180127
2866134	2856703	9431	29525	2886228	102726	473408
1249041	1083622	165419	3015	1086637	5980	210799
1323768	1323068	700	700	1323768	1079	699623
46916	46916			46916		
57855	57855			57855	150	
26338	26338			26338	2850	
98281	98281			98281		
56959	56447	513	4807	61254	946	494
9845180	9659044	186136	43279	9702323	260913	2564450
83	77	7	7	83	29	
7419194	7259044	160150	3458	7262502	119302	1983160
337443	336426	1017		336426	9747	80190
1734251	1714538	19713	18192	1732730	130707	365868
364676	359413	5263	21635	381048	1186	135232

6–10 建筑企业生产汇总表

	建筑业总产值按构成分（万元）			竣工产值（万元）
	建筑工程产值	安装工程产值	其他产值	
总　计	**8358427**	**1042823**	**311456**	**3580177**
国有及国有控股企业	6189574	831850	241078	2227154
按登记注册类型分				
内资企业	8358122	1042692	311456	3579741
国有企业	1150534	562492	48840	607032
集体企业	82388	9875	5886	51560
有限责任公司	5155592	327397	146445	1619841
股份有限公司	1351402	4655	64692	927904
私营企业	618206	138273	45594	373404
港、澳、台商投资企业				
外商投资企业	305	131		436
按国民经济行业分				
房屋建筑业	5210484	147338	161934	2280410
土木工程建筑业	2670331	329049	52252	614856
建筑安装业	301825	498803	71733	479507
建筑装饰和其他建筑业	175787	67633	25538	205403
按隶属关系分				
中央	1686824	315347	70152	478647
省属	4852681	485677	168704	1870575
市及市以下	1818922	241798	72600	1230955
按企业资质等级分				
特级	1503188	12061	30151	312326
一级	5453943	821727	226828	2334714
二级	1014677	162143	29180	736944
三级	386619	46892	25297	196193
按区县分				
城关区	3704491	223850	197088	1928738
七里河区	2454122	415012	17094	805437
西固区	828783	208959	48895	325156
安宁区	1096808	187759	39201	286957
红古区	44348	2567		37028
永登县	51396	2810	3649	58200
皋兰县	22268	1520	2550	20840
榆中县	98281			115016
兰州新区	57929	345	2980	2807
按营业状态分				
营业	8348102	1042767	311453	3575244
停业（歇业）	25	55	3	52
按控股情况分				
国有控股	6189574	831850	241078	2227154
集体控股	315938	14503	5986	106761
私人控股	1489946	181221	61563	998882
其他	362970	15249	2830	247380

（总承包和专业承包）（续一）

房屋建筑施工面积（平方米）		企业总产值（万元）	从业人员情况（人）	
施工面积	本年新开工面积		从事建筑业活动的平均人数	企业期末人数
50318982	**17353038**	**10119459**	**231437**	**221852**
38417097	13365062	7588676	155948	155530
50318982	17353038	10119023	231406	221821
8127663	1158257	1963238	41979	40560
303503	94785	116296	5633	6047
25860796	10814422	5771941	126056	122606
14421416	4286021	1420748	35531	31222
1605604	999553	846800	22207	21386
		436	31	31
48907791	16679685	5803523	133712	126759
643532	291032	3145488	63152	61283
499763	131925	881178	23816	23908
267896	250396	289271	10757	9902
2826449	1004794	2132260	42466	39201
35973070	12149562	5773626	126125	124921
11519463	4198682	2213572	62846	57730
8229138	1938966	1576072	28959	30762
36640217	12850974	6794260	142973	131063
4215260	1537337	1262695	44611	45709
1234367	1025761	486432	14894	14318
23394770	5489796	4238383	98460	94137
14348085	5151493	3054294	59452	58728
4195156	3022491	1102311	41763	34000
6126219	2268805	1429951	20862	25538
234555	92778	46991	1511	1145
324500	204501	60526	2317	2292
168288	157773	26338	1158	1038
1056548	560780	98281	2979	2367
470861	404621	62383	2935	2607
50109053	17193038	10109075	231195	221596
		83	14	14
38417097	13365062	7588676	155948	155530
781433	298717	361573	14343	10358
10087688	3051804	1786741	50109	47126
1032764	637455	382468	11037	8838

6-10 建筑企业生产汇总表

	房屋建筑竣			
	合计	住宅房屋	商业及服务用房屋	办公用房屋
总　计	**10908389**	**7683465**	**715606**	**440960**
国有及国有控股企业	7565040	4975508	456299	337491
按登记注册类型分				
内资企业	10908389	7683465	715606	440960
国有企业	1383780	1031723	2700	48166
集体企业	27507	10720	2180	2452
有限责任公司	5766629	4002744	371450	257363
股份有限公司	3170047	2284707	266200	110439
私营企业	560426	353571	73076	22540
港、澳、台商投资企业				
外商投资企业				
按国民经济行业分				
房屋建筑业	10092211	7094328	619220	409380
土木工程建筑业	304942	188677	65721	30202
建筑安装业	311620	246615		1378
建筑装饰和其他建筑业	199616	153845	30665	
按隶属关系分				
中央	252017	135720	61740	47500
省属	7370193	4902259	394559	289991
市及市以下	3286179	2645486	259307	103469
按企业资质等级分				
特级	1346705	808919	4994	110439
一级	7561838	5583743	452579	241322
二级	1656605	1101320	246718	79760
三级	343241	189483	11315	9439
按区县分				
城关区	4839789	3134297	288297	198414
七里河区	2453091	1887970	153125	153880
西固区	1270886	1092454	17007	11441
安宁区	1152530	892282	93750	16137
红古区	144162	69318		
永登县	234469	181945	1980	30202
皋兰县	100199	30000	9335	801
榆中县	673553	389359	152112	30085
兰州新区	39710	5840		
按营业状态分				
营业	10908389	7683465	715606	440960
停业（歇业）				
按控股情况分				
国有控股	7565040	4975508	456299	337491
集体控股	219234	148177	47240	2452
私人控股	2662636	2203001	184119	71287
其他	461479	356779	27948	29730

（总承包和专业承包）（续二）

工面积（平方米）				
科研、教育、医疗用房屋	文化、体育、娱乐用房屋	厂房及建筑物	仓库	其他未列明的房屋建筑物
624195	**97531**	**863093**	**229436**	**254103**
577497	86303	826247	164995	140700
624195	97531	863093	229436	254103
204177		59054	24592	13368
1943	1338	7856	998	20
177943	39768	745450	64352	107559
238137	56425	26743	136994	50402
1995		23990	2500	82754
604991	96393	810565	229436	227898
19204	1138			
		52528		11099
				15106
7057				
549739	86303	826247	164995	156100
67399	11228	36846	64441	98003
222661		14623	134667	50402
334135	92653	736780	30328	90298
42810	200	81728	61043	43026
24589	4678	29962	3398	70377
383590	56425	537993	161586	79187
67395	3021	174332		13368
24396	20514	24053	3509	77512
95265	12893	27365		14838
		74844		
19204	1138			
1495				58568
32350		7806	61841	
500	3540	16700	2500	10630
624195	97531	863093	229436	254103
577497	86303	826247	164995	140700
10023	1338	7856	998	1150
4153	9890	28990	63443	97753
32522				14500

6-11 劳务分包建筑业

	企业个数（个）			建筑业总产值（万元）	装饰装修产值	资产负债（万元）		
	企业个数	有工作量的个数	亏损企业个数			固定资产原价	资产总计	负债合计
总　计	6	6	1	4134	141	1012	6955	6003
国有及国有控股								
按登记注册类型分								
内资企业	6	6	1	4134	141	1012	6955	6003
集体企业	1	1	1	77		64	850	779
有限责任公司	2	2		3078	141	36	1253	977
股份有限公司	1	1		180				
私营企业	2	2		799		912	4853	4246
按国民经济行业分								
房屋建筑业	3	3		3783		912	5750	5035
土木工程建筑业								
建筑安装业	2	2	1	210		64	1037	867
建筑装饰和其他建筑业	1	1		141	141	36	168	101
按隶属关系分								
中央								
省属								
市及市以下	6	6		4134		1012	6955	6003
按企业资质等级分								
劳务分包	6	6	1	4134	141	1012	6955	6003
按区县分								
城关区	1	1		141	141	36	168	101
安宁区	1	1	1	77		64	850	779
兰州新区	4	4		3916		912	5938	5123
按营业状态分								
营业	6	6	1	4134	141	1012	6955	6003
停业（歇业）								
按控股情况分								
集体控股	1	1	1	77		64	850	779
私人控股	4	4		3916		912	5938	5123
其他	1	1		141	141	36	168	101

企业汇总表（劳务分包）

损益及分配（万元）							从业人员（人）		应付职工薪酬（万元）	应交增值税（万元）
营业收入合计	营业成本	营业税金及附加	管理费用	财务费用	营业利润	利润总额	从事建筑业活动的平均人数	企业期末人数		
4134	3822	31	116	35	139	131	358	236	1101	22
4134	3822	31	116	35	139	131	358	236	1101	22
77	77	0	6	−4	−3	−3	14	14	8	2
3078	2903	27	18	0	129	129	118	118	130	13
180	178	0	2	0	0	0	6	6	178	2
799	664	3	90	38	13	4	220	98	786	4
3783	3505	29	86	39	124	125	337	218	1071	7
210	200	1	15	−4	7	−2	17	14	12	6
141	117	1	15	0	8	8	4	4	18	9
4134	3822	31	117	35	139	130	358	236	1101	22
4134	3822	31	116	35	139	131	358	236	1101	22
141	117	1	15	0	8	8	4	4	18	9
77	77	0	6	−4	−3	−3	14	14	8	2
3916	3628	29	95	39	134	126	340	218	1076	11
4134	3822	31	116	35	139	131	358	236	1101	22
77	77	0	6	−4	−3	−3	14	14	8	2
3916	3628	29	95	39	134	126	340	218	1076	11
141	117	1	15	0	8	8	4	4	18	9

6-12 建筑业企业财务情况

	年初存货	年末资产负债（万元）		
		流动资产合计	应收工程款	存货
总　计	**1536348**	**10834500**	**3858967**	**2051187**
国有及国有控股企业	1043871	7378057	2731935	1499017
按登记注册类型分				
内资企业	1536348	10832908	3858707	2051187
国有企业	198183	2093277	833438	490997
集体企业	24597	75717	29727	25975
有限责任公司	754365	5633755	1977245	850343
股份有限公司	329835	1790576	707562	439562
私营企业	229368	1239583	310735	244311
港、澳、台商投资企业				
外商投资企业		1593	261	
按国民经济行业分				
房屋建筑业	797792	5517659	2375456	1155275
土木工程建筑业	543085	3935498	1087613	673884
建筑安装业	154561	936058	274406	163326
建筑装饰和其他建筑业	40910	445285	121492	58702
按隶属关系分				
中央	201343	2301770	749300	283511
省属	878690	5430605	1992719	1297449
市及市以下	456316	3102126	1116949	470227
按企业资质等级分				
特级	197706	1787877	755324	302826
一级	1025276	6898973	2317525	1458784
二级	225236	1453478	563156	200049
三级	88131	694172	222962	89527
按区县分				
城关区	864660	5887339	1975590	1211079
七里河区	303589	2365598	1044026	385037
西固区	164221	932216	375527	199164
安宁区	192826	1324040	360636	245275
红古区	4307	41944	18825	3966
永登县	1500	22707	11966	1337
皋兰县	175	23641	9547	2124
榆中县	227	39328	24871	237
兰州新区	4844	197687	37979	2968
按营业状态分				
营业	1536249	10825677	3850951	2051171
停业（歇业）		1051	243	16
按控股情况分				
国有控股	1043871	7378057	2731935	1499017
集体控股	62504	558186	169315	69190
私人控股	321564	2303845	809024	346370
其他	108410	594412	148693	136611

汇总表（总承包和专业承包）

年末资产负债（万元）					
固定资产合计	固定资产减值准备	固定资产原价	累计折旧	本年折旧	在建工程
923984	**1224**	**1253129**	**452371**	**55410**	**40314**
676330	667	863457	269310	34622	18854
923984	1224	1253066	452308	55410	40314
120550	635	192929	102044	7635	2078
8296	10	14102	5985	518	153
570720	240	726589	225814	32279	31182
144517	123	203960	65137	8984	3641
79901	215	115487	53328	5994	3260
0		64	64		
507562	183	599322	164435	25546	16653
266983	45	417981	186179	24337	17691
115872	721	181124	72452	2675	4080
33568	275	54703	29305	2851	1889
100019	635	218583	130623	13336	3384
586049	34	676326	162297	23838	17934
237915	555	358222	159452	18236	18996
80355		107129	28450	4732	1096
631561	746	877012	322137	35288	24707
162559	190	214465	81876	12011	3754
49509	287	54524	19910	3380	10757
516643	394	684293	236982	34688	23286
190932		267590	110910	14007	4196
109738	647	163171	57831	1675	3683
77808	2	109007	37556	3491	5566
4511	31	7613	3175	339	
6421		6199	1250	149	
4108		675	50	14	
7624		11008	3660	804	
6199	151	3573	957	243	3582
922700	1223	1250394	450920	55213	40314
957	1	1139	182	182	
676330	667	863457	269310	34622	18854
39192	10	66892	32205	842	3618
173463	545	245487	104943	14960	16060
34999	2	77293	45914	4986	1781

6-12 建筑业企业财务情况

	年末资产负债（万元）				
	资产合计	流动负债合计	应付账款	非流动负债合计	负债合计
总　计	**13663099**	**10022598**	**3633309**	**618288**	**10683008**
国有及国有控股企业	9260826	7250025	2754398	297219	7550312
按登记注册类型分					
内资企业	13661402	10022404	3633252	618288	10682814
国有企业	2589784	1912502	786714	182884	2095387
集体企业	84231	64558	25972	780	72687
有限责任公司	7072658	5353601	1935315	160489	5541928
股份有限公司	2049568	1750728	620220	23673	1774401
私营企业	1865161	941015	265031	250462	1198413
港、澳、台商投资企业	105				
外商投资企业	1593	194	57		194
按国民经济行业分					
房屋建筑业	6754263	5133653	2157925	227015	5378525
土木工程建筑业	5247736	3746850	1029963	339746	4104259
建筑安装业	1147186	863215	358871	39638	905118
建筑装饰和其他建筑业	513914	278880	86551	11888	295106
按隶属关系分					
中央	2907833	2431870	856155	11168	2443713
省属	6690829	5213645	1981965	273761	5489913
市及市以下	4064437	2377083	795189	333358	2749382
按企业资质等级分					
特级	2309308	1867265	558305	53288	1920553
一级	8843071	6655645	2457104	541167	7198787
二级	1718267	990611	419688	5624	1033288
三级	792455	509077	198211	18209	530380
按区县分					
城关区	7704399	5391364	1946343	433120	5839814
七里河区	2707914	2062113	816748	163440	2238602
西固区	1052284	866042	435817	2911	879368
安宁区	1821952	1421558	353436	3940	1425830
红古区	49121	27268	7808	100	29896
永登县	31119	16872	9097	100	17141
皋兰县	27749	9884	2680	27	10112
榆中县	58278	40661	11828		40661
兰州新区	210285	186836	49552	14650	201586
按营业状态分					
营业	13650034	10021319	3632072	618288	10681729
停业（歇业）	2008	289	247		289
按控股情况分					
国有控股	9260826	7250025	2754398	297219	7550312
集体控股	688986	538665	157999	55964	601978
私人控股	3073346	1684379	530185	264938	1975401
其他	639942	549529	190727	167	555318

汇总表（总承包和专业承包）（续一）

年末资产负债（万元）							
所有者权益合计	实收资本	其中：国家资本	集体资本	法人资本	个人资本	港澳台资本	外商资本
2980091	**1919824**	**583575**	**75554**	**735645**	**524920**		**130**
1710514	941582	554218	6814	365248	15302		
2978587	1919219	583575	75554	735170	524920		
494397	244406	208313		36094			
11544	26338	1000	20965	1019	3354		
1530730	1027002	330399	43893	421411	231300		
275167	147585	42200	10197	59366	35822		
666749	473887	1663	500	217281	254444		
105	105			105			
1399	500			370			130
1375737	784268	241676	35927	233294	273371		
1143478	712967	226865	17579	364024	104500		
242068	224704	98930	19943	61427	44405		
218808	197884	16105	2105	76901	102644		130
464121	367017	104844		262174			
1200916	646604	433374	26457	136339	50434		
1315056	906203	45357	49097	337133	474486		130
388755	319000	100000		219000			
1644283	790454	337136	14688	235703	202928		
684979	582319	118254	52669	191682	219584		130
262075	228050	28185	8197	89260	102407		
1864585	972794	239036	16457	355178	361993		130
469312	410747	220033	23334	96962	70418		
172917	173303	67306	23762	53964	28271		
396122	276260	45881	597	204346	25436		
19225	12665	1919		2851	7895		
13978	11709		4200	1055	6454		
17637	13625			5025	8600		
17617	13125		5919	5063	2143		
8699	35597	9400	1285	11201	13710		
2968305	1908106	583575	74954	734595	514852		130
1719	1650		600	1050			
1710514	941582	554218	6814	365248	15302		
87008	97534	5600	51513	22911	17510		
1097945	788922	6663	6617	292483	483159		
84624	91786	17094	10610	55004	8949		130

6-12 建筑业企业财务情况

	损益及分配（万元）				
	营业收入	主营业务收入	营业成本	主营业务成本	营业税金及附加
总　计	**10278460**	**10029772**	**9688175**	**9451989**	**63587**
国有及国有控股企业	7722694	7514104	7343307	7176232	40790
按登记注册类型分					
内资企业	10278051	10029363	9687839	9451652	63586
国有企业	1950488	1845256	1854386	1752074	15410
集体企业	63367	63168	56789	55917	944
有限责任公司	6051624	5952113	5722890	5625058	25300
股份有限公司	1426006	1385005	1363059	1330924	15008
私营企业	786566	783821	690715	687679	6924
港、澳、台商投资企业					
外商投资企业	410	410	336	336	2
按国民经济行业分					
房屋建筑业	5957163	5773006	5679885	5508827	36416
土木工程建筑业	2890707	2832665	2673593	2633079	12613
建筑安装业	1098614	1094818	1040121	1027639	10444
建筑装饰和其他建筑业	331977	329285	294576	282444	4115
按隶属关系分					
中央	2137707	2107199	2023954	2001476	7125
省属	5884357	5684407	5624393	5460929	34521
市及市以下	2256396	2238166	2039827	1989584	21942
按企业资质等级分					
特级	1536501	1486565	1461070	1419097	11276
一级	6983209	6809327	6624855	6470583	37870
二级	1271952	1249576	1162328	1127203	10384
三级	486799	484304	439922	435106	4057
按区县分					
城关区	4442987	4391379	4101732	4053090	29977
七里河区	2732144	2572494	2592388	2438402	17922
西固区	1257074	1223724	1212874	1190222	7874
安宁区	1533333	1531523	1481703	1473885	4965
红古区	37409	35259	34334	32348	179
永登县	56752	56752	52015	51891	945
皋兰县	24237	24237	22131	22131	142
榆中县	98256	98256	92471	92471	1195
兰州新区	96269	96147	98529	97549	389
按营业状态分					
营业	10265244	10016555	9676072	9439885	63494
停业（歇业）	688	688	583	583	7
按控股情况分					
国有控股	7722694	7514104	7343307	7176232	40790
集体控股	419445	385455	404422	362865	3815
私人控股	1759303	1756023	1581818	1565978	16339
其他	377018	374190	358629	346913	2644

汇总表（总承包和专业承包）（续二）

损益及分配（万元）						
主营业务税金及附加	其他业务利润	销售费用	管理费用	财务费用	利息收入	利息支出
54770	16412	32440	304406	86761	12390	89031
35157	13683	12631	192800	36263	8131	36587
54768	16412	32440	304366	86761	12390	89030
15177	8111	1948	61226	10310	2992	12207
943	76	1632	4814	87	47	41
18574	5985	18441	157034	35600	5157	33661
14862	1755	1078	40872	10420	2519	12582
5213	485	9341	40419	30344	1675	30540
2		0	41	0		0
34269	8830	16040	145454	32615	6576	37161
11360	6923	11609	101095	48042	2992	47783
6782	658	2095	38403	3194	2546	2479
2359	1	2696	19454	2912	276	1607
6801	2771	10610	60665	12692	1888	11950
28886	12553	3416	139842	33320	6068	33894
19083	1088	18413	103900	40749	4434	43187
11160		371	47262	2881	3755	2484
32272	11567	19203	180209	69170	8234	75799
7368	4535	5191	54670	8239	198	8355
3969	311	7675	22265	6471	203	2392
27844	6126	23796	150427	63913	6292	67742
16272	9351	7314	84686	9836	4382	13456
2856	874	51	31722	4740	612	2915
4962	2	241	29751	3894	1077	4131
174	1		1029	2	0	2
942		414	2525	87	4	89
142			510	–3	–2	0
1195		408	2188	698	8	686
383	59	217	1569	3595	17	11
54677	16412	32140	303796	86759	12366	89014
7		1	9	–13	13	0
35157	13683	12631	192800	36263	8131	36587
2597	134	1809	18350	5393	2179	3642
14523	824	15802	76448	36631	2066	40350
2492	1771	2197	16808	8474	15	8451

6-12 建筑业企业财务情况

	损益及分配（万元）				
	资产减值损失	公允价值变动收益	投资收益	其他收益	营业利润
总　计	**15416**	**1270**	**44997**	**1381**	**142178**
国有及国有控股企业	11552	1270	23633	707	118085
按登记注册类型分					
内资企业	15416	1270	44997	1381	142147
国有企业	2848	6	1186	436	13596
集体企业	44	0	0		-943
有限责任公司	10803		23270	800	105138
股份有限公司	610	1264	154	145	-3477
私营企业	1110		20388		27833
港、澳、台商投资企业					
外商投资企业					31
按国民经济行业分					
房屋建筑业	1334	1264	1835	662	48477
土木工程建筑业	11441	6	42006	746	82767
建筑安装业	2528		975	-27	2777
建筑装饰和其他建筑业	113		183		8157
按隶属关系分					
中央	6205	6	15693	-87	39678
省属	5558	1264	3832	794	48710
市及市以下	3653		25472	674	53790
按企业资质等级分					
特级	204	1264	15103	136	29940
一级	11167	6	29050	534	77446
二级	3763		845	711	28668
三级	282			0	6125
按区县分					
城关区	10616	1264	27021	217	90892
七里河区	1814		2334	1244	21850
西固区	29			-87	-302
安宁区	2954	6	15642	7	32387
红古区					1866
永登县					766
皋兰县					1458
榆中县	2	0	0		1295
兰州新区	1				-8033
按营业状态分					
营业	15416	1270	44997	1381	142069
停业（歇业）					101
按控股情况分					
国有控股	11552	1270	23633	707	118085
集体控股	2044	0	975	674	-14739
私人控股	1136		20390		51250
其他	685				-12418

汇总表（总承包和专业承包）（续三）

损益及分配（万元）				应付职工薪酬（本年贷方累计发生额）（万元）	应交增值税（万元）
营业外收入	营业外支出	利润总额	应交所得税		
16549	**9415**	**149188**	**27231**	**748917**	**242045**
6314	5594	118805	17778	501233	184096
16549	9415	149157	27231	748889	242033
2594	2073	14118	2611	202371	73718
1133	35	155	181	23156	2539
9837	4598	110377	19500	333150	120526
1417	1284	–3344	2344	125408	28672
1568	1425	27852	2596	64804	16578
		31	0	28	12
6429	3815	50968	9586	417031	128813
3898	2940	83725	14211	199151	61344
4751	1015	6513	1872	83237	39724
1471	1644	7983	1561	49498	12165
3729	3336	40072	5675	133783	36826
4599	3204	50104	9689	397943	154583
8220	2875	59013	11867	217193	50636
306	306	29941	2332	94945	32418
12648	7761	82333	14498	483122	160347
3180	1207	30528	6906	138913	38931
415	141	6388	3495	31939	10351
7194	6271	91815	16528	433018	99968
4780	1767	24862	5025	157629	86057
3085	895	1888	1815	87077	31916
597	203	32668	2490	45537	14911
	268	1598	231	3203	1122
82		849	219	7764	2659
1	10	1439	67	2848	1098
807	2	2100	253	8998	2716
2		–8031	603	2844	1599
16549	9415	149079	27228	748715	241287
		101	1	83	45
6314	5594	118805	17778	501233	184096
6811	933	–8862	673	40141	7702
1781	2263	50644	6940	173964	38324
1643	625	–11400	1840	33579	11923

主要统计指标解释

固定资产投资（不含农户） 指城镇和农村各种登记注册类型的企业、事业、行政单位及城镇个体户进行的计划总投资500万元及500万元以上的建设项目投资和房地产开发投资，包含原口径的城镇固定资产投资加上农村企事业组织项目投资，该口径自2011年起开始使用。

房地产开发投资 指各种登记注册类型的房地产开发法人单位统一开发的包括统代建、拆迁还建的住宅、厂房、仓库、饭店、宾馆、度假村、写字楼、办公楼等房屋建筑物，配套的服务设施，土地开发工程（如道路、给水、排水、供电、供热、通讯、平整场地等基础设施工程）和土地购置的投资；不包括单纯的土地开发和交易活动。

施工项目 指报告期内曾进行建筑或安装工程施工活动的建设项目，包括报告期内新开工项目、报告期以前开工跨入报告期继续施工的项目以及报告期施过工并在报告期内全部建成投产或停缓建的项目。

全部建成投产项目 工业项目是指设计文件规定形成生产能力的主体工程及其相应配套的辅助设施全部建成，经负荷试运转，证明具备生产设计规定合格产品的条件，并经过验收鉴定合格或达到竣工验收标准，与生产性工程配套的生活福利设施可以满足生产的需要，正式移交生产的建设项目。非工业项目是指设计文件规定的主体工程和相应的配套工程全部建成，能够发挥设计规定的全部效益，经验收鉴定合格或达到竣工验收标准，正式移交使用的建设项目。

房屋建筑面积 指从房屋外墙线算起的各层平面面积的总和，包括可供使用的有效面积和房屋结构（如柱、墙）占用的面积。多层建筑按各层（包括地下室）面积总和计算。

住宅建筑面积 指施工和竣工房屋建筑面积中供居住用的施工和竣工房屋建筑面积。

房屋施工面积 指报告期内施工的全部房屋建筑面积。包括本期新开工的面积、上期跨入本期继续施工的房屋面积、上期停缓建在本期恢复施工的房屋面积、本期竣工的房屋面积及本期施工后又停缓建的房屋面积。

房屋竣工面积 指在报告期内房屋建筑按照设计要求已全部完工，达到住人和使用条件，经验收鉴定合格，正式移交使用单位的建筑面积。

房屋建筑面积竣工率 指一定时期内房屋竣工面积占同期房屋施工面积的比率。它是从房屋建筑施工速度的角度反映投资效果和建筑业经济效益的指标。

新增固定资产 是指已经完成建造和购置过程，并已交付生产或使用单位的固定资产的价值，包括已经建成投入生产或交付使用的工程投资和达到固定资产标准的设备、工具、器具的投资及有关应摊入的费用。该指标是表示固定资产投资成果的价值指标，也是反映建设进度，计算固定资产投资效果的重要指标。

固定资产交付使用率 指一定时期新增固定资产与同期完成投资额的比率。它是反映各个时期固定资产动用速度，衡量建设过程中投资效果的一个综合性指标。

建筑业统计单位 指从事房屋、构筑物建造和设备安装活动的法人企业。建筑业法人企业应同时具备的条件是：①依法成立，有自己的名称、组织机构和场所，能够承担民事责任；②独立拥有和使用资产，承担负债，有权与其他单位签订合同；③独立核算盈亏，能够编制资产负债表；④具有建筑业资质。

建筑业总产值（即自行完成施工产值） 是以货币表现的建筑安装企业在一定时期内生产的建筑业产品和服务的总和。建筑业总产值包括：

（1）建筑工程产值：指列入建筑工程预算内的各种工程价值。

（2）设备安装工程产值：指设备安装工程价值，不包括被安装设备本身价值。

（3）房屋、构筑物修理产值：指房屋、构筑物修理所完成的价值，但不包括被修理房屋、构筑物本身的价值和生产设备的修理价值。

（4）非标准设备制造产值：指加工制造没有定型的、非标准的生产设备的加工费和原材料价值，以及附属加工厂为本企业承建工程制作的非标准设备的价值。

房屋建筑施工面积 指在报告期内施过工的全部房屋建筑面积，包括本期新开工的房屋面积、上期施工跨入本期继续施工的房屋面积、上期停缓建在本期恢复施工的房屋面积、本期竣工的房屋面积及本期施工后又停缓建的房屋面积。

房屋建筑竣工面积 指在报告期内房屋建筑按照设计要求已全部完工，达到了住人和使用条件，经验收鉴定合格，正式移交使用单位的房屋建筑面积。

自有机械设备年末总台数 指归本企业所有，属于本企业固定资产的生产性机械设备年末总台数。包括施工机械、生产设备、运输设备以及其他设备。

自有机械设备年末总功率 指年末企业自有的直接用于工程施工的各种机械设备的台数，包括施工机械、生产设备、运输设备以及其他设备等列为在册固定资产的生产性机械设备年末总功率，按设定能力或查定能力计算。包括施工机械本身的动力和为该机械服务的单独动力设备，如电动机等。计算单位用千瓦，动力换算可按1马力=0.735千瓦折合成千瓦数。电焊机、变压器、锅炉不计算动力。

工程结算收入 指本企业承包工程实现的工程价款结算收入，以及向发包单位收取的除工程价款以外的按规定列作营业收入的各种款项，如临时设施费、劳动保险费、施工机械调迁费等以及向发包单位收取的各种索赔款。

营业利润 指企业从事生产经营活动所取得的利润，如亏损以“–”号表示。

企业总收入 指与企业生产经营直接有关的各项收入，包括工程结算收入和其他业务收入。计算公式为：

企业总收入=工程结算收入+其他业务收入

七、城市建设

7–1 城市主要经济指标表

	单位	全市合计	市区合计	市区占全市比重（%）
人口、劳动力及土地面积				
年末户籍人口	万人	325.55	206.75	63.51
年平均人口	万人	324.89	206	63.54
常住人口	万人	372.96	268	71.88
年出生人口	人	46465	28086	60.45
年死亡人口	人	41102	29455	71.66
年末总户数	万户	110.49	74	67.24
年末单位就业人员数	万人	741401	652488	88.01
第一产业（农、林、牧、渔业）	万人	570	570	100.00
第二产业	万人	311892	271772	87.14
采矿业	万人	11184	11079	99.06
制造业	万人	102462	69554	67.88
电力、燃气及水的生产和供应业	万人	26600	24472	92.00
建筑业	万人	171646	166667	97.10
第三产业	万人	428939	380146	88.62
交通运输、仓储及邮政业	万人	26380	22585	85.61
信息传输、计算机服务和软件业	万人	11946	11896	99.58
批发和零售业	人	30119	27425	91.06
住宿、餐饮业	人	11963	10502	87.79
金融业	万人	27226	25433	93.41
房地产业	万人	29586	27722	93.70
租赁和商业服务业	万人	47373	46124	97.36
科学研究、技术服务和地质勘查业	万人	41772	40826	97.74
水利、环境和公共设施管理业	万人	22282	18266	81.98
居民服务和其他服务业	万人	624	624	100.00
教育	万人	68055	54782	80.50
卫生和社会工作	人	35805	31763	88.71
文化、体育和娱乐业	万人	11493	10632	92.51
公共管理和社会组织	万人	64315	51566	80.18
城镇私营和个体从业人员	人	865486	718353	83.00
年末城镇登记失业人员数	人	15541	13987	90.00
行政区域土地面积	平方公里	13086.0	1632	12.47
建成区面积	平方公里	286	249	87.06
城市建设用地面积	平方公里	309.39	236	76.17
居住用地面积	平方公里	74.71	64	85.62
公共设施用地面积	平方公里	36.22	29	80.92
工业用地面积	平方公里	28.25	27	96.71

7-1 城市主要经济指标（续一）

	单位	全市合计	市区合计	市区占全市比重（%）
综合经济				
地区生产总值（当年价格）	万元	25235441	21069194	83.49
第一产业增加值	万元	614702	225152	36.63
第二产业增加值	万元	8817386	6832159	77.49
第三产业增加值	万元	15803353	14011883	88.66
地区生产总值（2015 年价格）	万元	24228898	20089990	82.92
人均地区生产总值	元	67881	78800	
地区生产总值增长率	%	5.7	5.91	
财政、金融、保险				
公共财政预算收入	万元	2342001	2182607	93.19
税收收入	万元	1746866	1636486	93.68
企业所得税	万元	197526	188985	95.68
个人所得税	万元	71168	68642	96.45
公共财政预算支出	万元	4293614	3525233	82.10
一般性公共服务支出	万元	571899	492184	86.06
科学技术支出	万元	67851	64467	95.01
教育支出	万元	803250	606833	75.55
文化体育与传媒支出	万元	35788	27156	75.88
医疗卫生支出	万元	396693	340236	85.77
节能保护支出	万元	83264	69173	83.08
城乡社区事务支出	万元	588078	549395	93.42
交通运输支出	万元	131061	115650	88.24
社会保障和就业支出	万元	382079	320326	83.84
住房保障支出	万元	160328	107707	67.18
年末金融机构各项存款余额	万元	85135870	71487289	83.97
其中：住户存款	万元	29492658	25781247	87.42
年末金融机构各项贷款余额	万元	96435474	60772890	63.02

7-1 城市主要经济指标（续二）

	单位	全市合计	市区合计	市区占全市比重（%）
工业				
工业企业数	个	351	193	54.99
内资企业	个	334	185	55.39
国有企业	个	9	9	100.00
私营企业	个	116	68	58.62
港、澳、台商投资企业	个	8	2	25.00
外商投资企业	个	9	6	66.67
工业总产值（当年价）	万元	19493500	13776400	70.67
内资企业	万元	18017100	13454800	74.68
国有企业	万元	1749800	1749800	100.00
私营企业	万元	1897200	12400	0.65
港、澳、台商投资企业	万元	1078600	5600	0.52
外商投资企业	万元	397500	265600	66.82
从业人员年平均人数	万人	12.16	8.29	68.17
流动资产合计	万元	11108100	6760600	60.86
固定资产合计	万元	6712600	3788200	56.43
主营业务收入	万元	17848700	12674700	71.01
主营业务成本	万元	13444000	8648900	64.33
主营业务税金及附加	万元	2090400	2067000	98.88
本年应交增值税	万元	880700	825800	93.77
利润总额	万元	806100	795200	98.65
年末邮政局（所）数	处	157	99	63.06
邮政业务收入	万元	37323	31676	84.87
电信业务收入	万元	532375	—	
固定电话年末用户数	万户	61.86	—	
移动电话年末用户数	万户	586.56	—	
3G 以上移动电话用户	万户	334.18	—	
互联网宽带接入用户数	万户	137.5	—	
综合能源消费量	万吨 / 标准煤	2354.69	—	
全社会用电量	万千瓦时	3018828.74	—	
工业用电	万千瓦时	2352088.45	—	
城乡居民生活用电	万千瓦时	211683.46	—	

7-1 城市主要经济指标（续三）

	单位	全市合计	市区合计	市区占全市比重（%）
内外贸易、外经				
限额以上批发零售贸易业商品销售总额	万元	33497867.6	29505359.8	88.08
社会消费品零售总额	万元	13587245	12366297.8	91.01
限额以上批发零售企业数（法人数）	个	640	545	85.16
零售业	个	303	259	85.48
货物进口额（海关数）	人民币	522337	162472.00	31.10
货物出口额（海关数）	人民币	728777	379368.00	52.06
外商直接投资				
外商直接投资合同项目	个	8	3	37.50
当年实际使用外资金额	万美元	10035.23	1285.96	12.81
固定资产投资				
固定资产投资额（不含农村）	万元	13153496	7700729	58.55
房地产开发投资额	万元	4321588	3188698	73.79
住宅	万元	2742804	1961347	71.51
全年新增固定资产	万元	5042126	3193148	63.33
商品房屋销售面积	万平方米	733.66	477.44	65.08
住宅	万平方米	644.54	425.01	65.94
高档别墅公寓	万平方米	9.34	1.43	15.31
商品房屋销售额	万元	5472584	3947951	72.14
住宅	万元	4489312	3219116	71.71
高档别墅公寓	万元	99254	25617	25.81
待售面积	万平方米	217.96	132.99	61.02
教育、科技、文化、卫生				
学校数				
普通高等学校	所	23	23	100.00
中等职业教育学校	所	56	49	87.50
普通中学	所	119	118	99.16
小学	所	863	625	72.42
专任教师数				
普通高等学校	人	17468	17468	100.00
中等职业教育学校	人	1662	1344	80.87
普通中学	人	13887	9282	66.84
小学	人	14572	9097	62.43
在校学生数				
普通高等学校	人	445674	445674	100.00

7-1 城市主要经济指标（续四）

	单位	全市合计	市区合计	市区占全市比重（%）
高中阶段在校学生数	人	109353	81666	74.68
中等职业教育学校学生数	人	41018	37040	90.30
普通中学学生数	万人	16.53	99.46	60.18
小学学生数	万人	21.78	15.90	73.03
初中毕业生升学率	%	99.64	99.00	
成人高等学校在校学生数	人	6243	6243	100.00
体育场馆数	个	154	126	81.82
剧场、影剧院数	个	34	30	88.24
公共图书馆图书总藏量	千册	111.29	93.38	83.91
广播节目综合人口覆盖率	%	99.69	99.7	
电视节目综合人口覆盖率	%	99.7	99.93	
有线电视入户率	%	76.1	85.0	
医院、卫生院数	个	2464	1523	61.80
医院、卫生院床位数	张	29164	24618	84.90
医生数（执业医师＋执业助理医师）	人	13692	12122	88.50
注册护士	人	16054	14343	89.30
社会保障				
居民消费价格指数（上年为 100)	%	101.5		
城镇职工基本养老保险参保人数	人	762970	704621	92.90
城镇居民基本医疗保险参保人数	人	1037496	931712	89.80
失业保险参保人数	人	567286	498766	87.90
社会福利院数	个	6	3	50.00
社会福利院床位数	张	789	682	86.43
社区服务设施数	个	1017	627	61.65
城市社区综合服务设施覆盖率	%	100	100	
城镇居民最低生活保障人数	人	43926	35282	80.32
社会治安				
交通事故死亡人数	人	253	124	49.0
交通事故损失额	万元	397	205	51.6
火灾事故死亡人数	人	0	0	
火灾事故损失额	万元	833	405	48.6
刑事案件立案数	起	6632	5339	80.5
犯罪人数	人	3779	2794	73.90
青少年人数（年龄 16–25 周岁）	人	526	354	67.30

7-2 城市设

	2007	2008	2009	2010
建成区面积（平方公里）	175.81	206.58	198.43	196.26
城市人口密度（人 / 平方公里）	1055.50	1367.00	1373.00	1614.00
燃气普及率（%）	68.03	68.23	82.11	89.37
年末公用自来水生产能力（万立米 / 日）	139.30		159.16	156.51
地下水	10.00		14.94	12.60
全年供水总量（万立方米）	21770.00		27891.41	24275.92
居民家庭用水	7299.00		9856.96	9804.14
用水人口（万人）	190.33	194.29	195.16	188.54
道路长度（公里）	344.00	857.00	969.00	906.60
道路面积（万平方米）	1313.00	1635.00	1974.20	2161.50
人均拥有道路面积（平方米）	6.69	7.65	9.23	10.89
排水管道长度（公里）	555.00	732.00	781.00	724.00
桥梁数（个）	177	192	210	199
污水年排放量（万立方米）	21900	22207	25278	22318
污水年处理量（万立方米）	10967	13538	11345	12845
污水日处理能力（万立方米）	46.0	44.0	44.0	44.0
污水处理率（%）	50.08	60.96	60.00	60.00
防洪堤长度（公里）	131.00	144.00	191.00	180.00
绿化覆盖面积（公顷）	4413.65	5130.00	5737.00	5495.00
建成区绿化覆盖率（%）	31.28	21.17	25.28	25.02
园林绿地面积（公顷）	3892.81	4593.00	4651.00	4441.00
公共绿地面积（公顷）	1617.98	2026.00	1730.00	1714.00
人均公共绿地面积（平方米）	8.89	9.47	8.09	8.63
公园个数（个）	14	15	17	14
公共汽（电）车营运车辆（辆）	2016	2135	2130	2149
标准运营台数（标台）	2494	2553	2599	2666
公共汽（电）车客运总量（万人次）	47334	54226	58854	61554
出租汽车（辆）	6718	5616	6738	6738

注：2007年道路长度、道路面积等市政设施数据为市政管理系统内数据，与往年数据不可比。

施水平

2011	2012	2013	2014	2015	2016	2017
196.97	198.67	207.00	282.20	310.86	310.85	356.79
1613.00	9561.00	8931.00	5878.00	7274	7253	7211
88.98	88.71	90.10	86.93	87.3	87.64	87.65
157.97	150.78	144.60	148.85	165.27	161.27	175.17
12.60	12.00	10.00	10.70	12.3	13.81	13.86
29401.10	26827.67	21818.49	23902.57	27491.6	26441.37	27178.06
10132.90	9644.75	9337.83	10230.56	11082.04	10327.2	10405.87
187.10	186.46	174.27	205.31	257.49	264.46	269.49
909.81	926.57	1093.22	1513.50	1678.95	1834.33	1963.26
2168.35	2218.89	2910.44	3545.53	4294.88	4536.73	4805.11
10.97	11.18	14.79	16.56	16	16.57	17.43
765.49	832.39	1360.50	2311.01	2783.7	3028.7	3241.22
202	205	206	254	337	375	419
16097.3	19785	19285	19018	19971	18686	19986
10760	13401	14781	15881	17766	17743	19081
44.5	71.9	71.9	75.1	77.6	70.7	74
	67.73	82.03	83.51	88.96	94.95	95.47
180.00	180.00	235.20	260.12			
4940.00	6548.00	7730.00	7919.36	8369.36	9311	10733.87
25.08	30.01	34.52	26.46	25.2	26.69	29.98
4471.00	5494.00	6584.00	7201.62	7742.59	7852.3	9592.07
1720.00	1762.00	2058.00	2333.13	2526.9	2586.3	3454.5
8.70	8.88	10.46	10.90	9.41	9.52	12.53
14	14	16	25	29	29	35
2163	2270	2745	2769	2739	2800	2801
2682	2924	3326	3115	3094	3162	3165
62050	3373	76428	77676	75004	80186	81756
6738	6738	7913	7591	8221	9583	9648

7-3 工业废水排

	2005	2006	2007	2008	2009
工业废水					
工业废水排放量（万吨）	4352.00	4029.00	3725.00	3737.12	2945.18
化学需氧量（吨）	3583.00	3095.00	2112.00	2199.38	1834.62
氨氮（吨）	267.11	281.95		205.34	134.89
石油类（吨）	207.16	140.60		79.68	40.19
挥发酚（吨）	0.94	0.61		0.15	0.21
氰化物（吨）	0.59	0.11		0.13	0.10
砷（吨）	0.17	0.15	0.18	0.21	0.20
铅（吨）	1.04	1.23	1.20	0.28	0.14
镉（吨）	0.25	0.19	0.25	0.20	0.09
六价铬化合物（吨）	0.10	0.88	0.64	0.29	0.11
工业废气					
工业废气排放量（亿标立方米）	1338	1342	1766	1870	2070
二氧化硫排放量（吨）	60924	69947	64044	71865	70687
氮氧化物排放量（吨）		34349	37431	36644	43738
工业烟尘排放量（吨）		36457	27237	24084	19424
工业固体废物					
工业固体废物产生量（万吨）	160.54	258.39	412.41	372.41	485.82
工业固体废物处置量（万吨）	0.48	34.94	21.67	22.26	30.35
工业固体废物综合利用量（万吨）	152.31	181.66	344.60	290.75	364.88
工业固体废物贮存量（万吨）	4.64	41.78	54.39	59.42	102.00
生活污水					
城镇生活污水排放量（万立方米）	12375	12625	12740	13859	13923
城镇生活污水处理量（万立方米）	4839	5200	5002	5564	8555
城镇生活污水处理率（%）	39.10	41.19	39.26	40.15	61.45

注：2011年环境统计国家启动“十二五”环境统计系统，与“十一五”环境统计在统计口径、方法、范围等方面有所调整变动，故部分统计指标数据与往年不可比。

放处理情况

2010	2011	2012	2013	2014	2015
2529.10	4097.28	4624.55	4909.07	4563.49	4138.48
3103.38	4658.62	4348.47	4445.77	4005.99	3307.95
209.84	2431.58	2642.68	2723.12	2648.30	2656.1
28.42	86.57	68.79	87.85	93.53	541.15
0.17	8.40	0.39	0.79	3.14	1.75
0.12	0.02	0.03	0.02	0.02	0.02
0.12				0.00	0.001
0.05	0.09			0.01	0.009
0.04	0.02			0.01	0.004
0.12	0.15	0.00	0.01	0.01	0.006
1805	3183	3954	4068	3768	3576.57
69800	92722	68654	72148	67616	61240
45243	79722	83804	79915	66026	54079
21269	39710	33598	40109	64214	45209
507.31	604.55	627.88	624.58	638.62	607.75
29.17	43.39	23.19	14.75	7.22	7.4
413.23	561.15	603.04	608.17	628.73	598.4
82.19	0.04	1.65	1.66	2.67	2.07
15147	12000	13687		19018	19971
10636	9502	9670		15881	17766
70.22	79.19	70.65		83.51	88.96

7-3 工业废水排放处理情况（续一）

	2016	2017
工业废水		
工业废水排放量（万吨）	3341.89	3527.75
化学需氧量（吨）	899.96	2168.76
氨氮（吨）	66.54	68.43
石油类（吨）	17.13	45.43
挥发酚（千克）	0.80	24530.59
氰化物（千克）	0.04	83.74
砷（千克）	1.06	6.56
铅（千克）	1.37	13.15
镉（千克）	4.15	6.22
六价铬化合物（千克）	2.77	7.68
工业废气		
工业废气排放量（亿标立方米）	2566.45	2146.49
二氧化硫排放量（吨）	19192.01	20095.17
氮氧化物排放量（吨）	28557.87	27618.2
工业烟尘排放量（吨）	15891.59	15786.31
工业固体废物		
工业固体废物产生量（万吨）	291.05	307.8
工业固体废物处置量（万吨）	10.07	28.74
工业固体废物综合利用量（万吨）	280.72	279.22
工业固体废物贮存量（万吨）	0.55	0.48
生活污水		
城镇生活污水排放量（万立方米）	17530.51	17773.26
城镇生活污水处理量（万立方米）	17342.91	17364.35
城镇生活污水处理率（%）	98.93	97.7

注：2011年环境统计国家启动“十二五”环境统计系统，与“十一五”环境统计在统计口径、方法、范围等方面有所调整变动，故部分统计指标数据与往年不可比。

7-4 环境保护

	2016	2017
工业废水排放量（万吨）	3341.87	3527.75
工业废气排放量（亿立方米）	2566.45	2146.49
工业二氧化硫产生量（吨）	108371.78	94777.47
工业二氧化硫排放量（吨）	19192.01	20095.17
工业氮氧化物产生量（吨）	54119.06	54896.46
工业氮氧化物排放量（吨）	28557.87	27618.2
工业烟（粉）尘产生量（吨）	3199993.62	2738546.55
工业烟（粉）尘排放量（吨）	15891.59	15786.31
工业重金属产生量（吨）		
工业重金属排放量（吨）		
一般工业固体废物综合利用率（%）	96.45	90.52
城镇污水处理率（%）	95.72	95.49
污水处理厂集中处理率（%）	95.72	95.49
生活垃圾无害化处理率（%）	40.4	100.0
空气质量达到及好于二级的天数（天）	243	
空气质量达到及好于二级的比例（%）		68.9

注：2014年环境统计在统计口径、方法、范围等方面有所调整变动。

主要统计指标解释

年末自来水生产能力 指年底城建部门管理的自来水厂和自备水源的社会单位取水、净化、送水、出厂输水干管等环节的实际生产能力。

年末供水管道长度 指从送水泵到用户水表之间所有管道的长度。

全年供水总量 指公用自来水厂和自备水源的社会单位全年的供水总量，包括有效供水量及损失水量。

生活用水量 指居民日常生活与公共福利设施的用水量，包括居民、饮食店、旅馆、医院、理发店、浴池、洗衣店、游泳池、商店、学校、机关、部队等单位的用水量。

城市人口用水普及率 指城市用水人口数与城市人口总数之比。计算公式为：

用水普及率=城市用水人口数/城市人口总数×100%

全年供气总量 指全年售给各类用户的全部煤气量，包括工业用量、家庭用量和其他用量。

城市用气普及率 指使用煤气（包括人工煤气、液化石油气、天然气）的城市人口数与人口总数之比。计算公式为：

城市用气普及率=城市用气人口数/城市人口总数×100%

年底实有铺装道路长度 指除土路外，路面经过铺装宽度在3.5米以上的道路，包括高级、次高级道路和普通道路。

城市桥梁 指城市范围内，修建在河道上的桥梁和道路与道路立交、道路跨越铁路的立交桥及人行天桥。包括永久性桥和半永久性桥、不包括临时性桥、铁路桥、涵洞。

城市下水道总长度 指所有排水总管、干管、支管及暗渠、检查井、连接井进出水口等长度之和。

城市污水日处理能力 指污水处理厂每昼夜处理污水量的设计能力。

年末实有公共汽（电）车 指年底可参加营运的全部车辆数，包括营运车辆数和库存查封未参加营运的车辆。不包括非营运车辆，如架线车、油罐车、工程车、货车及其他专用车辆和借入的客运车辆。

城市园林绿地面积 指城市公共绿地、专用绿地、生产绿地、防护绿地、郊区风景名胜区的全部面积。

公共绿地 指供游览休息的各种公园、动物园、植物园、陵园以及花园、游园和供游览休息用的林荫道绿地、广场绿地，不包括一般栽植的行道树及林荫道的面积。

工业废水排放量 指经过企业厂区所有排放口排到企业外部的工业废水量。包括生产废水、外排的直接冷却水、超标排放的矿井地下水和与工业废水混排的厂区生活污水，不包括外排的间接冷却水（清污不分流的间接冷却水应计算在内）。

工业废水排放达标量 指各项指标都达到国家或地方排放标准的外排工业废水量，包括未经处理外排达标和经过处理后外排达标两部分。

工业废气排放量 指企业厂区内燃料燃烧和生产工艺过程中产生的各种排入空气的含有污染物的气体总量，按标准状态（273K，101325Pa）计算。

工业二氧化硫排放量 指企业在燃料燃烧和生产工艺过程中排入大气的二氧化硫数量。

烟尘排放量 指企业厂区内燃料燃烧产生的烟气中夹带的颗粒物数量。

工业粉尘排放量 指企业在生产工艺过程中排放的颗粒物重量，如钢铁企业的耐火材料粉尘、焦化企业的筛焦系统粉尘、烧结机的粉尘、石灰窑的粉尘、建材企业的水泥粉尘等。不包括电厂排入大气的烟尘。

工业固体废物产生量 指企业在生产过程中产生的固体状、半固体状和高浓度液体状废弃物的总量，包括危险废物、冶炼废渣、粉煤灰、沪渣、煤矸石、尾矿、放射性废物和其他废物等；不包括矿山开采的剥离废石和掘进废石（煤矸石和呈酸性或碱性的废石除外）。酸性或碱性废石指采掘的废石其流经水、雨淋水的PH值小于4或PH值大于10.5者。

工业固体废物处置量 指将固体废物焚烧或者最终置于符合环境保护规定要求的场所，并不再回取的工业固体废物量（包括当年处置往年的工业固体废物累计贮存量）。处置方法有填埋（其中危险废物应安全填埋）、焚烧、专业贮存场（库）封场处理、深层灌注、回填矿井等。

八、商业、物价

8-1 社会消费品零售总额

	社会消费品零售总额（万元）				构成（%）总额=100		
		市	县	县以下	市	县	县以下
1979	64608	53500	3259	4849	82.8	5.04	7.51
1980	79602	72573	2237	4792	91.2	2.81	6.02
1981	92916	84135		5501	90.5	3.53	5.92
1982	98106	87569		6446	89.3	4.17	6.57
1983	109073	99474		6032	91.2	3.27	5.53
1984	166936	151828			90.9	9.05	
1985	203181	177743	25438		87.5	12.52	
1986	238390	216103	22287		90.7	9.35	
1987	267759	237787	29972		88.8	11.19	
1988	366358	326329	40029		89.1	10.93	
1989	408412	365089	43323		89.4	10.61	
1990	354709	311443	43266		87.8	12.20	
1991	394014	354217	39797		89.9	10.10	
1992	493967	448676	45291		90.8	9.17	
1993	605588	564094	41494		93.1	6.85	
1994	770741	708005	31824	30912	91.9	4.13	4.01
1995	966709	888130	40517	38062	91.9	4.19	3.94
1996	1104678	1015253	49537	39888	91.9	4.48	3.61
1997	1218665	1129795	47545	41325	92.7	3.90	3.39
1998	1354030	1260477	47222	46331	93.1	3.49	3.42
1999	1474674	1373534	48077	53063	93.1	3.26	3.60
2000	1600561	1509263	39784	51514	94.3	2.49	3.22
2001	1738827	1639730	46915	52182	94.3	2.70	3.00
2002	1905594	1794946	57227	53421	94.2	3.00	2.80
2003	2065349	1926373	54154	54822	93.3	2.62	2.65
2004	2280165	2159442	59866	60857	94.7	2.63	2.67
2005	2566724	2427080	67019	72625	94.6	2.61	2.83
2006	2897169	2745380	73430	78359	94.8	2.53	2.70
2007	3375659	3203985	83606	88068	94.9	2.47	2.63
2008	3950438	3757344	94160	98934	95.1	2.38	2.50
2009	4697711	4476705	107783	113223	95.3	2.30	2.40
2010	5451055	4744277	706778		87.0	13.0	
2011	6397231	5603581	793649		87.6	12.4	
2012	7491157	6560692	930465		87.6	12.4	
2013	8438727	7391130	1047597		87.6	12.4	
2014	10568321	9300122	1268198		88.0	12.0	
2015	11521498	10138918	1382580		88	12.00	
2016	12633456	10653889	1979567		84.3	15.7	
2017	13587245	11558602	2028643		85.1	14.9	

8-1 社会消费品零售总额（续一）

	分行业社会消费品零售总额（万元）			构成（%）总额 =100		
	批零贸易业	住宿和餐饮业	其他行业	批零贸易业	住宿和餐饮业	其他行业
1979	55977	2386	3245	86.64	3.69	5.02
1980	67896	3290	8416	85.29	4.13	10.57
1981	77210	4031		83.10	4.34	12.57
1982	81043	3874		82.61	3.95	13.44
1983	87159	4648		79.91	4.26	15.83
1984	101189	5664		60.62	3.39	35.99
1985	137567	17350	48264	67.71	8.54	23.75
1986	165123	21034	52233	69.27	8.82	21.91
1987	192654	23405	51700	71.95	8.74	19.31
1988	263426	32784	70148	71.90	8.95	19.15
1989	301917	33918	72577	73.92	8.30	17.77
1990	251581	34456	68672	70.93	9.71	19.36
1991	293871	33568	66575	74.58	8.52	16.90
1992	370852	49427	73688	75.08	10.01	14.92
1993	461105	58999	85484	76.14	9.74	14.12
1994	540727	111711	118303	70.16	14.49	15.35
1995	653752	127310	185647	67.63	13.17	19.20
1996	754505	140560	209613	68.30	12.72	18.98
1997	788732	186582	243351	64.72	15.31	19.97
1998	880561	180563	292906	65.03	13.34	21.63
1999	914579	201725	358370	62.02	13.68	24.30
2000	1084917	221303	294341	67.78	13.83	18.39
2001	1138362	232434	368031	65.47	13.37	21.17
2002	1244846	257582	403196	65.33	13.52	21.16
2003	1654686	273156	107507	80.12	13.23	5.21
2004	1845340	334777	100048	80.93	14.68	4.39
2005	2057580	413882	95262	80.16	16.12	3.71
2006	2307010	484796	105363	79.63	16.73	3.64
2007	2700054	555978	119627	79.99	16.47	3.54
2008	3208468	652704	89266	81.22	16.52	2.26
2009	3842104	764723	90884	81.79	16.28	1.93
2010	4568077	882978		83.00	17.00	
2011	5288752	1108479		83.00	17.00	
2012	6195624	1295533		83.00	17.00	
2013	7033071	1405656		83.00	17.00	
2014	10568321	8877389	1690931	84.00	16.00	
2015	9678058	1843440		84	16	
2016	10560442	2047318		83.80	16.20	
2017	11398918	2188327		83.89	16.11	

8-2 县区主要经济指标完成情况

	社会消费品零售总额（万元）	
	2017	比上年增长（%）
兰州市	13587245	7.6
城关区	7292347.1	6.0
七里河区	2345248.3	8.9
西固区	1331261.2	8.9
安宁区	1126454.9	11.1
红古区	270986.3	9.3
永登县	273054.6	8.3
皋兰县	222619.8	9.3
榆中县	398507.6	9.2
兰州新区	326765.2	11.1

8-3 星级住宿业和限额以上餐饮业经营情况

	法人企业数（个）	从业人员期末人数（人）	营业额（万元）	客房数（间）	床位数（个）	餐位数（位）	年末餐饮营业面积（平方米）
总计	240	19082	372502.2	39774	72745	126576	436773
住宿业	97	9049	200097.5	38359	70316	66966	124476
按住宿业行业小类分							
旅游饭店	47	6360	148608.5	31114	58218	62036	80668
一般旅馆	39	2098	41593.5	5974	10014	2170	26618
其他住宿业	11	591	9895.5	1271	2084	2760	17190
按登记注册类型分							
内资企业	96	8702	191957.6	38042	69773	66550	122454
国有企业	13	2124	45755.5	2149	3610	6114	19415
集体企业	3	339	2953.6	421	771	320	1550
有限责任公司	34	3863	93320.0	5852	9335	7795	51968
国有独资公司	8	1200	38727.0	1968	2996	1370	10873
其他有限责任公司	26	2663	54593.0	3884	6339	6425	41095
私营企业	44	2308	48372.7	6499	10904	7364	49169
私营独资企业	6	139	2095.1	484	834	1012	6125
私营有限责任公司	37	2061	44474.9	5849	9760	5952	42391
私营股份有限公司	1	108	1802.7	166	310	400	653
外商投资企业	1	347	8139.9	317	543	416	2022
中外合资经营企业	1	347	8139.9	317	543	416	2022
按控股情况分							
国有控股	30	4434	113883.5	5529	8994	9796	41913
集体控股	6	446	4086.9	722	1355	333	1755
私人控股	56	3294	66965.3	31182	58450	55621	76836
外商控股	1	347	8139.9	317	543	416	2022
其他	4	528	7021.9	609	974	800	1950
按经营形式分							
独立门店	88	8209	182900.2	35646	65461	65524	103826
连锁门店	1	42	1083.0	201	201		7000
其他	8	798	16114.3	2512	4654	1442	13650
按星级分							
大型	1	360	10434.0	336	510	2500	7460
中型	21	5132	120275.7	6641	11433	8853	30108
小型	73	3540	68912.6	31250	58180	55553	86708
微型	2	17	475.2	132	193	60	200
五星	3	899	18825.4	865	1266	4280	13069
四星	12	2847	70372.0	25717	49444	49011	16087
三星	16	1714	31018.0	2745	4754	4171	17096
二星	4	200	2514.8	299	515	610	1680
一星							
其他	62	3389	77367.3	8733	14337	8894	76544

8-3 星级住宿业和限额以上餐饮业经营情况（续一）

	法人企业数（个）	从业人员期末人数（人）	营业额（万元）	客房数（间）	床位数（个）	餐位数（位）	年末餐饮营业面积（平方米）
餐饮业	143	10033	172404.7	1415	2429	59610	312297
按餐饮业行业小类分							
正餐服务	135	7649	128773.9	829	1502	50557	229838
快餐服务	5	2316	42633.8	586	927	8403	80566
饮料及冷饮服务	1	26	237.1			150	980
咖啡馆服务	1	26	237.1			150	980
其他餐饮业	2	42	759.9			500	913
其他未列明餐饮业	2	42	759.9			500	913
按登记注册类型分							
内资企业	141	8510	140733.6	1415	2429	56210	300837
国有企业	3	548	9029.4	767	1259	4577	69587
有限责任公司	31	2194	29043.1	580	1034	12628	63288
国有独资公司							
其他有限责任公司	31	2194	29043.1	580	1034	12628	63288
股份有限公司	5	337	8121.6			1478	6616
私营企业	101	5400	93565.6	68	136	37377	160646
私营独资企业	10	545	10506.8			3073	8427
私营有限责任公司	88	4707	76614.8	68	136	33144	147919
私营股份有限公司	3	148	6444.0			1160	4300
其他企业	1	31	973.9			150	700
港、澳、台商投资企业	1	63	501.6			300	960
港澳台商独资企业	1	63	501.6			300	960
外商投资企业	1	1460	31169.5			3100	10500
外资企业	1	1460	31169.5			3100	10500
按控股情况分							
国有控股	5	693	11329.4	819	1329	4911	77787
集体控股	3	354	5027.6			1329	4406
私人控股	129	7175	120122.2	596	1100	48455	213787
港澳台商控股	1	63	501.6			300	960
外商控股	1	1460	31169.5			3100	10500
其他	4	288	4254.4			1515	4857
按经营形式分							
独立门店	129	6750	111830.3	829	1502	45759	210646
连锁总店	3	1683	34266.5			3956	13496
其他	11	1600	26307.9	586	927	9895	88155

8-4 限额以上批发零售贸易业商品分类销售额

单位：万元

	销售合计		批发		零售	
	2016	2017	2016	2017	2016	2017
总计	**33734883.1**	**34943963.4**	**28694640.6**	**29562051.0**	**5040242.5**	**5381912.4**
通过互联网实现的商品销售	87386.4	111827.8	17632.0	28709.3	69754.4	83118.5
粮油、食品、饮料、烟酒类	4209746.2	0.0	3956005.9		253740.3	
粮油、食品类	264012.4	2946799.6	216201.8	2680826.8	47810.6	265972.8
粮油类	688330.3	257474.4	655372.2	201786.6	32958.1	55687.8
肉禽蛋类	926006.5	95151.1	919957.8	58378.7	6048.7	36772.4
水产品类	1983456.5	509910.1	1956708.4	502290.0	26748.1	7620.1
蔬菜类	158810.5	1729425.3	137950.1	1702278.0	20860.4	27147.3
干鲜果品类	78267.3	157204.9	54895.2	132695.0	23372.1	24509.9
饮料类	613766.4	73057.4	561492.6	46795.1	52273.8	26262.3
烟酒类	493094.1	653241.0	45032.1	591597.8	448062.0	61643.2
服装、鞋帽、针纺织品类	371302.0	520561.9	10883.1	68416.2	360418.9	452145.7
服装类	93695.0	402957.8	29832.7	38554.9	63862.3	364402.9
鞋帽类	28097.1	94827.5	4316.3	27347.1	23780.8	67480.4
针、纺织品类	99335.2	22776.6	28034.8	2514.2	71300.4	20262.4
化妆品类	309556.8	128473.1	44527.3	37706.4	265029.5	90766.7
金银珠宝类	115126.0	389189.7	15172.7	110822.4	99953.3	278367.3
日用品类		125636.6		16416.1		109220.5
洗涤用品类		2860.5				2860.5
儿童玩具类	2339.0	14622.2		8349.6	2339.0	6272.6
五金、电料类	13295.0	12389.4	7552.2		5742.8	12389.4
体育、娱乐用品类	11543.2	12.5			11543.2	12.5
书报杂志类	131512.6	140824.2	113725.0	123254.3	17787.6	17569.9
电子出版物及音像制品类	171.8	165.1			171.8	165.1
家用电器和音像器材类	254198.4	218664.5	91186.5	61114.5	163011.9	157550.0
中西药品类	1550160.4	1712190.7	1351918.2	1320448.5	198242.2	391742.2
西药类	1298617.0	1479312.6	1152840.7	1135437.9	145776.3	343874.7
中草药及中成药类	169676.5	171368.5	140996.6	150392.8	28679.9	20975.7
文化办公用品类	87027.9	83030.1	46039.7	34979.9	40988.2	48050.2
家具类	89854.0	114596.6		10981.6	89854.0	103615.0
通讯器材类	239209.2	82217.6	149229.7		89979.5	82217.6
煤炭及制品类	121545.4	317822.6	116865.4	313720.6	4680.0	4102.0
木材及制品类	3313.0	61478.3	3313.0	61478.3		
石油及制品类	16834889.8	1328531.7	15528547.2	3286.7	1306342.6	1325245.0
化工材料及制品类	1905605.0	14676715.1	1904362.3	14676651.1	1242.7	64.0
化肥类	154762.6	1265647.5	154762.6	1265647.5		
金属材料类	3380385.4	60074.1	3380385.4	58582.7		1491.4
建筑及装潢材料类	142420.5	6904530.7	139022.8	6895523.1	3397.7	9007.6
机电产品及设备类	687338.7	168045.6	674092.1	143316.0	13246.6	24729.6
农机类	2992.6	637409.4	2992.6	637409.4		
汽车类	2152781.5	1832178.5	313446.0	431.5	1839335.5	1831747.0
种子饲料类	49018.2	335502.2	49018.2	335502.2		
棉麻类	2764.9	0.0	2764.9			
其他类	158956.2	81575.3	118011.4		40944.8	81575.3

8-5 限额以上批发零售贸易业商品销售数量

	计量单位	购进量		销售量		期末库存量	
		2016 年	2017 年	2016 年	2017 年	2016 年	2017 年
大米（稻米）	千克	4331159	5420051	5284818	5599326	357266	307086
面粉（小麦面）	千克	5397599	7559412	5902183	7505395	206272	268216
杂粮	千克		43278582	28338092	42158224	1067592	2184008
食用植物油	千克		4891330	6628149	4971102	158085	269107
猪肉	千克		200911332	197614438	197374769	5395571	5439450
牛肉	千克		19560703	18472319	18520214	1296818	1303545
羊肉	千克	24040704	24031678	22631408	22618073	1628297	1627090
禽肉	千克	1355119	1282775	1381279	1317006	14522	17587
鲜蛋	千克	2915769	2897974	3287720	2978014	22078	63096
彩色电视机	台	170905	147749	206864	170604	309	2453
家用电冰箱	台	44364	58896	72810	81356	305	932
房间空调器	台	145596	108728	151098	115335	290	851
电脑（微型计算机）	台	175032	105248	173358	104837	11290	11148
汽车	辆	122320	265392	132157	273085	48866	69513
轿车	辆	64793	198957	66686	203833	5611	29379
钢材	吨	4747641	4206843	4686735	4255453	325712	208814
铜	吨	7077	9250	7077	9250		0
铝	吨	113848	337956	113766	358785	104	2111
水泥	吨	3630269	3602453	3600478	3570785	104569	130262
化学肥料	吨	1315083	404714	1310851	345611	24333	64972

8-6 限额以上批发和零售业

	法人企业数（个）	从业人员期末人数（人）	商品购进额	进口
总计				
批发业	337	15750	27876579.8	167812.9
按批发行业小类分				
农、林、牧产品批发	4	67	89363.3	
谷物、豆及薯类批发	1	9	3151.0	
饲料批发	2	42	69691.6	
棉、麻批发				
其他农牧产品批发	1	16	16520.7	
食品、饮料及烟草制品批发	47	3020	943734.0	239.4
米、面制品及食用油批发	5	206	40887.1	239.4
糕点、糖果及糖批发	3	111	24057.3	
果品、蔬菜批发	18	545	319834.7	
肉、禽、蛋、奶及水产品批发	4	191	25191.7	
盐及调味品批发	1	705	8648.1	
营养和保健品批发				
酒、饮料及茶叶批发	12	799	145522.3	
烟草制品批发	1	319	345147.8	
其他食品批发	3	144	34445.0	
纺织、服装及家庭用品批发	18	1543	200079.4	
纺织品、针织品及原料批发				
服装批发	6	590	72724.6	
鞋帽批发	2	38	6716.4	
化妆品及卫生用品批发	2	145	39470.8	
家用电器批发	7	433	71373.3	
其他家庭用品批发	1	337	9794.3	
文化、体育用品及器材批发	14	764	319487.3	65348.2
文具用品批发	2	42	11854.3	
图书批发	3	399	166276.0	
首饰、工艺品及收藏品批发	8	269	140308.5	65348.2
医药及医疗器材批发	51	4709	1262238.7	
西药批发	31	3844	1020936.4	
中药批发	10	660	200316.8	
医疗用品及器材批发	10	205	40985.5	
矿产品、建材及化工产品批发	142	3100	23448671.9	14672.4
煤炭及制品批发	15	203	78509.6	
石油及制品批发	22	885	14308348.9	14570.0
非金属矿及制品批发	3	53	18871.3	
金属及金属矿批发	55	903	7080809.3	102.4
建材批发	20	333	419429.9	
化肥批发	6	238	96155.8	
其他化工产品批发	21	485	1446547.1	
机械设备、五金产品及电子产品批发	53	2367	1578738.2	87552.9
农业机械批发				
汽车批发	7	536	293077.8	
汽车零配件批发	5	98	24564.7	
摩托车及零配件批发	1	15	5364.4	
五金产品批发	3	36	5591.3	
电气设备批发	2	71	10053.1	
计算机、软件及辅助设备批发	6	95	26932.8	
通讯及广播电视设备批发	17	916	467445.7	
其他机械设备及电子产品批发	12	600	745708.4	87552.9
其他批发业	8	180	34267.0	
再生物资回收与批发	3	99	3121.7	
其他未列明批发业	5	81	31145.3	

商品购进、销售、库存总额

单位：万元

商品销售额	批发额		零售额	期末商品库存额	年末零售营业面积（平方米）
		出口			
28585285.8	28143042.2	122394.7	442243.6	1519494.1	391269.0
92603.1	92603.1	9282.8		1984.2	
3487.1	3487.1	3200.0		181.0	
71605.5	71605.5			724.3	
17510.5	17510.5	6082.8		1078.9	
1177999.2	1052160.0		125839.2	94042.7	15062.0
44768.0	44768.0			7665.9	300.0
28022.1	28022.1			3433.2	300.0
367755.5	287958.6		79796.9	13984.9	11796.0
24585.7	19934.5		4651.2	1499.9	287.0
20344.3	20344.3			2150.9	
173994.3	139161.5		34832.8	10269.2	2229.0
482070.2	482070.2			51488.9	
36459.1	29900.8		6558.3	3549.8	150.0
220397.8	213917.1	3098.5	6480.7	35648.9	4021.0
78994.6	77323.4		1671.2	18105.9	624
11000.4	10999.2	3098.5	1.2	1420.9	2500
40123.3	40123.3			5764.1	
74719.4	72531.2		2188.2	5526.1	650.0
15560.1	12940.0		2620.1	4831.9	247.0
352534.8	349215.9		3318.9	51653.9	1098.0
12292.2	12255.7		36.5	660.7	650.0
169056.4	169054.7		1.7	8528.1	34.0
163152.9	163085.5		67.4	40345.3	310.0
1394344.2	1364404.5		29939.7	337523.8	53042.0
1125237.3	1098532.7		26704.6	312634.7	50701.0
208697.2	207708.2		989	21581.7	2281.0
60409.7	58163.6		2246.1	3307.4	60
23695223.3	23580724.8	16265.1	114498.5	937676.8	296947.0
100971.1	100885.1		86	3036.4	10100.0
14381950.1	14374943.0	5727.0	7007.1	785333.9	3732.0
22010.2	21949.9		60.3	11671.4	50
7148701.9	7064376.0	3529.6	84325.9	80558.0	258409.0
421876.2	421873.3		2.9	13126.0	21500.0
88347.3	87769.1		578.2	14574.9	2300.0
1531366.5	1508928.4	7008.5	22438.1	29376.2	856.0
1608935.4	1446898.2	86814.8	162037.2	59247.2	20869.0
260378.8	150182.7		110196.1	26123.5	7700.0
26152.5	25981.9		170.6	3054.8	2666.0
5567.6	5567.6			288.4	
7928.3	7928.3			629.7	
10751.4	10701.4		50	2905.4	110.0
28066.8	25991.0		2075.8	1233.3	300.0
515908.8	481442.9		34465.9	16119.4	2290.0
754181.2	739102.4	86814.8	15078.8	8892.7	7803.0
43248.0	43118.6	6933.5	129.4	1716.6	230.0
6621.6	6621.6			864.0	
36626.4	36497.0	6933.5	129.4	852.6	230.0

8-6 限额以上批发和零售业

	法人企业数（个）	从业人员期末人数（人）	商品购进额	进口
按登记注册类型分				
内资企业	334	15452	27850599.9	167812.9
国有企业	5	605	374889.5	341.8
集体企业	2	35	14499.3	
有限责任公司	84	5921	9115068.6	
国有独资公司	10	431	6315266.2	
其他有限责任公司	74	5490	2799802.4	
股份有限公司	8	1041	13477420.1	
私营企业	235	7850	4868722.4	167471.1
私营独资企业	3	153	17120.8	
私营合伙企业				
私营有限责任公司	226	7276	4681610.2	167471.1
私营股份有限公司	6	421	169991.4	
其他企业				
港、澳、台商投资企业	1	162	16261.0	
港澳台商独资企业				
外商投资企业	2	136	9718.9	
外资企业	2	136	9718.9	
按控股情况分				
国有控股	37	3370	21002651.2	341.8
集体控股	5	217	70561.4	
私人控股	269	9677	5510401.1	167471.1
港澳台商控股	1	162	16261.0	
外商控股	2	136	9718.9	
其他	23	2188	1266986.2	
按经营形式分				
独立门店	188	8073	5068757.8	
连锁总店	1	336	145617.4	
其他	148	7341	22662204.6	167812.9

商品购进、销售、库存总额（续一）

商品销售额				期末商品库存额	年末零售营业面积（平方米）
	批发额	出口	零售额		
28553689.8	28111486.5	122394.7	442203.3	1518888.3	390569.0
513099.2	511917.2	3529.6	1182.0	54660.3	254563.0
13750.7	13182.9		567.8	3438.5	2000.0
9249854.1	9081865.9		167988.2	376730.1	52754.0
6313805.4	6305118.1		8687.3	27126.9	8250.0
2936048.7	2776747.8		159300.9	349603.2	44504.0
13540117.3	13540032.3		85.0	773462.0	1350.0
5236868.5	4964488.2	118865.1	272380.3	310597.4	79902.0
19155.5	14962.6		4192.9	64.9	1000.0
5042639.8	4774529.4	111856.6	268110.4	300971.5	77556.0
175073.2	174996.2	7008.5	77.0	9561.0	1346.0
19528.5	19528.5			0.7	
12067.5	12027.2		40.3	605.1	700.0
12067.5	12027.2		40.3	605.1	700.0
21241814.0	21231565.2	3529.6	10248.8	887295.2	265685.0
65403.9	64836.1		567.8	8623.6	2500.0
5956648.9	5659525.7	118865.1	297123.2	351620.9	84964.0
19528.5	19528.5			0.7	
12067.5	12027.2		40.3	605.1	700.0
1289823.0	1155559.5		134263.5	271348.6	37420.0
5387503.0	5066999.3	16751.0	320503.7	306833.6	74009.0
147689.7	147689.7			8248.8	
23050093.1	22928353.2	105643.7	121739.9	1204411.7	317260.0

8-6 限额以上批发和零售业

	法人企业数（个）	从业人员期末人数（人）	商品购进额	进口
零售业	**303**	**30574**	**4002805.5**	**97058.3**
按零售行业小类分				
综合零售	53	9095	590542.0	9.0
百货零售	38	7746	530697.4	
超级市场零售	10	771	50504.5	9
其他综合零售	5	578	9340.1	
食品、饮料及烟草制品专门零售	33	1433	60148.9	
粮油零售	3	148	10298.6	
糕点、面包零售	4	314	4259.6	
果品、蔬菜零售	9	193	8353.5	
肉、禽、蛋、奶及水产品零售	1	39	2117.1	
营养和保健品零售	2	352	11765.7	
酒、饮料及茶叶零售	8	190	4349.0	
烟草制品零售	1	160	14631.4	
其他食品零售	5	37	4374.0	
纺织、服装及日用品专门零售	16	862	53232.2	
纺织品及针织品零售	1	53	2918.6	
服装零售	8	433	17875.8	
鞋帽零售	1	16	1573.5	
化妆品及卫生用品零售	3	234	19827.4	
钟表、眼镜零售	1	70	667.1	
文化、体育用品及器材专门零售	14	584	126826.3	
文具用品零售				
体育用品及器材零售	1	12	587.0	
图书、报刊零售	6	402	20078.9	
珠宝首饰零售	3	33	103882.5	
工艺美术品及收藏品零售	4	137	2277.9	
医药及医疗器材专门零售	28	6953	358429.8	
药品零售	21	6810	353984.2	
医疗用品及器材零售	7	143	4445.6	
汽车、摩托车、燃料及零配件专门零售	101	8054	2584792.6	97049.3
汽车零售	91	5765	1384033.2	97049.3
汽车零配件零售	3	39	5380.1	
机动车燃料零售	7	2250	1195379.3	
家用电器及电子产品专门零售	32	1713	182863.3	
家用视听设备零售	2	14	2100.2	
日用家电设备零售	8	756	114979.2	
计算机、软件及辅助设备零售	17	520	44670.0	
通信设备零售	4	408	20533.3	
其他电子产品零售	1	15	580.6	
五金、家具及室内装饰材料专门零售	18	1579	21832.7	
五金零售	2	21	1251.4	
灯具零售				
家具零售	7	1455	8642.5	
木质装饰材料零售	3	16	4893.8	
陶瓷、石材装饰材料零售	5	81	6153.0	
其他室内装饰材料零售	1	6	892.0	
货摊、无店铺及其他零售业	8	301	24137.7	
货摊纺织、服装及鞋零售	1	15	695.0	
旧货零售	1	26	1138.1	
生活用燃料零售				

商品购进、销售、库存总额（续二）

商品销售总额	批发额		零售额	期末商品库存额	年末零售营业面积（平方米）
		出口			
4912581.8	405719.9		4506861.9	509607.4	1592753.0
944428.8	4480.3		939948.5	38707.0	802457.0
851878.3	3346.4		848531.9	32107.9	735582.0
73511.2	9.9		73501.3	3839.4	60285.0
19039.3	1124		17915.3	2759.7	6590.0
83037.5	9343.7		73693.8	10864.3	24519.0
11005.9	1131.3		9874.6	371.5	3984.0
5736.7	406		5330.7	269.7	1758.0
8758.6	1212.7		7545.9	186.2	11626.0
2235.5			2235.5	11.5	80.0
15086.9			15086.9	4052.4	4100.0
15927.0	5375.1		10551.9	1666.3	1128.0
19330.1			19330.1	3688.9	100.0
4956.8	1218.6		3738.2	617.8	1743.0
79210.4	2537.3		76673.1	13422.6	38098.0
3409.3	23.3		3386.0	1643.6	1200.0
22854.5	1624.0		21230.5	7449.7	33588.0
2600.7			2600.7	235.9	600.0
32399.4	890		31509.4	1735.4	1860.0
3405.0			3405.0	2305.4	500.0
71607.1	46189.4		25417.7	142831.9	24261.0
745.1			745.1	39.8	110.0
24231.9	5970		18261.9	4243.9	20100.0
40469.9	39034.0		1435.9	137032.6	2450.0
6160.2	1185.4		4974.8	1515.6	1601.0
464810.7	127012.8		337797.9	60566.4	122443.0
420858.7	93959.9		326898.8	58079.9	116067.0
43952.0	33052.9		10899.1	2486.5	6376.0
2841226.2	166579.1		2674647.1	218507.6	266270.0
1593209.8	9048.1		1584161.7	174193.5	239370.0
5898.7			5898.7	610.7	280.0
1242117.7	157531.0		1084586.7	43703.4	26620.0
283653.9	37614.6		246039.3	19086.8	126152.0
2376.4	1635.4		741.0	120.7	330.0
165465.8	16244.4		149221.4	9639.9	114180.0
50203.6	16747.7		33455.9	5525.5	2378.0
64994.9	2987.1		62007.8	3748.8	8744.0
613.2			613.2	51.9	520.0
114111.8	5748.6		108363.2	3872.5	185399.0
1387.9	700.0		687.9	25.0	190.0
99922.9			99922.9	2813.7	183355.0
4919.4	1533.8		3385.6	133.4	559.0
6986.0	2642.7		4343.3	857.8	1240.0
895.6	872.1		23.5	42.6	55.0
30495.4	6214.1		24281.3	1748.3	3154.0
642.0			642.0	53.0	800.0
1381.5			1381.5		

8-6 限额以上批发和零售业

	法人企业数（个）	从业人员期末人数（人）	商品购进额	进口
按登记注册类型分				
内资企业	295	28814	3811351.3	97058.3
国有企业	4	295	17181.1	
集体企业	13	415	32758.5	
有限责任公司	77	13567	1575632.8	33773.9
国有独资公司	6	1209	357090.5	
其他有限责任公司	71	12358	1218542.3	33773.9
股份有限公司	12	2688	918232.2	22539.5
私营企业	186	11758	1262258.7	40744.9
私营有限责任公司	179	11227	1210104.7	40744.9
私营股份有限公司	4	482	48443.6	
其他企业	3	91	5288.0	
港、澳、台商投资企业	7	1100	181728.8	
港澳台商独资企业	1	381		
外商投资企业	1	660	9725.4	
外资企业	1	660	9725.4	
按控股情况分				
国有控股	22	3684	1334383.5	16640.6
集体控股	13	415	32758.5	
私人控股	230	15581	1820107.2	41093.9
港澳台商控股	6	1080	180362.8	
外商控股	1	660	9725.4	
其他	31	9154	625468.1	39323.8
按经营形式分				
独立门店	230	17466	2301939.0	97058.3
连锁总店	15	6796	180459.1	
连锁门店				
其他	55	4099	1378797.5	
按零售业态分				
有店铺零售	278	29979	3841241.7	97058.3
食杂店	3	65	3323.0	
便利店	13	1913	360929.0	
超市	13	607	21715.8	9
大型超市	10	3645	189983.4	
百货店	30	4514	382783.7	
专业店	83	10736	1651110.4	214.9
专卖店	107	6568	1161031.5	71718.5
家居建材商店	9	1328	12049.2	
购物中心	3	151	3867.9	
厂家直销中心	7	452	54447.8	25115.9
无店铺零售	25	595	161563.8	
网上零售	5	115	3449.3	

商品购进、销售、库存总额（续三）

商品销售额	批发额	出口	零售额	期末商品库存额	年末零售营业面积（平方米）
4673927.8	404893.9		4269033.9	492366.0	1358877.0
16988.9	145.7		16843.2	547.7	3810.0
33243.2	488.3		32754.9	3301.7	21545.0
2019772.4	132763.8		1887008.6	160684.1	546091.0
398837.4	55448.1		343389.3	35064.0	18510.0
1620935.0	77315.7		1543619.3	125620.1	527581.0
915633.3	141434.3		774199.0	157121.7	184600.0
1682836.3	130061.8		1552774.5	170685.3	601511.0
1628219.8	127994.3		1500225.5	164468.2	591216.0
50994.7	74.1		50920.6	5922.6	5975.0
5453.7			5453.7	25.5	1320.0
227817.4	826		226991.4	16941.5	213876.0
34119.4			34119.4		7950.0
10836.6			10836.6	299.9	20000.0
10836.6			10836.6	299.9	20000.0
1393073.3	158301.0		1234772.3	58506.0	79720.0
33243.2	488.3		32754.9	3301.7	21545.0
2376107.1	241470.7		2134636.4	349387.3	778211.0
226440.6			226440.6	16449.6	213656.0
10836.6			10836.6	299.9	20000.0
872881.0	5459.9		867421.1	81662.9	479621.0
3077400.3	142737.1		2934663.2	254325.9	1128185.0
252291.5	2346.7		249944.8	46150.1	120136.0
1413221.0	260636.1		1152584.9	198732.7	182234.0
4765954.0	308859.8		4457094.2	366118.9	1579227.0
3486.5	1279.0		2207.5	363.0	583.0
415875.7	59217.9		356657.8	34871.0	18112.0
19953.5	864.5		19089.0	4128.4	37261.0
256083.5	9.9		256073.6	17568.8	190966.0
662860.4	519.1		662341.3	18404.9	580844.0
1855644.3	213030.5		1642613.8	115381.9	242619.0
1392425.2	25863.1		1366562.1	161557.1	298233.0
103563.3	1533.8		102029.5	2625.9	182734.0
5220.9	348.8		4872.1	1754.1	22200.0
50840.7	6193.2		44647.5	9463.8	5675.0
146627.8	96860.1		49767.7	143488.5	13526.0
3892.8	384.0		3508.8	812.0	1473.0

8-7 限额以上批发和

	法人企业数（个）	执行《2006年企业会计准则》企业数（个）	年初存货	流动资产合计
总计	**640**	**434**	**1765941.9**	**6852630.2**
批发业	337	228	1337353.6	4835778.7
按批发行业小类分				
农、林、牧产品批发	4		1847.6	10563.9
谷物、豆及薯类批发	1		614.2	2562.5
饲料批发	2		1065.1	5935.3
棉、麻批发				
其他农牧产品批发	1		168.3	2066.1
食品、饮料及烟草制品批发	47	37	86334.4	313835.5
米、面制品及食用油批发	5	4	15908.5	33642.4
糕点、糖果及糖批发	3	3	4264.6	6585.8
果品、蔬菜批发	18	14	6267.3	54431.4
肉、禽、蛋、奶及水产品批发	4	4	1392.8	4776.0
盐及调味品批发	1	1	1794.0	39935.2
营养和保健品批发				
酒、饮料及茶叶批发	12	8	11466.1	46094.4
烟草制品批发	1	1	41612.3	103807.6
其他食品批发	3	2	3628.8	24562.7
纺织、服装及家庭用品批发	18	8	28754.9	62507.4
纺织品、针织品及原料批发				
服装批发	6	1	13099.2	25704.6
鞋帽批发	2	1	1402	4832.1
化妆品及卫生用品批发	2	2	3985.3	8686.4
厨房、卫生间用具及日用杂货批发				
家用电器批发	7	3	4952.8	18073.8
其他家庭用品批发	1	1	5315.6	5210.5
文化、体育用品及器材批发	14	7	41841.6	202233.7
文具用品批发	2	2	542.3	1281.9
图书批发	3	2	3264.9	135778.6
首饰、工艺品及收藏品批发	8	3	38027.0	58652.8
医药及医疗器材批发	51	34	117980.4	800941.5
西药批发	31	22	96933.2	658460.8
中药批发	10	7	13859.1	116373.1
医疗用品及器材批发	10	5	7188.1	26107.6
矿产品、建材及化工产品批发	142	104	965561.4	2991968.8
煤炭及制品批发	15	7	3589.3	140453.3
石油及制品批发	22	20	842963.5	1213647.0
非金属矿及制品批发	3	2	63.2	15506.0
金属及金属矿批发	55	43	84606.4	797419.5
建材批发	20	11	18312.0	303805.5
化肥批发	6	3	4702.6	80470.6
其他化工产品批发	21	18	11324.4	440666.9
机械设备、五金产品及电子产品批发	53	32	92683.7	420702.6
农业机械批发				
汽车批发	7	6	55241.5	175952.6
汽车零配件批发	5	2	4006.5	7438.6
摩托车及零配件批发	1		246.5	899.9
五金产品批发	3	2	549.8	2475.0
电气设备批发	2	1	1471.5	8545.4
计算机、软件及辅助设备批发	6	5	2150.1	9446.6
通讯及广播电视设备批发	17	7	9572.1	73592.5
其他机械设备及电子产品批发	12	9	19445.7	142352.0
其他批发业	8	6	2349.6	33025.3
再生物资回收与批发	3	3	1688.7	5118.6
其他未列明批发业	5	3	660.9	27906.7

零售业企业财务状况

单位：万元

应收帐款	存货	固定资产合计	固定资产原价	累计折旧	本年折旧	在建工程	资产总计
1437008.0	1899378.9	920787.7	1550774.9	654470.9	73350.6	213038.2	10979208.8
1148204.5	1393949.0	614158.9	1075262.6	472532.4	46005.2	110925.4	7660028.7
1622.5	1994.4	416.6	657.6	241.0	34.8		10983.3
449.1	191.0	47.5	141.5	94.0	8.1		2612.8
432.5	724.5	4.3	35.2	30.9	1.6		5939.6
740.9	1078.9	364.8	480.9	116.1	25.1		2430.9
25313.8	95557.3	51648.4	82367.1	35708.1	3515.2	162.2	447283.7
4953.8	13710.1	7848.9	10045.1	2498.5	336.8		42893.3
1455.9	3468.1	79.8	311.3	231.5	9.7		6666.6
10504.1	8180.5	15932.6	17046.2	5713.7	415.4		76018.7
382.4	3954.3	573.0	581.2	66.4	54.2		5349.0
356.3	2292.2	10689.7	25190.7	14501.0	1016.9	2.1	69284.9
5586.6	14455.6	3771.3	5663.7	1921.2	283.3		50351.7
	44007.4	12341.9	22463.4	10121.5	1393.2	160.1	171745.6
2074.7	5489.1	411.2	1065.5	654.3	5.7		24973.9
14344.0	31918.6	6577.4	7640.3	1442.7	496.7		72655.1
3467.3	15884.8	259.5	677.4	477.8	96.7		26610.5
2001.1	1420.9	42.4	106.4	64.0	13.4		5015.8
2869.5	4956.9	424.2	572.4	148.2	31.8		9115.1
5569.1	5526.1	217.4	650.2	445.9	48.0		20794.6
437.0	4129.9	5633.9	5633.9	306.8	306.8		11119.1
36696.2	46072.0	17188.6	32343.6	15157.9	341.2	33662.0	266634.3
360.5	564.7	17.0	131.2	114.2	15.0		1313.5
35948.1	3042.1	16248.1	30220.5	13972.5	88.3	33662.0	194701.9
−3896.6	40345.3	886.5	1912.3	1028.5	195.2		64061.5
370179.9	141957.7	42440.7	55459.5	13848.7	2674.3	2530.2	1069055.4
295775.8	118911.2	37191.3	46566.7	10043.3	1963.0	858.8	914686.9
58170.9	20215.9	3959.6	6961.8	3162.3	519.8	1671.4	126467.2
16233.2	2830.6	1289.8	1931.0	643.1	191.5		27901.3
566048.4	1016938.9	414797.5	805973.9	394657.0	34404.8	73730.2	5234273.2
55795.2	4245.1	1185.3	1307.8	279.5	92.0		1144547.8
121571.1	869788.9	352005.5	724011.7	372007.4	30966.2	49937.1	1713912.9
5189.4	1063.4	9198.3	9768.0	569.7	312.3	14415.1	67127.3
137496.9	82685.9	19628.0	25562.4	9148.1	1828.4	8653.0	996751.1
55436.5	13177.1	7226.9	13642.1	6521.6	738.8	725.0	706403.3
32562.2	14642.0	6214.5	7939.6	1726.6	146.0		87861.6
157997.1	31336.5	19339.0	23742.3	4404.1	321.1		517669.2
123311.2	57583.8	80396.3	89714.4	11064.0	4468.0	41	524429.9
14333.3	25539.1	74559.5	80589.0	7223.6	3595.3	41	266363.2
1071.0	3510.9	175.1	528.0	352.9	29.0		7613.7
653.4	246.5	46.4	46.4	42.6	0.9		946.3
1060.3	660.3	329.5	347.1	38.1	5.4		2804.5
15.0	2564.1	956.1	1452.5	765.0	144.4		9501.5
3941.3	1163.4	37.2	192.1	154.9	17.2		9484.6
10288.0	14982.8	1529.0	1993.0	472.9	143.7		81853.2
91948.9	8916.7	2763.5	4566.3	2014.0	532.1		145862.9
10688.5	1926.3	693.4	1106.2	413.0	70.2	799.8	34713.8
2488.4	1318.2	37.0	74.5	37.6	16.2		5155.6
8200.1	608.1	656.4	1031.7	375.4	54.0	799.8	29558.2

8-7 限额以上批发和零售

	法人企业数（个）	执行《2006年企业会计准则》企业数（个）	年初存货	流动资产合计	应收帐款	存货
按登记注册类型分						
内资企业	334	225	1336689.2	4828548.3	1146534.5	1392942.1
国有企业	5	4	47741.9	119380.9	3089.4	52166.9
集体企业	2	1	2260.4	4703.8	1257.8	2971.2
有限责任公司	84	66	259549.2	1407236.3	369051.4	275770.9
国有独资公司	10	10	115353.6	326872.9	58939.2	109840.9
其他有限责任公司	74	56	144195.6	1080363.4	310112.2	165930.0
股份有限公司	8	8	732025.8	1156793.2	36994.8	768077.5
私营企业	235	146	295111.9	2140434.1	736141.1	293955.6
私营独资企业	3	1	98.2	1502.9	365.4	693.6
私营合伙企业						
私营有限责任公司	226	140	286725.3	2022658.9	686381.2	283710.6
私营股份有限公司	6	5	8288.4	116272.3	49394.5	9551.4
其他企业						
港、澳、台商投资企业	1	1	1.5	4202.0		0.7
港澳台商独资企业						
外商投资企业	2	2	662.9	3028.4	1670.0	1006.2
外资企业	2	2	662.9	3028.4	1670.0	1006.2
按控股情况分						
国有控股	37	34	929675.3	1845876.8	171245.2	966779.2
集体控股	5	4	6273.5	42085.2	6539.5	8224.2
私人控股	269	170	329202.0	2438478.9	838455.4	335263.5
港澳台商控股	1	1	1.5	4202.0		0.7
外商控股	2	2	662.9	3028.4	1670.0	1006.2
其他	23	17	71538.4	502107.4	130294.4	82675.2
按经营形式分						
独立门店	188	121	418343.1	1910563.4	399422.0	392150.7
连锁总店	1	1	2992.9	108742.0	29595.9	2501.0
其他	148	106	916017.6	2816473.3	719186.6	999297.3

业企业财务状况（续一）

单位：万元

固定资产合计	固定资产原价	累计折旧	本年折旧	在建工程	资产总计
614089.3	1074695.8	472035.2	45949.9	110925.4	7652692.7
17418.2	28494.1	11868.9	2236.1	160.1	215710.6
475.6	782.8	307.2	12.8		5739.4
328453.7	564052.3	238097.5	26568.2	67777.0	3065945.4
258822.2	457393.0	198784.7	22592.6	64321.0	729008.0
69631.5	106659.3	39312.8	3975.6	3456.0	2336937.4
119905.0	308513.2	188618.5	8624.9	41704.3	1768297.7
147836.8	172853.4	33143.1	8507.9	1284.0	2596999.6
1152.1	1169.1	17.0	14.0		2655.0
136008.1	160004.8	31989.7	7978.7	1150.6	2263464.6
10676.6	11679.5	1136.4	515.2	133.4	330880.0
17.5	176.6	159.1	33.6		4227.0
52.1	390.2	338.1	21.7		3109.0
52.1	390.2	338.1	21.7		3109.0
430376.1	848863.7	420532.6	35048.9	100243.3	4043742.7
5885.8	9711.7	4406.8	262.6	484.1	49603.6
153810.0	184021.7	38341.6	9153.1	10133.1	2979802.7
17.5	176.6	159.1	33.6		4227.0
52.1	390.2	338.1	21.7		3109.0
24017.4	32098.7	8754.2	1485.3	64.9	579543.7
416552.0	655266.1	248079.9	31890.1	61245.3	3019293.4
16002.7	29482.9	13480.3		33662.0	167419.9
181604.2	390513.6	210972.2	14115.1	16018.1	4473315.4

8-7 限额以上批发和零售

	法人企业数(个)	执行《2006年企业会计准则》企业数(个)	年初存货	流动资产合计	应收帐款	存货
零售业	303	206	428588.3	2016851.5	288803.5	505429.9
按零售行业小类分						
综合零售	53	36	43386.5	264361.7	14140.6	37949.6
百货零售	38	29	36217.8	228512.2	13014.6	30870.6
超级市场零售	10	5	4692.7	29072.1	892.0	4312.4
其他综合零售	5	2	2476.0	6777.4	234.0	2766.6
食品、饮料及烟草制品专门零售	33	18	14060.5	39371.4	7844.4	9305.8
粮油零售	3	2	113.8	5746.5	568.5	481.9
糕点、面包零售	4	2	229.4	1428.7	369.5	183.4
果品、蔬菜零售	9	5	200.4	5097.2	967.7	299.8
肉、禽、蛋、奶及水产品零售	1		21.4	250.8	178.2	50.8
营养和保健品零售	2	2	5418.8	13557.7	4344.2	3766.7
酒、饮料及茶叶零售	8	4	1600.3	4706.1	675.4	1382.8
烟草制品零售	1	1	6012.9	6667.8	6.9	2544.9
其他食品零售	5	2	463.5	1916.6	734.0	595.5
纺织、服装及日用品专门零售	16	5	12410.9	40177.1	3263.8	12660.2
纺织品及针织品零售	1		1602.5	2803.5	767.0	1643.6
服装零售	8	1	4857.1	9598.1	996.2	7130.2
鞋帽零售	1		244.8	878.9	496.2	235.9
化妆品及卫生用品零售	3	2	1678.8	6963.6	540.5	1628.5
钟表、眼镜零售	1	1	3981.2	2802.1	86.6	1970.4
文化、体育用品及器材专门零售	14	12	89809.4	629860.2	23261.4	155601.7
文具用品零售						
体育用品及器材零售	1		398.4	531.9	95.4	398.4
图书、报刊零售	6	6	3481.0	19590.1	6340.0	3313.9
珠宝首饰零售	3	2	73461.8	590454.4	14666.8	136979.2
工艺美术品及收藏品零售	4	4	12468.2	19283.8	2159.2	14910.2
医药及医疗器材专门零售	28	19	44034.7	242894.7	130833.8	52713.4
药品零售	21	17	41893.0	222761.9	115450.5	50332.0
医疗用品及器材零售	7	2	2141.7	20132.8	15383.3	2381.4
汽车、摩托车、燃料及零配件专门零售	101	81	197489.2	635019.8	61698.7	202687.9
汽车零售	91	73	165842.4	576549.5	57555.3	163090.7
汽车零配件零售	3	3	448.4	3065.3	2247.2	431.8
机动车燃料零售	7	5	31198.4	55405.0	1896.2	39165.4
家用电器及电子产品专门零售	32	20	20366.0	99469.9	29984.7	20004.1
家用视听设备零售	2	1	110.0	437.4	159.2	0.7
日用家电设备零售	8	6	8713.8	50863.5	15763.2	8171.6
计算机、软件及辅助设备零售	17	9	4753.2	30322.9	9238.0	5261.0
通信设备零售	4	3	6704.5	17371.8	4613.8	6518.9
其他电子产品零售	1	1	84.5	474.3	210.5	51.9
五金、家具及室内装饰材料专门零售	18	10	5449.8	40427.4	7673.5	4938.4
五金零售	2	2	33.0	2420.8	457.2	25.0
灯具零售						
家具零售	7	5	4565.6	31341.7	3114.4	4103.9
木质装饰材料零售	3		128.0	1573.7	964.4	134.1
陶瓷、石材装饰材料零售	5	2	677.0	4773.8	2910.1	632.8
其他室内装饰材料零售	1	1	46.2	317.4	227.4	42.6
货摊、无店铺及其他零售业	8	5	1581.3	25269.3	10102.6	9568.8
货摊纺织、服装及鞋零售	1	1	59.8	235.8		65.5
旧货零售	1	1		1588.0	945.4	
生活用燃料零售						

业企业财务状况（续二）

单位：万元

固定资产合计	固定资产原价	累计折旧	本年折旧	在建工程	资产总计
306628.8	475512.3	181938.5	27345.4	102112.8	3319180.1
71459.4	140029.4	76615.8	6372.5	16616.9	634473.1
67053.7	132508.5	73218.4	6192.0	16452.9	584996.1
3018.3	5794.3	2984.6	165.8		41221.8
1387.4	1726.6	412.8	14.7	164.0	8255.2
8272.9	11435.4	3464.2	794.6	663.8	49742.5
1821.4	2304.5	483.1	20.7	70.0	7735.4
1612.5	1820.1	416.2	65.8	208.6	3060.0
2334.9	2822.2	542.0	42.1	267.7	8214.4
7.9	102.5	94.6	8.4		312.6
1948.4	3518.5	1570.1	559.5		16269.4
344.9	434.0	127.4	40.5	38.3	5170.0
27.1	144.4	117.4	8.8		6728.5
175.8	289.2	113.4	48.8	79.2	2252.2
2463.1	5273.7	2818.8	554.8		44967.8
237.4	371.0	133.6	19.0		3041.0
1175.1	1800.0	624.9	107.2		12135.4
12.6	12.6				891.5
495.3	1111.8	624.7	226.5		8423.4
104.1	565.8	461.7	171.2		2906.2
8863.3	13613.8	4929.2	3322.6		940450.5
113.9	113.9				645.8
2984.9	6757.4	3948.1	2530.0		22640.6
4820.4	5566.7	749.4	726.1		895994.5
944.1	1175.8	231.7	66.5		21169.6
8345.6	12677.2	4399.2	579.7	67.3	273771.3
8061.7	12147.6	4153.2	474.4	67.3	253336.7
283.9	529.6	246.0	105.3		20434.6
201737.3	284351.3	86758.0	14945.3	83634.6	1155397.8
94204.1	130647.9	40405.9	10200.3	6931.4	826973.7
126.6	57.6	35.9	3.3		3204.9
107406.6	153645.8	46316.2	4741.7	76703.2	325219.2
1640.6	3536.4	2099.6	543.3		107868.2
150.0	148.0	2.0			587.4
407.4	894.0	675.1	392.1		54652.8
940.8	1896.0	955.2	147.5		32064.8
96.6	467.4	381.8	2.9		20043.1
45.8	131.0	85.5	0.8		520.1
2058.0	2633.9	610.1	162.3		81005.7
1022.1	1023.4	1.3	1.3		3442.9
738.1	1204.8	500.9	107.1		70599.1
36.3	43.5	7.2			1610.0
214.1	295.0	80.9	48.7		4988.9
47.4	67.2	19.8	5.2		364.8
1788.6	1961.2	243.6	70.3	1130.2	31503.2
					235.8
97.9	97.9	38.4	10.5		1721.4

8-7 限额以上批发和零售

	法人企业数(个)	执行《2006年企业会计准则》企业数(个)	年初存货	流动资产合计	应收帐款	存货
按登记注册类型分						
内资企业	295	199	412984.0	1958823.2	285025.0	487730.3
国有企业	4	3	394.1	2546.9	151.4	588.7
集体企业	13	6	2184.1	7888.6	1606.0	1686.0
有限责任公司	77	59	148759.8	581667.2	132191.5	160976.2
国有独资公司	6	6	25244.1	70115.0	5051.7	29264.9
其他有限责任公司	71	53	123515.7	511552.2	127139.8	131711.3
股份有限公司	12	11	95888.0	672376.9	18019.7	157287.8
私营企业	186	118	165721.6	693718.6	132582.7	167125.8
私营独资企业	3	3	196.3	835.1	348.7	146.8
私营有限责任公司	179	111	159077.9	671513.0	130971.8	158273.8
私营股份有限公司	4	4	6447.4	21370.5	1262.2	8705.2
其他企业	3	2	36.4	625.0	473.7	65.8
港、澳、台商投资企业	7	6	15249.5	55731.8	3685.4	17430.7
港澳台商独资企业						
港、澳、台商投资股份有限公司						
外商投资企业	1	1	354.8	2296.5	93.1	268.9
外资企业	1	1	354.8	2296.5	93.1	268.9
按控股情况分						
国有控股	22	19	46441.2	126974.7	10634.3	52522.6
集体控股	13	6	2184.1	7888.6	1606.0	1686.0
私人控股	230	147	276975.3	1531917.8	235163.9	357737.4
港澳台商控股	6	6	14675.0	53651.8	2146.7	16938.8
外商控股	1	1	354.8	2296.5	93.1	268.9
其他	31	27	87957.9	294122.1	39159.5	76276.2
按经营形式分						
独立门店	230	162	248547.0	1072089.6	167891.1	262632.5
连锁总店	15	11	37533.8	115807.2	30176.7	38505.7
连锁门店	3	3	16054.8	47553.1	9756.5	12197.6
其他	55	30	126452.7	781401.6	80979.2	192094.1
大型	11	10	75403.2	217134.8	47732.2	78555.2
中型	113	89	219751.7	953397.4	156222.7	225516.9
小型	135	83	56706.3	227566.7	60071.1	60348.5
微型	44	24	76727.1	618752.6	24777.5	141009.3
按零售业态分						
有店铺零售	278	193	349332.8	1366730.1	236585.5	359633.4
食杂店	3	2	181.0	1373.0	637.8	247.3
便利店	13	6	24792.7	56308.8	1791.9	38406.2
超市	13	7	1556.6	6715.2	1241.3	2135.8
大型超市	10	8	22633.0	74657.4	10547.7	18162.7
百货店	30	21	20015.5	184335.5	2999.3	17522.4
专业店	83	58	117187.2	447779.7	144711.0	120888.0
专卖店	107	80	147900.7	527068.2	64755.6	146323.7
家居建材商店	9	5	4502.4	31744.5	4587.7	3759.4
购物中心	3		1631.3	3358.5	891.3	1803.1
厂家直销中心	7	6	8932.4	33389.3	4421.9	10384.8
无店铺零售	25	13	79255.5	650121.4	52218.0	145796.5
网上商店	5	2	759.4	8121.7	1572.0	3547.9

业企业财务状况（续三）

单位：万元

固定资产合计	固定资产原价	累计折旧	本年折旧	在建工程	资产总计
291421.9	449397.6	170988.2	25720.8	102112.8	3240643.9
2110.6	2914.9	804.3	55.9		4657.6
7794.3	8289.0	732.9	24.2	2793.3	17179.7
139933.0	172340.7	41680.3	8871.0	46366.6	989591.3
87358.9	108515.4	21332.1	4747.5	46131.2	281626.7
52574.1	63825.3	20348.2	4123.5	235.4	707964.6
68465.4	150410.8	82109.1	7078.9	44395.6	1333094.5
72263.2	114450.8	45525.6	9660.9	8557.3	894586.5
260.0					1095.1
69474.4	109018.8	42622.2	9265.9	8557.3	867927.7
2528.8	5432.0	2903.4	395.0		25563.7
855.4	991.4	136.0	29.9		1534.3
15056.5	24460.3	9446.3	1571.9		76089.3
150.4	1654.4	1504.0	52.7		2446.9
150.4	1654.4	1504.0	52.7		2446.9
121056.8	175262.4	54495.6	7862.0	76824.4	412211.1
7794.3	8289.0	732.9	24.2	2793.3	17179.7
115596.4	191475.4	79519.8	15007.1	8788.6	2306495.7
14931.4	24195.4	9306.5	1565.5		73884.2
150.4	1654.4	1504.0	52.7		2446.9
47099.5	74635.7	36379.7	2833.9	13706.5	506962.5
155326.1	253046.7	102527.4	18476.1	10376.6	1683626.5
9258.5	12687.4	3560.6	460.3	67.3	148023.8
8035.0	1548.1	801.2	493.5		67219.2
134009.2	208230.1	75049.3	7915.5	91668.9	1420310.6
157129.4	253675.4	103516.0	9029.1	90461.8	813747.4
110844.0	171535.7	65631.5	15626.7	6840.2	1297283.2
32182.0	42605.4	11434.5	1803.8	4490.7	280661.0
6473.4	7695.8	1356.5	885.8	320.1	927488.5
299241.6	466073.0	179817.8	26153.8	101535.6	2357336.1
1060.6	1253.9	193.3	57.0		2434.1
86321.2	103147.6	17185.2	2244.9	46413.4	267428.1
2420.1	2556.5	655.0	212.2		9345.2
11954.5	14454.8	9788.4	941.1		106089.5
56965.8	123298.5	66497.5	5442.1	16543.3	520370.8
50449.0	93971.1	46182.8	4429.3	31552.5	632490.7
76628.5	107631.3	32964.0	11443.9	6441.7	694816.3
785.0	1258.6	507.8	114.0		70988.2
294.4	476.2	181.8	46.5		3792.1
12362.5	18024.5	5662.0	1222.8	584.7	49581.1
7387.2	9439.3	2120.7	1191.6	577.2	961844.0
1820.4	2084.2	293.7	77.3	24.2	9942.1

8-7 限额以上批发和零售

	流动负债合计	应付帐款	非流动负债合计	负债合计	所有者权益合计
总计	5251745.6	1266765.7	654012.6	5892617.4	5086591.4
批发业	3494779.5	925468.7	446079.0	3911338.4	3748690.3
按批发行业小类分					
农、林、牧产品批发	9135.3	802.2		9135.3	1848.0
谷物、豆及薯类批发	2218.5	72.5		2218.5	394.3
饲料批发	4958.0	228.4		4958.0	981.6
棉、麻批发					
其他农牧产品批发	1958.8	501.3		1958.8	472.1
食品、饮料及烟草制品批发	161787.7	60373.2	9502.5	171465.2	275818.5
米、面制品及食用油批发	37150.4	19302.8	826.4	37976.8	4916.5
糕点、糖果及糖批发	6936.3	4628.9		6936.3	-269.7
果品、蔬菜批发	43813.7	16207.6	2665.4	46479.1	29539.6
肉、禽、蛋、奶及水产品批发	4259.6	3951.1	120.0	4379.6	969.4
盐及调味品批发	7821.3	3065.9	4748.4	12569.7	56715.2
营养和保健品批发					
酒、饮料及茶叶批发	33296.4	9083.3	1142.3	34613.7	15738.0
烟草制品批发	5540.4	269.8		5540.4	166205.2
其他食品批发	22969.6	3863.8		22969.6	2004.3
纺织、服装及家庭用品批发	51195.6	23592.7	4893.4	56089.0	16566.1
纺织品、针织品及原料批发					
服装批发	23053.6	10277.5		23053.6	3556.9
鞋帽批发	3994.6	3746.4		3994.6	1021.2
化妆品及卫生用品批发	7513.8	3207.4		7513.8	1601.3
厨房、卫生间用具及日用杂货批发					
家用电器批发	14971.0	5355.6	2066.7	17037.7	3756.9
其他家庭用品批发	1662.6	1005.8	2826.7	4489.3	6629.8
文化、体育用品及器材批发	129867.8	78733.3	48123.7	177991.5	88642.8
文具用品批发	-2181.5	-2453.9		-2181.5	3495.0
图书批发	109326.9	73967.3	16290.6	125617.5	69084.4
首饰、工艺品及收藏品批发	16556.1	7208.6	31833.1	48389.2	15672.3
医药及医疗器材批发	702924.5	260279.1	24491.6	727416.2	341639.2
西药批发	609765.4	217587.3	15378.7	625144.2	289542.7
中药批发	76922.4	37047.1	8764.8	85687.2	40780.0
医疗用品及器材批发	16236.7	5644.7	348.1	16584.8	11316.5
矿产品、建材及化工产品批发	2039875.9	420530.7	277383.4	2287564.2	2946709.0
煤炭及制品批发	136755.9	28897.6	204.8	136960.7	1007587.1
石油及制品批发	629667.9	143947.1	43393.5	642564.9	1071348.0
非金属矿及制品批发	45440.2	2559.0	37.1	45477.3	21650.0
金属及金属矿批发	731385.5	113810.9	56744.7	788130.2	208620.9
建材批发	204270.6	42570.5	9160.0	214232.0	492171.3
化肥批发	74249.6	38769.7	363.8	74613.4	13248.2
其他化工产品批发	218106.2	49975.9	167479.5	385585.7	132083.5
机械设备、五金产品及电子产品批发	383420.7	69006.5	81103.3	464523.9	59906.0
农业机械批发					
汽车批发	179682.2	15034.5	76543.4	256225.6	10137.6
汽车零配件批发	4514.2	1629.0	553.0	5067.2	2546.5
摩托车及零配件批发	689.7	689.7		689.7	256.6
五金产品批发	1268.0	737.3		1268.0	1536.5
电气设备批发	7769.2	1724.0		7769.2	1732.3
计算机、软件及辅助设备批发	4547.2	2783.5		4547.2	4937.4
通讯及广播电视设备批发	60663.8	-112.6	9.7	60673.4	21179.8
其他机械设备及电子产品批发	124286.4	46521.1	3997.2	128283.6	17579.3
其他批发业	16572.0	12151.0	581.1	17153.1	17560.7
再生外资回收与批发	2170.3	1853.5		2170.3	2985.3
其他未列明批发业	14401.7	10297.5	581.1	14982.8	14575.4

业企业财务状况（续四）

单位：万元

实收资本	国家资本	集体资本	法人资本	个人资本	港澳台资本	外商资本
2675937.7	**1404640.7**	**46904.0**	**782974.3**	**424433.4**	**14522.1**	**2463.2**
2125058.3	1390161.0	38627.4	440995.0	254769.7	50.0	455.2
1568.0				1568.0		
368.0				368.0		
1000.0				1000.0		
200.0				200.0		
48828.9	17737.1	300	18417.7	12324.1	50.0	
2681.7	2331.7		325.0	25.0		
1800.0	800			1000.0		
16014.0	48.0		11250.0	4716.0		
170.0			100	70.0		
8737.4	8737.4					
10391.1			5828.0	4513.1	50.0	
5820.0	5820.0					
3214.7		300	914.7	2000.0		
12178.7			6328.7	5850.0		
3197.7			697.7	2500.0		
500.0			300	200.0		
1500.0				1500.0		
4100.0			2450.0	1650.0		
2881.0			2881.0			
33069.0	11369.0		5120.0	16580.0		
3200.0			3020.0	180.0		
12569.0	11369.0		300.0	900.0		
16800.0			1300.0	15500.0		
186664.8	3820.3	21500.0	85714.2	75630.3		
149473.9	1058.7	21500.0	69324.9	57590.3		
28111.1	2761.6		12399.2	12950.3		
9079.8			3990.1	5089.7		
1775830.4	1347234.6	16827.4	303389.3	108379.1		
521957.9	500000		17964.8	3993.1		
769550.3	740623.8	500.0	12288.0	16138.5		
21400.0			21400			
272600.8	90450.0	14950.8	138764.0	28436.0		
103991.1	6000		86201.6	11789.5		
11880.6	2000	274.6	7600.0	2006.0		
74449.7	8160.8	1102.0	19170.9	46016.0		
50807.5	10000.0		16114.1	24238.2		455.2
6410.0			4675.0	1735.0		
2543.5			1000.0	1543.5		
300.0			300.0			
1006.0			200.0	806.0		
1960.0				1960		
4614.0			2060.0	2554.0		
14710.0			4779.1	9930.9		
19264.0	10000.0		3100.0	5708.8		455.2
16111.0			5911.0	10200.0		
3311.0			3311.0			
12800.0			2600.0	10200.0		

8-7 限额以上批发和零售

	流动负债合计	应付帐款	非流动负债合计	负债合计	所有者权益合计
按登记注册类型分					
内资企业	3488629.6	922401.0	446079.0	3905188.5	3747504.2
国有企业	23473.8	5427.2	659.4	24133.2	191577.4
集体企业	4972.8	3551.6	665.0	5637.8	101.6
有限责任公司	1433444.7	374201.5	41811.4	1475942.6	1590002.8
国有独资公司	352355.1	69405.0	163.2	353204.7	375803.3
其他有限责任公司	1081089.6	304796.5	41648.2	1122737.9	1214199.5
股份有限公司	406061.0	62254.6	37747.8	443808.8	1324488.9
私营企业	1620677.3	476966.1	365195.4	1955666.1	641333.5
私营独资企业	1050.9	337.2		1050.9	1604.1
私营合伙企业					
私营有限责任公司	1479327.2	445894.5	354195.4	1803141.0	460323.6
私营股份有限公司	140299.2	30734.4	11000.0	151474.2	179405.8
其他企业					
港、澳、台商投资企业	2654.5			2654.5	1572.5
港澳台商独资企业					
外商投资企业	3495.4	3067.7		3495.4	-386.4
外资企业	3495.4	3067.7		3495.4	-386.4
按控股情况分					
国有控股	1076456.5	211092.7	50893.7	1128036.6	2915706.1
集体控股	37079.0	6705.8	1028.8	38107.8	11495.8
私人控股	1904846.9	585413.2	391359.6	2265999.9	713802.8
港澳台商控股	2654.5			2654.5	1572.5
外商控股	3495.4	3067.7		3495.4	-386.4
其他	470247.2	119189.3	2796.9	473044.2	106499.5
按经营形式分					
独立门店	1691317.4	401654.3	145739.0	1838032.8	1181260.6
连锁门店	83316.7	55287.4	16290.6	99607.3	67812.6
其他	1720145.4	468527.0	284049.4	1973698.3	2499617.1
大型	702536.1	123302.0	39592.6	742128.7	1198872.8
中型	1757910.9	509154.1	337159.3	2095070.2	2339645.3
小型	811395.3	232666.1	9510.0	821706.7	195449.5
微型	222937.2	60346.5	59817.1	252432.8	14722.7

业企业财务状况（续五）

单位：万元

实收资本	国家资本	集体资本	法人资本	个人资本	港澳台资本	外商资本
2124553.1	1390161.0	38627.4	440995.0	254769.7		
33185.9	7228.1		25957.8			
780.6		774.6		6.0		
824829.8	633820.1	22602.0	134897.3	33510.4		
115680.0	93380.0		22300.0			
709149.8	540440.1	22602.0	112597.3	33510.4		
846209.9	749112.8	14950.8	77678.2	4468.1		
419546.9		300.0	202461.7	216785.2		
525.0			300.0	225.0		
357211.6		300.0	168611.7	188299.9		
61810.3			33550.0	28260.3		
50.0					50.0	
455.2						455.2
455.2						455.2
1536779.4	1388582.3		147196.8	1000.3		
10007.8	578.7	774.6	7769.0	885.5		
484020.9	1000.0	16352.8	223644.2	243023.9		
50.0					50.0	
455.2						455.2
93745.0		21500.0	62385.0	9860.0		
385429.3	14639.6	16627.4	229341.9	124315.2	50.0	455.2
11369.0	11369.0					
1728260.0	1364152.4	22000.0	211653.1	130454.5		
823485.3	737308.0		53667.0	32510.3		
1001243.4	612555.0	37852.8	228768.1	121562.3	50.0	455.2
274324.9	40298.0	774.6	143385.7	89866.6		
26004.7			15174.2	10830.5		

8-7 限额以上批发和零售

	流动负债合计	应付帐款	非流动负债合计	负债合计
零售业	1756966.1	341297.0	207933.6	1981279.0
按零售行业小类分				
综合零售	326558.6	103937.0	15661.1	342099.8
百货零售	298587.0	99799.2	15639.0	314061.2
超级市场零售	22202.0	2731.9	5.2	22252.1
其他综合零售	5769.6	1405.9	16.9	5786.5
食品、饮料及烟草制品专门零售	27626.2	11849.8	2405.8	30087.0
粮油零售	6162.5	550.6	1344.4	7506.9
糕点、面包零食	1379.7	843.5		1379.7
果品、蔬菜零售	1893.6	306.0	1.5	1895.1
肉、禽、蛋、奶及水产品零售	290.0	290.0		290.0
营养和保健品零售	11035.2	9039.0	899.1	11934.3
酒、饮料及茶叶零售	2960.8	-109.1	160.8	3176.6
烟草制品零售	2359.1	333.1		2359.1
其他食品零售	1545.3	596.7		1545.3
纺织、服装及日用品专门零售	26091.6	5646.3		26196.8
纺织品及针织品零售	2354.2	-962.8		2354.2
服装零售	12211.7	2200.4		12316.9
鞋帽零售	593.1	539.7		593.1
化妆用品及卫生用品零售	4134.1	611.4		4134.1
钟表、眼镜零售	2109.0	1936.9		2109.0
文化、体育用品及器材专门零售	4528.6	1320.7		4528.6
文具用品零售				
体育用品及器材零售	15.6	15.6	112.2	127.8
图书、报刊零售	21440.1	12237.8	2023.5	23463.6
珠宝首饰零售	249013.1	30823.9	150250.0	399263.0
工艺美术品及收藏品零售	2960.0	202.4	811.1	3771.1
医药及医疗器材专门零售	151100.4	63236.5	20867.4	192172.7
药品零售	137635.7	57359.2	20867.4	177708.0
医疗用品及器材零售	13464.7	5877.3		14464.7
汽车、摩托车、燃料及零配件专门零售	798474.5	73173.0	10423.1	806915.6
汽车零售	621125.4	55907.1	9964.9	629108.2
汽车零配件零售	2323.9	1013.7		2323.9
机动车燃料零售	175025.2	16252.2	458.2	175483.5
家用电器及电子产品专门零售	68249.8	22203.7	2969.4	69115.3
家用视听设备零售	114.4	24.4	40.0	154.4
日用家电设备零售	36640.5	11381.0	200.0	36875.5
计算机、软件及辅助设备零售	13821.5	6301.5	2187.5	13870.1
通信设备零售	17378.2	4265.7	541.9	17920.1
其他电子产品零售	295.2	231.1		295.2
五金、家具及室内装饰材料专门零售	69546.3	8031.1		69546.4
五金零售	2692.8	244.8		2692.8
灯具零售				
家具零售	63559.0	7010.3		63559.1
木质装饰材料零售	635.9			635.9
陶瓷石材装饰材料零售	2343.8	464.2		2343.8
其他室内装饰材料零售	314.8	311.8		314.8
货摊、无店铺及其他零售业	15889.9	9939.9	2410.0	18519.9
货摊纺织、服装及鞋零售				220.0
旧货零售	2238.4	1262.3		2238.4
生活用燃料零售				

业企业财务状况（续六）

单位：万元

所有者权益合计	实收资本						
		国家资本	集体资本	法人资本	个人资本	港澳台资本	外商资本
1337901.1	550879.4	14479.7	8276.6	341979.3	169663.7	14472.1	2008.0
292373.3	116612.3	4028.4	3496.6	89074.3	16586.0	1419.0	2008.0
270934.9	113227.8	4028.4	2785.8	86674.3	16312.3	1419.0	2008.0
18969.7	1958.0			1700.0	258.0		
2468.7	1426.5		710.8	700.0	15.7		
19655.5	13220.0	1352.8	207.4	3992.5	7667.3		
228.5	860.2	152.8	207.4		500.0		
1680.3	1520.5			900.5	620.0		
6319.3	2651.4			1520.0	1131.4		
22.6	10.0				10.0		
4335.1	4551.2			1000	3551.2		
1993.4	1751.5			5.0	1746.5		
4369.4	1200.0	1200.0					
706.9	675.2			567.0	108.2		
18771.0	7018.7	607.5		4140.0	1271.2	1000.0	
686.8	1000.0			1000.0			
-181.5	2138.7	7.5		1860.0	271.2		
298.4	280.0			280.0			
4289.3	1500.0			500.0		1000.0	
797.2	1000.0				1000.0		
12411.5	600.0	600.0					
518.0	518.0			518.0			
-823.0	2573.5	1100.0		1200	273.5		
496731.5	149971.5			71251.0	78720.5		
17398.5	11110.0		1000.0	7110.0	3000.0		
81598.6	56763.6	1653		41632.7	13477.9		
75628.7	54894.3	1653		40833.5	12407.8		
5969.9	1869.3			799.2	1070.1		
348482.2	143958.0	5738.0	3572.6	95404.6	27432.4	11810.4	
197865.5	141419.0	5150.0	3572.6	93828.6	27057.4	11810.4	
881.0	804.0			804.0			
149735.7	1735.0	588.0		772	375		
38752.9	28653.6			13570.6	15083.0		
433.0	255.0			240.0	15.0		
17777.3	9081.7			6581.7	2500.0		
18194.7	16446.0			4323.0	12123.0		
2123.0	2670.9			2425.9	245.0		
224.9	200.0				200.0		
11459.3	11153.9			6841.9	4069.3	242.7	
750.1	700.0			200.0	500.0		
7040.0	7009.6			5666.9	1100.0	242.7	
974.1	954.3			475.0	479.3		
2645.1	2440.0			500	1940.0		
50.0	50.0				50.0		
12983.3	9326.3			7243.7	2082.6		
15.8							
-517.0	500.0			500			

8-7 限额以上批发和零售

	流动负债合计	应付帐款	非流动负债合计	负债合计
按登记注册类型分				
内资企业	1717051.1	323895.8	207933.6	1941364.0
国有企业	4022.6	634.2	371.3	4393.9
集体企业	11479.5	763.7	697.1	12176.6
有限责任公司	671399.8	93736.1	18485.4	687509.8
国有独资公司	165508.6	14967.3	2305.2	167813.9
其他有限责任公司	505891.2	78768.8	16180.2	519695.9
股份有限公司	438513.8	85325.2	163733.5	602247.2
私营企业	591151.3	142952.5	24644.8	634550.9
私营独资企业	404.4	404.4		404.4
私营有限责任公司	578259.9	141059.2	22934.9	619949.6
私营股份有限公司	12487.0	1488.9	1709.9	14196.9
其他企业	484.1	484.1	1.5	485.6
港、澳、台商投资企业	38110.5	16612.3		38110.5
港澳台商独资企业				
港、澳、台商投资股份有限公司				
外商投资企业	1804.5	788.9		1804.5
外资企业	1804.5	788.9		1804.5
按控股情况分				
国有控股	235487.6	38590.6	4002.5	239490.2
集体控股	11479.5	763.7	697.1	12176.6
私人控股	1110030.5	219394.5	196521.4	1322931.0
港澳台商控股	37929.8	16537.3		37929.8
外商控股	1804.5	788.9		1804.5
其他	360234.2	65222.0	6712.6	366946.9
按经营形式分				
独立门店	1079153.5	198933.9	35690.1	1112721.6
连锁总店	61070.0	28513.0	10662.1	91118.9
连锁门店	61861.6	9031.4		61861.6
其他	554881.0	104818.7	161581.4	715576.9
大型	379818.1	84536.4	24394.2	423599.2
中型	938405.8	178843.7	21796.8	957810.2
小型	167694.5	41093.3	11442.9	178462.3
微型	271047.7	36823.6	150299.7	421407.3
按零售业态分				
有店铺零售	1472645.2	292570.3	52706.9	1542650.4
食杂店	1058.9	493.9		1058.9
便利店	154113.4	10094.7	719.6	154833.1
超市	3647.8	1988.1	180.2	3663.0
大型超市	76962.1	13935.7		76962.3
百货店	248864.5	89220.2	15071.2	264035.6
专业店	372129.4	94474.3	23421.1	412873.3
专卖店	522671.0	74064.6	10879.9	533585.9
家居建材商店	64608.0	6943.8		64608.1
购物中心	2635.0	-874.7		2740.2
厂家直销中心	25955.1	2229.7	2434.9	28290.0
无店铺零售	284320.9	48726.7	155226.7	438628.6
网上商店	4507.5	1358.1	811.1	5318.6

业企业财务状况（续七）

单位：万元

所有者权益合计	实收资本						
		国家资本	集体资本	法人资本	个人资本	港澳台资本	外商资本
1299279.9	529405.7	14479.7	8276.6	338979.3	167653.7	8.4	8
263.7	328.3	120.9	207.4				
5003.1	4772.3		4734.9		37.4		
302081.5	128255.2	14350.4	1000.0	100381.5	12523.3		
113812.8	1700.0	1700.0					
188268.7	126555.2	12650.4	1000.0	100381.5	12523.3		
730847.3	235302.6			154403.2	80899.4		
260035.6	159780.9	8.4	2334.3	83639.6	73782.2	8.4	8
690.7	515.0				515.0		
247978.1	150414.7	8.4	2334.3	81339.6	66716.0	8.4	8
11366.8	8851.2			2300.0	6551.2		
1048.7	966.4			555	411.4		
37978.8	19473.7			3000.0	2010	14463.7	
642.4	2000.0						2000.0
642.4	2000.0						2000.0
172720.9	15422.7	11771.3	207.4	2967.0	477.0		
5003.1	4772.3		4734.9		37.4		
983564.7	427706.3	1508.4	2334.3	261310.0	162537.2	8.4	8
35954.4	17463.7			3000.0		14463.7	
642.4	2000.0						2000.0
140015.6	83514.4	1200.0	1000.0	74702.3	6612.1		
570904.9	325281.5	12965.5	7677.9	215336.5	73837.9	13463.7	2000.0
56904.9	37193.0	8.4	8.4	29643.4	6516.4	1008.4	8
5357.6	1000.0			500.0	500.0		
704733.7	187404.9	1505.8	590.3	96499.4	88809.4		
390148.2	106697.7	375.0		101733.2	3178.9	1410.6	
339473.0	193713.0	13884.2	3549.4	114652.2	46557.7	13061.5	2008.0
102198.7	89982.9	220.5	4447.2	50881.9	34433.3		
506081.2	160485.8		280	74712.0	85493.8		
814685.7	379270.5	14479.7	8276.6	254288.6	85745.5	14472.1	2008.0
1375.2	1350.5			1350.5			
112595.0	8186.7	153.0	348.5	6690.7	994.5		
5682.2	2886.0	28.4	41.7	1759.8	1039.7	8.4	8
29127.2	3660.6	600.0		1650.0		1410.6	
256335.2	110361.6	4007.5	3106.4	85554.5	15693.2		2000.0
219617.4	113913.8	2628.0	1000.0	82348.9	27936.9		
161230.4	125617.4	7062.8	3780.0	67527.3	34436.9	12810.4	
6380.1	6713.9			5166.9	1304.3	242.7	
1051.9	1270.0			1270.0			
21291.1	5310.0			970.0	4340.0		
523215.4	171608.9			87690.7	83918.2		
4623.5	4852.6			500	4352.6		

8-7 限额以上批发和零售

	营业收入	主营业务收入	营业成本	主营业务成本
总计	**33146106.6**	**32939595.0**	**31743264.7**	**31598676.6**
批发业	28644592.2	28512378.0	27784823.5	27675628.4
按批发行业小类分				
农、林、牧产品批发	84532.1	84532.1	81131.3	81131.3
谷物、豆及薯类批发	3487.1	3487.1	3150.9	3150.9
饲料批发	63964.2	63964.2	62202.6	62202.6
棉、麻批发				
其他农牧产品批发	17080.8	17080.8	15777.8	15777.8
食品、饮料及烟草制品批发	1072929.1	1059080.6	869218.1	863355.2
米、面制品及食用油批发	44078.3	44078.3	40930.1	40219.3
糕点、糖果及糖批发	23691.2	23360.7	22546.7	22195.6
果品、蔬菜批发	356401.4	351971.4	322207.3	322207.3
肉、禽、蛋、奶及水产品批发	20241.6	16666.6	13927.3	12139.8
盐及调味品批发	20019.4	18436.7	8692.8	8648.1
营养和保健品批发				
酒、饮料及茶叶批发	158436.2	158072.6	134250.8	133887.1
烟草制品批发	416321.7	412895.0	295487.2	293100.3
其他食品批发	33739.3	33599.3	31175.9	30957.7
纺织、服装及家庭用品批发	197117.5	196981.4	176512.4	176512.4
纺织品、针织品及原料批发				
服装批发	67516.7	67516.7	59783.3	59783.3
鞋帽批发	9852.3	9852.3	8023.2	8023.2
化妆品及卫生用品批发	37788.9	37788.9	35593.8	35593.8
厨房、卫生间用具及日用杂货批发				
家用电器批发	68660.3	68524.2	63572.0	63572.0
其他家庭用品批发	13299.3	13299.3	9540.1	9540.1
文化、体育用品及器材批发	11512.2	11512.2	10662.2	10662.2
文具用品批发	8033.3	8033.3	7406.4	7406.4
图书批发	125520.9	125520.9	108467.3	108467.3
首饰、工艺品及收藏品批发	141349.6	141325.9	135956.8	135956.8
医药及医疗器材批发	1286300.3	1275786.7	1167202.8	1163428.1
西药批发	1045663.3	1035977.5	956720.7	955064.5
中药批发	189043.0	188215.2	168029.0	165910.5
医疗用品及器材批发	51594.0	51594.0	42453.1	42453.1
矿产品、建材及化工产品批发	24230920.5	24126350.8	23810975.8	23712407.0
煤炭及制品批发	75837.1	75837.0	70425.5	70260.7
石油及制品批发	15245730.6	15145538.6	14931686.4	14839332.6
非金属矿及制品批发	20737.0	19271.4	17779.8	17285.1
金属及金属矿批发	6971925.2	6969195.4	6934090.6	6932565.0
建材批发	385781.5	385599.3	375372.6	373512.6
化肥批发	86351.2	86351.2	83699.1	83699.1
其他化工产品批发	1444557.9	1444557.9	1397921.8	1395751.9
机械设备、五金产品及电子产品批发	1447213.3	1444090.7	1383975.3	1382986.6
农业机械批发				
汽车批发	252814.0	252297.6	239106.7	238638.5
汽车零配件批发	256426.5	255954.1	243378.9	242910.7
摩托车及零配件批发	16588.5	16588.5	15720.2	15720.2
五金产品批发	3078.4	3078.4	2924.6	2924.6
电气设备批发	14091.4	14091.4	12579.5	12579.5
计算机、软件及辅助设备批发	24879.8	24872.7	23642.1	23642.1
通讯及广播电视设备批发	199190.4	199190.4	185070.0	185070.0
其他机械设备及电子产品批发	688477.4	685929.4	671766.9	671766.6
其他批发业	39163.4	39163.4	33315.1	33315.1
再生物资回收与批发	6621.6	6621.6	6277.8	6277.8
其他未列明批发业	32541.8	32541.8	27037.3	27037.3

业企业财务状况（续八）

单位：万元

营业税金及附加	主营业务税金及附加	其他业务利润	销售费用	管理费用	税金
100202.9	**92216.3**	**47001.7**	**633068.8**	**270166.7**	
82915.0	76466.6	21567.5	359193.9	173138.2	
16.0	16.0		2805.2	423.4	
1.3	1.3		217.5	137.5	
7.3	7.3		1633.9	47.4	
7.4	7.4		953.8	238.5	
60072.5	59065.5	10643.5	52037.2	24830.3	
81.1	81.1	30.1	2404.8	1133.8	
38.6	38.6	330.3	1614.4	367.2	
193.9	193.9	7705.2	11360.5	7319.1	
205.4	204.4		1248.4	1067.4	
599.6	167.7	1538.1	8687.1	1305.1	
439.8	439.8		14029.6	2789.4	
58488.6	57914.5	1039.8	11361.7	10276.8	
25.5	25.5		1330.7	571.5	
435.5	435.5	27.3	13838.3	4155.2	
120.1	120.1		6935.5	588.4	
31.3	31.3		1104.5	126.5	
34.8	34.8		1463.1	446.0	
96.3	96.3	27.3	3635.0	325.3	
153.0	153.0		700.2	2669.0	
10.4	10.4		587.2	128.2	
9.4	9.4		284.0	342.9	
0.5	0.5		4142.5	11974.3	
125.1	125.1	3.8	3142.3	2346.0	
2827.1	2747.5	5369.1	52841.4	34430.4	
1844.7	1784.1	5306.7	36992.6	27346.8	
477.0	458.0	62.4	10722.5	5090.7	
505.4	505.4		5126.3	1992.9	
17794.6	12699.1	3167.3	190704.8	81651.5	
276.8	276.8	4.3	2913.1	1507.2	
10741.3	5827.9	1852.9	157049.2	60764.4	
87.8	87.8		1445.1	1106.7	
3616.4	3541.5	1307.5	11528.1	7595.7	
2282.8	2282.1		2731.5	5877.0	
52.8	52.8		3005.4	833.6	
736.7	630.2	2.6	12032.4	3966.9	
1562.7	1296.5	2356.5	36234.9	11157.8	
241.7	241.7	1219.6	4951.3	3130.7	
233.4	233.4	1143.9	4358.7	3339.1	
14.9	14.9	148	808.1	29.1	
1.6	1.6	152.3		123.4	
140.2	140.2		977.2	250.4	
35.3	35.3	409	416.5	591.0	
256.5	256.5	211.5	9989.9	1468.3	
581.4	315.2	291.8	10686.6	3269.4	
61.2	61.1		2576.1	1698.2	
14.8	14.8		231.6	201.3	
46.4	46.3		2344.5	1496.9	

8-7 限额以上批发和零售

	营业收入	主营业务收入	营业成本	主营业务成本
按登记注册类型分				
内资企业	28616953.2	28484739.0	27762959.4	27653764.3
国有企业	447205.6	442350.1	323484.1	319837.5
集体企业	12724.8	12724.8	11675.1	11675.1
有限责任公司	11418383.1	11310953.7	10998696.7	10898300.0
国有独资公司	8705571.6	8607768.8	8420447.4	8329650.1
其他有限责任公司	2712811.5	2703184.9	2578249.3	2568649.9
股份有限公司	11948214.2	11944355.8	11914391.7	11912336.8
私营企业	4790425.5	4774354.6	4514711.8	4511614.9
私营独资企业	18080.6	18080.6	15475.6	15475.6
私营合伙企业				
私营有限责任公司	4600176.0	4588311.6	4342309.6	4339212.7
私营股份有限公司	172168.9	167962.4	156926.6	156926.6
其他企业				
港、澳、台商投资企业	16691.1	16691.1	13567.1	13567.1
港澳台商独资企业				
外商投资企业	10947.9	10947.9	8297.0	8297.0
外资企业	10947.9	10947.9	8297.0	8297.0
按控股情况分				
国有控股	21895646.4	21786728.7	21420346.3	21320589.6
集体控股	63658.9	63658.9	59967.6	59967.6
私人控股	5435764.0	5418525.5	5115663.3	5110467.3
港澳台商控股	16691.1	16691.1	13567.1	13567.1
外商控股	10947.9	10947.9	8297.0	8297.0
其他	1221883.9	1215825.9	1166982.2	1162739.8
按经营形式分				
独立门店	7518459.1	7410003.5	6890481.4	6790634.7
连锁总店	104569.7	104569.7	88078.6	88078.6
其他	21021563.4	20997804.8	20806263.5	20796915.1
大型	10219455.9	10206383.8	10067804.0	10063109.9
中型	13884968.5	13777590.6	13288603.9	13191881.6
小型	4255176.1	4243433.3	4158294.5	4150515.8
微型	284991.7	284970.3	270121.1	270121.1

业企业财务状况（续九）

单位：万元

营业税金及附加	主营业务税金及附加	其他业务利润	销售费用	管理费用	税金
82796.6	76348.2	21567.5	355024.7	172594.8	
59242.3	58593.3	1045.6	12845.7	12042.0	
4.8	4.8		338.7	32.2	
13527.0	8783.8	3492.3	203573.0	54123.1	
9352.1	5464.2	1.0	134635.9	23747.9	
4174.9	3319.6	3491.3	68937.1	30375.2	
3255.9	2378.4	1852.9	22392.8	54602.4	
6766.6	6587.9	15176.7	115874.5	51795.1	
			145.2	1237.3	
6476.4	6297.7	15168.9	109580.4	46515.1	
290.2	290.2	7.8	6148.9	4042.7	
66.3	66.3		2420.3		
52.1	52.1		1748.9	543.4	
52.1	52.1		1748.9	543.4	
73638.5	67419.6	4162.5	188913.5	97011.8	
73.8	73.8		2699.8	995.2	
7851.7	7653.8	15513.5	139035.9	61426.1	
66.3	66.3		2420.3		
52.1	52.1		1748.9	543.4	
1232.6	1201.0	1891.5	24375.5	13161.7	
72711.2	68020.4	16529.5	250041.4	80692.4	
0.5	0.5		3631.1	11699.0	
10203.3	8445.7	5038.0	105521.4	80746.8	
61560.8	60738.0	3031.3	43582.5	76705.6	
15412.8	10042.4	15741.0	266245.5	75043.0	
5830.8	5575.6	2810.8	48504.4	20511.7	
110.6	110.6	−15.6	861.5	877.9	

8-7 限额以上批发和零售

	营业收入	主营业务收入	营业成本	主营业务成本
零售业	4501514.4	4427217.0	3958441.2	3923048.2
按零售行业小类分				
综合零售	884063.2	849497.1	725674.8	719930.3
百货零售	793812.7	765763.1	651650.8	649101.9
超级市场零售	72054.5	65538.0	56775.0	56610.6
其他综合零售	18196.0	18196.0	17249.0	14217.8
食品、饮料及烟草制品专门零售	76736.7	75211.2	64395.8	63043.3
粮油零售	11211.9	11005.9	10433.3	10370.7
糕点、面包零售	4968.3	4968.3	3403.7	3403.7
果品、蔬菜零售	8635.4	8635.4	7757.1	7757.1
肉、禽、蛋、奶及水产品零售	2235.2	2235.2	2078.0	2078.0
营养和保健品零售				
酒、饮料及茶叶零售	15400.6	14081.1	14232.4	12942.5
烟草制品零售	16523.4	16523.4	13744.1	13744.1
其他食品零售	4490.3	4490.3	3946.6	3946.6
纺织、服装及日用品专门零售	68584.5	68272.8	49862.8	49862.8
纺织品及针织品零售				
服装零售	20085.4	20085.4	14503.3	14503.3
鞋帽零售	1681.6	1681.6	1582.5	1582.5
化妆品及卫生用品零售	28254.0	27942.3	20075.7	20075.7
钟表、眼镜零售	2910.3	2910.3	2201.8	2201.8
文化、体育用品及器材专门零售	72666.1	71948.9	65366.6	65188.4
文具用品零售				
体育用品及器材零售	745.1	745.1	640.3	640.3
图书、报刊零售	24302.1	24025.9	20347.9	20169.9
珠宝首饰零售	41673.1	41232.4	40266.9	40266.9
工艺美术品及收藏品零售	5945.8	5945.5	4111.5	4111.3
医药及医疗器材专门零售	400247.0	399514.6	322732.7	320064.9
药品零售	363243.0	362510.6	294978.7	292310.9
医疗用品及器材零售	37004.0	37004.0	27754.0	27754.0
汽车、摩托车、燃料及零配件专门零售	2681459.3	2649625.5	2464897.7	2442555.6
汽车零售	1530610.0	1515842.3	1410148.2	1403020.6
汽车零配件零售	5102.7	5102.7	4787.1	4787.1
机动车燃料零售	1145746.6	1128680.5	1049962.4	1034747.9
家用电器及电子产品专门零售	254822.9	252338.1	220620.1	220293.6
家用视听设备零售	2375.4	2375.4	2095.2	2095.2
日用家电设备零售	140980.7	138644.2	121520.1	121193.6
计算机、软件及辅助设备零售	49668.6	49668.6	42785.6	42785.6
通信设备零售	61254.2	61105.9	53868.3	53868.3
其他电子产品零售	544.0	544.0	350.9	350.9
五金、家具及室内装饰材料专门零售	39469.1	37343.2	26238.6	23457.2
五金零售	1387.9	1356.6	1255.0	1232.1
灯具零售				
家具零售	26726.8	24632.2	14674.3	11963.5
木质装饰材料零售	4911.0	4911.0	4666.5	4666.5
陶瓷、石材装饰材料零售	5547.8	5547.8	4781.2	4733.5
其他室内装饰材料零售	895.6	895.6	861.6	861.6
货摊、无店铺及其他零售业	23465.6	23465.6	18652.1	18652.1
货摊纺织、服装及鞋零售	644.5	644.5	519.0	519.0
旧货零售	1180.8	1180.8	972.7	972.7
生活用燃料零售				

业企业财务状况（续十）

单位：万元

营业税金及附加	主营业务税金及附加	其他业务利润	销售费用	管理费用	税金
17287.9	15749.7	25434.2	273874.9	97028.5	
6709.2	6240.4	16508.3	89412.7	23470.5	
6172.0	5760.9	16508.3	77295.0	20868.1	
473.4	462.5		9354.8	1652.8	
63.8	17.0		2762.9	949.6	
361.8	347.3		6223.9	4695.7	
1.4	1.4		403.1	373.2	
67.0	67.0		616.0	386.6	
22.6	22.6		444.7	404.6	
0.2	0.2		31.0	102.6	
43.4	42.8		370.6	438.2	
116	116		1719.1	892.6	
17.8	3.9		490.2	218.5	
361.8	360.9	190.0	9585.2	2541.8	
109.6	108.7	0.1	4091.0	952.6	
1.1	1.1		107.4	0.4	
139.2	139.2	189.9	3935.5	1046.5	
9.8	9.8		380.5	211.9	
208.9	208.9	308.8	2588.0	5946.0	
1.2	1.2		43	51.0	
4.2	4.2	308.8	1807.6	2004.9	
179.9	179.9		264.7	3725.7	
23.6	23.6		472.7	164.4	
1375.1	1373.0	388.4	50823.6	12476.6	
1170.8	1168.7	359.8	47031.5	9560.9	
204.3	204.3	28.6	3792.1	2915.7	
7021.3	6027.7	7188.3	82540.2	33142.9	
4370.9	4289.6	6147.1	44326.8	26648.8	
4.9	4.9		268.0	22.3	
2645.5	1733.2	1041.2	37945.4	6471.8	
595.1	595.0	522.4	21953.3	8329.2	
6.5	6.5		8.0	127.0	
331.3	331.2	522.4	13018.9	4111.1	
135.5	135.5		2750.7	2206.0	
94.0	94.0		6167.7	1748.3	
27.8	27.8		8.0	136.8	
575.1	516.9	328.0	8520.7	4718.3	
2.5	2.5		52.8	45.2	
478.4	478.4	248.0	7980.0	4391.8	
7.0	7.0		127.6	90.3	
85.6	27.4	80.0	349.1	171.8	
1.6	1.6		11.2	19.2	
79.6	79.6		2227.3	1707.5	
6.0	6.0		25	47.5	
0.1	0.1		360.9	78.9	

8-7 限额以上批发和零售

	营业收入	主营业务收入	营业成本	主营业务成本
按登记注册类型分				
内资企业	4266851.3	4200089.4	3765000.5	3730689.5
国有企业	17124.7	16918.7	16280.7	16218.1
集体企业	20296.7	20193.3	18665.0	18660.6
有限责任公司	1780201.4	1750309.0	1570307.0	1555726.4
国有独资公司	343970.5	343694.3	304764.1	304586.1
其他有限责任公司	1436230.9	1406614.7	1265542.9	1251140.3
股份有限公司	889969.2	875326.3	796170.4	790296.3
私营企业	1553796.9	1531879.7	1359171.2	1345381.9
私营独资企业	3567.4	3567.4	3063.9	3063.9
私营有限责任公司	1500702.6	1479164.0	1312838.7	1299049.6
私营股份有限公司	49526.9	49148.3	43268.6	43268.4
其他企业	5462.4	5462.4	4406.2	4406.2
港、澳、台商投资企业	224460.8	217865.5	185276.1	184216.5
港澳台商独资企业	1560.7	1560.7	1376.8	1376.8
港、澳、台商投资股份有限公司	26580.5	26298.4	23635.1	23635.1
外商投资企业	10202.3	9262.1	8164.6	8142.2
外资企业	10202.3	9262.1	8164.6	8142.2
按控股情况分				
国有控股	1289658.1	1269488.2	1171046.3	1155390.7
集体控股	20296.7	20193.3	18665.0	18660.6
私人控股	2191519.3	2165882.9	1928631.2	1914841.9
港澳台商控股	222900.1	216304.8	183899.3	182839.7
外商控股	10202.3	9262.1	8164.6	8142.2
其他	766937.9	746085.7	648034.8	643173.1
按经营形式分				
独立门店	2787720.4	2733500.5	2474282.4	2450844.1
连锁总店	219340.4	218681.0	154922.4	149223.4
连锁门店	184115.4	173705.4	148969.4	148950.8
其他	1310338.2	1301330.1	1180267.0	1174029.9
大型	1696073.9	1662047.0	1485078.5	1467861.1
中型	2309447.1	2275494.3	2022842.9	2009603.1
小型	406084.7	400239.0	365624.8	361254.5
微型	89908.7	89436.7	84895.0	84329.5
按零售业态分				
有店铺零售	4369063.4	4295462.3	3842544.8	3807152.0
食杂店	3465.0	3465.0	3009.0	3009.0
便利店	358059.3	358059.3	320755.4	317724.2
超市	19634.0	19589.2	17962.2	17948.2
大型超市	274932.8	254617.9	221689.4	219933.6
百货店	585844.7	571638.3	480631.9	479688.4
专业店	1686392.4	1664976.3	1510571.7	1490843.9
专卖店	1348929.7	1333405.4	1217189.5	1209979.8
家居建材商店	30549.1	28454.5	18462.7	15751.9
购物中心	4733.5	4733.5	3658.3	3658.3
厂家直销中心	56522.9	56522.9	48614.7	48614.7
无店铺零售	132451.0	131754.7	115896.4	115896.2
网上商店	3075.5	3075.2	2451.7	2451.5

业企业财务状况（续十一）

单位：万元

营业税金及附加	主营业务税金及附加	其他业务利润	销售费用	管理费用	税金
15616.8	14078.7	18980.5	252799.2	91538.3	
11.3	11.3		119.0	783.8	
28.3	28.3	180.5	545.0	874.6	
5265.3	5141.3	11875.9	103444.9	35239.3	
879.2	879.2	308.8	3984.7	7499.7	
4386.1	4262.1	11567.1	99460.2	27739.6	
4495.9	3263.3	2691.3	47436.9	11179.8	
5805.3	5623.8	4232.8	100473.7	43226.7	
2.1	2.1		196.4	237.0	
5664.8	5483.3	3911.9	97180.1	41406.9	
138.4	138.4	320.9	3097.2	1582.8	
10.7	10.7		779.7	234.1	
1661.8	1661.7	5535.9	19241.2	4906.0	
5.9	5.9		104.5	59.1	
173.9	173.9	282.3	1167.6	757.7	
9.3	9.3	917.8	1834.5	584.2	
9.3	9.3	917.8	1834.5	584.2	
3473.7	2561.4	3013.2	46963.1	12539.7	
28.3	28.3	180.5	545.0	874.6	
8475.1	7894.9	6072.7	133852.3	61950.2	
1655.9	1655.8	5535.9	19136.7	4846.9	
9.3	9.3	917.8	1834.5	584.2	
3645.6	3600.0	9714.1	71543.3	16232.9	
11568.6	10938.4	13969.0	144065.7	62986.5	
1095.9	1047.0	288.4	49662.1	7676.4	
505.1	492.7	9357.9	25160.2	4115.1	
4118.3	3271.6	1818.9	54986.9	22250.5	
5861.0	4568.9	13551.0	117965.5	20909.3	
9768.4	9609.0	10897.9	137054.7	55044.6	
1410.2	1337.4	724.8	16446.9	16052.2	
248.3	234.4	260.5	2407.8	5022.4	
16755.6	15217.4	24627.9	266946.7	88143.7	
2.9	2.9		190.3	73.8	
905.4	858.6		6795.2	8188.0	
74.5	61.4	2	874.9	828.3	
793.7	770.5	10957.1	37813.8	5104.5	
5808.2	5421.9	5581.8	50017.7	17264.3	
4241.2	3254.7	1478.4	105167.8	19037.3	
4291.8	4210.4	6561.4	53432.2	31301.2	
480.2	480.2	47.0	8150.3	4330.6	
47.7	46.8		566.2	179.0	
110.0	110.0	0.2	3938.3	1836.7	
532.3	532.3	806.3	6928.2	8884.8	
10.8	10.8		353.2	244.5	

8-7 限额以上批发和零售

指标名称	财务费用			资产减值损失
		利息收入	利息支出	
总计	**122830.9**	**14146.2**	**80117.4**	**14251.0**
批发业	83804.1	12981.1	66557.5	12054.3
按批发行业小类分				
农、林、牧产品批发	116.1	0.8	40.2	
谷物、豆及薯类批发	41.7	0.2	6.0	
饲料批发	1.3	0.1	0.8	
棉、麻批发				
其他农牧产品批发	73.1	0.5	33.4	
食品、饮料及烟草制品批发	−332.0	2386.0	1122.8	447.6
米、面制品及食用油批发	406.7	79.7	20.6	0.5
糕点、糖果及糖批发	28.2	0.1		44.7
果品、蔬菜批发	633.2	0.5	630.5	166.2
肉、禽、蛋、奶及水产品批发	11.1	−0.1	11.0	15
盐及调味品批发	−372.5	383.1		67.6
营养和保健品批发				
酒、饮料及茶叶批发	571.9	7.1	145.3	153.6
烟草制品批发	−1920.3	1921.3		
其他食品批发	309.7	−5.7	315.4	
纺织、服装及家庭用品批发	566.7	157.6	539.3	4.1
纺织品、针织品及原料批发				
服装批发	30.2	75.1	0.4	
鞋帽批发	24.0	14.1		
化妆品及卫生用品批发	215.1		214.8	
厨房、卫生间用具及日用杂货批发				
家用电器批发	148.2	12.6	162.1	4.1
其他家庭用品批发	149.2	55.8	162.0	
文化、体育用品及器材批发	178.2	−395.1	478.6	297.3
文具用品批发	−0.6	0.9	0.1	
图书批发	−399.5	−427.3	62.0	297.3
首饰、工艺品及收藏品批发	605.0	4.3	416.2	
医药及医疗器材批发	14725.5	338.6	4736.4	−480.5
西药批发	13004.4	261.4	3538.3	−1169.1
中药批发	1429.1	74.6	1121.3	688.6
医疗用品及器材批发	292.0	2.6	76.8	
矿产品、建材及化工产品批发	62482.7	9827.1	54845.1	11619.1
煤炭及制品批发	1548.8	473.2	118.3	
石油及制品批发	34369.3	6552.5	40758.1	66.1
非金属矿及制品批发	16.6	−2.9	19.9	
金属及金属矿批发	15139.6	2315.9	11325.3	9452.9
建材批发	339.0	273.8	338.5	1999.9
化肥批发	399.5	95.8	433.5	11.7
其他化工产品批发	10669.9	118.8	1851.5	88.5
机械设备、五金产品及电子产品批发	5932.0	663.6	4794.2	166.7
农业机械批发				
汽车批发	4089.9	218.2	3588.6	
汽车零配件批发	14.7	0.3	3.0	
摩托车及零配件批发				
五金产品批发	1.4			1
电气设备批发	103.9	3.3	0.1	
计算机、软件及辅助设备批发	95.9	−0.4	12.3	
通讯及广播电视设备批发	948.6	−0.6	775.8	
其他机械设备及电子产品批发	677.6	442.8	414.4	165.7
其他批发业	134.9	2.5	0.9	
再生物资回收与批发	0.3	0.3	0.1	
其他未列明批发业	134.6	2.2	0.8	

业企业财务状况（续十二）

单位：万元

公允价值变动收益	投资收益	营业利润	营业外收入	
				补贴收入
-284.2	35309.0	275231.3	24742.8	
1.7	11963.1	153816.3	19486.0	
		40.1	241.7	
		-61.8	107.9	
		71.7		
		30.2	133.8	
0.1	3707.3	66956.9	713.6	
		-257.3	284.3	
	0.8	-596.9	9.9	
0.1		10143.3	15.8	
		3767.0	19.1	
	706.5	1746.2	288.7	
		6200.9	54.8	
	3000.0	45627.7	40.9	
		326.0	0.1	
		1605.4	63.8	
		59.2		
		542.9	7.9	
		36.1	2.1	
		879.4	13.8	
		87.8	40	
		355.0	708.8	
		124.8		
		1038.5	707.6	
		-825.6	1.2	
	159.9	16472.5	565.0	
	97.5	11134.2	504.5	
	62.4	4114.0	60.5	
		1224.3		
0.2	8115.2	57905.4	16763.7	
		-143.0	14.0	
	419.0	41227.1	4843.1	
	12.6	352.2	41.4	
	321.2	-8997.7	366.4	
0.2	7310.0	5769.9	10150.1	
		-1650.9	1085.4	
	52.4	21347.8	263.3	
1.4	-19.3	9103.1	360.7	
	0.4	1383.8	183.9	
		22.2		
		2.1		
1.4		182.0		
		-114.0		
		99.0	20.7	
	0.3	6181.3	7.2	
	-20	1346.7	148.9	
		1377.9	68.7	
		-104.2		
		1482.1	68.7	

8-7 限额以上批发和零售

	财务费用			资产减值损失
		利息收入	利息支出	
按登记注册类型分				
内资企业	83797.3	12978.6	66548.5	12054.3
国有企业	-1885.0	2003.2	116.1	-0.3
集体企业	25.9	0.3	25.8	
有限责任公司	16640.2	7116.8	15424.6	9096.8
国有独资公司	-584.6	5102.5	4492.8	476.4
其他有限责任公司	17224.8	2014.3	10931.8	8620.4
股份有限公司	32889.5	1522.3	35308.6	2297.3
私营企业	36126.7	2336.0	15673.4	660.5
私营独资企业				
私营合伙企业				
私营有限责任公司	33700.6	2305.0	13428.0	661.6
私营股份有限公司	2426.1	31.0	2245.4	-1.1
港、澳、台商投资企业	-1.1	1.9	0.8	
其他企业	-1.1	1.9	0.8	
港澳台商独资企业				
外商投资企业	7.9	0.6	8.2	
外资企业	7.9	0.6	8.2	
按控股情况分				
国有控股	36102.6	9130.5	45487.2	11558.3
集体控股	287.1	103.0	389.9	
私人控股	42206.4	2804.4	18993.9	407.0
港澳台商控股	-1.1	1.9	0.8	
外商控股	7.9	0.6	8.2	
其他	5201.2	940.7	1677.5	89.0
按经营形式分				
独立门店	28099.2	7492.2	20253.0	12177.2
连锁总店	-447.5	-450.0		297.3
其他	56152.4	5938.9	46304.5	-420.2
大型	35413.8	3522.2	37731.1	-74.0
中型	25268.9	7805.4	19530.4	1677.6
小型	14071.3	1222.6	9236.9	10450.7
微型	9050.1	430.9	59.1	

业企业财务状况（续十三）

单位：万元

公允价值变动收益	投资收益	营业利润	营业外收入	补贴收入
1.7	11963.1	152879.2	19458.6	
	3000.0	45097.3	281.3	
		648.1	14.9	
0.1	1058.9	131146.0	5835.4	
0.1	-19.4	119811.0	3409.5	
	1078.3	11335.0	2425.9	
	7718.0	-73559.3	11133.3	
1.6	186.2	49547.1	2193.7	
		1262.8		
1.6	186.2	45948.8	2122.2	
		2335.5	71.5	
		638.5	12.2	
		638.5	12.2	
		298.6	15.2	
		298.6	15.2	
0.1	11106.6	85024.6	15492.6	
		-364.6	1100.4	
1.6	758.8	56546.9	2372.1	
		638.5	12.2	
		298.6	15.2	
	97.7	11672.3	493.5	
1.6	10884.7	186306.4	15609.2	
		1310.7	289.1	
0.1	1078.4	-33800.8	3587.7	
	3000.0	-62501.7	1244.3	
	8772.6	228434.1	17060.2	
1.7	190.5	-4046.8	1152.6	
		-8069.3	28.9	

8-7 限额以上批发和零售

	财务费用			资产减值损失
		利息收入	利息支出	
零售业	39026.8	1165.1	13559.9	2196.7
按零售行业小类分				
综合零售	2837.5	524.0	491.6	634.2
百货零售	2686.4	498.5	388.0	633.9
超级市场零售	54.7	17.9	0.2	0.3
其他综合零售	96.4	7.6	103.4	
食品、饮料及烟草制品专门零售	137.3	28.2	42.3	7.4
粮油零售	0.4	1.2	1.4	
糕点、面包零售	9.8	0.5	5.0	
果品、蔬菜零售	32.0	0.7	16.6	0.9
肉、禽、蛋、奶及水产品零售	0.3			
营养和保健品零售	46.0		8.6	
酒、饮料及茶叶零售	14.8	-0.1	4.7	6.5
烟草制品零售	27.6	25.9		
其他食品零售	6.4		6	
纺织、服装及日用品专门零售	110.3	26.3	62.3	
纺织品及针织品零售	-0.2	0.5		
服装零售	25.2	4.3	1.4	
鞋帽零售	0.2	0.4		
化妆品及卫生用品零售	29.7	21.1	5.6	
钟表、眼镜零售	53.1		53.1	
文化、体育用品及器材专门零售	12002.8	0.6	9.9	350.4
文具用品零售				
体育用品及器材零售	0.2		0.2	
图书、报刊零售	1.5	0.6	1.3	0.1
珠宝首饰零售	11903.0			350.3
工艺美术品及收藏品零售	98.1		8.4	
医药及医疗器材专门零售	2965.6	24.3	1650.5	800.5
药品零售	2963.5	24.8	1650.5	799.6
医疗用品及器材零售	2.1	-0.5		0.9
汽车、摩托车、燃料及零配件专门零售	18047.1	83.4	9800.4	398.2
汽车零售	16918.7	109.8	8907.8	398.2
汽车零配件零售	0.6		0.1	
机动车燃料零售	1127.8	-26.4	892.5	
家用电器及电子产品专门零售	2091.9	62.9	396.8	2.0
家用视听设备零售	2.5			1
日用家电设备零售	371.5	62.4	65.4	5.1
计算机、软件及辅助设备零售	95.3	-0.7	37.8	-4.9
通信设备零售	1620.6		290.4	
其他电子产品零售	2.0	1.2	3.2	0.8
五金、家具及室内装饰材料专门零售	332.2	385.9	669.6	
五金零售	-0.7	0.7		
灯具零售				
家具零售	318.7	385.0	665.3	
木质装饰材料零售	0.6			
陶瓷、石材装饰材料零售	13.1	0.2	4.3	
其他室内装饰材料零售	0.5			
货摊、无店铺及其他零售业	502.1	29.5	436.5	4
货摊纺织、服装及鞋零售				4
旧货零售	28.4	29.5	1.1	
生活用燃料零售				

业企业财务状况（续十四）

单位：万元

公允价值变动收益	投资收益	营业利润	营业外收入	补贴收入
-285.9	23345.9	121415.0	5256.8	
-8.8	2665.3	41151.2	1217.3	
-9.1	2664.9	37301.5	1165.4	
0.3	0.4	3744.3	47.7	
		105.4	4.2	
7.6	215.9	1156.2	619.4	
		0.5	223.1	
		485.2	40.8	
1.1	0.9	-24.5	55.1	
		23.1		
	213.0	516.0	209.3	
6.5	2	325.2		
		24.0	9.0	
		-193.3	82.1	
	0.1	5749.0	49.7	
		-117.2		
		30.0	18.2	
	0.1	-9.9	12	
		3027.4	14.5	
		53.2		
-296.4	11226.5	-2660.3	0.5	
		9.4		
-0.1		333.4	0.5	
-296.3	11226.5	-4078.3		
		1075.2		
0.3	17.4	11168.6	664.4	
0.3	0.1	8794.2	625.4	
	17.3	2374.4	39	
0.2	9306.7	64344.7	2433.7	
0.2	9306.7	33496.3	2122.6	
		19.8		
		30828.6	311.1	
2.2	-86.0	1140.4	178.3	
		135.0		
0.1	-86.0	1536.8	102.0	
0.1		1693.6	70.4	
		-2244.7	1.9	
2		19.7	4	
		-915.6	62.7	
		33.1	9.7	
		-1116.4	44.0	
		19.0		
		147.2	9.0	
		1.5		
9		280.8	30.8	
9		31.0		
		-260.2	4.6	

8-7 限额以上批发和零售

	财务费用			资产减值损失
		利息收入	利息支出	
按登记注册类型分				
内资企业	38906.8	1142.1	13505.0	2196.7
国有企业	–14.5	–21.7	9.1	
集体企业	204.5	0.7	173.4	
有限责任公司	11808.2	1041.2	7387.9	1646.8
国有独资公司	255.2	0.5	6.0	
其他有限责任公司	11553.0	1040.7	7381.9	1646.8
股份有限公司	15648.4	45.4	1068.4	244.0
私营企业	11258.8	76.4	4865.2	304.9
私营独资企业	1.1			
私营有限责任公司	10592.3	64.4	4286.9	304.9
私营股份有限公司	665.4	12.0	578.3	
其他企业	1.4	0.1	1.0	1
港、澳、台商投资企业	155.1	59.1	54.9	
港、澳、台商独资企业	61.5	42.8		
港、澳、台商投资股份有限公司	52.2	9.6	51.9	
外商投资企业	–35.1	–36.1		
外资企业	–35.1	–36.1		
按控股情况分				
国有控股	1761.5	108.5	1474.0	2.6
集体控股	204.5	0.7	173.4	
私人控股	30402.4	101.6	7045.0	1456.8
港澳台商控股	152.3	58.9	51.9	
外商控股	–35.1	–36.1		
其他	6541.2	931.5	4815.6	737.3
按经营形式分				
独立门店	23510.3	514.8	12144.6	1081.2
连锁总店	1202.9	23.8	5.3	0.9
连锁门店	–267.2	455.5	74.9	712.2
其他	14580.8	171.0	1335.1	402.4
大型	3991.5	554.3	1041.1	605.4
中型	19515.8	533.6	10303.2	960.2
小型	3494.0	73.3	2139.6	278.0
微型	12025.5	3.9	76.0	353.1
按零售业态分				
有店铺零售	26751.0	1123.4	13287.5	1794.3
食杂店	2.3	0.5	2.8	
便利店	666.3	7.1	413.9	14.9
超市	123.9	1.0	39.8	
大型超市	–265.3	479.5	74.9	713.6
百货店	2884.4	36.7	267.4	–87.1
专业店	10276.7	61.2	6484.8	758.6
专卖店	11533.5	148.3	5264.2	394.3
家居建材商店	315.9	385.0	662.0	
购物中心	9.4	1.5	1.5	
厂家直销中心	1203.9	2.6	76.2	
无店铺零售	. 12275.8	41.7	272.4	402.4
网上商店	185.1		117.4	

业企业财务状况（续十五）

单位：万元

公允价值变动收益	投资收益	营业利润	营业外收入	
				补贴收入
-285.9	23345.9	108549.6	4894.4	
		-55.5	61.1	
		-20.7	23.7	
0.5	8646.2	46826.6	1540.8	
		10015.9	43.6	
0.5	8646.2	36810.7	1497.2	
-296.1	13138.5	27649.4	549.3	
8.7	1561.2	34119.5	2668.9	
		66.7		
8.7	1348.2	33065.3	2475.0	
	213	987.5	193.9	
1		30.3	50.6	
		13220.6	365.6	
		11112.0	307.9	
		794.0	42.5	
		-355.2	-3.2	
		-355.2	-3.2	
		37305.0	689.9	
		-20.7	23.7	
-286.2	14688.0	40475.0	3438.6	
		13209.0	365.5	
		-355.2	-3.2	
0.3	8657.9	30801.9	742.3	
-0.8	12176.1	79153.7	3335.7	
2.1	0.9	9870.0	603.1	
	15.5	4943.7	422.6	
-287.2	11153.4	27447.6	895.4	
	1801.8	46695.2	1503.4	
-9.8	10052.3	76717.2	2977.3	
18.6	264.3	2125.9	656.7	
-294.7	11227.5	-4123.3	119.4	
1.4	12102.1	122930.0	5091.6	
		182.6		
-9.1	0.8	6987.6	143.5	
	0.4	-97.7	135.9	
0.3		9091.0	494.7	
7.5	2666.9	32021.9	585.4	
2.7	6304.4	44935.2	1186.6	
	3129.6	32903.7	2488.3	
		-1190.6	53.0	
		-101.0		
		-1802.7	4.2	
-287.3	11243.8	-1515.0	165.2	
		-170.0	105	

8-7 限额以上批发和零售业企业财务状况（续十六）

单位：万元

	利润总额	应交所得税	应付职工薪酬（本年贷方累计发生额）	应交增值税
总计	283226.8	48511.7	353058.5	814629.9
批发业	158020.2	25865.8	199854.5	557829.5
按批发行业小类分				
农、林、牧产品批发	242.1	54.7	317.3	93.0
谷物、豆及薯类批发	12.4	5.9	48.8	
饲料批发	67.2	7.1	176.8	61.1
棉、麻批发				
其他农牧产品批发	162.5	41.7	91.7	31.9
食品、饮料及烟草制品批发	63353.9	12679.0	35153.7	25000.7
米、面制品及食用油批发	132.1	4	773.3	21.6
糕点、糖果及糖批发	-589.1	42.2	772.1	200.9
果品、蔬菜批发	9349.3	32.6	2114.5	469.4
肉、禽、蛋、奶及水产品批发	301.1	0.3	776.4	277.2
盐及调味品批发	1982.7	183.4	5820.3	982.1
营养和保健品批发				
酒、饮料及茶叶批发	6225.8	1713.1	6716.6	3453.9
烟草制品批发	45625.9	10648.8	17314.9	19444.9
其他食品批发	326.1	54.6	865.6	150.7
纺织、服装及家庭用品批发	1636.9	291.9	6683.6	2891.3
纺织品、针织品及原料批发				
服装批发	147.0	31.8	2820.8	896.9
鞋帽批发	550.4	111.6	196.7	246.7
化妆品及卫生用品批发	37.0		384.9	333.0
厨房、卫生间用具及日用杂货批发				
家用电器批发	880.7	148.5	1656.4	640.5
其他家庭用品批发	21.8		1624.8	774.2
文化、体育用品及器材批发	1029.7	62.6	2726.3	-1758.1
文具用品批发	124.8	28.7	216.4	91.4
图书批发	1742.3	32.4	472.5	
首饰、工艺品及收藏品批发	-854.8	1.5	1850.6	-1959.7
医药及医疗器材批发	16164.9	3946.0	25111.3	13276.5
西药批发	11140.5	2777.7	19732.7	10082.6
中药批发	3944.1	1067.1	4438.6	1612.4
医疗用品及器材批发	1080.3	101.2	940.0	1581.5
矿产品、建材及化工产品批发	65817.3	6197.4	118937.5	504419.0
煤炭及制品批发	812.3	98.2	1555.8	281.8
石油及制品批发	36604.0	2699.0	98091.7	497632.9
非金属矿及制品批发	391.5	96.2	387.7	204.3
金属及金属矿批发	-9254.3	727.6	4741.5	2941.2
建材批发	16184.5	2462.2	10688.0	1792.7
化肥批发	-566.3	4.5	966.5	-35.1
其他化工产品批发	21645.6	109.7	2506.3	1601.2
机械设备、五金产品及电子产品批发	8371.7	2269.3	10064.0	13101.6
农业机械批发				
汽车批发	1490.0	533.7	2724.8	5688.1
汽车零配件批发	21.1	6.2	353.7	106.8
摩托车及零配件批发	2.1		73.6	29.6
五金产品批发	153.2	27.9	127.2	96.7
电气设备批发	-114.2	3.1	422.0	174.3
计算机、软件及辅助设备批发	119.1	54.9	374.3	166.8
通讯及广播电视设备批发	6029.6	1552.8	3317.2	3709.3
其他机械设备及电子产品批发	670.8	90.7	2671.2	3130.0
其他批发业	1403.7	364.9	860.8	805.5
再生物资回收与批发	-104.2		313.8	1.1
其他未列明批发业	1507.9	364.9	547.0	804.4

8-7 限额以上批发和零售业企业财务状况（续十七）

单位：万元

	利润总额	应交所得税	应付职工薪酬（本年贷方累计发生额）	应交增值税
按登记注册类型分				
内资企业	157243.2	25526.6	196954.3	556774.9
国有企业	45302.7	10661.9	18580.5	19700.3
集体企业	663.0		76.0	42.3
有限责任公司	124748.6	6526.1	120580.3	53411.4
国有独资公司	113882.2	2086.9	87602.5	39488.6
其他有限责任公司	10866.4	4439.2	32977.8	13922.8
股份有限公司	-63286.0	2331.0	11807.7	458860.4
私营企业	49814.9	6007.6	45909.8	24760.5
私营独资企业	772.9		328.8	
私营合伙企业				
私营有限责任公司	46733.2	5446.6	43879.0	23538.9
私营股份有限公司	2308.8	561.0	1702.0	1221.6
其他企业				
港、澳、台商投资企业	650.6	181.5	1781.8	589.7
港澳台商独资企业				
外商投资企业	126.4	157.7	1118.4	464.9
外资企业	126.4	157.7	1118.4	464.9
按控股情况分				
国有控股	90121.3	16860.9	130441.7	522506.0
集体控股	725.8	14.8	607.7	276.5
私人控股	56946.4	7305.3	53740.6	30585.4
港澳台商控股	650.6	181.5	1781.8	589.7
外商控股	126.4	157.7	1118.4	464.9
其他	9449.7	1345.6	12164.3	3407.0
按经营形式分				
独立门店	187600.0	19057.6	140737.4	81171.3
连锁总店	1596.0		202.9	
其他	-31175.8	6808.2	58914.2	476658.2
大型	-62356.1	12193.5	36890.5	39186.7
中型	233843.8	11460.8	138535.6	508978.5
小型	-5842.5	2199.8	24133.7	8725.0
微型	-7625.0	11.7	294.7	939.3

8-7 限额以上批发和零售业企业财务状况（续十八）

单位：万元

	利润总额	应交所得税	应付职工薪酬（本年贷方累计发生额）	应交增值税
零售业	**125206.6**	**22645.9**	**153204.0**	**256800.4**
按零售行业小类分				
综合零售	41865.1	10366.8	38749.7	63631.5
百货零售	38008.1	10311.8	34144.9	62610.3
超级市场零售	3748.1	15.0	3185.8	910.5
其他综合零售	108.9	40.0	1419.0	110.7
食品、饮料及烟草制品专门零售	1809.6	235.8	7226.0	1696.6
粮油零售	222.8		323.9	
糕点、面包零售	521.0	3.5	950.8	217.7
果品、蔬菜零售	84.7	3.9	519.2	1.2
肉、禽、蛋、奶及水产品零售	23.1		153.9	0.2
营养和保健品零售	714.5	226.2	1032.7	352.2
酒、饮料及茶叶零售	317.5	1.4	472.9	209.9
烟草制品零售	3.3	0.8	3606.7	895.9
其他食品零售	-77.3		165.9	19.5
纺织、服装及日用品专门零售	5697.1	1594.5	3939.7	2412.5
纺织品及针织品零售	-117.2		286.9	58.8
服装零售	14.6	22.5	1392.3	475.1
鞋帽零售	2.1	0.1	4.8	11.0
化妆品及卫生用品零售	2986.9	898.1	1576.7	1121.7
钟表、眼镜零售	43.0		231.2	81.4
文化、体育用品及器材专门零售	-2513.2	-7.3	2748.5	841.8
文具用品零售				
体育用品及器材零售	9.4		31.5	12
图书、报刊零售	482.5	0.9	2052.6	698.0
珠宝首饰零售	-4078.3	-161.7	110.8	1.1
工艺美术品及收藏品零售	1073.2	153.5	553.6	130.7
医药及医疗器材专门零售	12322.0	1921.4	24883.7	28171.2
药品零售	9908.6	1324.4	24301.0	27813.4
医疗用品及器材零售	2413.4	597.0	582.7	357.8
汽车、摩托车、燃料及零配件专门零售	64390.9	8401.2	58600.9	155692.8
汽车零售	35321.5	5859.9	31397.6	17351.8
汽车零配件零售	19.8	3.6	176.9	29.4
机动车燃料零售	29049.6	2537.7	27026.4	138311.6
家用电器及电子产品专门零售	2310.5	61.1	8213.4	2656.4
家用视听设备零售	51.4	12.9	51.0	12.7
日用家电设备零售	1615.4	10.8	3549.8	2177.2
计算机、软件及辅助设备零售	1771.3	35.0	3555.8	408.0
通信设备零售	-1151.3		1000.8	58.5
其他电子产品零售	23.7	2.4	56.0	
五金、家具及室内装饰材料专门零售	-948.4	48.7	8138.3	263.6
五金零售	42.8	5.2	66.9	19.6
灯具零售				
家具零售	-1074.6	37.5	7613.3	198.1
木质装饰材料零售	23.8		83.6	2.2
陶瓷、石材装饰材料零售	58.1	6.0	358.5	42.1
其他室内装饰材料零售	1.5		16.0	1.6
货摊、无店铺及其他零售业	273.0	23.7	703.8	1434.0
货摊纺织、服装及鞋零售	31.0		36.0	13.0
旧货零售	-283.3	23.2	168.0	88.3
生活用燃料零售				

8-7 限额以上批发和零售业企业财务状况（续十九）

单位：万元

	利润总额	应交所得税	应付职工薪酬（本年贷方累计发生额）	应交增值税
按登记注册类型分				
内资企业	112134.2	18643.1	146510.2	251682.9
国有企业	5.6		3467.2	0.5
集体企业	-35.7	0.6	1036.5	184.1
有限责任公司	47731.5	7415.1	70280.5	111464.6
国有独资公司	10105.2	2346.8	9516.2	56431.7
其他有限责任公司	37626.3	5068.3	60764.3	55032.9
股份有限公司	26466.6	1470.0	25246.3	98590.1
私营企业	37885.3	9753.9	46146.7	41442.8
私营独资企业	66.7	12.9	131.0	13.4
私营有限责任公司	36655.4	9465.3	43941.4	40833.7
私营股份有限公司	1163.2	275.7	2074.3	595.7
其他企业	80.9	3.5	333.0	0.8
港、澳、台商投资企业	13432.2	4002.8	6307.8	5146.6
港澳台商独资企业	11291.1	3467.5	3995.2	4160.0
港、澳、台商投资股份有限公司	813.4	203.4	653.3	285.2
外商投资企业	-359.8		386.0	-29.1
外资企业	-359.8		386.0	-29.1
按控股情况分				
国有控股	35618.4	3787.0	38325.8	141476.5
集体控股	-35.7	0.6	1036.5	184.1
私人控股	45762.5	11714.4	63178.0	49148.0
港澳台商控股	13420.5	3999.9	6214.4	5119.0
外商控股	-359.8		386.0	-29.1
其他	30800.7	3144.0	44063.3	60901.9
按经营形式分				
独立门店	82824.4	17304.4	80765.7	49454.1
连锁总店	10800.6	1684.6	23833.2	15981.3
连锁门店	5311.5	1448.1	9764.6	36583.6
其他	26270.1	2208.8	38840.5	154781.4
大型	45748.0	6293.7	64951.4	195517.0
中型	80506.2	15923.6	74351.0	56214.5
小型	2510.5	543.5	12750.3	4564.7
微型	-3558.1	-114.9	1151.3	504.2
按零售业态分				
有店铺零售	126591.4	22136.0	150563.4	244001.3
食杂店	182.5	3.5	84.6	1.5
便利店	7014.6	1560.2	9468.0	56454.5
超市	-1.4		4190.2	52.6
大型超市	9468.4	2089.6	16780.3	38416.2
百货店	32261.2	8237.2	17790.4	25283.6
专业店	45604.4	3906.6	56905.8	107815.4
专卖店	35138.2	6279.2	35600.7	15284.7
家居建材商店	-1139.8	38.0	7588.4	208.0
购物中心	-103.8		451.9	58.9
厂家直销中心	-1832.9	21.7	1703.1	425.9
无店铺零售	-1384.8	509.9	2640.6	12799.1
网上商店	-76.5	0.1	349.9	4.3

8-8 星级住宿业和限额以

	法人企业数（个）	执行《2006企业会计准则》企业数（个）	年初存货	流动资产合计	应收帐款	存货
总计	**240**	**173**	**12311.3**	**220068.5**	**26738.6**	**11211.8**
住宿业	97	70	6974.3	157576.0	17228.0	4475.4
按住宿业行业小类分						
旅游饭店	47	38	3893.8	123521.8	12148.8	2596.5
一般旅馆	39	26	2671.8	28088.1	4617.4	1603.0
其他住宿业	11	6	408.7	5966.1	461.8	275.9
按登记注册类型分						
内资企业	96	69	6892.6	155831.0	17175.8	4401.7
国有企业	13	11	1109.3	34854.1	1535.2	877.2
集体企业	3	3	53.0	2672.2	296.5	61.4
有限责任公司	34	27	3064.0	81387.9	10899.2	2263.1
国有独资公司	8	7	1954.3	25643.4	1221.5	879.9
其他有限责任公司	26	20	1109.7	55744.5	9677.7	1383.2
私营企业	44	27	2528.9	36789.3	4403.5	1121.1
私营独资企业	6	5	42.7	699.4	62.6	53.2
私营有限责任公司	37	21	2480.4	35849.4	4339.0	1062.1
私营股份有限公司	1	1	5.8	240.5	1.9	5.8
外商投资企业	1	1	81.7	1745.0	52.2	73.7
中外合资经营企业	1	1	81.7	1745.0	52.2	73.7
按控股情况分						
国有控股	30	25	3559.1	73262.2	3311.9	2304.6
集体控股	6	6	81.0	3780.1	297.3	94.8
私人控股	56	34	3056.4	67557.2	11108.3	1820.9
外商控股	1	1	81.7	1745.0	52.2	73.7
其他	4	4	196.1	11231.5	2458.3	181.4
按经营形式分						
独立门店	88	64	5129.4	142079.1	14077.7	4067.3
连锁门店	1		1.8	290.3	34.6	2.4
其他	8	6	1843.1	15206.6	3115.7	405.7
按星级分						
五星	3	3	468.2	22372.4	852.5	352.0
四星	12	11	2449.9	50414.9	7461.9	1122.5
三星	16	14	685.0	25326.6	2792.7	588.4
二星	4	2	66.0	1944.7	70.3	85.1
其他	62	40	3305.2	57517.4	6050.6	2327.4

上餐饮业企业财务状况

单位：万元

固定资产合计	固定资产原价	累计折旧	本年折旧	在建工程	资产总计
279108.0	430284.0	158017.9	17014.6	25057.7	648799.2
201737.8	335624.7	139443.7	13295.2	20815.4	482493.1
159049.6	278392.7	120312.7	10448.6	20088.4	396969.9
34889.4	45305.4	12705.0	2193.0	607.7	70739.1
7798.8	11926.6	6426.0	653.6	119.3	14784.1
189821.6	304489.4	120224.6	12455.1	20815.4	468831.9
29191.1	67866.2	38906.3	1945.6	114.1	66490.4
3611.8	11567.7	7955.9	303.8	195	6479.0
125836.1	186018.1	63990.4	8234.2	12780.2	310087.3
108056.1	147080.9	40080.5	6305.9	248.5	144513.1
17780.0	38937.2	23909.9	1928.3	12531.7	165574.2
30978.6	38752.7	9291.3	1971.5	7726.1	84838.3
5424.7	5522.0	97.4	5.2	3.0	6885.1
25434.9	32830.2	8912.4	1911.6	7723.1	77109.9
119.0	400.5	281.5	54.7		843.3
11916.2	31135.3	19219.1	840.1		13661.2
11916.2	31135.3	19219.1	840.1		13661.2
144924.0	232918.2	92028.5	9526.5	374.6	242641.0
5733.8	14999.6	9265.8	465.9	315.0	11880.7
35192.3	48553.1	14883.3	2271.1	20125.8	198911.9
11916.2	31135.3	19219.1	840.1		13661.2
3971.5	8018.5	4047.0	191.6		15398.3
190137.3	319537.3	133930.2	12688.5	20810.4	452881.1
14.0	173.0	159.0	5.7		356.4
11586.5	15914.4	5354.5	601.0	5.0	29255.6
19166.4	56253.4	37097.1	1588.2		42655.5
31132.6	68777.3	37859.9	2630.7	20069.7	147331.8
22787.8	46439.9	23870.2	3147.3	241.2	84113.9
2112.3	2918.4	806.2	38.2		4062.0
126538.7	161235.7	39810.3	5890.8	504.5	204329.9

8-8 星级住宿业和限额以

	法人企业数（个）	执行《2006 企业会计准则》企业数（个）	年初存货	流动资产合计
餐饮业	143	103	5337.0	62492.5
按餐饮业行业小类分				
正餐服务	135	95	4940.7	52375.3
快餐服务	5	5	322.4	9514.2
饮料及冷饮服务	1	1	22.3	223.3
咖啡馆服务	1	1	22.3	223.3
其他餐饮业	2	2	51.6	379.7
其他未列明餐饮业	2	2	51.6	379.7
按登记注册类型分				
内资企业	141	101	5146.7	57653.2
国有企业	3	3	143.6	1379.2
有限责任公司	31	22	900.8	9250.9
国有独资公司				
其他有限责任公司	31	22	900.8	9250.9
股份有限公司	5	3	149.1	5075.9
私营企业	101	72	3877.0	41084.0
私营独资企业	10	8	277.2	4978.9
私营有限责任公司	88	62	3434.7	35120.8
私营股份有限公司	3	2	165.1	984.3
其他企业	1	1	76.2	863.2
港、澳、台商投资企业	1	1	2.2	52.4
港澳台商独资企业	1	1	2.2	52.4
外商投资企业	1	1	188.1	4786.9
外资企业	1	1	188.1	4786.9
按控股情况分				
国有控股	5	5	245.3	2277.6
集体控股	3	3	194.1	2763.2
私人控股	129	90	4583.2	52265.5
港澳台商控股	1	1	2.2	52.4
外商控股	1	1	188.1	4786.9
其他	4	3	124.1	346.9
按经营形式分				
独立门店	129	91	4499.4	47565.0
连锁总店（总部）	3	2	292.1	5425.5
其他	11	10	545.5	9502.0
大型	1	1	188.1	4786.9
中型	11	9	851.3	11220.5
小型	124	89	4263.9	45755.6
微型	7	4	33.7	729.5

上餐饮业企业财务状况（续一）

单位：万元

应收帐款	存货	固定资产合计	固定资产原价	累计折旧	本年折旧	在建工程	资产总计
9510.6	6736.4	77370.2	94659.3	18574.2	3719.4	4242.3	166306.1
9128.2	6306.9	40267.7	52609.4	13614.6	1904.1	3791.2	112724.5
258.2	325.0	36211.6	40902.7	4703.3	1741.6	451.1	51913.8
33.0	21.2	351.3	433.2	81.9	3.7		748.5
33.0	21.2	351.3	433.2	81.9	3.7		748.5
91.2	83.3	539.6	714.0	174.4	70.0		919.3
91.2	83.3	539.6	714.0	174.4	70.0		919.3
9506.2	6540.0	75743.3	90896.2	16438.0	3157.1	3791.2	155156.2
243.5	122.9	34870.6	37281.2	2410.6	1106.2		37202.1
2442.8	966.8	6952.8	11022.3	4439.2	534.0	29.4	20265.2
2442.8	966.8	6952.8	11022.3	4439.2	534.0	29.4	20265.2
6.5	102.3	486.2	2647.0	2173.0	87.0	1048.5	7075.5
6779.1	5304.3	33410.6	39902.6	7389.0	1420.8	2713.3	89569.9
685.6	264.7	3163.0	4738.0	1576.0	178.2		8480.1
6089.7	4861.1	30064.5	34973.6	5805.1	1234.8	2713.3	79524.9
3.8	178.5	183.1	191.0	7.9	7.8		1564.9
34.3	43.7	23.1	43.1	26.2	9.1		1043.5
	1.9	2.9	35.4	32.5	1.1		57.0
	1.9	2.9	35.4	32.5	1.1		57.0
4.4	194.5	1624.0	3727.7	2103.7	561.2	451.1	11092.9
4.4	194.5	1624.0	3727.7	2103.7	561.2	451.1	11092.9
468.3	290.0	35027.5	37669.7	2642.2	1115.5		39196.6
294.0	161.4	1960.0	2996.5	1036.5	77.0		4723.2
8730.0	6023.1	38563.2	49937.2	12659.1	1950.1	3791.2	109678.5
	1.9	2.9	35.4	32.5	1.1		57.0
4.4	194.5	1624.0	3727.7	2103.7	561.2	451.1	11092.9
13.9	65.5	192.6	292.8	100.2	14.5		1557.9
8125.9	5888.0	38697.4	50680.6	13256.1	1953.8	3791.2	104696.4
234.4	268.8	1632.2	4286.7	2654.5	562.3	451.1	11746.1
1150.3	579.6	37040.6	39692.0	2663.6	1203.3		49863.6
4.4	194.5	1624.0	3727.7	2103.7	561.2	451.1	11092.9
1655.2	749.4	44223.6	48518.3	4344.7	1475.6		58377.7
7706.4	5649.8	31168.9	41746.2	11812.4	1656.0	3791.2	95733.3
144.6	142.7	353.7	667.1	313.4	26.6		1102.2

8-8 星级住宿业和限额以

	流动负债合计	应付帐款	非流动负债合计	负债合计	所有者权益合计
总计	**285718.2**	**36148.3**	**133102.2**	**418411.3**	**230387.9**
住宿业	235951.0	21023.0	120138.0	355698.7	126794.4
按住宿业行业小类分					
旅游饭店	182543.7	13027.0	113691.4	295843.8	101126.1
一般旅馆	46151.8	6335.8	6336.6	52489.4	18249.7
其他住宿业	7255.5	1660.2	110.0	7365.5	7418.6
按登记注册类型分					
内资企业	229057.0	20829.6	114327.9	342994.6	125837.3
国有企业	24348.1	4776.8	2174.3	26522.4	39968.0
集体企业	5714.7	305.5	1864.8	7579.5	-1100.5
有限责任公司	153038.0	6527.0	96265.4	249303.4	60783.9
国有独资公司	47082.5	2129.6	89063.2	136145.7	8367.4
其他有限责任公司	105955.5	4397.4	7202.2	113157.7	52416.5
私营企业	45310.6	9175.1	14020.4	58940.7	25897.6
私营独资企业	2872.4	515.9		2873.4	4011.7
私营有限责任公司	41947.0	8288.7	14020.4	55576.1	21533.8
私营股份有限公司	491.2	370.5		491.2	352.1
外商投资企业	6894.0	193.4	5810.1	12704.1	957.1
中外合资经营企业	6894.0	193.4	5810.1	12704.1	957.1
按控股情况分					
国有控股	80091.9	8094.1	94349.6	174441.5	68199.5
集体控股	8465.7	1813.0	1982.1	10447.8	1432.9
私人控股	130321.5	10862.8	17993.2	147924.4	50987.5
外商控股	6894.0	193.4	5810.1	12704.1	957.1
其他	10177.9	59.7	3.0	10180.9	5217.4
按经营形式分					
独立门店	218328.9	19148.8	113261.1	331199.7	121681.4
连锁门店	341.3	-68.7		341.3	15.1
其他	17280.8	1942.9	6876.9	24157.7	5097.9
按星级分					
五星	15787.9	2422.5	21369.3	37157.2	5498.3
四星	99345.8	4386.8	18218.8	117564.6	29767.2
三星	34470.3	2118.4	5773.6	40243.9	43870.0
二星	2705.1	33.0	90.0	2795.1	1266.9
一星					
其他	83641.9	12062.3	74686.3	157937.9	46392.0

上餐饮业企业财务状况（续二）

单位：万元

实收资本	国家资本	集体资本	法人资本	个人资本	港澳台资本	外商资本
247865.3	132444.1	9492.0	54868.4	39298.7	80.0	11682.1
168334.9	95813.5	9126.5	30822.5	22300.0		10272.4
133335.0	78390.6	7323.1	25604.1	11744.8		10272.4
23874.5	7657.5	1803.4	4088.4	10325.2		
11125.4	9765.4		1130.0	230.0		
155805.2	93556.2	9126.5	30822.5	22300.0		
29193.8	28873.8		320.0			
5697.6		5697.6				
97462.6	64672.4	2792.8	21829.9	8167.5		
43037.6	42037.6		1000			
54425.0	22634.8	2792.8	20829.9	8167.5		
23436.2		634.1	8670.6	14131.5		
3589.9				3589.9		
19646.3		634.1	8670.6	10341.6		
200.0				200.0		
12529.7	2257.3					10272.4
12529.7	2257.3					10272.4
90718.6	87451.1		2350.0	917.5		
7763.5		7463.5	300.0			
54285.0	6095.1	637.9	26170.5	21381.5		
12529.7	2257.3					10272.4
3038.1	10	1025.1	2002.0	1.0		
164126.5	95763.5	8526.5	29922.5	19641.6		10272.4
100.0				100.0		
4108.4	50.0	600.0	900.0	2558.4		
9142.7	8408.6	634.1	50.0	50		
46293.2	19674.1	1023.1	8823.6	6500.0		10272.4
43147.9	20802.3	5097.6	15280.5	1967.5		
1436.3	1240.0		186.3	10		
68314.8	45688.5	2371.7	6482.1	13772.5		

8-8 星级住宿业和限额以

	流动负债合计	应付帐款	非流动负债合计	负债合计	所有者权益合计
餐饮业	49767.2	15125.3	12964.2	62712.6	103593.5
按餐饮业行业小类分					
正餐服务	40383.0	13576.9	12126.6	52490.8	60233.7
快餐服务	8717.5	1436.9	814.2	9531.7	42382.1
饮料及冷饮服务	597.9	90.8	23.4	621.3	127.2
咖啡馆服务	597.9	90.8	23.4	621.3	127.2
其他餐饮业	68.8	20.7		68.8	850.5
其他未列明餐饮业	68.8	20.7		68.8	850.5
按登记注册类型分					
内资企业	46352.5	14323.6	12323.3	58657.0	96499.2
国有企业	2679.2	508.8		2679.2	34522.9
有限责任公司	10908.2	2259.5	3094.4	14066.6	6198.6
国有独资公司					
其他有限责任公司	10908.2	2259.5	3094.4	14066.6	6198.6
股份有限公司	3145.4	490.4	415.0	3560.4	3515.1
私营企业	29599.4	11058.7	8803.5	38320.1	51249.8
私营独资企业	2728.5	1247.1	1609.7	4188.3	4291.8
私营有限责任公司	26128.3	9542.9	7193.8	33389.2	46135.7
私营股份有限公司	742.6	268.7		742.6	822.3
其他企业	20.3	6.2	10.4	30.7	1012.8
港、澳、台商投资企业	1.3			1.3	55.7
港澳台商独资企业	1.3			1.3	55.7
外商投资企业	3413.4	801.7	640.9	4054.3	7038.6
外资企业	3413.4	801.7	640.9	4054.3	7038.6
按控股情况分					
国有控股	6338.5	983.7		6338.5	32858.1
集体控股	841.7	282.8	3021.5	3863.2	860.0
私人控股	37420.3	12720.9	9301.8	46721.2	62957.3
港澳台商控股	1.3			1.3	55.7
外商控股	3413.4	801.7	640.9	4054.3	7038.6
其他	1752.0	336.2		1734.1	-176.2
按经营形式分					
独立门店	37120.6	12630.8	11452.0	48553.8	56142.6
连锁总店	3665.9	845.0	640.9	4306.8	7439.3
其他	8980.7	1649.5	871.3	9852.0	40011.6
大型	3413.4	801.7	640.9	4054.3	7038.6
中型	10227.2	2220.3	1812.1	12039.3	46338.4
小型	35881.3	11944.2	10500.7	46376.2	49357.1
微型	245.3	159.1	10.5	242.8	859.4

上餐饮业企业财务状况（续三）

单位：万元

实收资本	国家资本	集体资本	法人资本	个人资本	港澳台资本	外商资本
79530.4	**36630.6**	**365.5**	**24045.9**	**16998.7**	**80.0**	**1409.7**
39720.3	630.6	365.5	21725.5	16998.7		
38989.7	36000.0		1500.0		80.0	1409.7
200.0			200			
200.0			200			
620.4			620.4			
620.4			620.4			
78040.7	36630.6	365.5	24045.9	16998.7		
36528.1	36528.1					
7550.3		19.5	2511.3	5019.5		
7550.3		19.5	2511.3	5019.5		
2342.7		246.0	1896.7	200.0		
30606.8	102.5	100.0	18625.1	11779.2		
1541.5			696.0	845.5		
28376.5	102.5	100.0	17879.1	10294.9		
688.8			50.0	638.8		
1012.8			1012.8			
80.0					80.0	
80.0					80.0	
1409.7						1409.7
1409.7						1409.7
37259.9	36528.1		731.8			
351.0		251.0	100.0			
40079.8	102.5	114.5	23064.1	16798.7		
80.0					80.0	
1409.7						1409.7
350.0			150.0	200.0		
36019.8	630.6	365.5	20105.0	14918.7		
1689.7			200.0		80.0	1409.7
41820.9	36000.0		3740.9	2080.0		
1409.7						1409.7
40728.6	36000.0	246.0	3320.6	1162.0		
36943.0	630.6	119.5	20530.3	15582.6	80.0	
449.1			195.0	254.1		

8-8 星级住宿业和限额以

	营业收入	主营业务收入	营业成本	主营业务成本
总计	**358252.8**	**354631.5**	**181075.7**	**177762.4**
住宿业	191329.6	187885.6	90645.3	87664.3
按住宿业行业小类分				
旅游饭店	140121.2	139469.8	64486.9	64477.3
一般旅馆	39481.8	38781.2	18498.0	17685.4
其他住宿业	11726.6	9634.6	7660.4	5501.6
按登记注册类型分				
内资企业	183610.9	180166.9	89005.3	86024.3
国有企业	43302.5	43302.5	18417.9	18417.9
集体企业	2786.0	2786.0	937.5	929.7
有限责任公司	90188.2	87632.6	47700.8	45239.2
国有独资公司	36686.6	36383.7	25955.6	25816.0
其他有限责任公司	53501.6	51248.9	21745.2	19423.2
私营企业	45807.8	44919.4	21505.5	20993.9
私营独资企业	2091.7	2047.4	774.2	747.2
私营有限责任公司	42015.3	41484.1	20061.1	19576.5
私营股份有限公司	1700.8	1387.9	670.2	670.2
外商投资企业	7718.7	7718.7	1640.0	1640.0
中外合资经营企业	7718.7	7718.7	1640.0	1640.0
按控股情况分				
国有控股	109996.8	107549.2	55766.8	53468.4
集体控股	3900.1	3806.9	1507.4	1499.6
私人控股	64165.1	63261.9	28904.1	28229.3
外商控股	7718.7	7718.7	1640.0	1640.0
其他	5548.9	5548.9	2827.0	2827.0
按经营形式分				
独立门店	175716.9	172273.9	86030.8	83389.1
连锁门店	1083.0	1083.0	38.8	38.8
其他	14529.7	14528.7	4575.7	4236.4
按星级分				
五星	17952.3	17486.1	7057.8	7057.8
四星	66288.5	66284.1	22303.9	22296.3
三星	28422.9	28355.9	16738.3	16728.5
二星	2581.6	2581.6	1369.9	1369.9
一星				
其他	76084.3	73177.9	43175.4	40211.8

上餐饮业企业财务状况（续四）

单位：万元

营业税金及附加		其他业务利润	销售费用	管理费用	
	主营业务税金及附加				税金
6759.8	6408.0	3358.0	100163.9	62538.1	
4512.3	4231.8	910.4	49945.3	48242.2	
3971.3	3757.0	794.3	35273.7	38098.3	
428.1	361.9	116.1	11809.6	8597.5	
112.9	112.9		2862.0	1546.4	
4278.6	3998.1	910.4	46877.5	44898.7	
1342.7	1137.1		11139.6	13635.3	
146.5	146.5		606.7	1222.4	
2244.4	2223.2	885.9	23010.3	19897.0	
1233.2	1233.2	112.0	3974.0	6237.5	
1011.2	990.0	773.9	19036.3	13659.5	
536.0	482.3	24.5	10790.1	10121.0	
19.1	19.1		251.6	787.8	
507.8	454.1	24.5	9737.5	9184.9	
9.1	9.1		801.0	148.3	
233.7	233.7		3067.8	3343.5	
233.7	233.7		3067.8	3343.5	
3307.9	3102.3	538.5	26580.6	26158.4	
201.7	201.7	93.2	606.7	1828.3	
699.1	624.2	278.7	18778.5	15405.7	
233.7	233.7		3067.8	3343.5	
69.9	69.9		911.7	1506.3	
4362.1	4134.9	906.3	44354.4	44370.3	
2.5	2.5	3.2	941.3	101.5	
147.7	94.4	0.9	4649.6	3770.4	
336.6	336.6		2556.4	6362.8	
1970.4	1766.8	3	24019.1	22020.3	
811.7	803.0	426.5	5477.7	5589.5	
31.8	29.8		640.1	303.3	
1361.8	1295.6	480.9	17252.0	13966.3	

8-8 星级住宿业和限额以

	营业收入	主营业务收入	营业成本	主营业务成本
餐饮业	**166923.2**	**166745.9**	**90430.4**	**90098.1**
按餐饮业行业小类分				
正餐服务	125661.3	125484.7	73553.1	73221.5
快餐服务	40295.0	40294.3	16343.0	16342.3
饮料及冷饮服务	230.1	230.1	107.9	107.9
咖啡馆服务	230.1	230.1	107.9	107.9
其他餐饮业	736.8	736.8	426.4	426.4
其他未列明餐饮业	736.8	736.8	426.4	426.4
按登记注册类型分				
内资企业	137034.8	136857.5	77381.4	77049.1
国有企业	8692.6	8691.9	4078.0	4077.3
有限责任公司	28201.5	28172.1	16615.3	16600.0
国有独资公司				
其他有限责任公司	28201.5	28172.1	16615.3	16600.0
股份有限公司	7843.0	7843.0	4284.3	4284.3
私营企业	91798.0	91650.8	51997.0	51680.7
私营独资企业	10411.8	10411.8	6654.3	6654.3
私营有限责任公司	75135.3	74988.1	41387.5	41071.2
私营股份有限公司	6250.9	6250.9	3955.2	3955.2
其他企业	499.7	499.7	406.8	406.8
港、澳、台商投资企业	483.2	483.2	176.3	176.3
港澳台商独资企业	483.2	483.2	176.3	176.3
外商投资企业	29405.2	29405.2	12872.7	12872.7
外资企业	29405.2	29405.2	12872.7	12872.7
按控股情况分				
国有控股	10933.7	10933.0	5107.6	5106.9
集体控股	4790.7	4790.7	2591.8	2591.8
私人控股	117063.3	116886.7	67220.6	66889.0
港澳台商控股	483.2	483.2	176.3	176.3
外商控股	29405.2	29405.2	12872.7	12872.7
其他	4247.1	4247.1	2461.4	2461.4
按经营形式分				
独立门店	109069.5	108892.9	65205.7	64874.1
连锁总店	32483.8	32483.8	14008.6	14008.6
其他	25369.9	25369.2	11216.1	11215.4
大型	29405.2	29405.2	12872.7	12872.7
中型	34756.5	34608.6	16290.8	16226.2
小型	100340.8	100311.4	59510.8	59243.1
微型	2420.7	2420.7	1756.1	1756.1

上餐饮业企业财务状况（续五）

单位：万元

营业税金及附加	主营业务税金及附加	其他业务利润	销售费用	管理费用	税金
2247.5	2176.2	2447.6	50218.6	14295.9	
1943.7	1878.6	2447.6	35589.0	10745.5	
292.2	286.0		14370.2	3361.2	
8.9	8.9		158.3	4.8	
8.9	8.9		158.3	4.8	
2.7	2.7		101.1	184.4	
2.7	2.7		101.1	184.4	
2238.8	2167.5	2447.6	42168.2	11863.9	
368.3	368.3		4023.9	747.5	
338.5	336.6	316.0	8755.7	2796.3	
338.5	336.6	316.0	8755.7	2796.3	
149.2	143.0		2430.4	1024.8	
1381.2	1318.0	2040.3	26903.5	7260.4	
266.0	266.0		1904.6	888.1	
1097.2	1034.0	2040.3	23313.9	6257.8	
18.0	18.0		1685.0	114.5	
1.6	1.6	91.3	54.7	34.9	
2.2	2.2		167.6	171.1	
2.2	2.2		167.6	171.1	
6.5	6.5		7882.8	2260.9	
6.5	6.5		7882.8	2260.9	
382.2	382.2		5085.0	1177.5	
132.9	132.9	316.0	1685.9	392.9	
1651.8	1580.5	2131.6	33849.9	9861.0	
2.2	2.2		167.6	171.1	
6.5	6.5		7882.8	2260.9	
71.9	71.9		1547.4	432.5	
1797.2	1732.1	2447.6	29227.9	10371.3	
18.9	18.9		9420.5	2469.6	
431.4	425.2		11570.2	1455.0	
6.5	6.5		7882.8	2260.9	
480.1	480.1	1337.3	14419.7	3220.0	
1751.3	1680.0	1110.3	27480.8	8570.5	
9.6	9.6		435.3	244.5	

8-8 星级住宿业和限额以上餐饮业企业财务状况（续六）

单位：万元

	财务费用			资产减值损失	公允价值变动收益	投资收益	营业利润	营业外收入	
		利息收入	利息支出						补贴收入
总计	7158.4	702.9	5929.6	28.7	39.7	175.6	942.3	3164.8	
住宿业	5876.5	564.8	5059.8		50.3	165.3	-6939.0	2795.2	
按住宿业行业小类分									
旅游饭店	4751.8	602.1	4242.3	-1.5	1.0	154.6	-6316.9	2727.7	
一般旅馆	969.3	-40.7	813.0	1.4	49.3	10.7	-14.5	34.1	
其他住宿业	155.4	3.4	4.5	0.1			-607.6	33.4	
按登记注册类型分									
内资企业	5863.4	564.8	5059.8		50.3	165.3	-6359.6	2795.2	
国有企业	-280.9	343.1	10.7			100.6	-851.5	589.2	
集体企业	0.8	0.3	1.1				-127.9	18.6	
有限责任公司	4202.9	196.1	4005.2	-1.8		54.0	-6821.6	2133.7	
国有独资公司	3935.4	-34.8	3725.6	-1.9			-4647.2	226.8	
其他有限责任公司	267.5	230.9	279.6	0.1		54.0	-2174.4	1906.9	
私营企业	1911.5	16.2	1042.8	1.8	50.3	10.7	1750.5	51.3	
私营独资企业	673.5			1.4	-0.7		-413.6		
私营有限责任公司	1232.8	15.4	1042.8	0.4	51.0	10.7	2097.1	51.3	
私营股份有限公司	5.2	0.8					67.0		
外商投资企业	13.1						-579.4		
中外合资经营企业	13.1						-579.4		
按控股情况分									
国有控股	3652.4	295.4	3738.5	-1.8		100.6	-5363.9	858.7	
集体控股	-6.3	243.0	249.6				-250.9	18.6	
私人控股	2128.3	26.4	1066.8	1.8	50.3	10.7	-943.8	1916.5	
外商控股	13.1						-579.4		
其他	89.0		4.9			54.0	199.0	1.4	
按经营形式分									
独立门店	5554.9	564.4	5016.2		50.3	165.3	-8002.6	2756.2	
连锁门店	3.9						-5.0		
其他	317.7	0.4	43.6				1068.6	39.0	
大型	-23.2	25.6					370.4	59.4	
中型	1053.6	287.8	961.6	-1.9		54.0	-281.1	1960.2	
小型	4846.0	251.4	4098.2	1.9	50.3	111.3	-7035.5	775.6	
微型	0.1						7.2		
按星级分									
五星	8.2	26.5					1630.5	63.1	
四星	859.1	97.3	606.4	-0.6		54.0	-4829.7	1003.0	
三星	548.4	-17.4	3.2	-1.9			-740.8	1359.5	
二星	5.5	1.4	0.8				112.5	18.5	
一星									
其他	4455.3	457.0	4449.4	2.5	50.3	111.3	-3111.5	351.1	

8-8 星级住宿业和限额以上餐饮业企业财务状况（续七）

单位：万元

	财务费用			资产减值损失	公允价值变动收益	投资收益	营业利润	营业外收入	
		利息收入	利息支出						补贴收入
餐饮业	**1281.9**	**138.1**	**869.8**	**28.7**	**–10.6**	**35.6**	**7881.3**	**369.6**	
按餐饮业行业小类分									
正餐服务	1236.9	12.7	869.7	28.8	–10.6	35.6	2025.2	271.7	
快餐服务	40.0	125.7	0.1	–0.1			5888.7	97.9	
饮料及冷饮服务	5.2						–55.0		
咖啡馆服务	5.2						–55.0		
其他餐饮业	–0.2	–0.3					22.4		
其他未列明餐饮业	–0.2	–0.3					22.4		
按登记注册类型分									
内资企业	1407.0	12.4	869.7	28.7	–10.6	35.6	1407.9	346.4	
国有企业	8.8		0.3	–0.1			–533.6	14.0	
有限责任公司	106.3	0.7	61.2	8.9	–23.1	35.6	–418.6	39.3	
国有独资公司									
其他有限责任公司	106.3	0.7	61.2	8.9	–23.1	35.6	–418.6	39.3	
股份有限公司	–11.1	5.8	2.1				–34.6		
私营企业	1302.9	5.7	806.0	19.7	12.5		2393.3	293.1	
私营独资企业	18.2	0.1	3.5	1.3	5.7		684.0	12.0	
私营有限责任公司	1262.9	5.6	802.5	18.4	6.8		1252.9	165.4	
私营股份有限公司	21.8						456.4	115.7	
其他企业	0.1	0.2	0.1	0.2			1.4		
港、澳、台商投资企业	0.5						–34.5		
港澳台商独资企业	0.5						–34.5		
外商投资企业	–125.6	125.7	0.1				6507.9	23.2	
外资企业	–125.6	125.7	0.1				6507.9	23.2	
按控股情况分									
国有控股	12.6		0.3	–0.1			–831.0	20.1	
集体控股	13.1	1.9	14.2				–25.9	28.8	
私人控股	1364.9	10.5	854.6	28.8	–10.6	35.6	2547.3	297.5	
港澳台商控股	0.5						–34.5		
外商控股	–125.6	125.7	0.1				6507.9	23.2	
其他	16.4		0.6				–282.5		
按经营形式分									
独立门店	1151.8	8.0	868.7	28.8	–10.6	35.6	747.7	252.5	
连锁总店	–113.6	125.7	0.1				6679.8	23.2	
其他	243.7	4.4	1.0	–0.1			453.8	93.9	
大型	–125.6	125.7	0.1				6507.9	23.2	
中型	752.1	2.4	444.7	–0.1			–441.6	91.2	
小型	648.2	9.9	421.9	27.8	–11.6	35.6	1847.0	252.7	
微型	7.2	0.1	3.1	1.0	1.0		–32.0	2.5	

8-8 星级住宿业和限额以上餐饮业企业财务状况（续八）

单位：万元

	利润总额	应交所得税	应付职工薪酬（本年贷方累计发生额）
总计	**3784.9**	**3485.5**	**89540.6**
住宿业	–5866.7	1142.9	43374.0
按住宿业行业小类分			
旅游饭店	–7570.3	615.3	34050.0
一般旅馆	2285.7	504.7	7162.6
其他住宿业	–582.1	22.9	2161.4
按登记注册类型分			
内资企业	–5287.3	1142.9	41208.0
国有企业	–684.9	395.5	10536.6
集体企业	–117.5	12.5	735.9
有限责任公司	–8245.2	308.2	15849.3
国有独资公司	–4441.9	204.3	6206.8
其他有限责任公司	–3803.3	103.9	9642.5
私营企业	4067.0	426.7	14070.0
私营独资企业	–413.6	21.6	492.1
私营有限责任公司	4413.7	379.7	13220.5
私营股份有限公司	66.9	25.4	357.4
外商投资企业	–579.4		2166.0
中外合资经营企业	–579.4		2166.0
按控股情况分			
国有控股	–4954.2	683.9	21162.2
集体控股	–243.5	12.5	1243.0
私人控股	–290.0	446.5	16906.4
外商控股	–579.4		2166.0
其他	200.4		1896.4
按经营形式分			
独立门店	–8375.9	813.4	39904.6
连锁门店	–2.3		143.2
其他	2511.5	329.5	3326.2
大型	208.8		256.1
中型	52.9	946.2	29778.9
小型	–6135.6	196.7	13319.6
微型	7.2		19.4
按星级分			
五星	1472.6		7337.4
四星	–7537.2	–6.2	15675.3
三星	651.4	196.0	7154.9
二星	174.5		659.1
一星			
其他	–628.0	953.1	12547.3

8–8 星级住宿业和限额以上餐饮业企业财务状况（续九）

单位：万元

	利润总额	应交所得税	应付职工薪酬（本年贷方累计发生额）
餐饮业	9651.6	2342.6	46166.6
按餐饮业行业小类分			
正餐服务	2834.9	722.5	39273.9
快餐服务	6849.3	1609.0	6766.5
饮料及冷饮服务	–55.0	2.1	7.4
咖啡馆服务	–55.0	2.1	7.4
其他餐饮业	22.4	9.0	118.8
其他未列明餐饮业	22.4	9.0	118.8
按登记注册类型分			
内资企业	3287.7	739.8	42234.2
国有企业	479.3	5.6	1929.1
有限责任公司	–32.6	162.8	15725.2
国有独资公司			
其他有限责任公司	–32.6	162.8	15725.2
股份有限公司	–8.0	7.8	1242.0
私营企业	2847.6	563.4	23328.1
私营独资企业	696.7	77.9	2017.6
私营有限责任公司	1455.8	398.7	20810.7
私营股份有限公司	695.1	86.8	499.8
其他企业	1.4	0.2	9.8
港、澳、台商投资企业	–34.5		180.1
港澳台商独资企业	–34.5		180.1
外商投资企业	6398.4	1602.8	3752.3
外资企业	6398.4	1602.8	3752.3
按控股情况分			
国有控股	186.0	38	2461.6
集体控股	–0.3	1.7	1167.1
私人控股	2909.5	699.3	37682.4
港澳台商控股	–34.5		180.1
外商控股	6398.4	1602.8	3752.3
其他	192.5	0.8	923.1
按经营形式分			
独立门店	1417.2	550.6	36605.6
连锁总店	6560.8	1654.7	4007.6
其他	1673.6	137.3	5553.4
大型	6398.4	1602.8	3752.3
中型	1072.9	233.9	7486.6
小型	2209.8	505.9	34667.4
微型	–29.5		260.3

8-9 各种物价总指数

（上年=100）

	居民消费价格总指数	商品零售价格指数	农产品收购价格指数
1979	100.8	100.9	
1980	105.1	105.3	
1981	101.8	101.7	
1982	101.0	101.1	
1983	100.4	100.0	
1984	102.7	101.5	
1985	112.7	113.0	
1986	105.7	106.0	
1987	109.8	109.8	
1988	124.5	125.1	
1989	116.1	116.3	
1990	101.3	99.5	
1991	106.3	105.6	
1992	107.2	106.0	
1993	115.7	113.2	112.0
1994	123.1	121.9	124.0
1995	119.0	115.5	124.1
1996	110.2	105.7	95.4
1997	103.5	101.5	104.4
1998	99.6	98.5	87.8
1999	96.9	97.5	97.3
2000	99.3	99.0	108.5
2001	102.1	99.1	102.4
2002	99.3	98.8	89.9
2003	100.9	99.2	107.5
2004	101.1	101.0	
2005	100.6	98.8	
2006	101.7	100.3	
2007	105.3	103.1	
2008	107.2	107.2	
2009	99.6	100.5	
2010	103.8	103.9	
2011	105.4	105.4	
2012	102.4	102.4	
2013	103.5	102.7	
2014	102.2	101.8	
2015	101.3	100.6	
2016	100.8	100.7	
2017	101.5	101.8	

8-10 居民消费价格分类指数

（上年=100）

	2000	2003	2004	2005	2006	2007	2008
居民消费价格总指数	99.3	100.9	101.1	100.6	101.7	105.3	107.2
食品	97.2	103.4	105.1	101.9	104.3	112.3	117.3
粮食	92.9	100.6		101.7	105.6	105.8	106.2
油脂	79.4	112.3		98.2	96.8	124.5	141.2
肉禽及其制品	97.4	98.3		103.5	99.4	129.3	127.2
蛋	82.6	94.2		103.9	99.8	127.1	102.1
水产品	103.4	101.4	113.3	103.8	102.3	104.7	114.2
菜	105.7	130.1	87.8	105.9	117.7	104.1	115.5
干鲜瓜果	101.1	99.1	103.0	102.1	117.5	99.7	109.4
烟酒		99.0	99.2	96.7	100.3	101.5	104.8
衣着	109.0	95.4	97.8	91.0	86.5	93.7	100.0
家庭设备用品及维修服务	96.2	97.5	98.7	98.7	100.6	103.9	105.6
医疗保健和个人用品	95.6	103.3	101.0	104.6	108.0	109.7	104.6
交通和通信	92.0	99.8	94.1	97.5	98.3	98.4	98.3
交通工具	95.3	97.7	98.9	100.3	101.7	103.2	100.6
通讯工具	89.5	74.2	76.3	81.3	80.2	69.5	70.9
通信服务		96.2	79.3	97.5	100.1	100.4	100.0
娱乐教育文化用品及服务	91.1	98.6	98.4	101.3	101.0	100.0	101.2
教材及参考书	117.6	101.6	106.4	104.6	97.1	91.2	102.7
文化娱乐用品	100.5	96.9	98.3	100.1	101.2	99.4	99.9
居住	105.9	101.9	102.8	103.9	103.4	102.9	102.3

8-10 居民消费价格分类指数（续一）

（上年=100）

	2009	2010	2011	2012	2013	2014	2015	2016
居民消费价格总指数	99.6	103.8	105.4	103.0	103.5	102.2	101.3	100.8
食品	103.6	109.7	113.2	105.5	107.3	104.4	101.2	102.4
粮食	105.1	135.2	113.7	101.1	106.2	104.6	101.5	100.6
油脂	85.1	105.8	111.5	105.4	99.8	97.9	100.4	
肉禽及其制品	93.3	102.1	121.4	105.2	104.6	100.6	103.4	
蛋	102.5	110.6	119.3	99.6	107.8	111.7	93.0	
水产品	107.0	107.2	110.6	105.4	103.8	101.8	98.6	101.6
菜	119.6	113.6	109.3	111.9	111.4	105.1	105.9	106.2
干鲜瓜果	111.0	106.9	120.4	103.8	103.8	116.5	93.3	97.7
烟酒	102.9	105.8	105.3	104.2	100.1	99.2	101.0	100.2
衣着	98.6	98.3	97.7	101.3	101.6	103.7	103.1	101.6
家庭设备用品及维修服务	101.0	99.1	99.3	100.3	100.6	101.5	100.3	
医疗保健和个人用品	100.8	103.8	101.8	101.9	101.2	100.6	101.0	
交通和通信	97.0	98.5	99.7	99.9	100.3	99.8	98.9	99.2
交通工具	97.7	98.7	100.0	100.0	100.0	100.0	100.0	100.0
通讯工具	70.2	81.4	97.0	98.9	98.8	98.6	99.2	99.0
通信服务	100.0	100.0	100.0	100.0	100.0	100.0	100.0	100.0
娱乐教育文化用品及服务	102.5	99.5	100.8	99.3	100.9	101.5	100.2	
教材及参考书	96.1	108.5	115.0	100.0	100.0	100.1	100.2	
文化娱乐用品	100.6	100.5	100.1	99.5	100.4	100.1	99.4	
居住	89.4	103.3	107.0	100.7	103.7	99.7	103.9	100.5

8–10　居民消费价格分类指数（续二）

（上年=100）

	2016	2017
居民消费价格总指数	100.8	101.5
一、食品烟酒	101.8	100.1
食品	102.4	99.7
粮食	100.6	100.7
鲜菜	106.5	95.7
畜肉类	104.5	96.7
其中：猪肉	109.2	92.7
牛肉	100.7	101.5
羊肉	93.2	95.8
水产品	101.6	102.0
蛋类	97.3	95.7
奶类	100.3	101.1
鲜瓜果	95.2	107.0
烟草	100.5	100.0
酒类	99.9	101.9
二、衣着	101.6	101.2
三、居住	100.5	102.2
四、生活用品及服务	100.2	100.9
五、交通和通信	99.2	100.9
1. 交通	98.8	101.6
2. 通信	99.7	99.6
六、教育文化和娱乐	99.9	102.2
1. 教育	100.0	102.1
2. 文化娱乐	99.7	102.3
七、医疗保健	101.2	107.2
八、其他用品和服务	101.1	99.8

注：自2016年起，居民消费价格指标体系发生变化。

8-11 居民消费价格指数

（上年=100）

	2016	2017
居民消费价格总指数	100.8	101.5
一、食品烟酒	101.8	100.1
1. 食品	102.4	99.7
粮食	100.6	100.7
薯类	117.6	107.6
豆类	102.9	99.9
食用油	101.2	103.4
菜	106.2	96.5
鲜菜	106.5	95.7
畜肉类	104.5	96.7
猪肉	109.2	92.7
牛肉	100.7	101.5
禽肉类	102.9	97.6
水产品	101.6	102.0
蛋类	97.3	95.7
鸡蛋	96.9	95.2
奶类	100.3	101.1
干鲜瓜果类	97.7	105.2
糖果糕点类	100.6	100.5
调味品	100.9	104.1
其他食品类	104.5	98.8
2. 茶及饮料	99.7	102.0
茶叶	100.0	100.0
3. 烟酒	100.2	100.8
烟草	100.5	100.0
酒类	99.9	101.9
4. 在外餐饮	101.1	100.8
二、衣着	101.6	101.2
1. 服装	103.0	100.5
2. 服装材料	100.2	97.4
3. 其他衣着及配件	101.8	105.4
4. 衣着加工服务费	102.1	108.8
5. 鞋类	97.2	102.3
三、居住	100.5	102.2
1. 租赁房房租	100.7	103.0
2. 住房保养维修及管理	100.0	102.8
3. 水电燃料	100.0	101.4
4. 自有住房	100.9	102.3

8-11 居民消费价格指数（续一）

（上年=100）

	2016	2017
四、生活用品及服务	100.2	100.9
1. 家具及室内装饰品	100.8	100.9
家具	100.7	101.0
室内装饰品	101.4	99.4
2. 家用器具	99.7	100.8
3. 家用纺织品	100.2	98.1
床上用品	100.0	97.3
4. 家庭日用杂品	100.1	101.4
5. 个人护理用品	100.6	100.9
6. 家庭服务	100.0	102.6
五、交通和通信	99.2	100.9
1. 交通	98.8	101.6
交通工具	100.0	100.4
2. 通信	99.7	99.6
通信工具	99.0	98.5
通信服务	100.0	100.0
六、教育文化和娱乐	99.9	102.2
1. 教育	100.0	102.1
教育用品	100.1	100.5
教育服务	100.0	102.3
2. 文化娱乐	99.7	102.3
文娱耐用消费品	97.9	101.2
其他文娱用品	102.2	102.1
书报杂志	101.5	100.1
文化娱乐服务	100.1	103.0
旅游	99.1	102.8
七、医疗保健	101.2	107.2
1. 药品及医疗器具	102.8	110.0
中药	102.4	119.5
西药	102.2	104.0
滋补保健品	108.3	117.6
医疗卫生器具	102.6	106.5
保健器具	101.0	99.4
2. 医疗服务	100.0	104.9
八、其他用品和服务	101.1	99.8

8-12 商品零售价格指数

（上年=100）

	2016	2017
商品零售价格指数	100.7	101.8
一、食品	102.1	100.0
1. 粮食	100.5	100.7
2. 薯类	117.6	107.6
3. 豆类	102.9	99.9
4. 食用油	101.2	103.4
5. 菜	106.2	96.5
6. 畜肉类	104.5	96.7
7. 禽肉类	102.9	97.6
8. 水产品	101.8	101.9
9. 蛋类	97.3	95.7
10. 奶类	100.3	101.3
11. 干鲜瓜果类	97.7	105.2
12. 糖果糕点类	100.6	100.5
13. 调味品	100.7	104.5
14. 其他食品类	103.6	98.6
15. 在外餐饮	101.1	100.8
二、饮料、烟酒	100.1	100.9
1. 茶及饮料	99.7	101.3
2. 烟草	100.5	100.0
3. 酒类	99.9	101.9
三、服装、鞋帽	101.4	101.2
1. 服装	103.1	100.6
2. 鞋帽袜	97.9	102.5
3. 其他衣着配件	100.3	101.5
四、纺织品	100.1	97.3
1. 服装材料	100.2	97.4
2. 床上用品	100.0	97.3
五、家用电器及音像器材	98.6	101.1
1. 家庭设备	99.6	100.8
2. 文娱用耐用消费品	96.2	102.0
3. 专业音像器材	99.5	100.0
六、文化办公用品	100.4	102.7
七、日用品	100.1	101.5
1. 日用百货	100.3	102.4
2. 厨具餐具茶具	100.4	100.9
3. 清洗用品	100.0	105.0
4. 其他日用品	99.8	99.2
八、体育娱乐用品	103.4	101.0
九、交通、通信用品	99.7	99.3
1. 交通运输机械	100.0	99.8
2. 通信器材	99.4	98.7
十、家具	100.7	101.0
十一、化妆品	100.6	101.0
十二、金银饰品	103.3	99.2
十三、中西药品及医疗保健用品	102.6	109.6
1. 医疗卫生器具	102.6	106.5
2. 中药	102.4	119.5
3. 西药	102.2	104.0
4. 保健器具及用品	106.3	113.0
十四、书报杂志及电子出版物	100.7	100.2
1. 教材及参考书	100.1	100.4
2. 书报杂志	101.5	100.1
十五、燃料	97.3	106.3
十六、建筑材料及五金电料	100.1	105.8

主要统计指标解释

社会消费品零售总额 指国民经济各行业直接售给城乡居民和社会集团的消费品总额。这是反映各行业通过多种商品流通渠道向居民和社会集团供应的生活消费品总量，是研究国内零售市场变动情况、反映经济景气程度的重要指标。

社会消费品零售总额 包括：（1）售给城乡居民作为生活用的商品和修建房屋用的建筑材料；（2）售给社会集团的各种办公用品和公用消费品；（3）售给机关、团体、学校、部队、企业、事业单位的职工食堂和旅店（招待所）附设专门供本店旅客食用，不对外营业的食堂的各种食品、燃料；企业、单位和国营农场直接售给本单位职工和职工食堂的自己生产的产品；（4）售给部队干部、战士生活用的粮食、副食品、衣着品、日用品、燃料；（5）售给来华的外国人、华侨、港澳台同胞的消费品；（6）居民自费购买的中、西药品、中药材及医疗用品；（7）报社、出版社直接售给居民和社会集团的报纸、图书、杂志，集邮公司出售的新、旧纪念邮票、特种邮票、首日封、集邮册、集邮工具等；（8）旧货寄售商店自购、自销部分的商品；（9）煤气公司、液化石油气站售给居民和社会集团的煤气灶具和罐装液化石油气；不包括售给国民经济各部门企业、事业单位（包括国有经济的农场）生产经营用的各种原材料、燃料、设备、工具等和售给批发零售贸易业、餐饮业作为转卖用的商品，旧货寄售商店受托寄售卖出的商品，服务业的营业收入，邮局出售邮票的收入，自来水、电力、煤气生产（供应）单位的产品供应收入，也不包括农民之间的商品销售。

批发零售贸易业商品购、销、存总额 指各种登记注册类型的批发、零售贸易业企业（单位）以本企业（单位）为总体的商品购进、销售、库存总额。

商品购进总额 指从本企业（单位）以外的单位和个人购进（包括从境外直接进口）作为转卖或加工后转卖的商品总额。它反映批发零售贸易业从国内、国外市场上购进商品的总量。商品购进总额包括：（1）从工农业生产者购进的商品；（2）从出版社、报社的出版发行部门购进的图书、杂志和报纸；（3）从各种登记注册类型的批发零售贸易企业（单位）购进的商品；（4）从其他单位购进的商品，如从机关、团体、企业等单位购进的剩余物资，从餐饮业、服务业购进的商品，从海关、市场管理部门购进的缉私和没收的商品，从居民手中收购的废旧商品等；（5）从国（境）外直接进口的商品。不包括企业（单位）为自身经营用和未通过买卖行为而收入的商品以及销售退回、商品升溢等。

商品销售总额 指对本企业（单位）以外的单位和个人出售（包括对境外直接出口）的商品总额。它反映批发零售贸易业在国内市场上销售商品以及出口商品的总量。商品销售总额包括：（1）售给城乡居民和社会集团消费用的商品；（2）售给工业、农业、建筑业、运输邮电业、批发零售贸易业、餐饮业、服务业等作为生产、经营使用的商品；（3）售给批发零售贸易业作为转卖或加工后转卖的商品；（4）对国（境）外直接出口的商品。不包括出售本企业（单位）自用的废旧包装用品；未通过买卖行为付出的商品；经本单位介绍，由买卖双方直接结算，本单位只收取手续费的业务；购货退出的商品以及商品损耗和损失等。

批发零售贸易业库存 指报告期末各种登记注册类型的批发零售贸易企业（单位）已取得所有权的商品。它反映批发零售贸易企业（单位）的商品库存情况和对市场商品供应的保证程度。期末库存包括：（1）存放在批发零售贸易业经营单位（如门市部、批发站、经营处）仓库、货场、货柜和货架中的商品；（2）挑选、整理、包装中的商品；（3）已记入购进而尚未运到本单位的商品，即发货单或银行承兑凭证已到而货未到的部分；（4）寄放他处的商品，如因购货方拒绝承付而暂时存放在购货方的商品和已办完加工成品收回手续而未提回的商品；（5）委托其他单位代销（未作销售或调出）尚未售出的商品；（6）代其他单位购进尚未交付的商品。不包括所有权不属于本单位的商品，拨付除批发零售贸易业以外的其他行业所属独立核算加工厂等加工生产尚未收回成品的商品、代国家物资储备部门保管的商品等。

库存总额采用的计算价格是：农副产品采购单位按购进价计算；批发单位按进货价计算；零售单位按核算价格计算，即按什么价格核算就按什么价格计算。

消费品市场成交额 指从事消费品交易的商品市场的全部商品成交金额。消费品市场包括农副产品市场和工业消费品市场。

商品零售价格指数 是反映城乡商品零售价格变动趋势的一种经济指数。零售物价的调整变动直接影响到城乡居民的生活支出和国家财政收入，影响居民购买力和市场供需平衡，影响消费与积累的比例。因此，计算零售价格指数，可以从一个侧面对上述经济活动进行观察和分析。

居民消费价格指数 是反映一定时期内城乡居民所购买的生活消费品价格和服务项目价格变动趋势和程度的相对数，是对城市居民消费价格指数和农村居民消费价格指数进行综合汇总计算的结果。利用居民消费价格指数，可以观察和分析消费品的零售价格和服务价格变动对城乡居民实际生活费支出的影响程度。

工业品出厂价格指数 是反映全部工业产品出厂价格总水平的变动趋势和程度的相对数，包括工业企业售给本企业以外所有单位的各种产品和直接售给居民用于生活消费的产品。通过工业品出厂价格指数能观察出厂价格变动对工业总产值的影响。

九、财政、金融

9-1 财政收入

单位：万元

	财政收入	公共财政预算收入	增值税	营业税	企业所得税	上划中央增值税、消费税收入
1994	158204	88841		29482	6132	69363
1995	186819	100866		36131	7963	85953
1996	208080	119915		45585	7081	88165
1997	231957	134178	26525	52192	8389	97779
1998	254583	150415	28794	56681	9406	104168
1999	267742	169540	27113	60673	16055	98202
2000	273425	166061	28781	66193	14353	107364
2001	347000	196111	33546	71218	18566	150889
2002	388905	210615	37123	90082	7358	178290
2003	729368	205660	21219	75850	7971	349323
2004	845186	249521	24031	84757	10948	421051
2005	961312	289256	23790	103951	14596	416381
2006	1061856	331417	25586	123385	18088	534057
2007	1340643	466256	33588	139944	23123	531790
2008	1524443	508618	35550	173450	33069	599240
2009	2548033	570385	87798	153147	36392	
2010	3041332	727579	101434	192306	43517	
2011	3506307	864897	96466	225601	63866	
2012	4060754	1037303	103850	272035	77186	
2013	3948217	1244956	125849	342964	79587	
2014	4674809	1523299	200393	381938	99058	
2015	5938067	1851917	239829	431860	140048	2504777
2016	6067450	2154794	452089	239810	138455	1434457
2017	6716478	2342001	703505	4162	197526	1679349

注：自2003年后财政体制调整，收入范围重新划分，与往年不可比；财政收入为地区财政收入。

9-2 财政支出

单位：万元

	公共财政预算支出	基本建设	农业支出	文教、卫生支出	行政管理费
1994	102846	6964		25157	12900
1995	117743	5343		27984	13937
1996	143837	11061		32282	16929
1997	156669	11227		36072	19177
1998	186051	23178	12015	31311	21443
1999	195471	13779	16711	50030	25104
2000	212701	18112	15438	56190	26312
2001	314756	75198	10499	69702	32313
2002	340254	50674	9485	79570	36569
2003	365731	28185	6827	92190	38870
2004	409025	35602	8593	106628	45737
2005	502206	36411	10004	133481	52876
2006	631321	54676	19276	166322	67078

注：2007年财政支出科目变动，部分指标无数据。

9-3 公共财政预算收入

单位：万元

	2007	2008	2009	2010	2011	2012	2013	2014	2015	2016	2017
收入总计	466256	508618	570385	727579	864897	1037303	1244956	1523299	1851917	2154794	2342001
税收收入	344345	431291		581002	699729	816790	983678	1210190	1446701	1584154	1746866
增值税	33588	35550		101434	96466	103850	125849	200393	239829	452089	703505
营业税	139944	173450		192306	225601	272035	342964	381938	431860	239810	4162
企业所得税	23123	33069		43517	63866	77186	79587	99058	140048	138455	197526
个人所得税	9917	13817	16422	21579	25422	27876	30181	38340	50858	56634	71168
资源税	1806	2364	1053	1533	1427	1364	1659	1817	2796	1617	3590
城市维护建设税	56368	65902	80260	94490	100901	119971	134495	159318	222497	201214	215927
房产税	29883	36997	37709	38995	43107	53326	56210	64241	83397	97333	105818
印花税	11408	15852	21364	24716	22570	29060	39021	35137	39151	46717	47221
城镇土地使用税	12566	13039	14126	12521	43680	49831	49563	53680	61279	63187	62414
土地增值税	3401	19508	248	10357	20962	22447	35180	54162	68733	120055	162681
车船使用税	1101	2633	5464	7339	8958	13249	18603	24295	29010	32198	34935
耕地占用税	2041	1338	7070	3148	4775	4432	12069	18452	10477	14300	27424
契税	19297	17874	22781	29084	42034	42163	58294	79356	66766	120540	110488
烟叶税				3	2		3	3		5	7
非税收入	121911	77327	86558	146577	165168	220513	261278	313109	405216	570640	595135
专项收入	30380	33658	37283	46780	50081	56129	68089	74015	162745	202464	254401
行政性收费收入	17012	17638	19585	29053	44300	51418	53114	61366	58165	73141	75514
罚没收入	10821	9580	11121	11779	15872	22063	27556	36493	43549	62575	75284
国有资本经营收入			3765	50905	19055	37074	31157	11911	832	20	

9-4 公共财政预算支出

单位：万元

	2003	2004	2005	2006
支出总计	**365731**	**409025**	**502206**	**631321**
基本建设支出	28185	35602		54676
企业挖潜改造资金	22076	5095		9867
地质勘探费				
科技三项费用	2345	3569		7009
流动资金				
农业支出	6827	8593	10004	19276
林业支出	7223	7868	9047	11776
水利气象支出	7635	6599	10661	14447
工业交通等部门事业费	1059	1576	1645	1747
流通部门事业费	254	292	430	536
文体、广播事业费	10139	10624	13419	16962
教育支出	61438	71816	91528	111219
科学支出	1571	1762	2161	2543
医疗卫生支出	20613	22426	26373	35598
其他部门的事业费	12769	18702	17016	20766
抚恤和社会福利救济费	19023	19815	24735	30485
行政事业单位离退休支出	549	481	542	570
社会保障补助支出	28630	27884	47617	49560
国防支出	18	38	17	57
行政管理费	38870	45737	52876	67078
外交外事支出	78	113	110	192
公检法司支出	25536	29579	36585	46360
城市维护费	30541	45287	50979	65896
政策性补贴支出	4562	805	834	3156
支援不发达地区支出	4790	4997	4132	4184
海域开发建设和场地使用费支出		60	15	10
车辆税费支出		6		147
债务利息支出		15	84	36
专项支出	11121	14339	18112	23498
其他支出	19879	25345	28897	33657

9-5 公共财政预算支出

单位：万元

	2008	2009	2010	2011	2012	2013	2014	2015	2016	2017
支出总计	**995551**	**1198342**	**1469264**	**1751935**	**2025976**	**2423426**	**2801041**	**3440019**	**4241597**	**4293614**
一般公共服务	147991	150832	164577	191937	270651	391780	542923	470881	501813	571899
国防					224	1467	389	124	1024	252
公共安全					163637	172709	184720	223819	308008	358153
教育	230436	269714		339636	403815	429490	514802	671067	740910	803250
普通教育	179405	209232		259615	309585	237675	388165	483052	538385	593941
职业教育	19529	21123	21652	29066	30761	3792	40803	47911	51238	89540
教育费附加安排的支出	22239	29024	37458	38875	50002	34784	67352	86367	86033	94517
科学技术					27991	30475	31618	41362	45156	67851
文化体育与传媒	21662	24567	31667	40698	43910	51481	56385	59315	69795	74210
文化	9282	12155	17073	14860	18695	6194	22234	26399	36286	35788
体育	3832	4108	3608	7510	9947	1581	8801	7741	7781	7532
广播影视	4086	4276	4268	4366	6623	1568	10123	12015	10288	13563
社会保障和就业	123990	202626	148461	221973	205137	276882	274106	326832	390553	382079
财政对社会保险基金的补助	38549	26446	31650	77279	52607	25956	82083	104935	165891	10929
就业补助	15210	18755	22705	22837	25873	26146	44653	47637	39336	30442
城市居民最低生活保障	26272	29981	33206	42639	36952	44006	37615	30488	31194	15083
农村最低生活保障	3595	6171	7488	13329	11647	16088	15361	16740	19351	17359
医疗卫生	76675	108026	125120	172782	171908	211656	257520	317352	371618	396693
医疗保障	38726	54377	63315	84615	85246	47678	130094	148846	158627	116538
疾病预防控制	4477	4762	3792	5971				42343	12122	15138
节能环保	17834	32468	75531	63347	78637	82492	96708	173156	104739	83264
污染防治	8997	13461	46206	35749	33777	25512	48082	39360	32179	27981
城乡社区事务	112333	101510	149730	179934	220596	202564	228069	380286	675652	588078
城乡社区公共设施	36637	21125	47479	34864	65622	19546	30080	92414	136535	212605
城乡社区环境卫生	30141	33108	37404	45381	54246	43273	70685	96757	108568	118927
农林水事务	65634	93703	139150	135491	166182	171220	175391	279445	347807	367586
交通运输	15788	20897	24051	46537	54236	61352	66171	79279	151360	131061
资源勘探电力信息等事务					59422	96197	78248	54318	76718	34554
商业服务业等事务					21766	13914	24638	20933	50652	30903
金融监管等事务支出					1106	245	11666	30		
国土资源气象等事务					25248	33488	39417	31028	49135	60004
住房保障支出					48690	56855	65684	100205	134776	160328
粮油物资储备事务					3111	2382	1888	3281	7782	6589
国债还本付息支出					4942	1712	2569	1609	15793	20196
其他支出	55562	32662	32912	46350	54767	135065	148129	205697	198060	156580

9-6 财政收入占地区生产总值比重

	财政收入（万元）	公共财政预算收入（万元）	地区生产总值（万元）	财政收入占地区生产总值比重（%）	公共财政预算收入占地区生产总值比重（%）
1978	43324	43324	218046	19.87	19.87
1979	41304	41304	245354	16.83	16.83
1980	40941	40941	256769	15.94	15.94
1981	38085	38085		15.86	15.86
1982	39192	39192		15.18	15.18
1983	43014	43014		14.58	14.58
1984	46913	46913		13.25	13.25
1985	48931	48931	435029	11.25	11.25
1986	55930	55930	507941	11.01	11.01
1987	61396	61396	561061	10.94	10.94
1988	72020	72020	643008	11.2	11.2
1989	84728	84728	736867	11.5	11.5
1990	92072	92072	778938	11.82	11.82
1991	100512	100512	852297	11.79	11.79
1992	111908	111908	1005752	11.13	11.13
1993	147391	147391	1267176	11.63	11.63
1994	158204	88841	1724940	9.17	5.15
1995	186819	100866	2104288	8.88	4.79
1996	208080	119915	2250126	9.25	5.33
1997	231957	134178	2374204	9.77	5.65
1998	254583	150415	2525504	10.08	5.96
1999	267742	169540	2674592	10.01	6.34
2000	273425	166061	3003209	9.1	5.53
2001	347000	196111	3416836	10.16	5.74
2002	388905	210615	3814070	10.2	5.52
2003	729368	205660	4336504	16.82	4.74
2004	845186	249521	5002500	16.9	4.99
2005	961312	289256	5670437	16.95	5.1
2006	1061856	331417	6384705	16.63	5.19
2007	1340643	466256	7327581	18.30	6.36
2008	1524443	508618	8462811	18.01	6.01
2009	2548033	570385	9259821	27.52	6.16
2010	3041332	727579	11003898	27.64	6.61
2011	3506307	864352	13600299	25.78	6.36
2012	4060754	1037303	15638163	25.97	6.63
2013	3948217	1244956	17762823	22.23	7.01
2014	4674809	1523299	20009389	23.36	7.61
2015	5938067	1851917	20959920	28.33	8.84
2016	6067450	2154794	22642318	26.80	9.52
2017	6716478	2342001	25235500	26.62	9.28

9-7 县区级财政收支

单位：万元

	财政收入	财政支出
城关区	400518	551637
七里河区	210098	327063
西固区	124664	269526
安宁区	117027	176298
红古区	52393	134052
永登县	49912	241911
皋兰县	44649	148873
榆中县	64833	377597
兰州新区	131565	427661

9-8 财政用于教育的支出

单位：万元

年份	预算内用于教育的支出	教育事业费	教育基建投资	城市教育费附加支出	支援不发达地区资金用于教育的支出
1990	9875	7782		1147	27
1991	10452	7785		1661	24
1992	10584	8939		543	23
1993	13911	10270	309	2221	25
1994	19322	15480	456	2704	34
1995	20994	16718	229	3482	20
1996	25426	19434	844	4676	28
1997	28737	21946	553	5526	53
1998	33001	27139	903	4941	18
1999	37128	32048	615	4409	56
2000	43296	36769	312	6147	68
2001	55505	47863	466	7120	56
2002	63548	53516	1816	8162	54
2003	72023	61438	1757	8776	52
2004	85864	72192	1176	12466	30
2005	108284	91528	1610	15120	26
2006	129103	111219	851	16983	50

注：2007年财政支出科目变动，部分指标无数据。

9-9 城乡居民人民币储蓄存款余额

单位：万元

	年末余额			年增加额		
	总计	城镇	农户	总计	城镇	农户
1987		134603	16491			4540
1988		154610			20007	3691
1989	239247	215032			60422	4033
1990	313850	282550		74603	67518	7085
1991	409783	369398		95933	86848	9085
1992	553872	501435	52437	144089	132037	12052
1993	716426	645629	70769	162554	144194	18332
1994	966770	874658	92112	250344	229029	21343
1995	1371564	1254593	116971	404794	379935	24859
1996	1726708	1578672	148036	355144	324079	31065
1997	1952386	1781451	170935	225678	202779	22899
1998	2339629	2146265	193364	387243	364814	22429
1999	2641568	2432391	209177	301939	286126	15813
2000	2979869	2750275	229524	338301	317884	20347
2001	3435122	3188167	246955	455253	437892	17431
2002	3942836	3659052	283784	507714	470885	36829
2003	4683830	4368966	314864	740994	709914	31080
2004	5254624	4904195	350429	570794	535229	35565
2005	5817105	5411754	405351	562481	507559	54922
2006	6877518	6394031	483487	1060413	982277	78136
2007	7105169	6496569	608600	227651	102538	125113
2008	9071007	8238267	832740	1965838	1741698	224140
2009	10899721	9756259	1143462	1828714	1517992	310722
2010	12959451	11447080	1512371	2059730	1690821	368909
2011	14801626	12874600	1927026	1842175	1427520	414655
2012	17431811	15155843	2275968	2630185	2281243	348942
2013	20215573	17164666	3050907	2783762	2008823	774939
2014	22629407	19127978	3501429	2413834	1963312	450522
2015	24772602	20789312	3983290	2143194	1673152	470042
2016	26475755	21533332	4942423	1703153	744020	959133
2017	27269741	21725267	5544474	793986	191935	602051

9-10 金融机构信贷收支情况

单位：万元

	2006	2007	2008	2009
各项存款合计	**16155138**	**17911232**	**21562875**	**26211979**
企业存款	6299763	6964986	8371077	10202250
财政存款	542669	733203		749611
机关团体存款	869524	1087582		1513563
储蓄存款	6877518	7105169		10899721
城镇	6394031	6496569		9756259
农村	483487	608600	832740	1143462
各项贷款合计	11889019	13465829	15202583	20071912
短期贷款	3948769	4387461	4874030	6629302
工业贷款	952707	1208778	1694122	2011697
商业贷款	725864	918432	858861	958152
建筑业贷款	167623	116599	101438	213910
农业贷款	246172	228994	263046	344274
乡镇企业贷款	218592	207146	253624	404546
三资企业贷款	23222	79675	39306	57550
私营企业及个体贷款	166721	175770	174632	231581
其他短期贷款	1447868	1452067	1489002	2407593
中期流动资金贷款				
中长期贷款	7256317	8550894	9607244	12049886
基本建设贷款	5477250	6197262	6738981	7919199
技术改造贷款	211448	317415	337210	383610
其他中长期贷款	489068	2036218	2531053	3747077
信托贷款				
融资租赁	2298	2298	1453	1453
委托贷款	35290	35340		
票据融资	641731	485478	718548	1389827
各项垫款	4615	4358	1307	1445
现金收入	21021326	24891712	29423896	30127405
现金支出	20251898	23933353	28288102	28865381
货币投资（投放 + 回笼）	-769428	-958359	-1135794	-1262024

9-11 金融机构人民币信贷收支情况

单位：万元

	2010	2011
各项存款合计	**32358448**	**38335471**
单位存款	10861878	21884124
个人存款		14880995
储蓄存款	12959451	14801626
保证金存款		439
结构性存款		78930
财政性存款	580740	980766
临时性存款		100806
委托存款	138267	163573
其他存款	2192151	325207
各项贷款合计	23592799	29178762
短期贷款	6417978	7261536
个人贷款及透支	689170	909305
单位普通贷款及透支	5392809	5888186
普通并购贷款		
银团贷款	550871	13950
贸易融资	208329	441596
境外筹资转贷款		8500
中长期贷款	16275358	19721700
个人贷款	1539026	2001166
单位普通贷款	14185310	16969720
普通并购贷款		
银团贷款	550871	750747
贸易融资	150	67
信托贷款		
融资租赁	156911	844093
委托贷款		
票据融资	742019	1350731
各项垫款	534	534

9-12 金融机构人民币信贷收支表

单位：万元

	2012	2013	2014
各项存款	**45892564**	**55228650**	**66175146**
单位存款	26365051	32269278	39962220
活期存款	13806316	16793153	
定期存款	7572234	8352861	
通知存款	1073772	1363730	
保证金存款		3797981	
个人存款	17712064	21176559	23696181
储蓄存款	17431811	20348324	22629407
保证金存款	3425	4546	19687
结构性存款	276828	823689	1047087
财政性存款	1072597	839649	1749401
临时性存款	107636	92216	76898
委托存款	227509	340454	181355
其他存款	407707	510495	509090
金融债卷	398390	598416	598969
中长期借款		103288	195000
应付及暂收款	1274744	1714055	2058021
应付利息	530715	747254	830066
同业往来	1463497	438111	1293200
系统内资金往来			
外汇买卖	49929	207044	301351
结售汇	49471	201028	300434
各项准备	890798	1298549	1570063
贷款损失准备	779919	1168527	1360331
所有者权益	2168543	3125569	4248738
实收资本	1304807	1650305	2105103
其他	-5721443	-10580783	-10705915

9-12 金融机构人民币信贷收支表（续一）

单位：万元

	2012	2013	2014
各项贷款	**36728523**	**47177122**	**56127233**
境内贷款	36728462	46786345	56127116
短期贷款	9835047	14478835	
个人贷款及透支	1576271	2568541	
个人消费贷款	241005	403926	
单位普通贷款及透支	7541378	10873065	
经营贷款	7458193	10765478	11181885
固定资产贷款	71009	85271	69817
普通并购贷款			
银团贷款	24700	6900	2000
贸易融资	687197	1030329	627149
境外筹资转贷款	5500		
中长期贷款	23088349	28548248	34578330
个人贷款	2595035	3426488	4597850
个人消费贷款	1836056	2434819	3436789
单位普通贷款	19489566	23210392	28180472
经营贷款	2726742	3434102	3579030
固定资产贷款	46762824	19776291	24601442
普通并购贷款		423065	19700
银团贷款	1003681	1403786	1773167
贸易融资	67	7	7141
境外筹资转贷款		84509	
融资租赁	1791344	2599266	3717480
票据融资	2013200	1143253	2342400
贴现	2013200	1143253	2342400
各项垫款	522	16743	68222
境外贷款	61	390777	117
有价证券	1358653	1625040	2855225
股权及其他投资	808962	837935	1322551
应收及预付款	393168	702553	789855
应收利息	200831	278761	370401
同业往来	244602	215102	2520995
系统内资金往来	5900655	332731	592515
外汇买卖	59620	206790	308313
结售汇	57335	200781	303403
固定资产	703296	790636	939707
库存现金	174102	220791	236300
投资性房地产	45441	24199	41880

9-13 金融机构人民币信贷收支表

单位：万元

	2015	2016	2017
一、各项存款	78031226	86231121	85135870
（一）境内存款	78019616	86173648	85095083
1. 住户存款	26085399	27962448	29492658
（1）活期存款	9087283	9625648	9457850
（2）定期及其他存款	16998115	18336800	20034808
2. 非金融企业存款	34371548	37250847	33948971
（1）活期存款	17658466	21216841	21246064
（2）定期及其他存款	16713082	16034006	12702907
3. 广义政府存款	14414700	16021147	18333483
（1）财政性存款	879493	2627434	3157189
（2）机关团体存款	13535207	13393713	15176294
4. 非银行业金融机构存款	3147970	4939207	3319971
（二）境外存款	11610	57473	40787
二、金融债券	738090	1268640	1698960
其中：境外发行			0
三、卖出回购资产	643870	202200	0
四、借款及非银行业金融机构拆入	294961	241907	263091
五、联行往来（净）	2883797	8208391	21719719
六、应付及暂收款	2315619	2358809	2390777
七、各项准备	2049177	2957214	3451936
八、所有者权益	5620518	5980663	6869794
其中：实收资本	2652907	2945529	3205529
九、其他	-8214995	-7102275	-2784966

注：2015 年中国人民银行总行对金融机构人民币信贷收支表表式及统计指标口径进行了调整。

9-13 金融机构人民币信贷收支表（续一）

单位：万元

	2015	2016	2017
一、各项贷款	68920175	84015554	96435474
（一）境内贷款	68919527	83995386	96415542
1. 住户贷款	9622072	10707538	12368313
（1）短期贷款	3556652	3348498	3012067
消费贷款	893938	1015930	922869
经营贷款	2662714	2332567	2089199
（2）中长期贷款	6065420	7359040	9356246
消费贷款	4385880	5684584	7604320
经营贷款	1679540	1674457	1751926
2. 非金融企业及机关团体贷款	59297456	73287849	84047228
（1）短期贷款	14388224	15313944	17092964
（2）中长期贷款	36584776	48640453	57456523
（3）票据融资	3715575	4625180	4080084
（4）融资租赁	4467220	4354644	5077640
（5）各项垫款	141660	353628	340017
3. 非银行业金融机构贷款			0
（二）境外贷款	648	20168	19932
二、债券投资	10509168	7568484	9054505
其中：境外债券			0
三、股权及其他投资	1081747	6417295	9627200
四、买入返售资产	1997504	398232	1391426
五、存放非银行业金融机构款项	1	2	10
六、联行往来（净）			0
其中：境内存放二级准备金	3067959	3317811	2366333
七、金银占款			0
八、中央银行外汇占款	11415		0
九、应收及预付款	751708	857448	1111553
十、投资性房地产	1243	281	17
十一、固定资产	1089302	1089374	1124996

注：2015 年中国人民银行总行对金融机构人民币信贷收支表表式及统计指标口径进行了调整。

9-14 金融机构本外币信贷收支表

单位：万元

	2017
一、各项存款	86126862
（一）境内存款	86077271
1. 住户存款	29742211
（1）活期存款	9583739
（2）定期及其他存款	20158472
2. 非金融企业存款	34633579
（1）活期存款	21914792
（2）定期及其他存款	12718787
3. 广义政府存款	18380260
（1）财政性存款	3157189
（2）机关团体存款	15223071
4. 非银行业金融机构存款	3321221
（二）境外存款	49591
二、金融债券	1698960
其中：境外发行	0
三、卖出回购资产	0
四、借款及非银行业金融机构拆入	353208
五、联行往来（净）	23449123
六、应付及暂收款	2394604
七、各项准备	3646707
八、所有者权益	6909945
其中：实收资本	3205529
九、其他	-2898452

注：本表统计机构包括人民银行、国家开发银行、进出口银行、农业发展银行、工商银行、农业银行、中国银行、建设银行、交通银行、中信银行、光大银行、招商银行、浦发银行、兴业银行、民生银行、浙商银行、邮储银行、甘肃银行、兰州银行、农村商业银行、农村合作银行、农村信用社、村镇银行、财务公司、信托投资公司、金融租赁公司等

9–14 金融机构本外币信贷收支表（续一）

单位：万元

	2017
一、各项贷款	99353431
（一）境内贷款	98286501
1. 住户贷款	12369712
（1）短期贷款	3012646
消费贷款	923448
经营贷款	2089199
（2）中长期贷款	9357066
消费贷款	7604772
经营贷款	1752294
2. 非金融企业及机关团体贷款	85916789
（1）短期贷款	18305665
（2）中长期贷款	58111564
（3）票据融资	4080084
（4）融资租赁	5077640
（5）各项垫款	341835
3. 非银行业金融机构贷款	0
（二）境外贷款	1066930
二、债券投资	9054505
其中：境外债券	0
三、股权及其他投资	9627200
四、买入返售资产	1391426
五、存放非银行业金融机构款项	11869
六、联行往来（净）	0
其中：境内存放二级准备金	2366775
七、金银占款	0
八、中央银行外汇占款	0
九、应收及预付款	1117513
十、投资性房地产	17
十一、固定资产	1124996

注：本表统计机构包括人民银行、国家开发银行、进出口银行、农业发展银行、工商银行、农业银行、中国银行、建设银行、交通银行、中信银行、光大银行、招商银行、浦发银行、兴业银行、民生银行、浙商银行、邮储银行、甘肃银行、兰州银行、农村商业银行、农村合作银行、农村信用社、村镇银行、财务公司、信托投资公司、金融租赁公司等

主要统计指标解释

财政收入 指国家财政参与社会产品分配所取得的收入，是实现国家职能的财力保证。财政收入所包括的内容几经变化，目前主要包括：

（1）各项税收：包括增值税、营业税、消费税、土地增值税、城市维护建设税、资源税、城市土地使用税、印花税、个人所得税、企业所得税、关税、农牧业税和耕地占用税等。

（2）专项收入：包括征收排污费收入、征收城市水资源费收入、教育费附加收入等。

（3）其他收入：包括基本建设贷款归还收入、基本建设收入、捐增收入等。

（4）国有企业亏损补贴：这项为负收入，冲减财政收入。

财政支出 国家财政将筹集起来的资金进行分配使用，以满足经济建设和各项事业的需要，主要包括：

（1）一般公共服务支出：反映政府提供一般公共服务的支出。

（2）外交支出：反映政府外交事务支出。包括外交行政管理，驻外机构、对外援助、国际组织、对外合作与交流、外界勘界联检等方面的支出。人大、政协、政府及所属各总部门（除国家领导人、外交部门）的出国费、招待费列相关功能科目。不在本科目反映。

（3）国防支出：反映政府用于现役部队、国防后备力量、国防动员等方面的支出。

（4）公共安全支出：反映政府维护社会公共安全方面的支出。有关事务包括武装警察、公安、国家安全、检察、法院、司法行政、监狱、劳教、国家保密。

（5）教育支出：反映政府教育事务支出。有关具体事务包括教育行政管理、学前教育、小学教育、初中教育、普通高中教育、普通高等教育、初等职业教育、中专教育、技校教育、职业高中教育、高等职业教育、广播电视教育、留学生教育、特殊教育、干部继续教育、教育机关服务等。

（6）科学技术支出：反映用于科学技术方面的支出。

（7）文化体育与传媒支出：反映政府在文化、文物、体育、广播影视、新闻出版等方面的支出。

（8）社会保障和就业支出：反映政府在社会保障与就业方面的支出。有关事项包括社会保障和就业管理事务、民政管理事务、财政对社会保险基金的补助、补充全国社会保障基金、行政事业单位离退休、企业关闭破产补助、就业补助、城市居民最低生活保障、其他城镇社会救济、自然灾害生活救助、红十字事务等。

（9）社会保险基金支出：反映政府由社会保险基金列支的各项支出，包括基本养老保险基金支出、失业保险基金支出、基本医疗保险基金支出、工伤保险基金支出等。特别说明：在将社会保险基金包括在内的统计政府支出时，应将财政对社会保险基金的补助以及由财政承担的社会保险缴款予以扣除，以免重复计算。

（10）医疗卫生支出：反映政府医疗卫生方面的支出。具体包括医疗卫生管理事务支出、医疗服务支出、医疗保障支出、疾病预防控制支出、卫生监督支出、妇幼保健支出、农村卫生支出等。

（11）环境保护支出：反映政府环境保护支出。具体包括：环境保护管理事务支出、环境监测与监察支出、污染治理支出、自然生态保护支出、天然林保护工程支出、退牧还草支出、已垦草原退耕还草支出等。

（12）城乡社区事务支出：反映政府城乡社区事务支出。具体包括：城乡社区事务管理支出、城乡社区规划与管理支出、城乡社区公共设施支出、城乡社区住宅支出、城区社区环境卫生支出、建设市场管理与监督支出等。

（13）农林水事务：反映政府农林水事务支出。具体包括：农林支出、林业支出、水利支出、扶贫支出、农业综合开发支出等。

（14）交通运输：反映政府交通运输方面的支出。包括公路运输支出、水路运输支出、铁路运输支出、民用航空运输支出等。

（15）工业商业金融等事务支出：反映政府工业、商业、金融等事务支出。具体包括：采掘业支出、制造业支出、建筑业支出、电力支出、邮政电信支出、旅游业支出、涉外发展支出、粮油事务支出、商业流通事务支出、安全生产支出、国有资产监管支出、中小企业发展支出、清洁生产支出等。

（16）其他支出：反映不能划分到上述功能科目的其他政府支出。

（17）转移性支出：反映政府的转移支付以及不同性质资金之间的调拨支出。

信贷资金 指金融机构以信用方式积聚和分配的货币资金。金融机构信贷资金的来源有各项存款、对国际金融机构负债、流通中货币、银行自有资金及当年结益等；信贷资金的运用有各项贷款、黄金占款、外汇占款、财政借款及在国际金融机构中的资产等。

存款 指企业、机关、团体或居民根据资金必须收回的原则，把货币资金存入银行或其他信用机构保管并取得一定利息的一种信用活动形式。根据存款对象的不同可划分为企业存款、财政存款、机关团体存款、基本建设存款、城镇储蓄存款、农村存款等科目。它是银行信贷资金的主要来源。

贷款 指银行或其他信用机构根据资金必须归还的原则，按一定利率，为企业、个人等提供资金的一种信用活动形式。我国银行贷款分为流动资金贷款、固定资产贷款、城乡个体工商户贷款以及农业贷款等科目。

十、劳动、工资

10-1 城镇非私营单位从业人员劳动报酬和在岗职工工资

单位：万元

	单位从业人员工资总额	在岗职工工资总额			
			国有单位	城镇集体单位	其他
工资总额	5246100	4529861	2615463	67956	1846441
按国民经济行业分					
农、林、牧、渔业	4518	4287	3596		691
采矿业	68821	68814			68814
制造业	703157	671927	52548	12911	606468
电力、热力、燃气及水生产和供应业	411438	386007	330313		55694
电力、热力生产和供应业	385321	360311	328540		31771
燃气生产和供应业	11982	11697			11697
水的生产和供应业	14136	13999	1773		12226
建筑业	859825	513908	106559	20893	386456
房屋建筑业	505760	282695	38008	6339	238348
批发和零售业	137535	128622	11100	3669	113853
批发业	57969	56564	9366	2097	45100
零售业	79566	72059	1734	1572	68753
交通运输、仓储和邮政业	160350	141008	22853	1347	116808
道路运输业	92009	88028	10405	188	77435
住宿和餐饮业	45369	38871	8314	1325	29232
住宿业	30913	28090	7775	1255	19059
餐饮业	14457	10782	539	70	10173
信息传输、软件和信息技术服务业	89329	85690	32034		53657
电信、广播电视和卫星传输服务	73479	70255	31053		39203
金融业	205757	161964	74118	4305	83542
房地产业	148746	127064	17623	706	108735
租赁和商务服务业	208449	137735	65088	13138	59508
科学研究、技术服务业	406106	377559	257724	471	119364
研究和试验发展	79268	75802	67419		8384
专业技术服务业	305062	280387	169558	381	110449
水利、环境和公共设施管理业	119590	104946	98662		6284
居民服务、修理和其他服务业	3403	3403	2756	143	504
教育	677352	661248	650255	2835	8158
卫生和社会工作	322128	271523	255503	5507	10512
卫生	314655	264499	248480	5507	10512
文化、体育和娱乐业	79662	74306	55467	705	18133
新闻和出版业	28113	27991	14525		13466
广播、电视、电影和影视录音制作业	23651	20076	18031		2045
文化艺术业	20264	19241	17971	705	565
公共管理、社会保障和社会组织	594568	570979	570951		28

注：不包括铁路民航

10–2 城镇非私营单位从业人员平均劳动报酬和在岗职工平均工资

单位：元

	单位从业人员平均劳动报酬	在岗职工平均工资	国有单位	城镇集体单位	其他
职工平均工资	69555	72286	85128	52332	60394
按国民经济行业分组					
农、林、牧、渔业	79258	85154	83761		93419
采矿业	58077	58100			58100
制造业	68509	69482	67011	64652	69809
电力、热力、燃气及水生产和供应业	69634	69838	69811		70008
电力、热力生产和供应业	69821	70036	69763		73191
燃气生产和供应业	72051	72051			72051
水的生产和供应业	63218	63322	80963		61401
建筑业	54367	54851	62187	51178	52096
房屋建筑业	52103	52069	63090	39219	48747
批发和零售业	47369	48326	48723	33362	49003
批发业	58167	59068	53560	45684	61194
零售业	41725	42514	32594	25247	43549
交通运输、仓储和邮政业	61588	62815	55429	47925	64819
道路运输业	57426	58273	52236	31383	59373
住宿和餐饮业	38071	39886	37209	31937	41363
住宿业	42609	41797	36466	31944	45374
餐饮业	31009	36101	40035	31818	35353
信息传输、软件和信息技术服务业	75186	75502	57717		92118
电信、广播电视和卫星传输服务	74803	74949	57317		98082
金融业	75083	80568	89022	56637	75877
房地产业	50812	52749	75534	47403	50481
租赁和商务服务业	45213	47973	69898	43959	38017
科学研究、技术服务业	99157	100612	97632	44453	107517
研究和试验发展	86367	87238	84930		105991
专业技术服务业	104124	105695	104360	43239	108131
水利、环境和公共设施管理业	55792	59683	59442		63488
居民服务、修理和其他服务业	54537	54537	58386	119417	36000
教育	100886	106745	107190	107962	80657
卫生和社会工作	91503	96342	99391	78673	55243
卫生	91734	96311	99433	78673	55243
文化、体育和娱乐业	70057	72190	79508	82000	55453
新闻和出版业	79662	80177	108522		62518
广播、电视、电影和影视录音制作业	67807	68655	72248		45239
文化艺术业	72013	78059	78508	82000	62822
公共管理、社会保障和社会组织	93540	99851	99853		70250

10–3 城镇非私营在岗职工平均工资及指数

	平均货币工资（元）				指数（上年 =100）			
	合计	国有单位	城镇集体单位	其他单位	合计	国有单位	城镇集体单位	其他单位
1979	834	839	632		110.32	107.56	109.34	
1980	872	912	674		104.56	108.7	106.65	
1981	908	935			104.13	102.52	99.7	
1982	939	972			103.41	103.96	101.64	
1983	987	1025		562	105.11	105.45	103.51	
1984	1226	1256		665	124.21	122.54	140.59	118.33
1985	1388	1433	1088	829	113.21	114.09	109.46	124.66
1986	1562	1634	1105	1827	112.54	114.03	101.56	220.39
1987	1700	1773	1222	1831	108.83	108.51	110.59	100.22
1988	2010	2081	1531	2331	118.24	117.31	125.29	127.31
1989	2248	2332	1706	2472	111.84	112.06	111.43	106.05
1990	2507	2618	1866	2928	111.52	112.26	109.38	118.45
1991	2664	2799	2058	2746	106.26	106.91	110.29	93.78
1992	3031	3216	2289	3078	113.78	114.9	111.22	112.09
1993	3241	3434	2462	3109	106.93	106.78	107.56	101.01
1994	4618	4849	3588	5039	142.49	141.21	145.74	162.08
1995	5564	5776	4336	7785	120.49	119.12	120.85	154.49
1996	6188	6402	4981	8176	111.21	110.84	114.88	105.02
1997	6578	6820	5085	8712	106.3	106.53	102.09	106.56
1998	6828	6971	5785	7454	103.8	102.21	113.77	85.56
1999	7836	8071	6466	8031	114.76	115.78	111.77	107.74
2000	9147	9239	8622	9257	116.73	114.47	133.34	115.27
2001	10452	10608	8124	11266	114.27	114.82	94.22	121.7
2002	11861	12412	7558	11610	113.48	117.01	93.03	103.05
2003	13489	13860	9056	13664	113.73	111.67	119.82	117.69
2004	14854	15363	9289	13713	110.12	110.84	102.57	100.36
2005	16960	17839	11386	15209	114.18	116.12	122.58	110.91
2006	19090	21276	13598	16244	112.56	119.27	119.43	106.81
2007	22569	25081	13570	19666	118.22	117.88	99.79	121.07
2008	26118	28506	17547	22914	115.73	113.66	129.31	116.52
2009	28995	32260	20504	23393	111.02	113.17	116.85	102.09
2010	33966	36978	25891	28947	117.14	114.62	126.27	123.74
2011	38965	41816	31636	33858	114.72	113.08	122.19	116.97
2012	44492	48081	33889	38538	114.18	114.98	107.12	113.82
2013	48017	52375	34370	44514	107.92	108.93	101.42	115.51
2014	54005	60571	37996	48810	112.47	115.65	110.55	109.65
2015	60330	70847	42259	53178	111.71	116.97	111.22	108.95
2016	67011	77889	42327	56189	111.07	109.94	100.16	105.66
2017	72286	85128	52332	60394	107.87	109.29	123.64	107.48

主要统计指标解释

职工工资总额 指各单位在一定时期内直接支付给本单位全部职工的劳动报酬总额。工资总额的计算原则应以直接支付给职工的全部劳动报酬为根据。各单位支付给职工的劳动报酬以及其他根据有关规定支付的工资，不论是计入成本的还是不计入成本的，不论是按国家规定列入计征奖金税项目的，还是未列入计征奖金税项目的，不论是以货币形式支付的还是以实物形式支付的，均包括在工资总额内。

职工平均工资 指企业、事业、机关单位的职工在一定时期内平均每人所得的货币工资额。它表明一定时期职工工资收入的高低程度，是反映职工工资水平的主要指标。计算公式为：

职工平均工资=报告期实际支付的全部职工工资总额/报告期全部职工平均人数

城镇单位从业人员劳动报酬 指各单位在一定时期内直接支付给本单位全部从业人员的劳动报酬总额。包括在岗职工工资总额和其他从业人员的劳动报酬总额。

十一、教育、科技文化

11-1 平均每万人在校学生数

单位：人

年份	平均每万人口中在校学生数		
	大学生	中学生	小学生
1957	63	196	1184
1962	82	189	
1965	63	258	
1970	65	617	
1975	40	747	
1978	53	853	1819
1979	58	790	1778
1980	71	749	1724
1981	82	643	1577
1982	67	662	1458
1983	70	699	1297
1984	83	705	1252
1985	100	720	1197
1986	117	728	1123
1987	117	692	1057
1988	121	636	1002
1989	118	560	981
1990	112	533	952
1991	108	525	925
1992	113	518	933
1993	132	484	900
1994	130	472	1004
1995	144	484	1029
1996	148	500	1058
1997	153	507	1083
1998	160	519	1078
1999	186	544	1042
2000	249	586	1002
2001	308	634	961
2002	688	655	917
2003	660	682	877
2004	526	726	842
2005	580	688	810
2006	537	709	803
2007	546	687	794
2008	622	645	728
2009	1049	628	684
2010	1103	615	673
2011	1158	580	646
2012	1210	573	633
2013	1468	562	631
2014	1497	554	633
2015	1494	528	646
2016	1501	516	656
2017	1558	509	670

11-2 各类学校基本情况

单位：人

	学校（所）	毕业生数	招生数	在校学生数	教职工数	
						专任教师数
总计						
普通高等学校	23	121171	147910	445647	25368	17468
普通中等专业学校	40	11968	10905	34430	1658	1237
中等技术学校						
中等师范学校						
普通中学	199	53499	56138	165282	8138	13887
高中	62	22750	22739	68335	8542	5215
初中	137	30749	33399	96947	16680	8672
中等职业学校	10	835	1306	41018	416	356
技工学校						
小学	518	33713	39244	217772	13274	14365
特殊教育学校	4	201	189	1404	137	126
幼儿园	863	40803	43751	118141	14247	8202
成人中等专业学校	6	1186	1607	2997	108	69
成人高等学院	4	2241	3645	6243	474	355
民办高等院校	7	14786	14352	54287	4184	3031

11-3 各类学校女生和女教师数

单位：人

	2007	2008	2009	2010	2011	2012	2013	2014	2015	2016	2017
女生数											
普通中学	103684	101116	98886	96392	91122	89978	88235	86390	82547	81601	80808
职业中学	5552	9683		7530	8002	7346	1655	776	1364	1432	1701
小学	117373	109625		101854	97821	95288	94906	95080	97198	98990	101703
女学生占学生总数（%）											
普通中学	48.08	48.62		48.46	48.62	48.83	48.86	48.47	48.53	48.88	48.89
职业中学	62.03	62.01	59.84	56.43	56.6	56.89	53.96	51.56	47.63	46.74	51
小学	47.1	46.72	46.64	46.8	46.84	46.77	46.81	46.73	46.73	46.69	46.7
女教师											
普通中学	6215	6629	6785	6990	7069	7650	7273	7539	7566	7722	7761
职业中学	434	541	550	528	525	473	172	174	211	194	198
小学	8379	8513	8557	8812	9022	8915	8890	9092	9134	9569	10036
女教师占教师数（%）											
普通中学	48.16	49.38	50.28	50.61	51.51	50.5	52.24	53.17	54.18	55.18	55.89
职业中学	60.44	57.98	57.96	58.8	54.92	53.57	47.12	47.54	54.81	55.91	55.62
小学	59.43	60.29	61.94	61.41	61.65	61.99	62.5	63.76	64.85	66.61	68.4

11-4 分县区学校基本情况

	兰州市	城关区	七里河区	西固区	安宁区	红古区	永登县	皋兰县	榆中县	兰州新区
小学										
学校个数(个)	518	83	61	31	18	24	118	24	116	43
在校学生数(个)	217772	74667	35227	22082	17709	9356	21096	6653	22007	8975
招生数(人)	39244	13485	6165	4001	3417	1601	3689	1145	3939	1799
毕业生数(人)	33713	11283	5507	3455	2326	1539	3365	1163	3709	1366
专任教师数(人)	14672	3563	2263	1569	986	716	1979	715	2124	757
小学学龄人口入学率(%)	96.5	97.8	94.94	94.19	96.23	96.24	97.36	94.8	96.86	96.62
普通中学										
学校个数(个)	199	48	22	26	13	9	32	12	27	10
初中在校学生数(人)	96947	33377	13623	10165	7911	4363	9917	3740	10451	3000
招生数(人)	33399	12016	4690	3539	2763	1535	3297	1239	3326	994
毕业生数(人)	30749	10220	4391	3260	2526	1338	3183	1258	3557	1011
初中学龄人口入学率(%)	84.4	86.39	80.27	87.1	79.71	84.14	87.17	86.23	84.6	82.83
高中在校学生数(人)	68335	19715	7130	9500	5117	3164	8413	3043	8643	3880
招生数(人)	22739	6521	2191	3253	1857	1060	2742	1000	2776	1339
毕业生数(人)	22750	6645	2542	3051	1564	1050	2592	1059	3007	1240
普通中学专任教师数(人)	13887	4103	1714	1716	1031	718	1564	739	1627	693
特殊教育学校										
学校个数	4	2	0	0	0	1	0	0	1	0
在校学生数	1404	485	107	139	58	72	255	66	187	35
毕业生数	201	71	10	12	18	18	18	11	34	9
幼儿园										
园数(所)	863	305	148	87	65	20	84	24	78	52
班数(个)	4648	1561	750	456	361	136	498	149	459	278
幼儿数(人)	43751	14344	6608	4355	3728	1689	3870	1625	4661	2871
教职员工数(人)	14247	5632	2501	1654	1318	406	770	286	927	753

11-5 科技成果情况

	2000	2008	2009	2010	2011	2012	2013	2014	2015	2016	2017
基本情况（项）	106	621	531	714	674	809		334	538	864	782
鉴定项目数	41	523	465	704	674	709	501	34	78	81	24
登记项目数	41	621	531	714	659	809	479	334	538	864	782
奖励项目数	24		141		156	136	59			198	
成果水平（项）	41		471	714	662	721		222	379	495	380
国际领先	2		6	9	11	11	2	4	5	2	1
国际先进	3		94	111	121	132	34	12	18	2	1
国内领先	11	343	321	501	459	490	261	16	48	10	26
国内先进	16	87	49	91	71	77	68	3	7	5	10
其他	9	2	1	7	0	11	114	187	301	476	342
应用领域（项）	21	160	204	273	181	190		121	194	240	157
工业（交通、邮电、建筑、地质）	15	71	57	74	58	49	101	33	56	54	35
农业（林、牧、渔）	6	89	152	199	123	141	75	88	138	186	122

11-6 专利申请及授权情况

单位：项

	申请量				授权量			
	2014	2015	2016	2017	2014	2015	2016	2017
总计	**4288**	**5703**	**7488**	**7793**	**2139**	**2914**	**3505**	**4244**
按种类分								
发明专利	2071	2416	3083	2560	589	848	867	907
实用新型	2059	3019	4002	4783	1392	1930	2334	2988
外观设计	158	268	403	450	158	136	304	349
按对象分								
大专院校	1045	1314	2559	2886	554	814	1153	1550
科研单位	766	1180	1281	1202	354	653	679	658
工矿企业	870	1156	1498	1797	679	764	826	1065
机关团体	85	106	160	236	78	77	94	123
个人	1522	1947	1982	1672	474	606	753	848

11–7 图书、杂志、报刊出版数量

	2007	2008	2009	2010	2011	2012	2013	2014	2015	2016	2017
图书出版											
种数（种）	1282	1282	1301	1311	1350	1410	2906	2410	3412	3508	3209
出版（种）	1120	1122	1200	1268	1297	1350	1520	1319	2161	2165	1998
总印数（万册）	7591	7593		9260	9502	9350	6573	5312	6650	7576	7288
总印张（千印张）	473125	473165		612100	613510	612820	573771	455834	566554	613445	540109
杂志出版											
种数（种）	132	132		134	135	134	133	133	131	131	131
总印数（万册）	13260	13270	13890	13890	13920	13910	11038	10871	9672	9561	8769
总印张（千印张）	512850	512890	589900	589900	590100	589996	559045	542126	525365	520776	476353
报纸出版											
种数（种）	56	56	60	68	68	68	61	61	61	61	61
总印数（万份）	35575	35596	41000	48686	48720	48700	51548	50982	50828	50207	47025
总印张（千印张）	776250	776295	8431000	924000	924600	924650	1103325	1060569	1044639	1037892	844918

11–8 文化事业基本情况

	2000	2008	2009	2010	2011	2012	2013	2014	2015	2016	2017
文化事业机构数（个）	28	24	24	16	16	31	31	32	32	32	55
文化部门	28	24	24	16	16	31	31	32	32	32	55
文化事业人员数（人）	1159	569	1187	1187	1187	1113	1113	1167	1167	1277	1340
文化部门	1159		1187	1187	1187	1113	1113	1167	1167	1277	1340
各类文化艺术事业单位数（个）	28		24	16	16	31	31	32	32	32	43
文化馆、艺术馆	1		9	9	9	9	9	9	9	9	9
公共图书馆	1		9	8	8	8	8	8	8	8	8
博物馆	2	4	4	4	6	9	9	10	11	11	11
电影院	20	7	7	7	8	12	18	0	0	31	34
艺术表演场所	2	2	2	2	1	1	1	1	1	2	2
艺术表演团体	4	2	4	4	4	4	4	4	4	1	1

11-9 广播电视事业基本情况

	2007	2008	2009	2010	2011	2012	2013	2014	2015	2016	2017
广播电台（座）	1	1	1	1	1	1	1	1	1	1	1
中短波广播发射和转播台（座）	1	1	1	1	1	1	1	1	1	1	1
中短波广播发射功率（千瓦）	11	10	10	10	10	10	10	10	10	10	10
发射台及转播台（座）	5	10		15	8	9	9	9	9	9	9
发射机功率（千瓦）	11	28.6		26.31	25	28	28	28	28	28	28
节目（套）	6	7		6	3	3	3	3	3	3	3
广播电台平均每日播出时间（时、分）	12:40:00	21:00:00			19:25:00			19:10:00	19:10:00	19:10:00	19:10:00
制作广播节目（小时）											
新闻节目	2:10:00	2:20	2:00	2:00	2:50	2:20:00	2:40:00	2:30:00	2:40:00	2:40:00	2:40:00
专题节目	2:00	2:05	1:25	3:00:00	2:30:00	2:30:00	3:30:00	3:50:00	3:50:00	3:50:00	3:50:00
教育节目	0:50	0:50	0:18	5:00:00	1:00:00	1:00:00	1:00:00	1:00:00	1:00:00	1:00:00	1:00:00
文艺节目	4:00	4:05	0:41	4:00:00	8:00:00	8:00:00	8:00:00	8:00:00	8:00:00	8:00:00	8:00:00
服务节目	1:10	1:12	0:37	11:00:00	8:00:00	11:00:00	10:00:00	11:00:00	11:00:00	11:00:00	11:00:00
县广播电视台（座）		9	3	3	7						
广播人口覆盖率（%）	98.26	97	98.27	98.27	98.56	98.58	98.6	98.6	98.6	99.64	99.64
电视台（座）	1	1	1		1	1	1	1	1	1	1
发射台及转播台（座）	7	10	7	8	1	1	9	9	9	9	9
发射机功率（千瓦）	21.3	26.5	27.06	26.5	20	20	20	20	20	20	20
节目（套）	7	9	9	8	4	4	4	4	4	4	4
电视台平均每日播出时间（时、分）	76:55:00	20:00:00	11:23:00	11:00	24:00:00	24:00:00	19:00:00	19:00:00	19:00:00	19:00:00	19:00:00
制作电视节目（小时）											
新闻节目	1:30	1:31	0:27	2:00:00	2:45:00	3:12:00	3:30:00	3:10:00	3:10:00	3:10:00	3:10:00
专题节目	1:01	1:01	0:14	3:00:00	1:05:00	1:07:00	1:05:00	1:00:00	1:00:00	1:00:00	1:00:00
文艺节目	0:50	0:52	0:03	4:00:00	0:50:00		1:20:00	0:30:00	0:30:00	0:30:00	0:30:00
服务节目	0:45	0:46	0:06	11:00:00	2:35:00	3:00:00	2:50:00	2:50:00	2:50:00	2:50:00	2:50:00
电视人口覆盖率（%）	98.4	97.5	98.54	98.55	98.55	98.55	98.55	98.55	98.55	99.7	99.7

11–10　文化产业基本情况

单位:亿元、人、%

	2010	2011	2012	2013	2014	2015	2016	比上年增长
文化产业增加值	19.70	24.89	32.85	40.79	50.22	48.17	56.71	17.73
文化产业增加值占 GDP 比重	1.79	1.83	2.10	2.23	2.51	2.30	2.50	8.70
文化产业法人单位机构数	871	918		2584	3283	3171	3194	0.66
从业人员	22856	30526		46491	49709	48513	54301	11.93
资产总计	152.98	122.08		198.53	230.69	213.53	236.48	10.75

主要统计指标解释

普通高等学校 指按照国家规定的设置标准和审批程序批准举办，通过国家统一招生考试，招收高中毕业生为主要培养对象，实施高等教育的全日制大学、独立设置的学院和高等专科学校、短期职业大学。

成人高等学校 指按照国家有关规定审批，招收通过全国成人高教统一招生考试的具有高中毕业或同等学历的在职从业人员，利用脱产、半脱产、业余或函授等多种形式对其实施高等学历教育，培养高等教育专科或本科毕业水平的专门人才，修业年限、课程设置和总学时数均按高等学历教育要求付诸实施的学校。包括广播电视大学、职工高等学校、农民高等学校、管理干部学院、教育学院、独立设置的函授学院等。

小学学龄儿童入学率 指调查范围内已入学学习的学龄儿童占校内外学龄儿童总数（包括弱智儿童，不包括盲聋哑儿童）的比重。计算公式为：

小学学龄儿童入学率＝已入学的小学学龄儿童数／校内外小学学龄儿童总数×100%

科技活动 指在自然科学、农业科学、医药科学、工程与技术科学、人文与社会科学领域（简称科学技术领域）中，与科技知识的产生、发展、传播和应用密切相关的有组织的活动。可分为研究与试验发展（R&D）、研究与试验发展成果应用及相关的科技服务三类活动。

科技活动人员 指直接从事科技活动、以及专门从事科技活动管理和为科技活动提供直接服务的人员。累计从事科技活动的实际工作时间占全年制度工作时间10%及以上的人员。（1）直接从事科技活动的人员包括：在独立核算的科学研究与技术开发机构、高等学校、各类企业及其他事业单位内设的研究室、实验室、技术开发中心及中试车间（基地）等机构中从事科技活动的研究人员、工程技术人员、技术工人及其它人员；虽不在上述机构工作，但编入科技活动项目（课题）组的人员；科技信息与文献机构中的专业技术人员；从事论文设计的研究生等。（2）专门从事科技活动管理和为科技活动提供直接服务的人员包括：独立核算的科学研究与技术开发机构、科技信息与文献机构、高等学校、各类企业及其他事业单位主管科技工作的负责人，专门从事科技活动的计划、行政、人事、财务、物资供应、设备维护、图书资料管理等工作的各类人员，但不包括保卫、医疗保健人员、司机、食堂人员、茶炉工、水暖工、清洁工等为科技活动提供间接服务的人员。

科学家与工程师 指科技活动人员中具有高、中级技术职称（职务）的人员和不具有高、中级的技术职称（职务）的大学本科及以上学历人员。

专业技术人员 指从事专业技术工作和专业技术管理工作的人员，即企事业单位中已经聘任专业技术职务从事专业技术工作和专业技术管理工作的人员，以及未聘任专业技术职务，现在专业技术岗位上工作的人员。包括工程技术人员，农业技术人员，科学研究人员，卫生技术人员，教学人员，经济人员，会计人员，统计人员，翻译人员，图书资料、档案、文博人员，新闻出版人员，律师、公证人员，广播电视播音人员，工艺美术人员，体育人员，艺术人员及企业政治思想工作人员，共十七个专业技术职务类别。

科技活动经费筹集 指从各种渠道筹集到的计划用于科技活动的经费，包括政府资金、企业资金、事业单位资金、金融机构贷款、国外资金和其他资金等。

政府资金 指从各级政府部门获得的计划用于科技活动的经费，包括科学事业费、科技三项费、科研基建费、科学基金、教育等部门事业费中计划用于科技活动的经费以及政府部门预算外资金中计划用于科技活动的经费等。

企业资金 指从自有资金中提取或接受其他企业委托的，科研院所和高校等事业单位接受企业委托获得的，计划用于科研和技术开发的经费。不包括来自政府、金融机构及国外的计划用于科技活动的资金。

金融机构贷款 指从各类金融机构获得的用于科技活动的贷款。

科技活动经费内部支出 指报告年内用于科技活动的实际支出包括劳务费、科研业务费、科研管理费，非基建投资购建的固定资产、科研基建支出以及其他用于科技活动的支出。不包括生产性活动支出、归还贷款支出及转拨外单位支出。

劳务费 指以货币或实物形式直接或间接支付给从事科技活动人员的劳动报酬及各种费用。包括各种形式的工资、津贴、奖金、福利、离退休人员费用、人民助学金等。

固定资产购建费 指报告年内使用非基建投资购建的固定资产和用于科研基建投资的实际支出额，即固定资产实际支出和科研基建投资实际完成额之和。固定资产是指长期使用而不改变原有实物形态的主要物资设备、图书资料、实验材料和标本以及其他设备和家具、房屋、建筑物。

新产品 指采用新技术原理、新设计构思研制、生产的全新产品，或在结构、材质、工艺等某一方面比原有产品有明显改进，从而显著提高了产品性能或扩大了使用功能的产品。既包括政府有关部门认定并在有效期内的新产品，也包括企业自行研制开发，未经政府有关部门认定，从投产之日起一年之内的新产品。

文化事业机构 指从事专业文化工作和为专业文化工作服务的独立建制的单位。不包括这些单位另外举办独立核算的其他机构和各部门的业余文化组织。

艺术表演团体 指从事戏曲、音乐、舞蹈、杂技等专业艺术表演，有独立帐户的单位，不包括半工半艺、半农半艺和民间职业剧团。

电影放映单位 指具有放映机器设备、固定或不固定的放映场所与专职或兼职的放映技术人员，经有关部门登记批准，经常为一定的观众对象放映电影的机构。包括经批准对外开放进行营业、并与电影发行放映管理机构分帐的专用放映单位和军委系统租片单位。

艺术表演观众人数（人次） 指售票、包场演出或民族地区免费演出的艺术表演观众人次数，不包括彩排审查和内部观摩演出的观看人次数。

十二、卫生、司法

12-1 卫生机构数

单位：个

年份	总计	医院	卫生院	门诊部、所	专科防治所、站	卫生防疫机构	妇幼保健所、站	医学科学研究机构
1979	758	141	85	590	3	11	9	1
1980	787	141		620	2	11	9	1
1981	827	145		653	4	11	9	1
1982	842	145		666	4	11	9	1
1983	870	145		696	4	11	9	1
1984	881	146		705	5	12	9	1
1985	839	116		685	5	9	7	1
1986	874	119	86	713	7	10	7	1
1987	903	128	87	731	8	10	7	1
1988	848	121	86	682	8	10	7	1
1989	895	125	87	723	8	10	7	1
1990	874	130	86	697	8	11	8	1
1991	882	129	86	706	7	11	8	1
1992	875	133	70	695	7	11	8	1
1993	956	151	70	755	8	13	8	2
1994	955	164	86	741	8	14	8	2
1995	957	165	85	740	8	14	8	2
1996	233	177		6	7	13	8	2
1997	243	179		153	7	13	8	2
1998	242	174		107	7	13	8	2
1999	241	170		201	7	13	8	2
2000	241	170		231	7	13	8	2
2001	238	171		194	7	13	8	2
2002	286	94	84	57	4	11	10	2
2003	295	101	84	59	3	11	10	2
2004	295	100	80	62	3	11	10	2
2005	285	99	71	86	2	11	10	2
2006	290	97	71	58	2	12	10	2
2007	1646	91	69	51	2	12	10	2
2008	1456	91	69	46	2	11	10	2
2009	1534	90	69	39	2	11	10	2
2010	2257	94	69	34	2	11	10	2
2011	2362	96	71	30	2	11	10	2
2012	2359	98	68	31	2	11	10	2
2013	2288	98	67	30	2	11	10	2
2014	2393	98	69	899	2	11	10	2
2015	2385	95	69	898	2	11	10	2
2016	2408	105	67	890	2	11	10	
2017	2464	127	67	945	2	10	10	1

注：卫生机构包括村卫生室。

12-2 卫生机构人数

单位：人

年份	总计	卫生技术人员	医生				护师、护士	每千人口医生数
				中医师	西医师	中、西医师		
1979	18993	13754		759	2448	2214	2657	2.58
1980	19769	14438		820	3559	1704	2930	2.84
1981	20898	15727		435	3887	2132	2696	2.99
1982	21657	16195		437	3807	2337	2829	2.97
1983	22582	16810	6994	500	4108	2386	2924	3.14
1984	23170	17329	7106	480	4000	2493	3584	3.15
1985	21468	16009	6784	522	4005	2182	3398	2.97
1986	22244	16594	6916	486	4071	2261	3519	2.96
1987	23090	17547	7403	691	4361	2255	3745	3.12
1988	23448	17949	7405	850	5444	1111	4624	3.06
1989	23680	17832	7699	988	5646	941	4942	3.12
1990	24295	18655	8326	1240	5978	969	5162	3.31
1991	24911	18964	8403	1196	5980	1080	5214	3.3
1992	25476	19467	8790	1239	6257	1151	5586	3.4
1993	27343	20906	9432	1299	6731	1105	5995	3.61
1994	27615	20923	9351	1416	6635	1137	6123	3.52
1995	28085	21344	9585	1410	6753	1240	6321	3.54
1996	24102	17581	7197	1029	5304	755	5627	2.61
1997	24378	17622	7195	1002	5288	776	5510	2.57
1998	24145	17527	7143	968	5210	857	5563	2.16
1999	23699	17125	6926	964	5124	728	5572	3.23
2000	21958	16650	6860	960	5092	705	5579	2.96
2001	21849	16778	6903	916	5203	661	5809	1.93
2002	20600	16319	6604				5996	2.19
2003	21138	16746	6818				5980	2.24
2004	20989	16485	6703				5876	2.75
2005	22387	18738	7951				6922	2.58
2006	25353	20651	8801				7310	2.82
2007	25778	20573	8890				7361	2.78
2008	25419	20721	8971				7427	2.79
2009	27312	22372	9440				8269	2.92
2010	29769	24388	10060				9195	3.11
2011	33448	26363	10745				10230	2.97
2012	34558	27914	11308				10943	3.07
2013	35326	28489	11349				11595	3.12
2014	39063	30859	12252				12967	3.34
2015	39758	30967	12354				13107	3.35
2016	40835	32153	13123				13917	3.54
2017	44089	35251	13692				16054	3.67

12-3 卫生机构床位数

单位：张

	总计	医院	卫生院	疗养院、所	其他卫生事业机构	每千人口医院床　位　数
1979	9442	8975	697	100		3.79
1980	9678	9117		100	100	3.75
1981	9895	9197		100	100	3.76
1982	10291	9678		100	100	3.81
1983	10567	9780		100	100	3.88
1984	10840	10056		100	113	3.89
1985	9711	9199	648		160	4.02
1986	10033	9395	621		159	4
1987	10508	9874	627	113	162	4.16
1988	10921	10329	616		150	1.27
1989	11303	10869	625	20	150	4.6
1990	11772	11181	645	30	150	4.5
1991	12450	11711	643	30	150	4.6
1992	12650	11990	693	30	150	4.9
1993	13552	12974				5.2
1994	13743	13219	720			5.2
1995	14098	13467	855		181	5.3
1996	13786	13589			170	4.9
1997	13857	13628			205	4.9
1998	14263	14113			150	5.9
1999	14192	13947			201	4.88
2000	14164	13862			195	4.8
2001	14373	14032			203	4.78
2002	14921	13720	1043		52	4.56
2003	15366	14484	1060		58	5.05
2004	16260	14484	1016		58	4.32
2005	14825	13303	917		871	4.79
2006	15658	13877	977		965	5
2007	17045	13624	2260			4.27
2008	24207	13071	8149			4.06
2009	21873	13728	1113			4.24
2010	25498	15788	1128			4.35
2011	25411	17292	1152			4.76
2012	27545	18734	1202			5.16
2013	23614	20281	1160			5.57
2014	24873	21577	1176			5.89
2015	22774	21230	1179			5.75
2016	26538	22822	1209			6.16
2017	29164	25382	1207			7.82

12-4 医院、卫生院诊疗人次及入院人数

	诊疗人次（万人次）	门、急诊	入院人数（万人）	每百诊次的入院人数（人）	每百门、急诊次的入院人数（人）
医院、卫生院合计	**1216.34**	**1143.89**	**68.81**	**5.66**	**6.02**
县及县以上医院合计	1147.59	1077.75	67.07	5.84	6.22
卫生部门	951.44	892.04	56.28	5.92	6.31
集体所有制	44.74	24.54	1.3	2.91	5.3
其他医院	38.06	33.42	2.33	6.12	6.97
卫生院	68.75	66.14	1.75	2.55	2.65

12-5 各县区医院、卫生院基本情况

	医院、卫生院（个）	医院、卫生院床位数（张）	医院、卫生院技术人员数（人）
兰州市	**194**	**26589**	**24785**
城关区	54	12830	14862
七里河区	32	6181	3934
西固区	16	1750	1577
安宁区	8	509	488
红古区	9	1008	744
永登县	35	2059	1426
皋兰县	9	512	441
榆中县	31	1740	1363

12–6　各县区卫生机构基本情况

	卫生机构数（个）	医　院	卫生机构床位数（张）	每千人口床位数（张）	卫生机构技术人员（人）
兰州市	**2464**	**127**	**29164**	**7.82**	**35251**
城关区	692	54	13311	10.11	19539
七里河区	372	25	7467	12.98	6725
西固区	200	8	1829	5	2316
安宁区	183	8	716	2.53	1364
红古区	76	5	1295	9.27	1064
永登县	387	17	2199	4.92	1793
皋兰县	138	2	559	3.54	616
榆中县	416	8	1788	4.03	1834

12–7　社会福利事业单位基本情况

	院数（个）	工作人员（人）	床位（张）	收养人员（人）
合计				
社会福利事业单位	**31**	**1346**	**6473**	**3435**
社会福利院	6	110	789	420
儿童福利院	1	184	360	245
社会福利精神病院	1	66	150	161
城镇、乡村集体办养老院	**1**	**20**	**44**	**24**

12-8 工会组织情况

年份	工会基层组织数（个）	已建立工会组织的基层单位的职工与会员人数（万人）				工会专职干部人员数（人）
		职工人数	女职工	会员人数	女会员	
2001	1077	36.04		34	14.81	848
2002	997	45.14		35	15.25	839
2003	2456	30.36		35	10.88	894
2004	648	24.08		34	10.2	864
2005	3850	37.9		36.21	13.89	1316
2006	2261	42.73	18.75	39.03	17.79	978
2007	2790	51.28	19.85	39.15	19.03	299
2008	3189	60.32	23.45	48.5	22.46	850
2009	2490	64.74	23.61	62.93	23.09	1020
2010	2949	69.09	26.73	68	26.44	696
2011	3819	69.99	27.98	69.06	27.68	1045
2012	4602	71.05	29.35	70.01	29.08	1153
2013	5022	75.35	29.94	73.78	29.8	1167
2014	5387	71.67	28.36	70.01	27.97	1277
2015	5670	6654	27.14	64.88	26.78	1123
2016	5857	68.82	28	66.53	27.19	1072
2017	5982	71.05	28.77	68.84	27.95	1115

12-9 优抚救济对象得到国家抚恤、补助、救助人员情况

	2000	2008	2009	2010	2011	2012	2013	2014	2015	2016	2017
抚恤人数（人）	82669	354	314	6244	7761	9400	10080	10687	11228	11812	12438
烈属定期抚恤人数	49258	141	142	121	122	117	115	102	101	89	81
牺牲病故定期抚恤人数		94	172	144	130	130	138	78	77	147	148
革命伤残人员抚恤人数	847	2615		2167	2130	2172	2314	2302	2340	2373	2399
优抚对象定补人数	2038			5				8141	8644	9203	9100
在乡复员军人	348	653		1302	779	716	629	545	463	395	338
在乡退伍军人	1955	1854		593	223	234	243	271	278	284	311
其他人员	578		387	1912	4377	6031	6641	22	25	40	61
社会救助对象（万人）		173641	171968	208353	245170	203472	313624	408152	416600	279588	37.84
临时救助对象（万人次）	14.94			16019	8761	8067	7798	3848	8066	24576	19423
农村对象		2947	3997	3997	4132	4121		96561	94300	91.77	80029
集中供养五保户	123732	241	214	265	282	286	315	324	263	276	
救济灾民人数（万人）		19.43	8.17	18	24.8	18	10.7	11.57	10.57	8.38	6.2
灾民生活救济费支出（万元）		2153.8	1595	1115	1494	1910	1906	2062	2139	1396.9	1191.97

12-10 各县区城乡居民最低生活保障情况

单位：人

	城镇低保人数（人）	传统“三无”对象	城镇保障资金（万元）	农村低保人数（人）	农村保障资金（万元）
兰州市	43926	0	24970.99	76152	15464.1
城关区	8270	0	6375.48	443	284.2
七里河区	8017	0	4923.18	2796	568.39
西固区	3287	0	2083.15	2103	618.6
安宁区	2628	0	1411.22	0	0
红古区	13080	0	6091.17	2573	699.85
永登县	3493	0	1202.29	28096	5797.17
皋兰县	3310	0	1540.37	7409	1569.1
榆中县	2841	0	1344.14	32732	5956.79

12-11 各县区城镇社区服务和农村服务网络情况

	城镇社区服务设施数（个）	社区工作人员数（人）
兰州市	814	10125
城关区	224	4566
七里河区	183	1895
西固区	155	2095
安宁区	71	1070
红古区	78	259
永登县	10	55
皋兰县	55	76
榆中县	38	109

注：1、城镇社区服务设施数包括正在拆迁及租借数。
2、社区工作人员数包括两委及专干。
3、社区服务志愿者组织数和人数由兰州市精神文明办提供。

12-12 律师、公证及调解基本情况

	2006	2007	2008	2009	2010	2011	2012	2013	2014	2015	2016	2017
公证情况												
公证处（个）	9	9	9	9	9	9	9	9	9	9	9	9
公证员（人）	45	38	76	59	72	81	95	91	94	99	104	96
取得公证员资格	31	34		38	34	35	35	31	36	39	36	34
办理国内公证（件）	11253	13020		17203	19277	19367	21150	17800	19704	22708	22858	24341
民事	5798	6792		9457	10916	12347	12785	11550	12314	19338	19415	20598
经济合同	5455	6228		7746	8361	7020	8365	6250	7390	3370	3443	3743
办理涉外公证（件）	4093	5520	5853	5413	5823	6783	5943	5300	5629	5520	5570	6087
人民调解工作												
司法助理员（人）	99	116	255	269	170	295	289	268	268	217	251	259
调解委员会（个）	2049	2049	2080	3081	1923	1937	1992	1996	1978	1947	1646	1643
调解人员（人）	10523	11933	11678	11698	9536	10761	11390	11570	10915	10901	8459	7369
调解纠纷（件）	6328	4986	5559	5964	9236	16580	23794	17517	31153	33079	35089	25164
律师工作												
律师事务所（个）	57	55	60	68	74	85	90	90	98	102	106	112
律师人员（人）	460	468	500	568	630	650	750	763	817	884	1036	1109
专职	435	443	469	535	595	611	699	715	762	840	986	1060
兼职	25	25	31	33	35	39	51	48	43	44	50	49

主要统计指标解释

医院 指设有固定床位，能收容病人住院并能为病人提供医疗、护理服务的医疗机构，包括县及县以上医院、农村乡卫生院和其他医院三部分。医院按所属性质不同分为卫生部门、工业及其他部门和集体经济单位三类。县及县以上医院按业务性质不同分为综合医院和专科医院。

卫生技术人员 指卫生事业机构支付工资的全部职工中现任职务为卫生技术工作的专业人员，包括中医师、西医师、中西医结合高级医师、护师、中药师、西药师、检验师、其他技师、中医士、西医生、护士、助产士、中药剂士、西药剂士、检验士、其他技士、其他中医、护理员、中药剂员、西药剂员、检验员和其他初级卫生技术人员。

医生 指经卫生部门审查合格，从事医疗工作的专业人员。分为中医医生和西医医生。包括卫生技术人员中的中医师、西医师、中西医结合高级医师、中医士、西医士和其他中医。

社会福利事业单位 指集中收养社会孤老、残、幼的机构，包括由民政部门管理的社会福利院、儿童福利院、精神病人福利院和城镇集体举办的福利院及农村集体举办的敬老院。

社会福利事业单位收养人数 包括民政部门管理和城镇、农村集体举办的社会福利事业单位中收养的老人、少年儿童、缺乏生活自理能力的残疾人员和精神病人。

社会福利企业单位 指以安置城镇有一定劳动能力的盲、聋、哑和肢体残疾人员就业为目的，享受国家减免税待遇的国有或集体企业。包括福利工厂、福利商业和服务业、假肢厂和安置农场等单位。

律师 指受聘参加法律顾问处工作，担任法律顾问、刑（民）事代理人、刑事辩护人，办理非诉讼事件、解答法律询问，代写法律事务文书等主要从事律师业务的专职法律工作者和兼职律师。

公证人员 指在国家公证机关依法办理公证事务的司法人员，包括公证员、助理公证员和在公证处工作的其他人员。

办理公证文书 指公证处在一定时期内办结的公证文书件数。公证文书按司法部规定或批准的格式制作，包括国内公证和涉外公证两部分。国内公证分为经济合同公证和民事法律关系公证两大类。

调解人员 指在人民调解委员会担负调解民间一般民事纠纷和轻微违法行为引起纠纷的工作人员，包括调解委员会的委员和调解小组的调解员。

调解民间纠纷 指调解委员会依照法律规定，根据自愿原则，用说服教育的方法调解民间发生的有关民事权利和义务的争执，促成当事双方达到协议和谅解，解决纠纷。包括婚姻家庭纠纷，财产权益纠纷等，不包括法院受理调解的民事案件数。

离休、退休、退职人员 指正式办理了离休、退休、退职手续，并享受相应的离休、退休、退职待遇的人员。

保险福利费用 指企业、事业、机关单位在工资以外实际支付给职工和离休、退休、退职人员个人以及用于集体的劳动保险和福利费用。

十三、人民生活

13-1 人民物质文化生活情况

	2000	2007	2008	2009	2010	2011	2012	2013	2014	2015	2016	2017
就业												
每一农村劳动力负担人数（人）	2.00	2.00	1.74	2.0	2.0	2.0	2.15	1.5	1.6	1.5	1.44	1.43
每一城镇就业者负担人数（人）	1.81	1.97	2.02	1.99	2.05	2.22	2.13	2.14	1.9	1.84	1.95	1.39
城镇登记失业率（%）	1.50		2.8	3.09	3.12	2.72	1.63	1.71	1.77	1.77	2.17	2.04
收入												
农村居民人均可支配收入（元）	2005		3503	4001	4587	5252	6224	7114	8067	9621	10391	11305
城市居民人均可支配收入（元）	5850		11677	12761	14062	15953	18443	20767	23030	27088	29661	32331
从业人员人均劳动报酬（元）	9147	22152	25849	28569	33340	37754	43658	46621	51928	58967	64551	69555
人均消费水平（元）												
全体居民	4096	8171	8757	9343	10267	11802	12041					
农村居民	2198	4134	4553	4829	5136	5922	6063		7279	7940	8717	9442
城镇居民	5667	10785	11293	12026	13321	14794	14168	15749	17236	20156	22893	24071
储蓄												
城乡居民年底储蓄存款余额（亿元）	297.99	710.52	907.1	1089.97	1295.95	1480.16	1743.18	2021.56	2262.94	2477.26	2647.58	2726.97
平均每人储蓄存款余额（元）	10306	22452	28278	32763	40052	45781	54067	62875	70356	76957	81657	83765
住房面积（平方米）												
农村平均每人居住面积	17.29	22.37	22.90	24.26	24.00	24.00	31.00	33.99	31.00	32.42	32.86	33
城市平均每人使用面积	12.10	17.00	17.63	17.76	18.46	18.42	19.08	22.45	33.50	34.67	36.18	36.42
交通												
城市每万人拥有出租车（辆）	55.00	32.00	17.51	20.25	20.38	20.84	20.95		20.71	22.26	29.56	29.64
城市每万人拥有公共车辆（辆）	5.00	10.00	12.00	10.24	10.21	10.31	11.95		7.56	7.42	8.64	8.6
城市公用事业												
自来水普及率（%）	94.68	98.61	96.36	96.25	94.96	94.61					95.63	95.72
用气普及率（%）	66.18	68.03	68.23	82.11	89.37	88.98	88.71	90.1	86.93	87.3	87.64	87.65
人均园林绿地面积（平方米）	2.56	8.29	9.47	8.09	8.63	8.7	8.88	10.46	10.9	9.41	9.52	12.53
文化												
城镇每百户有彩色电视机（台）	110.00	114.00	107	107	108.33	104.65	105.33	99.73	105.03	107	109.61	110.09
农村每百户有彩色电视机（台）	85.00	97.69	111	111	112.16	111.81	105.12	111.14	116.33	110.8	113.80	115.63
广播综合人口覆盖率（%）	97.00	98.26	97	98.27	98.27	98.56	98.58	98.60	98.60	99.00	99.64	99.64
电视综合人口覆盖率（%）	98.00	98.40	97.5	98.54	98.55	98.55	98.55	98.55	98.55	99.00	99.70	99.7
教育												
学龄儿童入学率（%）	99.30	99.84	99.99	99.99	99.99	99.99	99.99	99.99	100.00	100.00	100.00	96.5
每万人口中在校大学生数（人）	249	546	622	674	704	808	1210	1468	1497	1494	1501	1558
卫生												
每千人有医院病床数（张）	4.80	4.27	4.06	4.24	7.05	7.02	5.49	5.57	5.89	5.75	6.16	7.82
每千人有医生数（人）	2.96	2.78	2.79	2.92	3.11	2.97	3.11	3.12	3.34	3.35	3.54	3.67

13-2 城镇居民家庭生活基本情况

	每一城市就业者负担人数（人）	城镇居民人均生活费收入（元）	城镇居民人均可支配收入（元）	城镇居民人均消费性支出（元）		人均居住面积（平方米）
					食品	
1979		378.00		356.40		
1980	1.94	488.08		413.52	237.36	
1981	1.74	487.80		463.68	253.92	
1982	1.71	514.20		476.28	273.60	
1983	1.70	530.40		513.00	301.80	
1984	1.69	636.84		594.60	345.60	
1985	1.75	731.28		705.48	368.88	
1986	1.76	862.56		820.68	428.28	
1987	1.78	942.96		914.76	474.24	
1988	1.76	1142.76		1240.92	592.92	
1989	1.79	1322.04		1249.80	693.60	
1990	1.79	1431.60		1238.16	703.68	
1991	1.84	1660.20		1479.12	818.76	8.07
1992	1.80	1883.04	2027.85	1606.92	884.40	8.26
1993	1.74	2280.36	2462.58	2029.20	1031.76	8.18
1994	1.87	2873.28	3085.44	2625.96	1396.68	8.68
1995	1.87	3278.28	3539.92	3118.20	1677.00	8.81
1996	1.98	3565.34	3804.41	3307.47	1752.06	8.90
1997	2.17		3906.48	3196.66	1694.04	10.33
1998	2.22		4553.86	3567.21	1776.16	10.77
1999	2.04		5127.50	4505.61	1914.41	13.60
2000	1.72		5850.17	5047.60	1926.57	12.10
2001	1.56		6324.68	5238.47	2004.06	12.19
2002	2.05		6554.74	5688.24	2097.67	14.51
2003	2.04		7094.29	5679.21	2175.57	15.04
2004	1.81		7683.24	6483.06	2449.55	15.67
2005	2.02		8529.12	7180.55	2569.86	16.69
2006	2.14		9417.63	7468.95	2662.32	17.98
2007	1.97		10271.18	8049.75	3013.61	17.00
2008	2.02		11676.77	9033.70	3429.79	17.63
2009	1.99		12760.66	9653.36	3696.28	17.80
2010	2.05		14061.84	10930.39	4244.25	18.46
2011	2.22		15952.57	12352.09	4714.47	18.42
2012	2.13		18442.76	14167.9	5281.28	19.08
2013	2.14		20766.76	15748.61	5691.5	22.45
2014			23030.1	18852.64	6069.98	33.5
2015			27088	20155.89	6277.57	34.67
2016	0.51		29661	22893.10	4570.40	36.18
2017	1.39		32331	24071.00	4758.00	36.42

注：2002 年以后人均居住面积口径为使用面积，1997 年后取消城市居民人均生活费收入指标。

13-3 城镇居民家庭收入情况

单位：元/人

	2000	2007	2008	2009	2010	2011	2012	2013	2014	2015	2016	2017
家庭总收入	5882.09	11066.84	12319.04	13683.62	15228.14	17313.98	19823.45	22060.72	25768.31	28865.79	31564.98	34626
人均可支配收入	5850.17	10271.18	11676.77	12760.66	14061.84	15952.57	18442.76	20766.76	23030.1	27088.01	29661.41	32331
工资性收入	4155.74		8012.27	8992.39	9623.8	11037.25	12457.39	13746.88	14135.32	15127.88	16577.12	18099
工资及补贴收入	3716.82		7772.89	8765.4	9263.72	10432.66	12201.85	13628.55	13629.99	14493.78	15855.13	16067
其他劳动收入	131.54		239.38	226.99	360.08	604.59	255.54	118.33	505.33	634	721.99	1216
经营净收入	221.23		485.05	486.04	350.12	663.36	864.84	991.53	945.59	689.08	768.50	897
财产净收入	32.77	31.50	37.9	44.56	87.48	228.18	432.99	532.33	3161.57	3567.09	3851.18	4139
利息收入	10.68	9.71	17.27	25.49	36.11	17.56	28.27	38.97	51.71	26.63	98.20	138
红利收入	9.81	8.67	0.69	0.36	14.63	0.2	0.21	5.58	2.15	91.97	89.28	66
出租房屋净收入			19.87	18.71	35.47	194.24	400.23	479.9	927.49	1214.48	1410.57	1679
知识产权收入						6.72		0.14				
其他财产净收入	12.29	0.26				8.91	4.29	6.59	1.7	-5.74	73.78	84
转移净收入	1332.99	3275.82	3783.82	4160.63	5166.74	5385.19	6068.23	6786.98	7525.83	7703.96	8464.62	9196
养老金或离退休金	1169.61	2857.97	3417.11	3816.04	4753.55	4925.55	5473.51	6031.71	6584.80	7405.61	8079.44	8779
社会救济收入		34.99	91.55	105.77	118.79	114.08	143.04	63.83	49.24	72.25	106.73	110
赡养收入	50.61	90.78	28.74	36.92	40.08	83.38	79.98	139.01	138.45	193.89	302.27	319
捐赠收入	38.62	174.52	148.56	113.65	155.98	177.02	253.39	77.13			3.77	
出售资产所得	3.49	2.16			2.99	23.35	0.16	0.14	43.05	11.89	576.07	243
借贷收入	1622.21	3116.49	2224.72	2196.59	5963.94	4189.45	7329.23	1268.14	973.13	619.59	1011.33	671
提取储蓄存款	1188.00	2589.95	2168.54	2108.31	5890.93	4026.01	6399.28	1175.45	827.75	441.93	822.01	577
借入款	270.42	435.11	33.66	47.34	47.38	71.7	478.32	81.2	75.71	83.84	110.66	35

13-4 城镇居民家庭支出情况

单位：元/人

	2000	2007	2008	2009	2010	2011	2012	2013	2014	2015	2016
家庭总支出	5962.14	10860.81	10765.59	11852.16	13459.1	15882.49	19301.41	19377.46	23669.08	25591.24	28232.17
消费支出	5047.60	8049.75	9033.7	9653.36	10930.39	12352.09	14167.9	15748.61	18852.65	20155.89	22893.10
服务消费支出			2474.47	2591.94	2837.86	3213.91	3739.78				6569.33
购房与建房支出	307.09		28.92	50.23	7.3	517.55	2063.35	628.79	386.71	56.89	276.55
转移性支出	407.22		1143.93	1290.56	1459.73	1711.59	1802.72	1856.83	914.32	965.49	1130.10
交纳的个人收入税	0.93		21.92	12.28	47.29	30.58	38.55	51.73	60.56	42.54	50.53
社会保障支出		726.84	558.86	848.94	1055.9	1270.76	1254.19	1096.05	679.23	776.78	949.52
赡养支出	79.54	299.98	209.77	193.6	253.27	324.36	264.35	227.31	77.65	76.89	53.23
捐赠支出	293.82	682.11	844.34	1033.24	1072.97	1214.44	1394.42	1255.46	12.61	14.4	895.79
购买彩票		7.57	3.38	3.95	0.81	5.05	4.65	4.94	6.09	3.82	10.48
各种非储蓄性保险性支出	14.37	67.36	44.88	31.77	36.89	107.87	80.78	268.16	124.94	10.05	68.22
财产性支出		4.48	0.19	9.07	5.8	30.5	13.24	47.17	3.41	8.34	4.89
借贷支出	879.01	2940.00	3465.27	3728.96	7580.92	5155.83	7332.78	2068.55	1473.54	1431.26	991.23

13-4 城镇居民家庭支出情况（续一）

单位：元/人

	2017
家庭总支出	30042
消费支出	24071
服务性消费支出	7670
购房与建房支出	359
转移性支出	1445
交纳的个人收入税	54
捐赠支出	31
购买彩票	9
赡养支出	60
各种非储蓄性保险性支出	2
财产性支出	13
社会保障支出	1218
借贷支出	1404

13–5 城镇居民家庭分组收入情况

单位:元/人

	低收入户	较低收入户	中间收入户	较高收入户	高收入户
家庭总收入	**18338**	**27307**	**34069**	**42881**	**63501**
可支配收入	15212	25570	32939	40734	60181
工资性收入	8615	17887	14957	23556	32226
工资及补贴收入	8235	17035	14257	20565	25177
其他劳动收入	213	397	360	1613	4666
经营净收入	2129	848	366	252	290
财产净收入	1911	2436	7663	4025	5834
利息收入	200	82	42	57	325
出租房屋收入	554	657	5141	1151	1129
房屋虚拟租金	942	1592	2086	2824	4205
转移净收入	2557	4399	9953	12901	21831
养老金或离退休金	1823	4652	8841	12525	21862
社会救济收入	309	45	98		2
政策性补贴	254	443	543	640	729
赡养收入	160	318	381	153	690
报销医疗费	106	196	252	423	1362
其他转移性收入	166	93	592	1175	166
出售财物收入	43			1187	193
出售住房收入				1187	
借贷收入	1189	476	185	626	744
提取储蓄存款	916	467	86	626	736
借入款	72	9	72		
收回借出款	15				
收回储蓄性保险本					
住房贷款					

13-6 城镇居民家庭分组支出情况

单位：元/人

	低收入户	较低收入户	中间收入户	较高收入户	高收入户
家庭总支出	**19856**	**24405**	**28011**	**36266**	**50536**
消费支出	14861	20066	23548	29247	39926
服务性消费支出	4285	6609	7754	9253	12933
食品烟酒	4756	6642	7949	8546	10609
衣着	1239	1686	1970	2489	2766
居住	2715	3541	4707	5311	8803
生活用品及服务	846	1120	1299	1851	2661
交通通信	2222	2604	1922	4725	4236
教育文化娱乐	1686	2945	3000	3622	4285
医疗保健	1023	1150	2302	1951	5670
其他用品和服务	374	379	398	753	897
购置资产支出	476	72	23	6	1521
购房	327		17		1518
建房	121		6		3
转移性支出	601	1398	804	2073	3046
交纳的个人收入税		18	16	45	252
购买彩票	1	11	4	10	22
赡养支出	26	194	5	44	20
其他非储蓄性商业保险				2	8
其他转移性支出	29	22	111	144	349
财产性支出			9	66	1
社会保障支出	545	1164	671	1841	2426
借贷性支出	465	1120	1345	2333	2418

13–7 城镇居民家庭人均全年购买商品量

单位：公斤/人

	低收入户	较低收入户	中间收入户	较高收入户	高收入户
大米	16.86	21.59	22.47	17.98	21.21
面粉	24.61	28.27	35.01	26.25	32.49
食用植物油	10.46	12.16	12.55	12.3	12.4
猪肉	10.73	10.64	15.03	14.23	14.51
牛肉	1.37	3.68	2.97	2.76	4.08
羊肉	1.27	1.96	2.32	2.34	3.67
鸡	2.9	4.3	4.77	4.98	4.32
鸭	0.03	0.07	0.12	0.26	0.13
鲜蛋	7.94	11.53	10.71	12.05	14.56
鱼	2.78	3.5	4.81	4.97	5.8
虾	0.38	0.75	1.04	1.21	1.12
鲜菜	86.41	119.98	132.42	135.7	155.01
白酒	1.24	0.89	2.8	1.77	1.32
果酒	0.43	0.3	0.4	0.38	0.33
啤酒	4.01	2.29	3.46	3.35	2.03
鲜瓜果	50.91	69.67	79.45	87.29	99.44
坚果类	4.98	7.4	9.01	10.04	11.07
糕点	2.61	3.72	4.09	4.86	5.87
奶类	19.16	27.89	31.68	37.55	49.85
水（吨）	29.73	31.04	30.11	46.42	48.11
电（千瓦时）	444.91	525.74	688.89	806.56	901.58

13-8 城镇居民家庭消费品每百户拥有量

	低收入户	较低收入户	中间收入户	较高收入户	高收入户
家用汽车（辆）	25.77	22.68	21.65	26.8	25.13
摩托车（辆）	25.77	9.28	10.31	6.19	5.13
助力车（辆）	17.53	5.15	2.06	7.22	4.10
洗衣机（台）	98.97	101.03	102.06	102.06	104.10
电冰箱（柜）（台）	86.6	104.12	104.12	100	101.03
微波炉（台）	35.05	53.61	65.98	77.32	87.69
彩色电视机（台）	115.46	114.43	102.06	111.34	107.18
空调（台）	4.12	7.22	4.12	21.65	22.05
热水器（台）	54.64	61.86	72.16	79.38	91.79
排油烟机（台）	67.01	82.47	82.47	90.72	93.85
洗碗机（台）	0	1.03	2.06	3.09	1.03
计算机（台）	41.24	67.01	71.13	73.2	89.74
照相机（架）	7.22	19.59	23.71	38.14	50.77
中高档乐器（件）	4.12	1.03	7.22	10.31	11.28
健身器材（套）	2.06	5.15	4.12	5.15	9.23
空气净化器（含新风系统）（台）		1.03		1.03	
吸尘器（台）	1.03	1.03	1.03	1.03	2.05
固定电话（部）	41.24	40.21	44.33	59.79	64.62
移动电话（部）	253.61	258.76	232.99	228.87	221.03
接入互联网的移动电话（部）	104.12	123.71	128.87	100	120.51
接入有线电视网络的电视机（台）	68.04	86.6	77.32	79.38	85.64
接入互联网的计算机（台）	34.02	50.52	57.73	59.79	75.38

13-9 城镇居民家庭人均全年购买的主要商品数量

	2000	2007	2008	2009	2010	2011	2012	2013	2014	2015	2016	2017
粮食(千克)	79.88				93.73	80.39	81.21	86.12	86.67	91.15	129.36	103.43
鲜菜(千克)	186.66	112.52	114.60	116.76	134.96	123.85	123.73	102.85	112.24	118.41	130.14	121.87
食用植物油(千克)	9.28	12.10	12.78	12.65	12.26	10.54	11.28	14.28	14.21	13.66	12.07	11.86
猪肉(千克)	14.54		11.21	12.98	13.79	13.05	15.46	14.02	13.25	13.52	12.57	12.75
牛羊肉(千克)	4.19		4.21	53.51	5.05	4.00	3.50	5.12	5.34	5.44	6.59	5.03
家禽(千克)	4.28		3.32	3.52	3.82	5.61	5.63	4.70	5.29	5.11	5.70	6.06
鲜蛋(千克)	9.12		9.74	9.77	9.97	9.85	10.66	9.69	9.4	10.74	10.94	10.99
水产品(千克)	4.85	5.43	4.37	4.77	5.09	4.47	4.48	5.68	5.52	5.98	5.62	6.00
酒(千克)	5.71	5.58	3.41	4.40	4.86	4.96	6.27	6.05	17.85	4.14	5.05	5.06
服装(件/人)	6.11	6.11	6.55	7.84	8.03	7.74	8.12					
衣着材料(元/人)	23.40	13.14	14.54	16.28	17.74	16.66	14.64	8.35	8.31	9.98	11.26	10.82
鞋类(双)	2.61	2.36	2.56	2.87	2.73	2.81	2.98	2.58	3.05	2.57	2.91	2.97

13-10 城镇居民家庭平均每百户年底耐用消费品拥有量

	2000	2007	2008	2009	2010	2011	2012	2013	2014	2015	2016
家用电脑(台)	28	38.0	41.58	42.86	46	60.47	65	48.53	52.59	60.59	66.26
钢琴(台)	18	1.0	1.32	1.33	1.33	1	2.33				
微波炉(台)	48	51.0	46.86	53.82	54.33	50.5	52.33	57	54.89	56.87	64.65
空调器(台)	9		8.58	6.64	6	7.97	10.67	11.2	11.22	12	11.80
洗衣机(台)	288		95.38	97.34	98	96.35	97.67	96.47	98.23	100.42	100.41
电冰箱(台)	256		90.43	93.69	94.67	92.36	95	92.2	94.4	96.16	98.37
彩色电视机(台)	441		106.93	107.31	108.33	104.65	105.33	99.73	105.03	107.07	109.61
照相机(台)	138	33.67	25.08	28.57	28	25.58	29.33	33	30.7	28.41	27.55
汽车(台)		0.33	2.31	1.66	2.33	6.31	8	8	12.27	16.21	21.87

13–10 城镇居民家庭平均每百户年底耐用消费品拥有量（续一）

	2017
家用汽车（辆）	24.41
洗衣机（台）	101.65
电冰箱（柜）（台）	99.18
微波炉（台）	63.95
彩色电视机（台）	110.09
空调（台）	11.84
洗碗机（台）	1.44
移动电话（部）	239.03
计算机（台）	68.49
照相机（架）	27.91
健身器材（套）	5.15

13–11 各县区城镇住户住房面积

	调查户户数（户）	调查户人数（人）	人均住房建筑面积（平方米/人）
兰州市	**486**	**1475**	**36**
城关区	109	310	38
七里河区	72	216	26
西固区	69	171	34
安宁区	68	214	46
红古区	38	105	36
永登县	40	136	28
皋兰县	40	141	45
榆中县	50	182	47

13-12 各县区城镇居民人均可支配收入

单位：元/人

	2011	2012	2013	2014	2015	2016	2017
兰州市	**15953**	**18443**	**20767**	**23030**	**27088**	**29661**	**32331**
城关区	16763	19339	21768	24250	30535	33399	36449
七里河区	15326	17685		22156	25737	28260	30814
西固区	17713	20440		25502	29677	32586	35530
安宁区	15522	17916		22540	27232	29846	32574
红古区	12609	14808		18586	23559	25716	28005
永登县	10010	11655	13409	14831	15246	16618	17998
皋兰县	8248	9650	10906	12095	14099	15375	16716
榆中县	9910	11519	13259	14691	14025	15322	16671

13-13 农村居民家庭基本情况

	2008	2009	2010	2011	2012	2013	2014	2015	2016	2017
调查户数(户)	1020	1020	1020	550	550	422	343	343	341	339
平均每户常住人口(人)	4.18	4.14	4.14	3.97	3.95	4.03	4.11	3.89	3.87	3.83
平均每户整半劳动力(人)	2.72	2.75	2.77			2.79	2.52	2.76	2.67	2.68
平均每个劳动力负担人口(含本人)(人)		2	2			1.5	1.6	1.41	1.44	1.43
平均每人年总收入(元)		4905	5567	6271	7598	8733	10785	11843.95	13364	15720
平均每人年可支配收入(元)		4001	4587	5252	6224	7114	8067	9621	10391	11305
平均每人年现金收入(元)		4349	4904	5823	7010	8437	9932	11253	12985	14919
平均每人年总支出(元)	3769	4255	4740	5572	6687	8277	11182	12188	13250	15297
平均每人全年现金支出(元)	3252	3690	4130	5211	6387	7918	9714	10718.21	11821	13749

13-14 农村居民家庭生活基本情况

	人均纯收入（元）	人均生活费支出（元）	人均居住面积（平方米）
1979	92.17	79.17	
1980	96.03	82.17	
1981	99.38	91.1	
1982	107.55	88.31	
1983	181.6	142.75	
1984	261.27	201.45	
1985	352.77	269.54	
1986	385.85	333.1	11.97
1987	411.65	356.64	13.29
1988	461	412.41	14
1989	490	452.46	14.1
1990	563	460.39	17.2
1991	603	521.48	15.7
1992	650	531.16	17.4
1993	723	575.83	16.27
1994	882	748.2	16.52
1995	1142	1121.29	17.21
1996	1366	1219	17.4
1997	1563	1190	18.12
1998	1738	1168.87	19.59
1999	1923.66	1137.29	16.91
2000	2005	1409.97	17.21
2001	2134	1444.24	16.59
2002	2268	1494.02	16.69
2003	2397.63	1540.08	24.74
2004	2550	1872	20.34
2005	2712.69	1693.49	22.32
2006	2898.31	2136.65	21.94
2007	3102.64	2420.03	22.37
2008	3502.73	2842.78	22.9
2009	4001.04	3317.33	24.26
2010	4587	3686	25
2011	5252	4331	24
2012	6224	5019	31
2013	7114.08	6186.26	33.99
2014	8067.3	7130.27	31
2015	9621	7939.80	32
2016	10391	8717.22	32.86
2017	11305	9442	33

注：自2015年起“农民人均纯收入”变更为“农村居民人均可支配收入”。

13-15 农村居民家庭总收入

单位：元

	2008	2009	2010	2011	2012	2013	2014	2015	2016	2017
总收入	4371.03	4904.8	5567	6271.00	7597.87	8732.82	10785.18	11843.95	13364.26	15720
工资性收入	1677.53	1947.46	2226	2642.90	3316.22	3815.07	4141.60	4674.45	5053.49	5475
在非企业组织中的劳动收入		339.34	366	284.01	354.46					
在本地企业中得到的收入		993.97	1183	1790.23	2211.61					
外出从业收入		614.16	678	568.67	750.15					
经营性收入		2482.48	2767	2964.24	3432.82	3614.40	5114.38	5435.90	6401.91	8184
农业收入	1695.30	1787.12	1985	2149.00	2578.75	2507.07	3066.23	3013.78	2932.63	3321
林业收入	6.66	7.21	13	31.62	42.38	16.52	6.94	11.81	23.18	22
牧业收入	237.93	278.81	314	147.87	158.16	310.16	484.20	506.12	563.20	595
渔业收入	1.02	1.32			0.06	0.44			0.01	
工业收入	6.47	9.94	16	5.32				16.92	42.78	51
建筑业收入	17.32	24.00	398	33.23	11.53	29.59	22.81	16.92	25.66	
运输业、邮电业收入	151.90	150.73	176	223.28	271.61	228.66	339.72	313.74	420.17	547
批发和零售业、住宿和餐饮业	93.40	111.88	105	224.46	287.74	412.30	1028.20	1374.03	2144.66	3309
社会服务业收入	25.35	42.37	47	82.80	40.84	73.35	113.58	138.29	191.67	296
其他家庭经营收入	41.63	56.80	53	56.83	36.70	36.30	33.39	38.81	43.03	41
转移性收入	198.66	250.68	291	333.30	434.63	689.71	1409.90	1593.78	1740.55	1877
财产性收入	208.28	224.18	283	331.36	414.20	613.64	119.30	139.82	168.31	184
平均每人可支配收入	3502.73	4001.04	4587	5252.13	6224.32	7114.08	8067.30	9621	10390.70	11305
工资性收入	1677.53	1947.46	2226	2642.90	3316.22	3815.07	4352.61	4674.45	5053.49	5475
在非企业组织劳动得到收入	345.28	339.34	366	284.01	354.46					
在本乡地域劳动得到收入	786.56	993.97	1183	1790.23	2211.61					
外出从业得到收入	545.69	614.16	678	568.67	750.15					
经营净收入	1429.29	1589.63	1806	1963.50	2067.67	2171.16	2439.31	3438.00	3662.28	4006
第一产业净收入	1138.03	1259.70	1430	1453.45	1690.04	1664.60		2388.83	2345.59	2579
第二产业净收入	17.65	24.39	41	25.53	9.30	2.27		7.56	56.39	45
第三产业净收入	273.61	305.54	334	484.52	368.33	504.29		1041.60	1260.30	1383
财产净收入	208.28	224.18	283	331.36	414.20	613.64	697.61	131.90	157.11	174
转移净收入	187.62	239.76	272	314.77	426.24	514.21	577.77	1376.65	1517.82	1650
现金纯收入	3027.31	3666.20	4182	4966.54	5824.06	6893.89				
实物纯收入	475.42	334.83	406	285.59	400.25	220.19				

13-16 农村居民家庭总支出

单位：元

	2008	2009	2010	2011	2012	2013	2014	2015	2016
总支出	**3769.08**	**4254.63**	**4740**	**5572**	**6686.70**	**8276.9**	**11181.74**	**12187.60**	**13249.66**
生产经营费用支出	736.69	747.71	811	798	1072.21	1172.97	1676.12	1763.04	2473.05
农业生产支出		515.65	558	620	734.35	814.13	883.34	848.76	860.82
林业生产支出		5.08	8	20	30.23	16.4	7.40	9.19	10.45
牧业生产支出		181.97	204	69	108.15	164.33	202.59	166.16	149.39
渔业生产支出		0.1			0.03	1	0.29	0.49	
工业生产支出	0.21	0.23					4.79	8.11	0.09
建筑业生产支出	4.88	8.29	8	13	2.14	3.08	4.79	8.11	6.19
运输业、邮电业支出	23.82	22.53	25	24	62.68	41.9	65.49	65.39	92.61
批发和零售业住宿、餐饮业支出	2.48	3.3	3	42	120.70	95.83	497.27	653.5	1325.97
居民服务修理和其他服务业	0.98	0.93	2	3	7.78	8.65	4.87	7.87	23.45
其他家庭经营支出	2.12	7.24	1	6	6.02	0.78	0.17		0.49
购置资产及非经常性转移支出	62.69	64.95	85	78	101.46	461.96	1496.91	2092.75	1621.52
缴纳税金	0.75	2.32		1	0.12				0.01
生活消费支出	2842.78	3317.33	3686	4331	5018.93	6186.26	7130.27	7939.80	8717.22
财产性支出	2.21	11.66	5		8.91	0.98	4.40	7.92	11.20
转移性支出	122.57	106.49	152	364	485.08	445.1	188.88	217.13	222.73

13-16 农村住户总支出（续一）

单位：元

	2017
总支出	**15296.81**
家庭经营费用支出	3923.1
农业生产支出	1016.13
林业生产支出	1.30
牧业生产支出	194.82
渔业生产支出	
工业生产支出	
建筑业生产支出	
运输业、邮电业支出	125.64
批发和零售业住宿、餐饮业支出	2483.54
社会服务业支出	98.97
其他家庭经营支出	
购置资产及非经常性转移支出	1514.09
缴纳税金	
生活消费支出	9441.52
财产性支出	9.36
转移性支出	227.08

13-17 农村居民家庭平均每人生活消费支出

单位：元

	2008	2009	2010	2011	2012	2013	2014	2015	2016	2017
生活消费支出	2842.78	3317.33	3686	4331	5018.93	6186.26	7130.27	7939.80	8717.22	9441.52
按消费类别分										
食品烟酒	1284.87		1624	1831	2052.16	2374.44	2513.22	2720.99	2868.09	2979.59
其他食品	138.05		199	216	256.30	246.56				168.04
在外饮食	151.37		196	220	274.42	292.65				228.47
衣着	203.53		305	413	476.14	526.39	498.63	589.84	661.63	668.92
居住	432.17	539.44	622	695	931.95	1196.14	1564.09	1720.17	1665.48	2042.62
生活用品及服务	109.89	180.15	197	267	318.36	366.78	361.58	419.85	477.52	488.9
交通和通讯	266.01	308.34	290	367	423.95	542.39	782.97	841.93	1031.29	944.03
教育文化娱乐	303.4	341.63	334	215	339.48	467.47	681.14	840.70	1153.81	1242.22
医疗保健	208.09	234.82	250	452	382.50	536.74	544.91	651.93	712.41	922.66
其他用品和服务	34.82	62.22	63	90	94.40	175.92	183.72	154.40	146.99	152.57
其他用品	16.6	33.77	38	69	71.89	125.94	82.91	89.22	80.94	77.40
其他服务	7.05	9.26	25	21	22.51	49.45	100.81	65.19	66.05	75.17
现金消费支出	2449.99	2900.76	3256	4030	4760.18	5888.1	5732.94	6508.03	7314.09	7961.78
食品烟酒	892.25	989.09	1194	1531	1794.17	2084.81	2030.52	2271.36	2499.98	2631.75
衣着	203.53	245.09	305	413	476.14	525.67	498.63	589.84	661.58	668.77
居住	432.11	539.42	622	695	931.19	1193.44	783.02	850.32	750.64	1024.63
家庭设备用品及服务	109.87	180.14	197	267	318.36	364.21	356.70	413.87	470.50	477.74
医疗保健	208.09	234.82	250	452	382.50	536.03	426.69	549.10	601.01	944.03
交通通讯	266.01	308.34	290	367	423.95	542.39	773.27	841.91	1031.29	1238.94
文教娱乐用品及服务	303.4	341.63	334	215	339.48	466.17	681.14	840.54	1153.68	827.08
其他商品及服务	34.72	62.22	63	90	94.40	175.39	182.98	151.09	145.40	148.83
其他用品	16.5	33.77	38	69	71.88	125.94	82.91	85.90	80.59	74.65
其他服务	18.23	28.45	25	21	22.51	49.45	100.07	65.19	64.82	74.18

13-18 农村居民家庭平均每人生活消费支出构成

单位：%

	2008	2009	2010	2011	2012	2013	2014	2015	2016	2017
生活消费支出	100.00	100.00	100.00	100.00	100.00	100.00	100.00	100.00	100.00	100.00
按消费类别分										
食品	45.20		44.06	42.27	40.89	38.38	35.25	34.27	32.90	31.56
其他食品	4.86		5.40	4.99	5.11	3.99				5.64
在外饮食	5.32		5.32	5.08	5.47	4.73				7.67
衣着	7.16		8.27	9.54	9.49	8.51	6.99	7.43	7.59	7.08
居住	15.20	16.26	16.87	16.05	18.57	19.34	21.94	21.67	19.11	21.63
家庭设备用品及服务	3.87	5.43	5.34	6.16	6.34	5.93	5.07	5.29	5.48	5.18
医疗保健	7.32	7.08	6.78	10.44	7.62	8.68	10.98	10.60	8.17	10.00
交通和通讯	9.36	9.29	7.87	8.47	8.45	8.77	9.55	10.59	11.83	13.16
文教娱乐用品及服务	10.67	10.30	9.06	4.96	6.76	7.56	7.64	8.21	13.23	9.77
其他商品和服务	1.22	1.88	1.71	2.07	1.88	2.84	2.58	1.94	1.69	1.62
商品性支出	0.58	1.02	1.03	1.59	1.43	2.04	1.16	1.12	55.06	50.73
服务支出	0.25	0.28	0.68	0.48	0.45	0.80	1.41	0.82	44.94	49.27
现金消费支出	100.00	100.00	100.00	100.00	100.00	100.00	78.56	100.00	100.00	100.00
食品烟酒	36.42	34.10	36.67	37.99	37.69	35.41	27.82	34.90	34.18	33.05
衣着	8.31	8.45	9.37	10.25	10.00	8.93	6.83	9.06	9.05	8.40
居住	17.64	18.60	19.10	17.24	19.56	20.27	10.73	13.07	10.26	12.87
家庭设备用品及服务	4.48	6.21	6.05	6.62	6.69	6.19	4.88	6.36	6.43	6.00
医疗保健	8.49	8.10	7.68	11.21	8.04	9.10	9.29	8.44	8.22	11.86
交通通讯	10.86	10.63	8.91	9.11	8.91	9.21	10.60	12.94	14.10	15.56
文教娱乐用品及服务	12.38	11.78	10.26	5.33	7.13	7.92	9.33	12.92	15.77	10.39
其他商品及服务	1.42	2.14	1.93	2.23	1.98	2.98	2.50	2.32	1.99	1.87
其他用品	0.67	1.16	1.17	1.71	1.51	2.14	1.13	1.32	55.42	50.16
其他服务	0.74	0.98	0.77	0.52	0.47	0.84	1.37	1.00	44.58	49.84

13–19 农村居民家庭平均每人主要消费品消费量

	2008	2009	2010	2011	2012	2013	2014	2015	2016
粮食（原粮）（千克）	200.4	182.45	182.45	147.96	150.52	138.63	159.81	163.16	143.02
蔬菜（千克）	41.44	62.43	62.43	53.12	41.47	59.49	68.42	64.04	72.72
食油（千克）	6.21	5.45	5.45	7.65	8.21	10.69	14.83	15.65	9.73
猪牛羊肉（千克）		16.64	18.84	13.94	11.68	16.1	17.24	19.45	17.47
家禽（千克）		1.42	1.42	1.8	1.86	2.07	2.58	2.82	2.72
蛋类及蛋制品（千克）		3.23	3.23	4.18	4.96	4.73	5.23	7.64	6.91
水产品（千克）		0.96		0.97	1.08	0.92	1.08	0.8	1.13
食糖（千克）	4.35	1.20	1.20	0.97	1.32	2.06	2.2	2.19	2.97
酒（千克）	6.14	7.49	7.49	8.04	9.17	7.87	10.28	8.79	9.80

13–19 农村居民家庭平均每人主要消费品消费量（续一）

	单位	2017
粮食	千克	143.95
油脂类	千克	10.56
蔬菜及菜制品	千克	62.87
肉类	千克	17.98
禽类	千克	2.51
水产品	千克	1.14
蛋类及蛋制品	千克	6.73
奶和奶制品	千克	10.55
干鲜瓜果类	千克	38.36
糖果糕点类	千克	4.97
饮料	千克	0.71
烟叶	千克	42.95
酒	千克	10.39

13-20 农村居民家庭平均每百户年底耐用消费品拥有量

	2008	2009	2010	2011	2012	2013	2014	2015	2016
自行车（辆）	104.41	104.22		76.83	75.77	23.46			
空调机（台）	2.16	1.86	1.57	1.7	0.9	0.95	1.17	1.17	1.47
洗衣机（台）	90.2	96.27	96.67	96.21	98.58	89.34	92.13	92.13	95.60
家用电冰箱（台）	37.54	44.02	40.78	56.08	66.65	62.8	67.64	68.22	75.44
摩托车（辆）	30.2	32.94	39.22	32.62	40.66	44.08	62.39	60.35	58.54
黑白电视机（台）	10.88	4.41	4.51	1.3	0.95				
彩色电视机（台）	111.37	110.59	112.16	111.81	105.12	111.14	116.33	110.79	113.80
影碟机（台）	46.67	44.61		32.34	25.35				
中高档乐器（台）	1.08	1.08		0.06	0.97	0.24			0.29
照相机（架）	9.02	11.47	6.76	6	7.09	2.37	4.08	4.66	4.11

13-20 农村居民家庭平均每百户年底耐用消费品拥有量（续一）

	2017
家用汽车（辆）	20.65
摩托车（辆）	60.18
助力车（辆）	26.25
洗衣机（台）	98.23
电冰箱（柜）（台）	77.58
微波炉（台）	17.11
彩色电视机（台）	115.63
空调（台）	3.24
热水器（台）	28.61
排油烟机（台）	23.01
固定电话（部）	30.68
移动电话（部）	268.14
计算机（台）	24.19
照相机（架）	4.42

13–21 农村居民家庭平均每户年末生产性固定资产原值

单位：元

	2008	2009	2010	2011	2012	2013	2014	2015	2016	2017
合计	7512	8869	9311						1235.44	7428.91
役畜、产品畜	965	1267.34	1213.02	328.9	471.09	573.6		311	80.90	1155.31
大中型铁木农具	297	291.12	434.7	483.77	478.33	744.81			0.00	
农林牧渔业机械	2529	2628.15	2587.5	2618	2723.3	4240.45		4290	1154.54	4008.11
工业机械	66	18.67	12.42						0.00	
运输机械	694	1084.72	1035	1245	2883.8	2142.86		2239	0.00	

13–21 农村居民家庭人均期末农业生产性固定资产原价（续一）

单位：元

	2016	2017
期末农业生产性固定资产原价	4579.82	
农业固定资产原价	1767.34	1666.16
生产性用房及建筑物	456.91	445.41
役畜	80.90	70.53
农业设施	71.85	16.88
农业机械	1154.54	1108.53
林业固定资产原价		
生产性用房及建筑物		
机械设备		
牧业固定资产原价	524.14	526.95
生产性用房及建筑物	190.05	192.25
产品畜	334.09	334.70
渔业固定资产原价		
农林牧渔服务业固定资产原价		

13–22 农村居民家庭平均每百户拥有主要生产性固定资产数量

	2007	2008	2009	2010	2011	2012	2013	2014	2015	2016
汽车（辆）	1.74	2.65	3.43	2.16	2.88	5.19				
大中型拖拉机（台）	4.14	2.35	3.04	7.16	5.24	6.88	4.03	3.21	4.08	3.52
小型和手扶拖拉机（台）	39.67	33.33	34.02	35.1	25.86	28.56	46.45	52.19	57.73	53.56
机动脱粒机（台）		2.55	0.88	0.69	1.15	5.88	5.21	3.79	3.5	4.05
胶轮大车（辆）		1.96	2.06	1.47	4.82	2.04				
农用水泵（台）		4.22	4.02	4.22	1.64	2.83		0.58		
役畜（头）		20.29	21.86	24.8	8.57	7.59	3.55	5.54	3.79	3.75
产品畜（头）	19.57	29.22	25.59	30.88	15.87	19.45	60.19	229.15	10.79	91.47

13–22 农村居民家庭平均每百户拥有主要生产性固定资产数量（续一）

	2017
汽车（辆）	
大中型拖拉机（台）	3.83
小型和手扶拖拉机（台）	53.69
农用排灌动力机械	0.88
收割机	0.29
机动脱粒机（台）	4.13
役畜（头）	2.65
产品畜（头）	87.32
其他农业机械	8.55

13-23 农村住户建房和居住情况

	2000	2008	2009	2010	2011	2012	2013	2014	2015	2016	2017
建房情况(户均)											
年内新建房屋面积(平方米)	2.99	1.4	2.82	1.33	1.6	2.90	0.83	0.58	0.31	1.32	0.58
年内新建房屋价值(元)	430.54		1688.5	892.74	1162.23	2214.24	1314.29	1107.87	1020.4	853.91	1250
砖木结构面积(平方米)	1.08		1.7	1.01	0.23	1.27					
钢筋混凝土结构面积(平方米)	1.78		1.04	0.23	1.36	1.61	0.83				
居住情况(户均)											
年末住房面积(平方米)	83.94	112.21	100.44	97.77	108.03	125.28	147.36	129.72	134.45	133.35	134.34
砖木结构面积(平方米)	41.78	46.65	48.93	51.05	42.13	57.93	45.25				
钢筋混凝土结构面积(平方米)	22.4	49.94	33.91	33.40	59.32	54.27	82.71				
年末住房价值(元)	6622	47197	41281	40646	66305	102512	133600	133917	200157	208557	211022
人均指标											
平均每人年末居住住房面积(平方米)	17.21	22.9	24.26	24.00	27	31.41	33.99	30.95	31.46	32.86	33
平均每人年内新建房屋面积(平方米)	0.65	0.33	0.68	0.66	0.4	0.72	0.21	0.24	0.04	0.41	0.15

13-23 农村住户人均建房和居住情况(续一)

	单位	2016	2017
期末拥有房屋情况			
期末拥有房屋面积	平方米	33.68	33.98
自有现住房面积	平方米	32.84	33.28
出租住房面积	平方米	0.64	0.52
出租商用建筑物面积	平方米		
偶尔居住房面积	平方米	0.14	0.11
空宅或其他用途房面积	平方米	0.07	0.07
期末拥有房屋价值	万元	3.53	3.67
自有现住房市场价估计值	万元	3.22	3.38
出租住房市场价估计值	万元	0.21	0.21
出租商用建筑物市场价估计值	万元		
偶尔居住房市场价估计值	万元	0.05	0.04
空宅或其他用途房市场价估计值	万元	0.05	0.05
期末拥有房屋市场价月租金	元	82.30	82.90
自有现住房市场价月租金	元	73.51	75.48
出租住房市场价月租金	元	8.79	7.42
出租商用建筑物市场价月租金	元		

13-24 各县区农村住户住房面积

	调查户户数（户）	调查户人数（人）	人均住房建筑面积（平方米/人）
兰州市	339	1299	33
城关区	30	104	50
七里河区	29	126	27
西固区	30	109	43
安宁区	0	0	47
红古区	30	125	32
永登县	70	243	30
皋兰县	70	278	34
榆中县	80	314	33

13-25 各县区农村居民人均可支配收入

单位：元/人

	2009	2010	2011	2012	2013	2014	2015	2016	2017
兰州市	4001	4587	5252	6224	7114	8067	9621	10391	11305
城关区	10942	12381	14176	16274	18431	20919	19252	20780	22442
七里河区	6108	6905	7899	9558	10825	12297	14365	15506	16904
西固区	6741	7587	8702	10128	11466	13014	14290	15448	16823
安宁区	6961	7869	9034	10514	11963				
红古区	6615	7480	8505	10155	11485	12977	15023	16180	17540
永登县	3106	3524	4053	4899	5642	6382	8287	8974	9716
皋兰县	3207	3705	4257	5083	5758	6512	8375	9076	9843
榆中县	2748	3156	3582	4263	4910	5558	8100	8763	9534

注：2015 年开始，农民收入称为农村居民人均可支配收入。

主要统计指标解释

城镇居民家庭总收入 指被调查城市居民家庭调查户中生活在一起的所有家庭成员在调查期得到的工资性收入、经营性收入、财产性收入、转移性收入的总和，不包括出售财物和借贷收入。

城镇居民家庭可支配收入 指被调查的城市居民家庭可用于最终消费支出和其它非义务性支出以及储蓄的总和，即居民家庭可以用来自由支配的收入。它是家庭总收入扣除经营性支出、交纳的个人所得税、个人交纳的社会保障费以及调查户的记账补贴后的收入。

城市居民家庭消费性支出 指被调查的城市居民家庭用于本家庭日常生活的全部支出，包括食品、衣着、居住、家庭设备用品及服务、医疗保健、交通和通信、娱乐教育文化服务、其它商品和服务八大类等。包括用于赠送的商品或服务。不包括罚没、丢失款和缴纳的各种税款（如个人所得税、牌照税、房产税等），也不包括个体劳动者生产经营过程中发生的各项费用。

城镇居民家庭全部收入 指被调查城市居民家庭全部实际收入，包括经常或固定得到的收入和一次性收入。不包括周转性收入，如提取银行存款、向亲友借款、收回借出款以及其他各种暂收款。

农村居民家庭纯收入 指农村常住居民家庭总收入中，扣除从事生产和非生产经营费用支出、缴纳税款和上交承包集体任务金额以后剩余的，可直接用于进行生产性、非生产性建设投资、生活消费和积蓄的那一部分收入。农村居民家庭纯收入包括从事生产性和非生产性的经营收入，在外人口寄回带回和国家财政救济、各种补贴等非经营性收入；既包括货币收入，又包括自产自用的实物收入。但不包括向银行、信用社和向亲友借款等属于借贷性的收入。

农村居民家庭生活消费支出 指农村常住居民家庭用于日常生活的全部开支，是反映和研究农民家庭实际生活消费水平高低的重要指标。

十四、市州主要经济指标

14-1 地区生产总值

单位：亿元、%

	地区生产总值	第一产业增加值	第二产业增加值	第三产业增加值	地区生产总值构成	第一产业增加值	第二产业增加值	第三产业增加值
全国	827122	65468	334623	427032	100.00	7.92	40.46	51.63
全省	7677.0	1063.6	2562.7	4050.8	100.00	13.85	33.38	52.77
兰州市	2523.54	61.47	881.74	1580.34	100.00	2.44	34.94	62.62
嘉峪关市	210.99	4.58	109.42	96.99	100.00	2.17	51.86	45.97
金昌市	224.29	20.65	112.88	90.75	100.00	9.21	50.33	40.46
白银市	449.89	63.89	175.63	210.38	100.00	14.20	39.04	46.76
天水市	614.96	102.69	189.40	322.87	100.00	16.70	30.80	52.50
酒泉市	580.27	90.58	190.14	299.56	100.00	15.61	32.77	51.62
张掖市	404.14	101.16	97.45	205.53	100.00	25.03	24.11	50.86
武威市	439.58	112.76	127.93	198.89	100.00	25.65	29.10	45.25
定西市	347.12	80.16	76.16	190.80	100.00	23.09	21.94	54.97
陇南市	355.28	74.87	70.26	210.15	100.00	21.07	19.78	59.15
平凉市	388.91	107.01	95.31	186.58	100.00	27.52	24.51	47.98
庆阳市	618.97	87.95	283.33	247.69	100.00	14.21	45.77	40.02
临夏州	238.84	38.89	43.18	156.77	100.00	16.28	18.08	65.64
甘南州	136.59	30.35	19.47	86.77	100.00	22.22	14.25	63.53

14-2 地区生产总值指数

单位：%

	地区生产总值	第一产业增加值	第二产业增加值	第三产业增加值
全　国	6.9	3.9	6.1	8.0
全　省	3.6	5.4	-1.0	6.5
兰州市	5.7	5.9	3.1	7.2
嘉峪关市	3.7	5.5	3.1	4.4
金昌市	1.9	5.7	1.0	2.6
白银市	0.4	5.0	-1.8	1.2
天水市	4.5	5.8	3.7	4.7
酒泉市	-0.3	4.9	-4.2	1.0
张掖市	1.5	5.4	-9.4	6.6
武威市	-2.8	6.1	-17.3	5.4
定西市	4.2	6.3	1.5	4.4
陇南市	3.5	6.0	-3.9	5.6
平凉市	3.8	4.8	2.2	4.1
庆阳市	0.5	5.2	-4.2	6.0
临夏州	3.7	4.6	0.3	4.7
甘南州	0.3	4.0	1.9	-1.5

14-3 工业、投资主要指标

单位：亿元、%

	全部工业增加值		规模以上工业增加值		建筑业增加值		固定资产投资总额	
	总量	增速	总量	增速	总量	增速	总量	增速
全国	279997	6.4		6.6	55689	4.3	631684	7.2
全省	1769.7	–1.5	1603.7	–1.7	811.4	0.1	5696.3	–40.3
兰州市	607.13	4.6	583.69	4.8	279	0.0	1315.35	–33.93
嘉峪关市	98.79	3.4	93.69	4.1	10.63	0.0	147.51	–8.05
金昌市	79.81	1.3	75.3	1.3	33.5	0.3	93.07	–59.38
白银市	120.44	–2.4	108.83	–2.7	55.5	–0.2	308	–41.71
天水市	122.83	5.6	103.07	6.8	73.24	0.2	667.35	–0.57
酒泉市	115.5	–6.2	93.1	–7.6	75.5	–0.1	598.81	–50.74
张掖市	55.69	–14.4	41.81	–17.1	43.01	0.1	245.59	–29.78
武威市	65.88	–27.3	44.7	–36.2	63.4	0.0	323.67	–53.04
定西市	42.71	2.7	28.53	3.9	33.44	0.0	358.68	–42.26
陇南市	39.58	–6.5	34.87	–7.4	30.68	0.3	400.83	–38.71
平凉市	51.0	3.8	46.84	4.3	44.33	0.1	424.44	–36.72
庆阳市	250.98	–4.8	241.3	–5.0	43.53	0.1	403.46	–66.4
临夏州	21.8	0.5	13.4	–1.3	21.34	–0.1	175.1	–47.24
甘南州	15.66	2.2	10.3	3.5	3.81	0.2	213.54	2.25

14-4 消费、财政收入主要指标

单位：亿元、%

	社会消费品零售总额		财政收入		一般公共预算收入		一般公共预算支出	
	总量	增速	总量	增速	总量	增速	总量	增速
全　国	366262	10.2			172564	7.4	203330	7.7
全　省	3426.6	7.6			815.6	7.8	3307.3	5.0
兰州市	1358.72	7.6	671.65	10.7	234.2	8.69	429.36	1.23
嘉峪关市	64.38	7.3	40.26	0.79	18.37	7.4	27.73	14.2
金昌市	89.06	7.4	49.91	10.1	22.22	7.1	59.7	3.9
白银市	207.19	7.0	58.75	4.36	29.94	4.27	160.23	-0.33
天水市	313.11	8.5	148.44	9.39	44.67	10.95	278.93	10.89
酒泉市	207.6	7.4	110.33	7.6	34.5	-3.7	141.03	10.5
张掖市	173.05	7.6	59.1	1.44	26.32	1.48	163.85	12.62
武威市	192.05	7.8	51.34	1.2	28.62	-4.4	202.16	14.91
定西市	126.14	7.2	46.51	-1.53	22.81	-4.2	218.48	8.96
陇南市	107.12	7.7	59.45	10.42	26.17	3.02	226	8.51
平凉市	209.81	8.1	57.61	11.7	27.59	9.2	192.02	11.4
庆阳市	238.95	7.1	148.7	8.3	46.78	9.4	232.59	8.1
临夏州	90.76	8.5	31.23	-1.3	16.89	-2.34	203.41	2.84
甘南州	48.63	7.3	16.23	-4.7	8.55	-13.2	171.07	14.6

14–5 城乡人民收入

单位：元、%

	城镇居民人均可支配收入		农村居民人均可支配收入		居民消费价格指数	
	总量	增速	总量	增速	总量	涨幅
全　国	36396	8.3	13432	8.6	101.6	1.6
全　省	27763	8.1	8076	8.3	101.4	1.4
兰州市	32331	9.0	11305	8.8	101.5	1.5
嘉峪关市	36491	8.8	17796	8.1	100.5	0.5
金昌市	34672	8.1	13291	8.2	100.9	0.9
白银市	27465	8.5	8263	8.4	101.6	1.6
天水市	24612	8.5	8263	8.4	101.5	1.5
酒泉市	32478	8.0	15764	8.0	100.8	0.8
张掖市	23309	8.4	12612	8.3	101.1	1.1
武威市	25572	8.3	10596	8.3	100.9	0.9
定西市	22543	8.2	6855	9.0	101.6	1.6
陇南市	22185	8.2	6386	9.0	101.3	1.3
平凉市	25415	8.4	7611	8.6	101.1	1.1
庆阳市	27476	8.6	8116	8.5	101.1	1.1
临夏州	19380	8.2	6203	9.2	101.6	1.6
甘南州	23012	7.9	6998	9.1	100.9	0.9

十五、全国主要指标对比

15-1 地区生产总值

单位：亿元、%

	地区生产总值		第一产业增加值		第二产业增加值		建筑业增加值		第三产业增加值	
	累计	增速	累计	增速	累计	增速	累计	增速	累计	增速
直辖市										
北　京										
上　海	30133.86	6.9	98.99	-9.5	9251.4	5.8	979.59	0.4	20783.47	7.5
天　津	18595.38	3.6	218.28	2.0	7590.36	1.0	747.23	10.9	10786.74	6.0
重　庆	19500.27	9.3	1339.62	4.0	8596.61	9.5	2009.53	9.6	9564.04	9.9
省会城市										
兰　州	2523.54	5.7	61.47	5.9	881.74	3.1	279.0	0.0	1580.34	7.2
*西　安	7469.85	7.7	281.12	4.6	2596.08	5.5	938.3	5.3	4592.65	9.2
西　宁	1284.91	9.5	41.8	5.1	556.44	10.6	143.13	14.5	686.67	8.7
银　川	1803.17	8.0	61.38	4.2	908.6	6.5	241.11	1.0	833.18	10.1
乌鲁木齐	2743.82	8.1	29.62	2.7	827.63	7.4	187.83	3.8	1886.56	8.4
*成　都	13889.39	8.1	500.9	3.9	5998.2	7.5	849.5	2.1	7390.3	8.9
贵　阳	3537.96	11.3	147.33	6.3	1375.18	10.0	502.61	10.9	2015.45	12.6
昆　明	4857.64	9.7	210.13	6.0	1865.97	9.0	707.44	7.1	2781.54	10.5
呼和浩特	2743.72	5.0	107.74	2.8	755.75	2.6			1880.23	6.1
南　宁	4118.83	8.0	404.18	4.1	1599.5	8.6	409.61	6.0	2115.15	8.4
福　州	7104.02	8.7	519.49	3.7	2962.94	6.9	698.2	4.4	3621.6	11.0
*广　州	21503.15	7.0	233.49	-1.0	6015.29	4.7	588.97	-0.8	15254.37	8.2
海　口	1390.48	7.5	63.72	3.7	252.22	5.0	110.38	6.0	1074.54	8.4
*哈尔滨	6355	6.7	688.8	3.7	1820.7	3.6	615.2	1.1	3845.5	9.0
*沈　阳	5865	3.5	268.2	3.6	2261.4	2.7	445.7	3.5	3335.4	4.0
*武　汉	13410.34	8.0	408.2	2.8	5861.35	7.1			7140.79	9.2
*南　京	11715.1	8.1	263.01	1.2	4454.87	5.1			6997.22	10.3
*长　春	6530	8.0	315.1	3.8	3175.2	7.5	510.1	1.6	3039.7	9.0
杭　州	12556.16	8.0	311.67	1.9	4387.19	5.3	406.58	-6.1	7857.3	10.0
*济　南	7201.96	8.0	317.4	3.3	2569.22	8.4	569.75	6.2	4315.34	8.2
南　昌	5003.19	9.0	192.13	4.0	2666.1	8.4			2144.96	10.2
长　沙	10535.51	9.0	379.45	3.0	4998.26	7.7			5157.8	10.9
合　肥	7213.45	8.5	272.75	3.7	3643.08	8.6	693.73	5.6	3297.62	8.9
太　原	3382.18	7.5	40.82	3.0	1271.42	7.0			2069.94	7.9
郑　州	9130.2	8.2	158.6	2.6	4247.5	7.6	566.2	9.3	4724.1	9.0
石家庄	6460.9	7.3	480.5	2.4	2913.9	3.7			3066.4	11.6
其他城市										
*大　连	7363.9	7.1	477.1	4.0	3052.6	8.3	573.8	3.0	3834.3	6.4
苏　州	17319.51	7.1	221.98	1.0	8235.88	6.0			8861.65	8.2
无　锡	10511.8	7.4	135.18	1.0	4964.44	7.3	411.85	0.1	5412.18	7.7
*厦　门	4351.18	7.6	23.23	2.0	1815.92	7.2	285.14	4	2512.03	7.9
*深　圳	22438.39	8.8	18.54	53.0	9266.83	8.8	596.5	5.1	13153.02	8.8
*青　岛	11037.28	7.5	380.97	3.0	4546.21	6.8	602.22	7.5	6110.1	8.4
*宁　波	9846.94	7.8	314.11	2.0	5105.48	7.9			4427.35	8.1
威　海	3480.1	8.1	235.48	3.0	1580.49	7.5			1664.13	9.6
烟　台	7338.95	6.5	479.9	2.0	3674.35	5.7	365.6	1.3	3184.7	8.0

注：加*号为副省级城市。

15-2 工业

单位：亿元、%

	工业增加值		规模以上工业总产值		规模以上工业增加值	
	累计	增速	累计	增速	累计	增速
直辖市						
北　京						
上　海	8303.54	6.4	33989.36	6.8		6.8
天　津	6863.98	2.3		8.0		2.3
重　庆	6587.08	9.4				9.6
省会城市						
兰　州	607.13	4.6	2179.72	9.1	583.69	4.8
*西　安	1677.48	5.8	5685.54	5.4	1361.77	5.8
西　宁	413.34	9.7		24.9		9.7
银　川	667.59	8.5		19.2		8.5
乌鲁木齐	643.62	8.6	2233.38		602.81	9.5
*成　都	5217.2	8.4				9.0
贵　阳	872.57	9.5				
昆　明	1159.2	10.1	3345.44	16.4		10.4
呼和浩特						6.0
南　宁	1189.89	9.5	3989.82	13.9	1159.08	9.9
福　州	2270.92	7.7			2202.69	8.2
*广　州	5459.69	5.2				
海　口	142.22	4.3	500.08	-1.5	130.29	4.5
*哈尔滨	1206.7	4.8		0.4		5.0
*沈　阳	1819.3	2.5				2.8
*武　汉				13.2		7.7
*南　京	3853.39	6.0			3166.63	6.0
*长　春	2677.6	8.6	10357.9	10.7	2654.6	9.0
杭　州	3982.1	6.5			3204.63	7.0
*济　南				8.9		9.8
南　昌						9.5
长　沙					3533.26	8.5
合　肥	2952.2	9.3				9.4
太　原					631.23	9.0
郑　州	3683.5	7.4	16329.18	7.6	3191.31	7.8
石家庄					2355.8	3.6
其他城市						
*大　连	2485.9	9.5				11.2
苏　州			31956.21	10.4	6928.26	6.7
无　锡	4553.15	8.0	15861.19	16.8	3382.77	8.6
*厦　门	1541.88	7.8			1437.16	8.1
*深　圳	8688.26	9.1	30702.65	9.9	8087.62	9.3
*青　岛	3952.87	6.7	17716.71	12.9		7.5
*宁　波			15866.06	17.6	3266.7	9.6
威　海						8.1
烟　台	3309.38	6.2	14861.59	8.2		5.9

15-3 固定资产投资

单位：亿元、%

	固定资产投资额		房地产开发投资额		工业投资	
	累计	增速	累计	增速	累计	增速
直辖市						
北 京						
上 海	7246.6	7.3	3856.53	4.0	1031.69	5.3
天 津	11274.69	0.5	2233.39	-2.9	3352.34	3.8
重 庆	17440.57	9.5	3980.08	6.8	5880.7	8.9
省会城市						
兰 州	1315.35	-33.93	432.16	10.48	157.41	-61.19
*西 安	7556.47	12.9	2333.34	15.0	1072.06	-10.6
西 宁	1600.03	14.3	351.33	11.0	441.36	8.7
银 川	1719.05	1.4	402.82	-15.2	600.22	-12.9
乌鲁木齐	2020	25.7				
*成 都	9404.2	12.3	2487.9	-5.7	3008.72	33.9
贵 阳	3850.6	18.1	1026.43	10.7	567.1	0.9
昆 明	4217.94	7.6	1683.33	10.0		
呼和浩特	1490.8	-19.4	238.4	-54.2	266.51	-25.4
南 宁	4307.95	12.6	958.09	12.2	1074.13	7.5
福 州	5823.39	12.3	1694.18	0.9	1489.55	6.6
*广 州	5919.83	5.7	2702.89	6.4	736.26	3.1
海 口	1415.5	11.3	603.25	9.5	56.8	48.4
*哈尔滨	5395.5	7.1	494.3	-3.5	1795	4.3
*沈 阳	1484	-9.0	814.2	14.7	305.5	-29.5
*武 汉	7871.66	11.0	2686.34	6.7	2404.95	13.6
*南 京	6215.2	12.3	2170.21	17.6	1778.79	1.0
*长 春	5194.8	11.5	573.8	-3.8	2537.8	9.9
杭 州	5856.65	1.4	2734	4.9	861.48	0.5
*济 南	4363.6	13.5	1232.6	5.9	1317.6	12.5
南 昌	5115.18	12.7	790.69	17.2	1843.99	13.4
长 沙	7567.77	13.1	1489.69	18.2	2211.8	6.7
合 肥	6351.43	5.0	1557.41	15.1	2356.48	12.6
太 原	964.86	6.8	478.14	-29.9	134.49	-13.2
郑 州	7573.44	8.2	3358.84	20.9	1353.76	-8.9
石家庄	6310.1	6.7	1212.7	19.3	2563.6	-3.8
其他城市						
*大 连	1652.8	15.1	566.6	5.9	591.4	58.6
苏 州	5629.59	-0.3	2305.82	6.6	1983.34	0.1
无 锡	4967.51	4.7	1201.89	16.3	2089.73	5.9
*厦 门	2381.46	10.3	879.86	14.9	428.62	7.8
*深 圳	5147.32	23.8	2135.86	21.6	915.89	27.5
*青 岛	7777.1	7.4	1330.5	-2.8	3080.4	-8.2
*宁 波	5009.6	3.5	1374.5	8.2	1356.5	-6.5
威 海	2941.89	8.7	275.44	28.1	1783.86	14.2
烟 台	5594.24	8.5	546.21	-0.9	2435.94	11.3

15-4 进出口

单位：亿元、%

	进出口总额		出口总额		进口总额	
	累计	增速	累计	增速	累计	增速
直辖市						
北 京						
上 海	32237.82	12.5	13120.31	8.4	19117.51	15.4
天 津	7646.85	12.8	2952.36	1.2	4694.49	21.6
重 庆	4508.25	8.9	2883.71	7.8	1624.54	11.0
省会城市						
兰 州	125.11	21.75	72.88	55.39	52.23	-6.50
*西 安	2545.41	39.1	1552.38	63.9	993.03	12.5
西 宁	32.91	-61.4	19.13	-74.8	13.78	46.7
银 川	270.62	65.6	195.99	49.7	74.64	129.8
乌鲁木齐	460.34	45.2	360.67	33.3	99.67	115.4
*成 都	3941.8	45.4	2064.9	42.3	1876.9	48.8
贵 阳						
昆 明						
呼和浩特						
南 宁	607.09	48.8	275.69	35.8	331.4	61.6
福 州	2336.06	12.0	1482.4	5.1	853.66	26.4
*广 州	9714.36	13.7	5792.15	12.3	3922.21	16.0
海 口	210.22	-18.5	55.46	6.4	154.76	-24.9
*哈尔滨	201.4	-15.1	91.7	-8.7	109.7	-19.7
*沈 阳	867.6	15.9	317.7	13.4	549.9	17.4
*武 汉	1936.2	23.2	1157.6	27.8	778.6	17.0
*南 京	4143.0	24.8	2333	19.3	1810.0	32.8
*长 春	952.5	1.9	129.8	2.8	822.7	1.8
杭 州	5085.08	13.3	3455.61	4.3	1629.46	38.8
*济 南	708.1	10.5	451.0	10.5	257.1	10.5
南 昌	669.2	8.3	428.27	12.7	240.93	1.4
长 沙	938.02	29.0	587.89	20.9	350.13	45.2
合 肥						
太 原	915.25	4.1	572.16	4.1	343.09	4.0
郑 州	4015.65	10.1	2327.94	10.8	1687.71	9.2
石家庄	862.2	12.3	531.2	14.8		
其他城市						
*大 连	4132.2	21.7	1745.8	8.5	2386.4	33.6
苏 州	21394.89	18.5	12670.5	17.2	8724.38	20.3
无 锡	5502.46	19.4	3354.62	18.4	2147.84	20.8
*厦 门	5816.04	14.3	3253.65	5.2	2562.39	28.4
*深 圳	28011.46	6.4	16533.57	5.5	11477.89	7.9
*青 岛	5033.5	15.7	3031.8	7.5	2001.7	30.8
*宁 波	7600.1	21.3	4984.1	14.3	2616.0	37.3
威 海	1404.91	17.8	855.71	8.9	549.2	35.2
烟 台	3077.6	6.3	1740.49	6.1	1337.11	6.5

15–5 社会消费品零售总额与财政

单位：亿元、%

	社会消费品零售总额		一般公共预算收入		一般公共预算支出	
	累计	增速	累计	增速	累计	增速
直辖市						
北 京						
上 海	11830.27	8.1	6642.26	9.1	7547.62	9.1
天 津	5729.67	1.7	2310.11	–10.4	3282.16	–11.3
重 庆	8067.67	11.0	2252.4	3.0	4336.7	7.9
省会城市						
兰 州	1358.72	7.6	234.2	8.69	429.36	1.23
*西 安	4329.51	10.5	654.5	9.8	1045.09	7.1
西 宁	560.79	9.3	79.16	18.2	560.79	9.3
银 川	562.31	9.4	177.46	9.2	341.53	2.9
乌鲁木齐	1317	6.5	400.78	8.4	458.58	9.8
*成 都	6403.5	11.5	1275.5	11.3	1756.7	10.1
贵 阳	1335.28	11.7	377.77	8.0	578.08	10.1
昆 明	2590.95	12.2	560.86	8.2	775.9	12.7
呼和浩特	1570.95	6.0	201.63	–23.0	402.27	–4.4
南 宁	2204.16	11.3	332.15	6.2	646.31	10.1
福 州	4193.87	11.4	634.16	10.4	940.82	13.1
*广 州	9402.59	8.0	1533.06	10.9	2185.99	12.5
海 口	726.12	11.0	125.36	12.8	198.5	–4.8
*哈尔滨	4044.8	8.0	368.1	8.4	958.5	9.4
*沈 阳	3989.8	0.1	656.2	5.7	848	2.7
*武 汉	6196.3	10.4	1402.93	11.2		
*南 京	5604.66	10.2	1271.91	11.9	1353.96	15.3
*长 春	2922.8	10.3	450.1	8.3	875.7	13.6
杭 州	5717.43	10.5	1567.42	17.4	1540.92	9.7
*济 南	4146.1	10.1	677.2	10.5	834.2	12.6
南 昌	2096.96	12.3	417.08	3.7	654.28	12.2
长 沙	4547.68	10.5	800.35	11.5	1186.57	13.9
合 肥	2728.51	11.6	655.9	12.8		
太 原	1767.82	6.1	311.85	10.3	479.06	13.0
郑 州	4057.22	10.7	1056.67	9.6	1514.94	14.6
石家庄	3296	10.8	460.7	12.2	804.2	8.7
其他城市						
*大 连	3722.5	9.2	657.7	7.5	919.8	5.7
苏 州	5442.82	10.3	1908.1	10.3	1771.52	9.5
无 锡	3458.04	10.9	930	6.3	989.35	14.1
*厦 门	1446.74	12.7	696.78	11	811.89	7.0
*深 圳	6016.19	9.1	3332.13	10.1	4594.7	9.1
*青 岛	4541	10.6	1157.1	7.1	1403	3.4
*宁 波	4047.8	10.4	1245.3	10.9	1410.6	9.4
威 海	1607.94	10.4	273.08	9.5	359.56	6.2
烟 台	3273.08	10.0	600.32	6.4	708.07	3.8

15–6 金融

单位：亿元、%

	金融机构（含外资）人民币存款余额		住户存款		金融机构（含外资）人民币贷款余额	
	累计	增速	累计	增速	累计	增速
直辖市						
北　京						
上　海	105098.8		25763.2		61188.87	
天　津	29746.16	2.4			30103.05	10.0
重　庆	33718.98	8.0	14367.38	7.2	27871.89	12.5
省会城市						
兰　州	8513.59	-1.27	2949.27	5.47	9643.55	14.78
*西　安	20047.62	5.1	7497.3	6.6	16954.81	10.9
西　宁	3883.79	3.3	1339.19	1.6	5109.15	9.6
银　川	3587.23	7.3	1496.94	7.6	4460.31	9.4
乌鲁木齐	8320.71	12.3	2600.39	13.3	6235.78	17.9
*成　都	34423	7.6	11971	6.8	28359	12.4
贵　阳	10814.51	8.9			10403.12	13.7
昆　明	13492.69	6.4	4431.71	7.4	14830.89	9.4
呼和浩特	6312.61	2.2	1953.41	4.7	7646.01	8.4
南　宁	9367.53	5.2	3176.69	8.6	10470.44	11.1
福　州	13136.68	8.8	4064.51	5.0	13320.41	9.9
*广　州	49332.53	7.4	14625.63	4.5	33312.73	15.3
海　口	5318.03	9.6	1555.56	7.6	4538.22	8.6
*哈尔滨	10512.6	7.2	4938.4	5.7	9968.3	10.2
*沈　阳	15559.2	9.2	6495.3	5.7	12952.5	3.0
*武　汉	23967.69	10.0	7007.26	6.1	22558.03	16.4
*南　京	29944.86	8.4	6019.7	2.1	24578.25	13.4
*长　春	11467.6	3.9	4566.99	3.9	10341.9	4.2
杭　州	35321.94	8.6	8502.96	2.3	28573.63	12.2
*济　南	15957.7	6.1	4465.7	4.3	12883.7	13.3
南　昌	10011.39	5.3	2913.24	5.2	10209.28	18.6
长　沙						
合　肥	13881.72		3489.18		12865.46	
太　原	11621.28	5.0	4384.88	8.9	11340.29	12.2
郑　州	20349.56	7.1	6538.23	3.8	17992.36	16.7
石家庄	11703		5641.6		8925	
其他城市						
*大　连	13562.2	-4.4	5414.5	2.6	11212.8	1.9
苏　州	26467.59	2.3	8166.44	3.2	23986.62	9.4
无　锡	14606.93	3.6	5055.54	3.9	11098.51	6.9
*厦　门	10015.12	9.0	2087.62	2.7	8850.58	14.3
*深　圳	64487.38	9.2	10837.59	4.3	41046.78	16.7
*青　岛	14388		5394		13265	
*宁　波	17392.53	7.4	5902.68	3.7	17125.29	8.3
威　海	3223.02	8.7			2165.95	15.5
烟　台	7460.35	4.2	4128.07	3.8	4897.09	8.1

15–7 城乡人民收入与支出

单位：元、%

	城镇居民人均可支配收入		城镇居民人均消费性支出		农民人均可支配收入	
	累计	增速	累计	增速	累计	增速
直辖市						
北 京						
上 海						
天 津	40278	8.5	30284	6.8	21754	8.4
重 庆	32193	8.7	22759	8.2	12638	9.4
省会城市						
兰 州	32331	9.0	24071	5.2	11305	8.8
*西 安	38536	8.2			16522	8.8
西 宁	30043	9.1	20627	6.2	10548	9.0
银 川	32981	8.2			13087	8.7
乌鲁木齐	37028	8.3			17839	9.1
*成 都	38918	8.4			20298	9.1
贵 阳	32186	9.1			14264	10.0
昆 明	39788	8.3			13698	9.1
呼和浩特	43518	8.2			15710	8.2
南 宁	33217	8.1			12515	9.8
福 州	40973	8.3	27427	3.9	17865	9.3
*广 州	55400	8.8			23484	9.5
海 口	33320	8.3	26110	9.8	13763	8.6
*哈尔滨	35546	7.1			15614	8.1
*沈 阳	41359	6.1	29958	8.3	15461	7.5
*武 汉	43405	9.2	28546	7.6	20887	9.1
*南 京	54538	9.1	31385	5.4	23133	9.3
*长 春	33168	6.8	25874	7.4	13431	6.8
杭 州	56276	7.8			30397	8.9
*济 南	46642	8.3			16594	8.1
南 昌	37675	8.8			16364	9.4
长 沙	46948	8.4	34645	8.9	27360	7.5
合 肥	37972	9.0	23311	6.9	18594	9.0
太 原	31469	6.2			15595	6.9
郑 州	36050	8.5			19974	8.4
石家庄	32929	8.1	20339	6.0	13345	8.1
其他城市						
*大 连	40587	6.7	27191	0.3	16865	7.7
苏 州	58806	8.2			29977	8.3
无 锡	52659	8.3	32972	4.9	28358	8.4
*厦 门	50019	8.1	32009	3.7	20460	8.3
*深 圳	52938	8.7	38320	5.0		
*青 岛	47176	8.2	30569	8.1	19364	7.8
*宁 波	55656	7.9	33197	5.1	30871	8.0
威 海	42703	8.5	27898	8.8	18963	7.9
烟 台	41837	8.0	27894	8.4	18051	8.0

15-8 价格指数与职工工资

单位：元、%

	居民消费价格总指数		城镇非私营单位在岗职工年平均工资
	累计	增速	累计
直辖市			
北　京			131700（含私营）
上　海	101.7	1.7	85582（社平工资）
天　津	102.1	2.1	94534
重　庆	101.0	1.0	70889
省会城市			
兰　州	101.5	1.5	72286
*西　安	102.0	2.0	77774
西　宁	101.4	1.4	73540
银　川	101.7	1.7	77206
乌鲁木齐	102.8	2.8	78063
*成　都	102.0	2.0	79292
贵　阳			72325
昆　明	100.5	0.5	76350
呼和浩特	101.4	1.4	62698
南　宁	102.3	2.3	72841
福　州	101.1	1.1	75133
*广　州	102.3	2.3	98612
海　口	103.3	3.3	66857
*哈尔滨	101.6	1.6	67542
*沈　阳	101.4	1.4	74181
*武　汉	101.9	1.9	79684
*南　京	101.9	1.9	101503
*长　春	101.3	1.3	73469
杭　州	102.5	2.5	96670
*济　南	102.0	2.0	84645
南　昌	102.1	2.1	72686
长　沙	101.3	1.3	85187
合　肥	101.4	1.4	74683
太　原	101.8	1.8	71026
郑　州	101.8	1.8	69939
石家庄	101.4	1.4	67880
其他城市			
*大　连	102.1	2.1	81884
苏　州	101.7	1.7	87350
无　锡	101.9	1.9	85017
*厦　门	102.0	2.0	74650
*深　圳	101.4	1.4	100173
*青　岛	102.0	2.0	82177
*宁　波	101.8	1.8	91705
威　海	101.3	1.3	62344
烟　台	101.6	1.6	68979

中国统计出版社最新图书简目

(仅供参考,以实际出版为准)

统计资料

中国统计年鉴 中国统计摘要 中国第三产业统计年鉴
中国第三次全国农业普查综合资料 国际统计年鉴 金砖国家联合统计手册
中国-东盟国家统计手册 中国农村统计年鉴 中国县域统计年鉴
中国农产品价格调查年鉴 中国城市统计年鉴 中国价格统计年鉴
中国贸易外经统计年鉴 中国零售和餐饮连锁企业统计年鉴 中国商品交易市场统计年鉴
大中型批发零售和住宿餐饮企业统计年鉴 中国住户调查年鉴 中国工业统计年鉴
中国环境统计年鉴 中国能源统计年鉴 中国建筑业统计年鉴
中国房地产统计年鉴 中国固定资产投资统计年鉴 中国对外直接投资统计公报
中国人口和就业统计年鉴 中国劳动统计年鉴 中国社会统计年鉴
中国科技统计年鉴 中国高技术产业统计年鉴 全国企业创新调查年鉴
中国文化及相关产业统计年鉴 2018年时间利用调查资料 中国妇女儿童状况统计资料
中国基本单位统计年鉴 中国教育统计年鉴 中国教育经费统计年鉴
中国民族统计年鉴 中国残疾人事业统计年鉴

省级综合统计年鉴系列

北京 天津 河北 山西 内蒙古 辽宁 吉林 黑龙江 上海 江苏 浙江 安徽 福建 江西 山东 河南 湖北 湖南
广东 广西 海南 重庆 四川 贵州 云南 西藏 陕西 甘肃 青海 宁夏 新疆 新疆生产建设兵团

市(县)级综合统计年鉴系列

滨海新区 石家庄 唐山 邯郸 保定 沧州 邢台 廊坊 承德 衡水 秦皇岛 张家口 太原 大同 阳泉 长治 晋城
朔州 晋中 运城 忻州 临汾 吕梁 呼和浩特 呼和浩特新城区 鄂尔多斯 包头 沈阳 大连 长春 吉林 延吉 四平
通化 松原 哈尔滨 齐齐哈尔 黑龙江垦区 上海浦东新区 南京 无锡 徐州 常州 苏州 南通 连云港 淮安 盐城
扬州 镇江 泰州 宿迁 江阴 丹阳 海门 杭州 宁波 温州 嘉兴 湖州 绍兴 金华 衢州 舟山 台州 丽水 合肥
安庆 马鞍山 福州 厦门 宁德 漳州 龙岩 南昌 九江 上饶 新余 抚州 萍乡 赣州 吉安 景德镇 济南 青岛 潍坊
枣庄 日照 滕州 郑州 洛阳 平顶山 三门峡 商丘 信阳 济源 汝州 武汉 十堰 荆州 宜昌 荆门 咸宁 长沙 广州
深圳 惠州 东莞 汕尾 南宁 柳州 桂林 梧州 来宾 河池 防城港 海口 三亚 成都 贵阳 黔南 毕节 昆明 西安
咸阳 延安 宝鸡 安康 铜川 汉中 榆林 兰州 庆阳 银川 乌鲁木齐 兵团一师 兵团十师

调查年鉴系列

天津 内蒙古 上海 浙江 福建 河南 湖北 湖南 广东 广西 重庆 四川 云南 甘肃 宁夏

统计方法应用/实用手册

实用SAS统计分析教程 Python数据分析基础 统计公文知识问答 领导干部统计知识问答
乡镇统计人员岗位知识培训系列教材：辅助调查员岗位基础知识 乡镇统计人员岗位基础知识
县级统计人员岗位知识培训系列教材：Excel在统计工作中的应用 简明统计分析
地市级统计人员岗位知识培训系列教材：统计报告与演示 中国国民经济核算体系（2016）基础知识
全国统计专业技术资格考试系列考试用书：统计业务知识（第四版） 统计业务知识学习指导与习题
全国统计专业技术资格考试系列考试用书：统计相关知识（第四版） 统计相关知识学习指导与习题

统计通俗读物/统计科普图书

我国20个统计指标的历史变迁 联合国工业发展组织：2016年工业发展报告
中国古代统计发展史 理解国民账户

重点图书

波澜壮阔四十年 砥砺奋进铸就辉煌——改革开放40年与时俱进的中国统计
新编英汉汉英统计大词典 中国国民经济核算体系2016 国民经济行业分类注释
挑大学选专业2019—考研择校指南 挑大学选专业2019—高考志愿填报指南 中华医学统计百科全书